Benedikt XVI.

Die Ökologie des Menschen

Benedikt XVI.

Die Ökologie des Menschen

Die großen Reden des Papstes

Pattloch

Besuchen Sie uns im Internet:
www.pattloch.de

FSC
www.fsc.org
MIX
Papier aus verantwortungsvollen Quellen
FSC® C019821

Redaktion: Michael Schönberger
Umschlaggestaltung: ZERO Werbeagentur, München
Umschlagabbildungen: NY Daily News via Getty Images; AFP / Getty Images
Satz: Adobe InDesign im Verlag
Druck und Bindung: C. H. Beck, Nördlingen
Printed in Germany
ISBN 978-3-629-13021-1

2 4 5 3 1

»Es gibt auch eine Ökologie des Menschen. Auch der Mensch hat eine Natur, die er achten muss und die er nicht beliebig manipulieren kann. Der Mensch ist nicht nur sich selbst machende Freiheit. Der Mensch macht sich nicht selbst. Er ist Geist und Wille, aber er ist auch Natur, und sein Wille ist dann recht, wenn er auf die Natur achtet, sie hört und sich annimmt als der, der er ist und der sich nicht selbst gemacht hat. Gerade so und nur so vollzieht sich wahre menschliche Freiheit.«

Papst Benedikt XVI.
in seiner Ansprache im
Berliner Reichstagsgebäude
am 22. September 2011

Dank

Der Verlag dankt Prof. Dr. Siegfried Wiedenhofer, Frankfurt, langjähriger Assistent Prof. Dr. Joseph Ratzingers an den Universitäten Tübingen und Regensburg, für die Auswahl der Reden und die konzeptionelle Beratung bei diesem Werk.

Inhalt

I. Ethik

II. Politik
71

III. Vernunft, Wissenschaft und Technik
177

Anhang
455

I.
Ethik

Vernunftrecht und Naturrecht

1.
Was die Welt zusammenhält

Vorpolitische moralische Grundlagen eines freiheitlichen Staates

In der Beschleunigung des Tempos der geschichtlichen Entwicklungen, in der wir stehen, treten, wie mir scheint, vor allem zwei Faktoren als Kennzeichen einer vordem nur langsam anlaufenden Entwicklung hervor: Da ist zum einen die Ausbildung einer Weltgesellschaft, in der die einzelnen politischen, wirtschaftlichen und kulturellen Mächte immer mehr gegenseitig aufeinander verwiesen sind und in ihren verschiedenen Lebensräumen sich gegenseitig berühren und durchdringen. Das andere ist die Entwicklung von Möglichkeiten des Menschen, von Macht des Machens und des Zerstörens, die weit über alles bisher Gewohnte hinaus die Frage nach der rechtlichen und sittlichen Kontrolle der Macht aufwerfen. So ist die Frage von hoher Dringlichkeit, wie die sich begegnenden Kulturen ethische Grundlagen finden können, die ihr Miteinander auf den rechten Weg führen und eine gemeinsame rechtlich verantwortete Gestalt der Bändigung und Ordnung der Macht aufbauen können.

Dass das von Hans Küng vorgetragene Projekt »Weltethos« einen solchen Zuspruch findet, zeigt auf jeden Fall an, dass die Frage aufgerichtet ist. Das gilt auch dann, wenn man die scharfsichtige Kritik akzeptiert, die Robert Spaemann an diesem Projekt geübt hat. Denn zu den beiden genannten Faktoren tritt ein dritter: Im Prozess der Begegnung und Durchdringung der Kulturen sind ethische Gewissheiten weithin zerbrochen, die bisher tragend waren. Die Frage, was nun eigentlich, zumal in dem gegebenen Kontext, das Gute sei und warum man es, auch selbst zum eigenen Schaden, tun müsse, diese Grundfrage steht weithin ohne Antwort da.

Nun scheint mir offenkundig, dass die Wissenschaft als solche Ethos nicht hervorbringen kann, dass also ein erneuertes ethisches Bewusstsein nicht als Produkt wissenschaftlicher Debatten zustande kommt. Andererseits ist doch auch unbestreitbar, dass die grundlegende Veränderung des Welt- und Menschenbildes, die sich aus den wachsenden wissenschaftlichen Erkenntnissen ergeben hat, wesentlich am Zerbrechen alter moralischer Gewissheiten beteiligt ist. Insofern gibt es nun doch eine Verantwortung der Wissenschaft um den Menschen als Menschen und besonders eine Verantwortung der Philosophie, die Entwicklung der einzelnen Wissenschaften kritisch zu begleiten, voreilige Schlussfolgerungen und Scheingewissheiten darüber, was der Mensch sei, woher er komme und wozu er existiere, kritisch zu durchleuchten oder, anders gesagt, das nichtwissenschaftliche Element aus den wissenschaftlichen Ergebnissen auszuscheiden, mit denen es oft vermengt ist, und so den Blick auf das Ganze, auf die weiteren Dimensionen der Wirklichkeit des Menschseins offen zu halten, von dem sich in der Wissenschaft immer nur Teilaspekte zeigen können.

Macht und Recht

Konkret ist es die Aufgabe der Politik, Macht unter das Maß des Rechtes zu stellen und so ihren sinnvollen Gebrauch zu ordnen. Nicht das Recht des Stärkeren, sondern die Stärke des Rechts muss gelten. Macht in der Ordnung und im Dienst des Rechtes ist der Gegenpol zur Gewalt, unter der wir rechtlose und rechtswidrige Macht verstehen. Deswegen ist es für jede Gesellschaft wichtig, die Verdächtigung des Rechts und seiner Ordnungen zu überwinden, weil nur so Willkür gebannt und Freiheit als gemeinsam geteilte Freiheit gelebt werden kann. Die rechtlose Freiheit ist Anarchie und darum Freiheitszerstörung. Der Verdacht gegen das Recht, die Revolte gegen das Recht wird immer dann aufbrechen, wenn das Recht selbst nicht mehr als Ausdruck einer im Dienst aller stehenden Gerechtigkeit erscheint, sondern als Produkt von Willkür, als Rechtsanmaßung derer, die die Macht dazu haben.

Die Aufgabe, Macht unter das Maß des Rechtes zu stellen, verweist daher auf die weitere Frage: Wie entsteht Recht, und wie muss Recht beschaffen sein, damit es Vehikel der Gerechtigkeit und nicht Privileg derer ist, die die Macht haben, Recht zu setzen? Es ist einerseits die Frage nach dem Werden des Rechts gestellt, aber andererseits auch die Frage nach seinen eigenen inneren Maßen. Das Problem, dass Recht nicht Machtinstrument weniger, sondern Ausdruck des gemeinsamen Interesses aller sein muss, dieses Problem scheint, fürs erste jedenfalls, durch die Instrumente demokratischer Willensbildung gelöst, weil darin alle am Entstehen des Rechtes mitwirken und daher es Recht aller ist und als solches geachtet werden kann und muss. In der Tat ist die Gewähr der gemeinsamen Mitwirkung an der Rechtsgestaltung und an der gerechten Verwaltung der Macht der wesentliche Grund, der für die Demokratie als die angemessenste Form politischer Ordnung spricht.

Trotzdem, so scheint mir, bleibt noch eine Frage übrig. Da es Einstimmigkeit unter Menschen schwerlich gibt, bleibt der demokratischen Willensbildung als unerlässliches Instrument nur zum einen die Delegation, zum anderen die Mehrheitsentscheidung übrig, wobei je nach der Wichtigkeit der Frage unterschiedliche Größenordnungen für die Mehrheit verlangt werden können. Aber auch Mehrheiten können blind oder ungerecht sein. Die Geschichte zeigt es überdeutlich. Wenn eine noch so große Mehrheit eine Minderheit, etwa eine religiöse oder rassische, durch oppressive Gesetze unterdrückt, kann man da noch von Gerechtigkeit, von Recht überhaupt, sprechen? So lässt das Mehrheitsprinzip immer noch die Frage nach den ethischen Grundlagen des Rechts übrig, die Frage, ob es nicht das gibt, was nie Recht werden kann, also das, was immer in sich Unrecht bleibt, oder umgekehrt auch das, was seinem Wesen nach unverrückbar Recht ist, das jeder Mehrheitsentscheidung vorausgeht und von ihr respektiert werden muss.

Die Neuzeit hat einen Bestand solcher normativer Elemente in den verschiedenen Menschenrechtserklärungen formuliert und sie dem Spiel der Mehrheiten entzogen. Nun mag man sich im gegenwärtigen Bewusstsein mit der inneren Evidenz dieser Werte begnügen. Aber auch eine solche Selbstbeschränkung des Fragens hat philosophischen Charakter. Es gibt also in sich stehende Werte, die aus dem Wesen des Menschseins folgen und daher für alle Inhaber dieses Wesens unantastbar sind. Auf die Reichweite einer solchen Vorstellung werden wir später noch einmal zurückkommen müssen, zumal diese Evidenz heute keineswegs in allen Kulturen anerkannt ist. Der Islam hat einen eigenen, vom westlichen abweichenden Katalog der Menschenrechte definiert. China ist zwar heute von einer im Westen entstandenen Kulturform, dem Marxismus, bestimmt, stellt aber, soweit ich informiert bin, doch die Frage, ob es sich bei den Menschenrechten nicht um eine typisch westliche Erfindung handele, die hinterfragt werden müsse.

Neue Formen der Macht und neue Fragen nach ihrer Bewältigung

Wenn es um das Verhältnis von Macht und Recht und um die Quellen des Rechts geht, muss auch das Phänomen der Macht selbst näher in den Blick genommen werden. Ich möchte nicht versuchen, das Wesen von Macht als solcher zu definieren, sondern die Herausforderungen skizzieren, die aus den neuen Formen der Macht resultieren, die sich im letzten halben Jahrhundert entwickelt haben. In der ersten Periode der Zeit nach dem Zweiten Weltkrieg war das Erschrecken vor der neuen Zerstörungsmacht dominierend, die dem Menschen mit der Erfindung der Atombombe zugewachsen war. Der Mensch sah sich plötzlich imstande, sich selbst und seine Erde zu zerstören. Es erhob sich die Frage: Welche politischen Mechanismen sind nötig, um diese Zerstörung zu bannen? Wie können solche Mechanismen gefunden und wirksam gemacht werden? Wie können ethische Kräfte mobilisiert werden, die solche politischen Formen gestalten und ihnen Wirksamkeit verleihen? De facto waren es dann über eine lange Periode hin die Konkurrenz der einander entgegengesetzten Machtblöcke und die Furcht, mit der Zerstörung des anderen die eigene Zerstörung einzuleiten, die uns vor den Schrecken des Atomkrieges bewahrt haben. Die gegenseitige Begrenzung der Macht und die Furcht um das eigene Überleben erwiesen sich als die rettenden Kräfte.

Inzwischen beängstigt uns nicht mehr so sehr die Furcht vor dem großen Krieg, sondern die Furcht vor dem allgegenwärtigen Terror, der an einer jeden Stelle zuschlagen und wirksam werden kann. Die Menschheit, so sehen wir jetzt, braucht gar nicht den großen Krieg, um die Welt unlebbar zu machen. Die anonymen Mächte des Terrors, die an allen Orten präsent sein können, sind stark genug, um alle bis in den Alltag hinein zu verfolgen, wobei das Gespenst bleibt, dass verbrecherische Elemente sich Zugang zu den großen Potentialen der Zerstörung schaffen und so außerhalb der Ordnung der Politik die Welt dem Chaos ausliefern könnten. So hat sich die Frage nach dem Recht und nach dem Ethos verschoben: Aus welchen Quellen speist sich der Terror? Wie kann es gelingen, diese neue Erkrankung der Menschheit von innen her zu bannen? Dabei ist erschreckend, dass sich wenigstens teilweise der Terror moralisch legitimiert. Die Botschaften von Bin Laden präsentieren den Terror als die Antwort der machtlosen und unterdrückten Völker auf den Hochmut der Mächtigen, als die gerechte Strafe für ihre Anmaßung und für ihre gotteslästerliche Selbstherrlichkeit und Grausamkeit. Für die Menschen in bestimmten sozialen und politischen Situationen sind solche Motivationen offensichtlich überzeugend. Zum Teil wird terroristisches Verhalten als Verteidigung religiöser Tradition gegen die Gottlosigkeit der westlichen Gesellschaft dargestellt.

An dieser Stelle steht eine Frage auf, auf die wir ebenfalls zurückkommen müssen: Wenn Terrorismus auch durch religiösen Fanatismus gespeist wird – und er wird es –, ist dann Religion eine heilende und rettende oder nicht eher eine archaische und gefährliche Macht, die falsche Universalismen aufbaut und dadurch zu Intoleranz und Terror verleitet? Muss da nicht Religion unter die Kuratel der Vernunft gestellt und sorgsam eingegrenzt werden? Dabei erhebt sich dann freilich die Frage: Wer kann das? Wie macht man das? Aber die generelle Frage bleibt: Ist die allmähliche Aufhebung der Religion, ihre Überwindung, als nötiger Fortschritt der Menschheit anzusehen, damit sie auf den Weg der Freiheit und der universalen Toleranz kommt, oder nicht?

Inzwischen ist eine andere Form von Macht in den Vordergrund gerückt, die zunächst rein wohltätig und allen Beifalls würdig zu sein scheint, in Wirklichkeit aber zu einer neuen Art von Bedrohung des Menschen werden kann. Der Mensch ist nun imstande, Menschen zu machen, sie sozusagen im Reagenzglas zu produzieren. Der Mensch wird zum Produkt, und damit verändert sich das Verhältnis des Menschen zu sich selbst von Grund auf. Er ist nicht mehr ein Geschenk der Natur oder des Schöpfergottes; er ist sein eigenes Produkt. Der Mensch ist in die Brunnenstube der Macht hinuntergestiegen, an die Quellorte seiner eigenen Existenz. Die Versuchung, nun erst den rechten Menschen zu konstruieren, die Versuchung, mit Menschen zu experimentieren, die Versuchung, Menschen als Müll anzusehen und zu beseitigen, ist kein Hirngespinst fortschrittsfeindlicher Moralisten.

Wenn sich uns vorhin die Frage aufdrängte, ob die Religion eigentlich eine positive moralische Kraft sei, so muss nun der

Zweifel an der Verlässlichkeit der Vernunft aufsteigen. Schließlich ist ja auch die Atombombe ein Produkt der Vernunft; schließlich sind Menschenzüchtung und -selektion von der Vernunft ersonnen worden. Müsste also jetzt nicht umgekehrt die Vernunft unter Aufsicht gestellt werden? Aber durch wen oder was? Oder sollten vielleicht Religion und Vernunft sich gegenseitig begrenzen und je in ihre Schranken weisen und auf ihren positiven Weg bringen? An dieser Stelle steht erneut die Frage auf, wie in einer Weltgesellschaft mit ihren Mechanismen der Macht und mit ihren ungebändigten Kräften, wie mit ihren verschiedenen Sichten dessen, was Recht und was Moral ist, eine wirksame ethische Evidenz gefunden werden kann, die Motivations- und Durchsetzungskraft genug hat, um auf die angedeuteten Herausforderungen zu antworten und sie bestehen zu helfen.

Voraussetzungen des Rechts: Recht – Natur – Vernunft

Zunächst legt sich ein Blick in geschichtliche Situationen nahe, die der unseren vergleichbar sind, soweit es Vergleichbares gibt. Immerhin lohnt sich ein ganz kurzer Blick darauf, dass Griechenland seine Aufklärung kannte, dass das götterbegründete Recht seine Evidenz verlor und nach tieferen Gründen des Rechts gefragt werden musste. So kam der Gedanke auf: Gegenüber dem gesetzten Recht, das Unrecht sein kann, muss es doch ein Recht geben, das aus der Natur, dem Sein des Menschen selbst folgt. Dieses Recht muss gefunden werden und bildet dann das Korrektiv zum positiven Recht.

Uns näherliegend ist der Blick auf den doppelten Bruch, der zu Beginn der Neuzeit für das europäische Bewusstsein eingetreten ist und zu den Grundlagen neuer Reflexion über Inhalt und Quelle des Rechts nötigte. Da ist zuerst der Ausbruch aus den Grenzen der europäischen, der christlichen Welt, der sich mit der Entdeckung Amerikas vollzieht. Nun begegnet man Völkern, die nicht dem christlichen Glaubens- und Rechtsgefüge zugehören, das bisher die Quelle des Rechts für alle war und ihm seine Gestalt gab. Es gibt keine Rechtsgemeinsamkeit mit diesen Völkern. Aber sind sie dann rechtlos, wie manche damals behaupteten und wie es weithin praktiziert wurde, oder gibt es ein Recht, das alle Rechtssysteme überschreitet, Menschen als Menschen in ihrem Zueinander bindet und weist? Francisco de Vitoria hat in dieser Situation die Idee des »ius gentium«, des »Rechts der Völker«, die schon im Raum stand, entwickelt, wobei in dem Wort »gentes« die Bedeutung Heiden, Nichtchristen, mitschwingt. Gemeint ist also das Recht, das der christlichen Rechtsgestalt vorausliegt und ein rechtes Miteinander aller Völker zu ordnen hat.

Der zweite Bruch in der christlichen Welt vollzog sich innerhalb der Christenheit selbst durch die Glaubensspaltung, durch die die Gemeinschaft der Christen in einander – zum Teil feindselig – gegenüberstehende Gemeinschaften aufgefächert worden ist. Wiederum ist ein dem Dogma vorausgehendes gemeinsames Recht, wenigstens ein Rechtsminimum, zu entwickeln, dessen Grundlagen nun nicht mehr im Glauben, sondern in der Natur, in der Vernunft des Menschen liegen müssen. Hugo Grotius, Samuel von Pufendorf und andere haben die Idee des Naturrechts als eines Vernunftrechts entwickelt, das über Glaubensgrenzen hinweg die Vernunft als das Organ gemeinsamer Rechtsbildung in Kraft setzt.

Das Naturrecht ist – besonders in der katholischen Kirche – die Argumentationsfigur geblieben, mit der sie in den Gesprächen mit der säkularen Gesellschaft und mit anderen Glaubensgemeinschaften an die gemeinsame Vernunft appelliert und die Grundlagen für eine Verständigung über die ethischen Prinzipien des Rechts in einer säkularen pluralistischen Gesellschaft sucht. Aber dieses Instrument ist leider stumpf geworden, und ich möchte mich daher in diesem Gespräch nicht darauf stützen. Die Idee des Naturrechts setzte einen Begriff von Natur voraus, in dem Natur und Vernunft ineinandergreifen, die Natur selbst vernünftig ist. Diese Sicht von Natur ist mit dem Sieg der Evolutionstheorie zu Bruche gegangen. Die Natur als solche sei nicht vernünftig, auch wenn es in ihr vernünftiges Verhalten gibt: Das ist die Diagnose, die uns von dort gestellt wird und die heute weithin unwidersprechlich scheint. Von den verschiedenen Dimensionen des Naturbegriffs, die dem ehemaligen Naturrecht zugrunde lagen, ist so nur diejenige übriggeblieben, die Ulpian (frühes 3. Jahrhundert nach Christus) in den bekannten Satz fasste: »Ius naturae est, quod natura omnia animalia docet«. Aber das gerade reicht für unsere Fragen nicht aus, in denen es eben nicht um das geht, was alle »animalia« betrifft, sondern um spezifisch menschliche Aufgaben, die die Vernunft des Menschen geschaffen hat und die ohne Vernunft nicht beantwortet werden können.

Als letztes Element des Naturrechts, das im Tiefsten ein Vernunftrecht sein wollte, jedenfalls in der Neuzeit, sind die Menschenrechte stehengeblieben. Sie sind nicht verständlich ohne die Voraussetzung, dass der Mensch als Mensch, einfach durch seine Zugehörigkeit zur Spezies Mensch, Subjekt von Rechten ist, dass sein Sein selbst Werte und Normen in sich trägt, die zu finden, aber nicht zu erfinden sind. Vielleicht müsste heute die Lehre von den Menschenrechten um eine Lehre von den Menschenpflichten und von den Grenzen des Menschen ergänzt werden, und das könnte nun doch die Frage erneuern helfen, ob es nicht eine Vernunft der Natur und so ein Vernunftrecht für den Menschen und sein Stehen in der Welt geben könne. Ein solches Gespräch müsste heute interkulturell ausgelegt und angelegt werden. Für Christen hätte es mit der Schöpfung und dem Schöpfer zu tun. In der indischen Welt entspräche dem der Begriff des »Dharma«, der inneren Gesetzlichkeit des Seins, in der chinesischen Überlieferung die Idee der Ordnungen des Himmels.

Bevor ich versuche, zu Schlussfolgerungen zu kommen, möchte ich die eben gelegte Spur noch ein wenig ausweiten. Interkulturalität erscheint mir heute eine unerlässliche Dimension für die Diskussion um die Grundfragen des Menschseins zu bilden, die weder rein binnenchristlich noch rein innerhalb der abendländischen Vernunfttradition geführt werden kann. Beide sehen sich zwar ihrem Selbstverständnis nach für universal an und mögen es de iure auch sein. De facto müssen sie anerkennen, dass sie nur in Teilen der Menschheit angenommen und auch nur in Teilen der Menschheit verständlich sind. Die Zahl der konkurrierenden Kulturen ist freilich viel begrenzter, als es auf den ersten Blick scheinen mag.

Vor allem ist wichtig, dass es innerhalb der kulturellen Räume keine Einheitlichkeit mehr gibt, sondern dass alle kulturellen Räume durch tiefgreifende Spannungen innerhalb ihrer eigenen kulturellen Tradition geprägt sind. Im Westen ist das ganz offenkundig. Auch wenn die säkulare Kultur einer strengen Rationalität, von der uns Herr Habermas ein eindrucksvolles Bild gegeben hat, weithin dominant ist und sich als das Verbindende versteht, ist das christliche Verständnis der Wirklichkeit nach wie vor eine wirksame Kraft. Beide Pole stehen in unterschiedlicher Nähe oder Spannung, in gegenseitiger Lernbereitschaft oder in mehr oder weniger entschiedener Abweisung zueinander.

Auch der islamische Kulturraum ist von ähnlichen Spannungen geprägt; vom fanatischen Absolutismus eines Bin Laden bis zu den Haltungen, die einer toleranten Rationalität offenstehen, reicht ein weiter Bogen. Der dritte große Kulturraum, die indische Kultur, oder besser, die Kulturräume des Hinduismus und des Buddhismus, sind wiederum von ähnlichen Spannungen geprägt, auch wenn sie, jedenfalls für unseren Blick, weniger dramatisch hervortreten. Auch diese Kulturen sehen sich sowohl dem Anspruch der westlichen Rationalität wie den Anfragen des christlichen Glaubens ausgesetzt, die beide darin präsent sind; sie assimilieren das eine wie das andere in unterschiedlichen Weisen und suchen dabei doch ihre eigene Identität zu wahren. Die Stammeskulturen Afrikas und die von bestimmten christlichen Theologien wieder wachgerufenen Stammeskulturen Lateinamerikas ergänzen das Bild. Sie erscheinen weithin als Infragestellung der westlichen Rationalität, aber auch als Infragestellung des universalen Anspruchs der christlichen Offenbarung.

Was folgt aus alledem? Zunächst einmal, so scheint mir, die faktische Nichtuniversalität der beiden großen Kulturen des Westens, der Kultur des christlichen Glaubens wie derjenigen der säkularen Rationalität, sosehr sie beide in der ganzen Welt und in allen Kulturen auf je ihre Weise mitprägend sind. Insofern scheint mir die Frage des Teheraner Kollegen, die Herr Habermas erwähnt hat, doch von einigem Gewicht zu sein, die Frage nämlich, ob nicht aus kulturvergleichender und religionssoziologischer Sicht die europäische Säkularisierung ein Sonderweg sei, der einer Korrektur bedürfe. Ich würde diese Frage nicht unbedingt, jedenfalls nicht notwendig, auf die Stimmungslage von Carl Schmitt, Martin Heidegger und Levi Strauss, sozusagen einer rationalitätsmüden europäischen Situation, reduzieren. Tatsache ist jedenfalls, dass unsere säkulare Rationalität, sosehr sie unserer westlich geformten Vernunft einleuchtet, nicht jeder Ratio einsichtig ist, dass sie als Rationalität, in ihrem Versuch, sich evident zu machen, auf Grenzen stößt. Ihre Evidenz ist faktisch an bestimmte kulturelle Kontexte gebunden, und sie muss anerkennen, dass sie als solche nicht in der ganzen Menschheit nachvollziehbar und daher in ihr auch nicht im Ganzen operativ sein kann. Mit anderen Worten, die rationale oder die ethische oder die religiöse Weltformel, auf die alle sich einigen und die dann das Ganze tragen könnte, gibt es nicht. Jedenfalls ist sie gegenwärtig unerreichbar. Deswegen bleibt auch das sogenannte Weltethos eine Abstraktion.

Was also ist zu tun? Hinsichtlich der praktischen Konsequenzen finde ich mich in weitgehender Übereinstimmung mit dem, was Herr Habermas über eine postsäkulare Gesellschaft, über die Lernbereitschaft und die Selbstbegrenzung nach beiden Seiten hin ausgeführt hat. Meine eigene Sicht möchte ich in zwei Thesen zusammenfassen und damit schließen.

1. Wir hatten gesehen, dass es Pathologien in der Religion gibt, die höchst gefährlich sind und die es nötig machen, das göttliche Licht der Vernunft sozusagen als ein Kontrollorgan anzusehen, von dem her sich Religion immer wieder neu reinigen und ordnen lassen muss, was übrigens auch die Vorstellung der Kirchenväter war. Aber in unseren Überlegungen hat sich auch gezeigt, dass es (was der Menschheit heute im allgemeinen nicht ebenso bewusst ist) auch Pathologien der Vernunft gibt, eine Hybris der Vernunft, die nicht minder gefährlich, sondern von ihrer potentiellen Effizienz her noch bedrohlicher ist: Atombombe, Mensch als Produkt. Deswegen muss umgekehrt auch die Vernunft an ihre Grenzen gemahnt werden und Hörbereitschaft gegenüber den großen religiösen Überlieferungen der Menschheit lernen. Wenn sie sich völlig emanzipiert und diese Lernbereitschaft, diese Korrelationalität ablegt, wird sie zerstörerisch.

Kurt Hübner hat kürzlich eine ähnliche Forderung formuliert und gesagt, es gehe bei einer solchen These unmittelbar nicht um »Rückkehr zum Glauben«, sondern darum, »dass man sich von der epochalen Verblendung befreit, er (d. h. der Glaube) habe dem heutigen Menschen deswegen nichts mehr zu sagen, weil er seiner humanistischen Idee von Vernunft, Aufklärung und Freiheit widerspreche«. Ich würde demgemäß von einer notwendigen Korrelationalität von Vernunft und Glaube, Vernunft und Religion sprechen, die zu gegenseitiger Reinigung und Heilung berufen sind und die sich gegenseitig brauchen und das gegenseitig anerkennen müssen.

2. Diese Grundregel muss dann praktisch, im interkulturellen Kontext unserer Gegenwart, konkretisiert werden. Ohne Zweifel sind die beiden Hauptpartner in dieser Korrelationalität der christliche Glaube und die westliche säkulare Rationalität. Das kann und muss man ohne falschen Eurozentrismus sagen. Beide bestimmen die Weltsituation in einem Maß wie keine andere der kulturellen Kräfte. Aber das bedeutet doch nicht, dass man die anderen Kulturen als eine Art »quantité négligeable« beiseite schieben dürfte. Dies wäre nun doch eine westliche Hybris, die wir teuer bezahlen würden und zum Teil schon bezahlen. Es ist für die beiden großen Komponenten der westlichen Kultur wichtig, sich auf ein Hören, eine wahre Korrelationalität auch mit diesen Kulturen einzulassen. Es ist wichtig, sie in den Versuch einer polyphonen Korrelation hineinzunehmen, in der sie sich selbst der wesentlichen Komplementarität von Vernunft und Glaube öffnen, so dass ein universaler Prozess der Reinigung wachsen kann, in dem letztlich die von allen Menschen irgendwie gekannten oder geahnten wesentlichen Werte und Normen neue Leuchtkraft gewinnen können, so dass wieder zu wirksamer Kraft in der Menschheit kommen kann, was die Welt zusammenhält.

2.
Grundlagen des Rechts

*Ansprache im Berliner Reichstagsgebäude
am 22. September 2011*

*Sehr geehrter Herr Bundespräsident! Herr Bundestagspräsident!
Frau Bundeskanzlerin! Frau Bundesratspräsidentin!
Meine Damen und Herren Abgeordnete!*

Es ist mir Ehre und Freude, vor diesem Hohen Haus zu sprechen – vor dem Parlament meines deutschen Vaterlandes, das als demokratisch gewählte Volksvertretung hier zusammenkommt, um zum Wohl der Bundesrepublik Deutschland zu arbeiten. Dem Herrn Bundestagspräsidenten möchte ich für seine Einladung zu dieser Rede ebenso danken wie für die freundlichen Worte der Begrüßung und Wertschätzung, mit denen er mich empfangen hat. In dieser Stunde wende ich mich an Sie, verehrte Damen und Herren – gewiss auch als Landsmann, der sich lebenslang seiner Herkunft verbunden weiß und die Geschicke der deutschen Heimat mit Anteilnahme verfolgt. Aber die Einladung zu dieser Rede gilt mir als Papst, als Bischof von Rom, der die oberste Verantwortung für die katholische Christenheit trägt. Sie anerkennen damit die Rolle, die dem Heiligen Stuhl als Partner innerhalb der Völker- und Staatengemeinschaft zukommt. Von dieser meiner internationalen Verantwortung her möchte ich Ihnen einige Gedanken über die Grundlagen des freiheitlichen Rechtsstaats vorlegen.

Lassen Sie mich meine Überlegungen über die Grundlagen des Rechts mit einer kleinen Geschichte aus der Heiligen Schrift beginnen. Im ersten Buch der Könige wird erzählt, dass Gott dem jungen König Salomon bei seiner Thronbesteigung eine Bitte freistellte. Was wird sich der junge Herrscher in diesem Augenblick erbitten? Erfolg – Reichtum – langes Leben – Vernichtung der Feinde? Nicht um diese Dinge bittet er. Er bittet: »Verleih deinem Knecht ein hörendes Herz, damit er dein Volk zu regieren und das Gute vom Bösen zu unterscheiden versteht« (1 Kön 3,9). Die Bibel will uns mit dieser Erzählung sagen, worauf es für einen Politiker letztlich ankommen muss. Sein letzter Maßstab und der Grund für seine Arbeit als Politiker darf nicht der Erfolg und schon gar nicht materieller Gewinn sein. Die Politik muss Mühen um Gerechtigkeit sein und so die Grundvoraussetzung für Frieden schaffen. Natürlich wird ein Politiker den Erfolg suchen, ohne den er überhaupt nicht die Möglichkeit politischer Gestaltung hätte. Aber der Erfolg ist dem Maßstab der Gerechtigkeit, dem Willen zum Recht und dem Verstehen für das Recht untergeordnet. Erfolg kann auch Verführung sein und kann so den Weg auftun für die Verfälschung des Rechts, für die Zerstörung der Gerechtigkeit. »Nimm das Recht weg – was ist dann ein Staat noch anderes als eine große Räuberbande«, hat der heilige Augustinus einmal gesagt[1]. Wir Deutsche wissen es aus eigener Erfahrung, dass diese Worte nicht ein leeres Schreckgespenst sind. Wir haben erlebt, dass Macht von Recht getrennt wurde, dass Macht gegen Recht stand, das Recht zertreten hat und dass der Staat zum Instrument der Rechtszerstörung wurde – zu einer sehr gut organisierten Räuberbande, die die ganze Welt bedrohen und an den Rand des Abgrunds treiben konnte. Dem Recht zu dienen und der Herrschaft des Unrechts zu wehren ist und bleibt die grundlegende Aufgabe des Politikers. In einer historischen Stunde, in der dem Menschen Macht zugefallen ist, die bisher nicht vorstellbar war, wird diese Aufgabe besonders dringlich. Der Mensch kann die Welt zerstören. Er kann sich selbst manipulieren. Er kann sozusagen Menschen machen und Menschen vom Menschsein ausschließen. Wie erkennen wir, was recht ist? Wie können wir zwischen Gut und Böse, zwischen wahrem Recht und Scheinrecht unterscheiden? Die salomonische Bitte bleibt die entscheidende Frage, vor der der Politiker und die Politik auch heute stehen.

In einem Großteil der rechtlich zu regelnden Materien kann

die Mehrheit ein genügendes Kriterium sein. Aber dass in den Grundfragen des Rechts, in denen es um die Würde des Menschen und der Menschheit geht, das Mehrheitsprinzip nicht ausreicht, ist offenkundig: Jeder Verantwortliche muss sich bei der Rechtsbildung die Kriterien seiner Orientierung suchen. Im 3. Jahrhundert hat der große Theologe Origenes den Widerstand der Christen gegen bestimmte geltende Rechtsordnungen so begründet: »Wenn jemand sich bei den Skythen befände, die gottlose Gesetze haben, und gezwungen wäre, bei ihnen zu leben …, dann würde er wohl sehr vernünftig handeln, wenn er im Namen des Gesetzes der Wahrheit, das bei den Skythen ja Gesetzwidrigkeit ist, zusammen mit Gleichgesinnten auch entgegen der bei jenen bestehenden Ordnung Vereinigungen bilden würde …«[2]

Von dieser Überzeugung her haben die Widerstandskämpfer gegen das Naziregime und gegen andere totalitäre Regime gehandelt und so dem Recht und der Menschheit als ganzer einen Dienst erwiesen. Für diese Menschen war es unbestreitbar evident, dass geltendes Recht in Wirklichkeit Unrecht war. Aber bei den Entscheidungen eines demokratischen Politikers ist die Frage, was nun dem Gesetz der Wahrheit entspreche, was wahrhaft recht sei und Gesetz werden könne, nicht ebenso evident. Was in bezug auf die grundlegenden anthropologischen Fragen das Rechte ist und geltendes Recht werden kann, liegt heute keineswegs einfach zutage. Die Frage, wie man das wahrhaft Rechte erkennen und so der Gerechtigkeit in der Gesetzgebung dienen kann, war nie einfach zu beantworten, und sie ist heute in der Fülle unseres Wissens und unseres Könnens noch sehr viel schwieriger geworden.

Wie erkennt man, was recht ist? In der Geschichte sind Rechtsordnungen fast durchgehend religiös begründet worden: Vom Blick auf die Gottheit her wird entschieden, was unter Menschen rechtens ist. Im Gegensatz zu anderen großen Religionen hat das Christentum dem Staat und der Gesellschaft nie ein Offenbarungsrecht, nie eine Rechtsordnung aus Offenbarung vorgegeben. Es hat stattdessen auf Natur und Vernunft als die wahren

Rechtsquellen verwiesen – auf den Zusammenklang von objektiver und subjektiver Vernunft, der freilich das Gegründetsein beider Sphären in der schöpferischen Vernunft Gottes voraussetzt. Die christlichen Theologen haben sich damit einer philosophischen und juristischen Bewegung angeschlossen, die sich seit dem 2. Jahrhundert v. Chr. gebildet hatte. In der ersten Hälfte des 2. vorchristlichen Jahrhunderts kam es zu einer Begegnung zwischen dem von stoischen Philosophen entwickelten sozialen Naturrecht und verantwortlichen Lehrern des römischen Rechts.[3] In dieser Berührung ist die abendländische Rechtskultur geboren worden, die für die Rechtskultur der Menschheit von entscheidender Bedeutung war und ist. Von dieser vorchristlichen Verbindung von Recht und Philosophie geht der Weg über das christliche Mittelalter in die Rechtsentfaltung der Aufklärungszeit bis hin zur Erklärung der Menschenrechte und bis zu unserem deutschen Grundgesetz, mit dem sich unser Volk 1949 zu den »unverletzlichen und unveräußerlichen Menschenrechten als Grundlage jeder menschlichen Gemeinschaft, des Friedens und der Gerechtigkeit in der Welt« bekannt hat.

Für die Entwicklung des Rechts und für die Entwicklung der Humanität war es entscheidend, dass sich die christlichen Theologen gegen das vom Götterglauben geforderte religiöse Recht auf die Seite der Philosophie gestellt, Vernunft und Natur in ihrem Zueinander als die für alle gültige Rechtsquelle anerkannt haben. Diesen Entscheid hatte schon Paulus im Brief an die Römer vollzogen, wenn er sagt: »Wenn Heiden, die das Gesetz (die Thora Israels) nicht haben, von Natur aus das tun, was im Gesetz gefordert ist, so sind sie ... sich selbst Gesetz. Sie zeigen damit, dass ihnen die Forderung des Gesetzes ins Herz geschrieben ist; ihr Gewissen legt Zeugnis davon ab ...« (Röm 2,14f.). Hier erscheinen die beiden Grundbegriffe Natur und Gewissen, wobei Gewissen nichts anderes ist als das hörende Herz Salomons, als die der Sprache des Seins geöffnete Vernunft. Wenn damit bis in die Zeit der Aufklärung, der Menschenrechtserklärung nach dem Zweiten Weltkrieg und in der Gestaltung unseres Grundgesetzes die

Frage nach den Grundlagen der Gesetzgebung geklärt schien, so hat sich im letzten halben Jahrhundert eine dramatische Veränderung der Situation zugetragen. Der Gedanke des Naturrechts gilt heute als eine katholische Sonderlehre, über die außerhalb des katholischen Raums zu diskutieren nicht lohnen würde, so dass man sich schon beinahe schämt, das Wort überhaupt zu erwähnen. Ich möchte kurz andeuten, wieso diese Situation entstanden ist. Grundlegend ist zunächst die These, dass zwischen Sein und Sollen ein unüberbrückbarer Graben bestehe. Aus Sein könne kein Sollen folgen, weil es sich da um zwei völlig verschiedene Bereiche handle. Der Grund dafür ist das inzwischen fast allgemein angenommene positivistische Verständnis von Natur. Wenn man die Natur – mit den Worten von H. Kelsen – als »ein Aggregat von als Ursache und Wirkung miteinander verbundenen Seinstatsachen« ansieht, dann kann aus ihr in der Tat keine irgendwie geartete ethische Weisung hervorgehen.[4] Ein positivistischer Naturbegriff, der die Natur rein funktional versteht, so wie die Naturwissenschaft sie erkennt, kann keine Brücke zu Ethos und Recht herstellen, sondern wiederum nur funktionale Antworten hervorrufen. Das gleiche gilt aber auch für die Vernunft in einem positivistischen, weithin als allein wissenschaftlich angesehenen Verständnis. Was nicht verifizierbar oder falsifizierbar ist, gehört danach nicht in den Bereich der Vernunft im strengen Sinn. Deshalb müssen Ethos und Religion dem Raum des Subjektiven zugewiesen werden und fallen aus dem Bereich der Vernunft im strengen Sinn des Wortes heraus. Wo die alleinige Herrschaft der positivistischen Vernunft gilt – und das ist in unserem öffentlichen Bewusstsein weithin der Fall –, da sind die klassischen Erkenntnisquellen für Ethos und Recht außer Kraft gesetzt. Dies ist eine dramatische Situation, die alle angeht und über die eine öffentliche Diskussion notwendig ist, zu der dringend einzuladen eine wesentliche Absicht dieser Rede bildet.

Das positivistische Konzept von Natur und Vernunft, die positivistische Weltsicht als ganze ist ein großartiger Teil menschlichen Erkennens und menschlichen Könnens, auf die wir keinesfalls verzichten dürfen. Aber es ist nicht selbst als Ganzes eine dem Menschsein in seiner Weite entsprechende und genügende Kultur. Wo die positivistische Vernunft sich allein als die genügende Kultur ansieht und alle anderen kulturellen Realitäten in den Status der Subkultur verbannt, da verkleinert sie den Menschen, ja sie bedroht seine Menschlichkeit. Ich sage das gerade im Hinblick auf Europa, in dem weite Kreise versuchen, nur den Positivismus als gemeinsame Kultur und als gemeinsame Grundlage für die Rechtsbildung anzuerkennen, alle übrigen Einsichten und Werte unserer Kultur in den Status einer Subkultur verweisen und damit Europa gegenüber den anderen Kulturen der Welt in einen Status der Kulturlosigkeit gerückt und zugleich extremistische und radikale Strömungen herausgefordert werden. Die sich exklusiv gebende positivistische Vernunft, die über das Funktionieren hinaus nichts wahrnehmen kann, gleicht den Betonbauten ohne Fenster, in denen wir uns Klima und Licht selber geben, beides nicht mehr aus der weiten Welt Gottes beziehen wollen. Und dabei können wir uns doch nicht verbergen, dass wir in dieser selbstgemachten Welt im stillen doch aus den Vorräten Gottes schöpfen, die wir zu unseren Produkten umgestalten. Die Fenster müssen wieder aufgerissen werden, wir müssen wieder die Weite der Welt, den Himmel und die Erde sehen und all dies recht zu gebrauchen lernen.

Aber wie geht das? Wie finden wir in die Weite, ins Ganze? Wie kann die Vernunft wieder ihre Größe finden, ohne ins Irrationale abzugleiten? Wie kann die Natur wieder in ihrer wahren Tiefe, in ihrem Anspruch und mit ihrer Weisung erscheinen? Ich erinnere an einen Vorgang in der jüngeren politischen Geschichte, in der Hoffnung, nicht allzu sehr missverstanden zu werden und nicht zu viele einseitige Polemiken hervorzurufen. Ich würde sagen, dass das Auftreten der ökologischen Bewegung in der deutschen Politik seit den 70er Jahren zwar wohl nicht Fenster aufgerissen hat, aber ein Schrei nach frischer Luft gewesen ist und bleibt, den man nicht überhören darf und nicht beiseite schieben kann, weil man zu viel Irrationales darin findet. Jungen Menschen war bewusst geworden, dass irgendetwas in unserem Umgang mit der Natur nicht stimmt. Dass Materie nicht nur Material für unser Machen ist, sondern dass die Erde selbst ihre Würde in sich trägt und wir ihrer Weisung folgen müssen. Es ist wohl klar, dass ich hier nicht Propaganda für eine bestimmte politische Partei mache – nichts liegt mir ferner als dies. Wenn in unserem Umgang mit der Wirklichkeit etwas nicht stimmt, dann müssen wir alle ernstlich über das Ganze nachdenken und sind alle auf die Frage nach den Grundlagen unserer Kultur überhaupt verwiesen. Erlauben Sie mir bitte, dass ich noch einen Augenblick bei diesem Punkt bleibe. Die Bedeutung der Ökologie ist inzwischen unbestritten. Wir müssen auf die Sprache der Natur hören und entsprechend antworten. Ich möchte aber nachdrücklich einen Punkt ansprechen, der nach wie vor – wie mir scheint – ausgeklammert wird: Es gibt auch eine Ökologie des Menschen. Auch der Mensch hat eine Natur, die er achten muss und die er nicht beliebig manipulieren kann. Der Mensch ist nicht nur sich selbst machende Freiheit. Der Mensch macht sich nicht selbst. Er ist Geist und Wille, aber er ist auch Natur, und sein Wille ist dann recht, wenn er auf die Natur achtet, sie hört und sich annimmt als der, der er ist und der sich nicht selbst gemacht hat. Gerade so und nur so vollzieht sich wahre menschliche Freiheit.

Kehren wir zurück zu den Grundbegriffen Natur und Vernunft, von denen wir ausgegangen waren. Der große Theoretiker des Rechtspositivismus, Kelsen, hat im Alter von 84 Jahren – 1965 – den Dualismus von Sein und Sollen aufgegeben. (Es tröstet mich, dass man mit 84 Jahren offenbar noch etwas Vernünftiges denken kann.) Er hatte früher gesagt, dass Normen nur aus dem Willen kommen können. Die Natur könnte folglich Normen nur enthalten – so fügt er hinzu –, wenn ein Wille diese Normen in sie hineingelegt hätte. Dies wiederum – sagt er – würde einen Schöpfergott voraussetzen, dessen Wille in die Natur miteingegangen ist. »Über die Wahrheit dieses Glaubens zu diskutieren, ist völlig aussichtslos«, bemerkt er dazu.[5] Wirklich? – möchte ich fragen. Ist es wirklich sinnlos zu bedenken, ob die objektive Vernunft, die sich in der Natur zeigt, nicht eine schöpferische Vernunft, einen Creator Spiritus voraussetzt?

An dieser Stelle müsste uns das kulturelle Erbe Europas zu Hilfe kommen. Von der Überzeugung eines Schöpfergottes her ist die Idee der Menschenrechte, die Idee der Gleichheit aller Menschen vor dem Recht, die Erkenntnis der Unantastbarkeit der Menschenwürde in jedem einzelnen Menschen und das Wissen um die Verantwortung der Menschen für ihr Handeln entwickelt worden. Diese Erkenntnisse der Vernunft bilden unser kulturelles Gedächtnis. Es zu ignorieren oder als bloße Vergangenheit zu betrachten wäre eine Amputation unserer Kultur insgesamt und würde sie ihrer Ganzheit berauben. Die Kultur Europas ist aus der Begegnung von Jerusalem, Athen und Rom – aus der Begegnung zwischen dem Gottesglauben Israels, der philosophischen Vernunft der Griechen und dem Rechtsdenken Roms entstanden. Diese dreifache Begegnung bildet die innere Identität Europas. Sie hat im Bewusstsein der Verantwortung des Menschen vor Gott und in der Anerkenntnis der unantastbaren Würde des Menschen, eines jeden Menschen, Maßstäbe des Rechts gesetzt, die zu verteidigen uns in unserer historischen Stunde aufgegeben ist.

Dem jungen König Salomon ist in der Stunde seiner Amtsübernahme eine Bitte freigestellt worden. Wie wäre es, wenn uns, den Gesetzgebern von heute, eine Bitte freigestellt würde? Was würden wir erbitten? Ich denke, auch heute könnten wir letztlich nichts anderes wünschen als ein hörendes Herz – die Fähigkeit, Gut und Böse zu unterscheiden und so wahres Recht zu setzen, der Gerechtigkeit zu dienen und dem Frieden. Ich danke Ihnen für Ihre Aufmerksamkeit!

1 *De civitate Dei*, IV, 4, 1.

2 *Contra Celsum* GCS Orig. 428 (Koetschau); vgl. A. Fürst, *Monotheismus und Monarchie. Zum Zusammenhang von Heil und Herrschaft in der Antike.* In: Theol.Phil. 81 (2006) 321–338; Zitat S. 336; vgl. auch J. Ratzinger, *Die Einheit der Nationen. Eine Vision der Kirchenväter* (Salzburg – München 1971) 60.

3 Vgl. W. Waldstein, *Ins Herz geschrieben. Das Naturrecht als Fundament einer menschlichen Gesellschaft* (Augsburg 2010) 11ff.: 31–61.

4 Waldstein, a.a.O., 15–21.

5 Zitiert nach Waldstein, *a.a.O.*, 19.

Person und Menschenwürde

3.
Die Menschenrechte und die Suche nach dem Gemeinwohl

Ansprache beim Besuch der UN-Vollversammlung, New York, am 18. April 2008

Herr Präsident, meine Damen und Herren!

Zu Beginn meiner Ansprache an diese Versammlung möchte ich vor allem Ihnen, Herr Präsident, meine aufrichtige Dankbarkeit für Ihre freundlichen Worte aussprechen. Mein Dank gilt auch dem Generalsekretär, Herrn Ban Ki-moon, für die Einladung zum Besuch des Hauptsitzes der Organisation und für den Empfang, den er mir bereitet hat. Ich grüße die Botschafter und Diplomaten aus den Mitgliedsstaaten und alle Anwesenden. Durch Sie grüße ich die Völker, die Sie hier repräsentieren. Sie erwarten von dieser Institution, dass sie ihre Gründungsinspiration fortführe, nämlich »ein Mittelpunkt zu sein, in dem die Bemühungen der Nationen zur Verwirklichung dieser gemeinsamen Ziele aufeinander abgestimmt werden«, der Ziele des Friedens und der Entwicklung (vgl. *Charta der Vereinten Nationen*, Artikel 1.2–1.4). Wie Papst Johannes Paul II. es 1995 ausdrückte, sollte die Organisation »ein moralischer Mittelpunkt sein, wo sich alle Nationen der Welt zu Hause fühlen, indem sie das gemeinsame Bewusstsein entwickeln, eine ›Familie der Nationen‹ zu sein« (*Ansprache an die Vollversammlung der Vereinten Na-*

tionen am 50. Jahrestag ihrer Gründung, New York, 5. Oktober 1995, Nr. 14; *O.R. dt.*, Nr. 41, 13.10.1995, S. 1ff.).

Durch die Vereinten Nationen haben die Staaten universale Ziele aufgestellt, die, auch wenn sie nicht mit dem Gemeinwohl der Menschheitsfamilie in seiner Gesamtheit zusammenfallen, zumindest einen entscheidenden Teil von ihm darstellen. Die Gründungsprinzipien der Organisation – das Streben nach Frieden, der Sinn für Gerechtigkeit, die Achtung der Menschenwürde, die humanitäre Zusammenarbeit und Hilfeleistung – sind Ausdruck der richtigen Bestrebungen des menschlichen Geistes und stellen die Ideale dar, die den internationalen Beziehungen zugrunde liegen sollten. Wie meine Vorgänger Paul VI. und Johannes Paul II. von diesem Rednerpult aus angemerkt haben, gehört all dies zu den Wirklichkeiten, welche die katholische Kirche und der Heilige Stuhl mit Aufmerksamkeit und Interesse verfolgen, weil sie in Ihrer Tätigkeit ein Beispiel dafür sehen, wie die Probleme und Konflikte, die die Weltgemeinschaft betreffen, in den Genuss einer gemeinsamen Regelung kommen können. Die Vereinten Nationen konkretisieren das Streben nach »einem höheren Grad internationaler Organisation« (Johannes Paul II., Enzyklika *Sollicitudo rei socialis,* Nr. 43), die vom Subsidiaritätsprinzip inspiriert und geleitet und daher in der Lage sein muss, durch effiziente internationale Regeln und durch die Bereitstellung von Strukturen, die es vermögen, den harmonischen Ablauf des Alltagslebens der Völker sicherzustellen, auf die Bedürfnisse der Menschheitsfamilie zu antworten. Das ist um so nötiger in der heutigen Welt, wo man das offensichtliche Paradox eines multilateralen Konsenses erfährt, der sich weiter in der Krise befindet, weil er den Entscheidungen einiger weniger untergeordnet ist, während die Probleme der Welt von Seiten der internationalen Gemeinschaft Interventionen in Form gemeinsamer Aktionen erfordern.

Tatsächlich erfordern die Sicherheitsfragen, die Entwicklungsziele, die Verringerung der lokalen und globalen Ungleichheiten, der Schutz der Umwelt, der Ressourcen und des Klimas, dass alle für das internationale Leben Verantwortlichen gemeinsam handeln und bereit sind, in gutem Glauben zu arbeiten, in Achtung vor dem Gesetz, um die Solidarität mit den schwächsten Regionen des Planeten zu fördern. Ich denke in besonderer Weise an bestimmte Länder Afrikas und anderer Erdteile, die noch immer am Rande einer echten, vollständigen Entwicklung bleiben und daher Gefahr laufen, nur die negativen Effekte der Globalisierung zu erfahren. Im Rahmen der internationalen Beziehungen ist es nötig, die übergeordnete Rolle der Regeln und Strukturen zu erkennen, die ihrer Natur nach auf die Förderung des Gemeinwohls und damit auf die Verteidigung der menschlichen Freiheit hingeordnet sind. Diese Regeln schränken die Freiheit nicht ein. Im Gegenteil, sie fördern sie, wenn sie Verhaltensweisen und Handlungen verbieten, die dem Gemeinwohl zuwiderlaufen, die seine tatsächliche Ausübung behindern und daher die Würde einer jeden menschlichen Person kompromittieren. Im Namen der Freiheit muss es eine Wechselbeziehung zwischen Rechten und Pflichten geben, durch die jeder Mensch aufgerufen ist, seine Verantwortung für die Entscheidungen zu übernehmen, die er trifft, unter Berücksichtigung der mit den anderen geknüpften Beziehungen. Wir denken daran, wie manchmal die Ergebnisse der wissenschaftlichen Forschung und der technologischen Fortschritte verwendet worden sind. Auch wenn anerkannt werden muss, dass die Menschheit immense Vorteile aus ihnen ziehen kann, stellen einige Aspekte ihrer Anwendung eine klare Verletzung der Schöpfungsordnung dar, was so weit geht, dass sie nicht nur dem unantastbaren Charakter des Lebens widersprechen, sondern die menschliche Person selbst und die Familie ihrer natürlichen Identität berauben. In gleicher Weise soll das auf den Schutz der Umwelt und der verschiedenen Lebensformen auf der Erde gerichtete internationale Vorgehen nicht nur einen vernünftigen Einsatz der Technologie garantieren, sondern es muss auch das ursprüngliche Bild der Schöpfung wiederentdecken. Dabei wird es nie darum gehen, zwischen Ethik und Wissenschaft wählen zu müssen, sondern vielmehr darum, eine wissenschaftliche Methode anzuwenden, die die ethischen Imperative wahrhaft respektiert.

Die Anerkennung der Einheit der Menschheitsfamilie und die Achtung vor der jeder Frau und jedem Mann innewohnenden Würde erhalten heute einen neuen Auftrieb im Prinzip der Schutzverantwortung. Dieses Prinzip ist erst kürzlich definiert worden, aber es war implizit schon in der Anfangszeit der Vereinten Nationen vorhanden und kennzeichnet jetzt immer mehr ihre Tätigkeit. Jeder Staat hat die vorrangige Pflicht, seine Bevölkerung vor schweren und wiederholten Verletzungen der Menschenrechte zu schützen, wie auch vor den Folgen humanitärer Krisen, die sowohl von der Natur als auch vom Menschen verursacht werden. Wenn sich herausstellt, dass die Staaten nicht in der Lage sind, einen solchen Schutz zu garantieren, steht es der internationalen Gemeinschaft zu, mit den von der Charta der Vereinten Nationen und anderen internationalen Übereinkommen vorgesehenen rechtlichen Mitteln einzugreifen. Das Handeln der internationalen Gemeinschaft und ihrer Institutionen darf, soweit sie jene Prinzipien respektiert, die der internationalen Ordnung zugrunde liegen, nie als eine ungerechtfertigte Nötigung oder eine Begrenzung der Souveränität verstanden werden. Vielmehr sind es die Gleichgültigkeit oder das Nichteingreifen, die tatsächliche Schäden verursachen. Es bedarf einer vertieften Suche nach Möglichkeiten, um Konflikten vorzubeugen und sie zu kontrollieren, indem alle Mittel genutzt werden, über die die Diplomatie verfügt, und indem auch dem schwächsten Anzeichen von Dialog und Versöhnungswillen Aufmerksamkeit und Ermutigung geschenkt wird.

Das Prinzip der »Schutzverantwortung« wurde vom antiken *ius gentium* (Völkerrecht) als das Fundament jeder Handlung angesehen, die von den Regierenden gegenüber den Regierten vorgenommen wird: Zu der Zeit, als sich der Begriff des souveränen Nationalstaates zu entwickeln begann, beschrieb der dominikanische Ordensmann Francisco De Vitoria, der zu Recht als Vorläufer der Idee der Vereinten Nationen angesehen wird, jene Verantwortung als einen von allen Nationen geteilten Aspekt der natürlichen Vernunft und als Ergebnis einer internationalen Ordnung, deren Aufgabe die Regelung der Beziehungen zwischen den Völkern war. Heute wie damals muss ein solches Prinzip die Idee der Person als Ebenbild des Schöpfers sowie die Sehnsucht nach dem Absoluten und das Wesen der Freiheit in Erscheinung treten lassen. Wir wissen nur allzu gut, dass die Gründung der Vereinten Nationen mit der tiefgreifenden Erschütterung einherging, die die Menschheit erlitten hat, als der Bezug zur Bedeutung der Transzendenz und natürlichen Vernunft aufgeben wurde und infolgedessen die menschliche Freiheit und die Würde schwer verletzt wurden. Unter solchen Umständen gefährdet dies die objektiven Grundlagen der Werte, die die internationale Ordnung inspirieren und leiten, und untergräbt die unantastbaren und zwingenden Prinzipien, die von den Vereinten Nationen formuliert und bekräftigt worden sind. In Anbetracht von neuen und wiederholten Herausforderungen ist es ein Fehler, sich hinter einem pragmatischen Ansatz zu verschanzen, der sich darauf beschränkt, »gemeinsame Grundlagen« aufzustellen, deren Inhalt minimal und deren Wirkungen schwach sind.

Der Bezug zur Würde des Menschen, die das Fundament und Ziel der Schutzverantwortung ist, führt uns hin zu dem spezifischen Thema dieses Jahres, das den 60. Jahrestag der *»Allgemeinen Erklärung der Menschenrechte«* markiert. Dieses Dokument war das Ergebnis einer Übereinstimmung verschiedener religiöser und kultureller Traditionen, die alle von demselben Wunsch erfüllt waren, die menschliche Person in den Mittelpunkt der Institutionen, der Gesetze und des Vorgehens der Gesellschaften zu stellen und sie als wesentlich für die Welt der Kultur, der Religion und der Wissenschaft anzusehen. Die Menschenrechte werden immer mehr als die gemeinsame Sprache und das ethische Substrat der internationalen Beziehungen dargestellt. Ebenso wie die Universalität, die Unteilbarkeit und die gegenseitige Abhängigkeit der Menschenrechte Garantien für die Wahrung der Menschenwürde sind. Es ist aber offensichtlich, dass die in der

»Erklärung« anerkannten und dargelegten Rechte auf jeden Menschen aufgrund des gemeinsamen Ursprungs der Menschen angewendet werden, der für die Welt und die Geschichte der zentrale Punkt des Schöpfungsplanes Gottes bleibt. Diese Rechte haben ihre Grundlage im Naturrecht, das in das Herz des Menschen eingeschrieben und in den verschiedenen Kulturen und Zivilisationen gegenwärtig ist. Die Menschenrechte aus diesem Kontext herauszulösen würde bedeuten, ihre Reichweite zu begrenzen und einer relativistischen Auffassung nachzugeben, für welche die Bedeutung und Interpretation dieser Rechte variieren könnten und der zufolge ihre Universalität im Namen kultureller, politischer, sozialer und sogar religiöser Vorstellungen verneint werden könnte. Die große Vielfalt der Sichtweisen kann kein Grund sein, um zu vergessen, dass nicht nur die Rechte universal sind, sondern auch die menschliche Person, die das Subjekt dieser Rechte ist.

Das Leben der Gemeinschaft, sowohl im nationalen wie im internationalen Bereich, zeigt deutlich, dass die Achtung der Rechte und die daraus folgenden Garantien Maßstäbe für das Gemeinwohl sind, die dazu dienen, das Verhältnis zwischen Gerechtigkeit und Ungerechtigkeit, Entwicklung und Armut, Sicherheit und Konflikt zu bestimmen. Die Förderung der Menschenrechte bleibt die wirkungsvollste Strategie, um Ungleichheiten zwischen Ländern und sozialen Gruppen zu beseitigen, wie auch um die Sicherheit zu erhöhen. Tatsächlich können die Opfer von Not und Verzweiflung, deren Menschenwürde ungestraft verletzt wird, leicht Beute des Aufrufs zur Gewalt werden, und sie können dann zu Friedensbrechern werden. Das Gemeinwohl, das die Menschenrechte zu erreichen helfen, kann jedoch nicht einfach durch die Anwendung korrekter Prozeduren erreicht werden, um so weniger durch Erreichen eines einfachen Gleichgewichts zwischen untereinander konkurrierenden Rechten. Das Verdienst der *»Allgemeinen Erklärung«* ist, dass sie verschiedenen Kulturen, juristischen Ausdrucksweisen und institutionellen Modellen erlaubt hat, rund um einen grundlegenden Kern von Werten und damit von Rechten übereinzukommen. Heute aber ist es nötig, die Anstrengungen gegenüber dem Druck zu verdoppeln, der die Fundamente der »*Erklärung*« neu zu interpretieren und ihre innere Einheit zu gefährden sucht, so dass ein Sich-Entfernen vom Schutz der Menschenwürde erleichtert wird, um einfache Interessen, oft Sonderinteressen, zu befriedigen. Die »*Erklärung*« wurde als »gemeinsam erreichter Standard« *(Präambel)* angenommen und kann nicht stückweise angewendet werden, je nach Tendenzen oder selektiven Entscheidungen, die vor allem Gefahr laufen, im Widerspruch zur Einheit der menschlichen Person und damit zu der Unteilbarkeit der Menschenrechte zu stehen.

Die Erfahrung zeigt, dass sich die Gesetzlichkeit oft gegenüber der Gerechtigkeit durchsetzt, wenn das Beharren auf Rechten diese als ausschließliches Ergebnis legislativer Maßnahmen oder normativer Entscheidungen erscheinen lässt, die von den verschiedenen Einrichtungen derjenigen getroffen werden, die an der Macht sind. Wenn sie bloß in Begriffen der Gesetzlichkeit dargestellt werden, laufen Rechte Gefahr, zu schwachen Aussagen zu werden, die von der ethischen und rationalen Dimension losgelöst sind, die ihr Fundament und Ziel ist. Die »*Allgemeine Erklärung*« hat vielmehr die Überzeugung gestärkt, dass die Achtung der Menschenrechte vor allem in der unwandelbaren Gerechtigkeit verwurzelt ist, auf die sich auch die verpflichtende Kraft der internationalen Proklamationen stützt. Dieser Aspekt wird häufig übersehen, wenn der Versuch unternommen wird, Rechte im Namen einer engstirnigen utilitaristischen Perspektive ihrer wahren Funktion zu berauben. Da Rechte und die sich aus ihnen ergebenden Pflichten auf natürliche Weise aus der menschlichen Interaktion folgen, kann man leicht vergessen, dass sie das Ergebnis eines gemeinsamen Gerechtigkeitssinns sind, der sich vor allem auf die Solidarität zwischen den Mitgliedern einer Gesellschaft gründet und daher für alle Völker und Zeiten gültig ist. Diese intuitive Erkenntnis wurde schon im fünften Jahrhundert von Augustinus von Hippo, einem der Meister unseres intellektuellen Erbes, formuliert. Er lehrte, dass der Satz »*Tue nichts, was du nicht möchtest, dass man dir tun soll«* »in keiner Weise aufgrund in der Welt vorhandener unterschiedlicher Verständnisse variieren kann« (*De doctrina christiana,* III, 14). Menschenrechte müssen daher als Ausdruck der Gerechtigkeit respektiert werden und nicht lediglich deshalb, weil sie aufgrund des Willens der Gesetzgeber durchsetzbar sind.

Meine Damen und Herren! Während die Geschichte voranschreitet, entstehen neue Situationen, und man versucht, sie mit neuen Rechten zu verbinden. Die Unterscheidung, also die Fähigkeit, das Gute vom Bösen zu trennen, wird noch wesentlicher im Umfeld von Bedürfnissen, die das Leben selbst und das Verhalten der Personen, der Gemeinschaften, der Völker betreffen. Wenn wir uns dem Thema der Rechte stellen, ist die Unterscheidung zugleich eine unabdingbare und fruchtbringende Tugend, da wichtige Situationen und tiefe Wirklichkeiten betroffen sind.

Die Unterscheidung zeigt des weiteren: Wenn den einzelnen Staaten, mit ihren Gesetzen und Institutionen, in ausschließlicher Weise die Verantwortung überlassen wird, den Bestrebungen der Personen, Gruppen und ganzer Völker zu entsprechen, kann dies manchmal zur Folge haben, dass die Möglichkeit einer die Menschenwürde respektierenden sozialen Ordnung ausgeschlossen wird. Andererseits kann eine fest in der religiösen Dimension verankerte Lebenssicht helfen, dies zu erreichen, da das Erkennen des transzendenten Wertes jedes Mannes und jeder Frau die Umkehr des Herzens begünstigt, die dann zu einem Verhalten führt, Gewalt, Terrorismus und Krieg zu widerstehen und Gerechtigkeit und Frieden zu fördern. Dies liefert auch genau das Umfeld für jenen interreligiösen Dialog, den die Vereinten Nationen zu unterstützen aufgerufen sind, wie sie auch den Dialog in anderen Bereichen menschlichen Handelns unterstützen. Der Dialog sollte als das Mittel erkannt werden, durch das die verschiedenen Teile der Gesellschaft ihre Sichtweise artikulieren können und durch das sie einen Konsens um die die einzelnen Werte und Ziele betreffende Wahrheit herum aufbauen können. Es gehört zur Natur der frei praktizierten Religionen, dass sie selbständig einen Dialog der Gedanken und des Lebens führen können. Wenn die religiöse Sphäre auch auf dieser Ebene vom politischen Handeln getrennt gehalten wird, dann entstehen große Vorteile für die einzelnen und die Gemeinschaften. Andererseits können die Vereinten Nationen auf die Ergebnisse des Dialogs zwischen den Religionen zählen und Nutzen aus der Bereitschaft der Gläubigen ziehen, ihre eigenen Erfahrungen in den Dienst des Gemeinwohls zu stellen. Ihre Aufgabe ist es, eine Vision des Glaubens nicht in Begriffen der Intoleranz, der Diskriminierung und des Konflikts anzubieten, sondern in Begriffen vollständigen Respekts vor der Wahrheit, der Koexistenz, der Rechte und der Versöhnung.

Natürlich müssen die Menschenrechte das Recht der Religionsfreiheit einschließen, verstanden als Ausdruck einer zugleich individuellen und gemeinschaftlichen Dimension – eine Vision, die die Einheit der Person ausdrückt, auch wenn sie klar zwischen der Dimension des Bürgers und der des Gläubigen unterscheidet. Die Tätigkeit der Vereinten Nationen in den vergangenen Jahren hat sichergestellt, dass die öffentliche Debatte Sichtweisen Platz bietet, die von einer religiösen Vision in allen ihren Dimensionen inspiriert sind, einschließlich Ritus, Gottesdienst, Erziehung, Verbreitung von Informationen, wie auch die Freiheit, sich zu einer Religion zu bekennen oder sie zu wählen. Es ist daher unbegreiflich, dass Gläubige einen Teil von sich – ihren Glauben – unterdrücken müssen, um aktive Bürger zu sein. Es sollte niemals erforderlich sein, Gott zu verleugnen, um in den Genuss der eigenen Rechte zu kommen. Die mit der Religion verbundenen Rechte sind um so schutzbedürftiger, wenn sie als im Gegensatz stehend zu einer säkularen Ideologie oder zu religiösen Mehrheitspositionen exklusiver Art angesehen werden. Die volle Gewährleistung der Religionsfreiheit kann nicht auf die freie Ausübung des Kultes beschränkt werden, sondern muss in richtiger Weise die öffentliche Dimension der Religion berücksichtigen, also die Möglichkeit der Gläubigen, ihre Rolle im Aufbau der sozialen Ordnung zu spielen. Tatsächlich tun sie das schon, beispielsweise durch ihr einflussreiches und großzügiges Engagement in einem weiten Netzwerk von Initiativen, die von Universitäten, wissenschaftlichen Einrichtungen und Schulen bis zu Stellen der Gesundheitsfürsorge und karitativen Organisationen im Dienste der Ärmsten und Ausgegrenzten reichen. Die Weigerung, den Beitrag für die Gesellschaft anzuerkennen, der in der religiösen Dimension und der Suche nach dem Absoluten wurzelt – schon in ihrer Natur Ausdruck der Gemeinschaft zwischen Personen –, würde zweifellos einen individualistischen Ansatz privilegieren und die Einheit der Person aufsplittern.

Meine Anwesenheit in dieser Versammlung ist Zeichen der Wertschätzung für die Vereinten Nationen, und sie ist als Ausdruck der Hoffnung gemeint, dass die Organisation immer mehr als Zeichen der Einheit zwischen den Staaten und als Instrument des Dienstes an der gesamten Menschheitsfamilie wirken möge. Sie drückt auch den Willen der katholischen Kirche aus, den ihr eigenen Beitrag zu leisten zum Aufbau internationaler Beziehungen in einer Weise, die jede Person und jedes Volk spüren lässt, dass sie von Bedeutung sind. In einer Weise, die mit ihrem Beitrag im ethischen und moralischen Bereich und mit dem freien Handeln ihrer Gläubigen kohärent ist, arbeitet die Kirche auch durch die internationale Tätigkeit des Heiligen Stuhls an der Verwirklichung dieser Ziele. In der Tat hat der Heilige Stuhl immer einen Platz in der Versammlung der Nationen gehabt und damit seinen spezifischen Charakter als Subjekt im internationalen Bereich bekundet. Wie die Vereinten Nationen kürzlich bestätigt haben, leistet der Heilige Stuhl dabei seinen Beitrag gemäß den Vorgaben des internationalen Rechts, hilft dieses Recht zu bestimmen und bezieht sich darauf.

Die Vereinten Nationen bleiben ein privilegierter Ort, an dem die Kirche bemüht ist, ihre über Jahrhunderte zwischen den Völkern aller Rassen und Kulturen entwickelte Erfahrung in »der Menschlichkeit« einzubringen und sie allen Mitgliedern der internationalen Gemeinschaft zur Verfügung zu stellen. Diese Erfahrung und Tätigkeit, die darauf gerichtet ist, Freiheit für jeden

Gläubigen zu erreichen, versucht, auch den Schutz, der den Rechten der Person gewährt wird, zu erhöhen. Jene Rechte sind auf die transzendente Natur der Person gegründet und ihr nachgebildet, die Männern und Frauen erlaubt, ihren Weg des Glaubens und ihre Suche nach Gott in dieser Welt zu verfolgen. Die Anerkennung dieser Dimension muss gestärkt werden, wenn wir die Hoffnung der Menschheit auf eine bessere Welt stützen wollen und die Bedingungen für Frieden, Entwicklung, Zusammenarbeit sowie die Gewährleistung der Rechte der kommenden Generationen schaffen wollen.

In meiner letzten Enzyklika *Spe salvi* habe ich darauf hingewiesen, dass »das immer neue Ringen um die rechten Ordnungen der menschlichen Dinge jeder Generation auferlegt ist« (Nr. 25). Für die Christen ist diese Aufgabe durch die Hoffnung motiviert, die aus dem Heilswerk Jesu Christi hervorgeht. Das ist der Grund, warum die Kirche froh ist, mit der Tätigkeit dieser angesehenen Organisation in Verbindung zu stehen, die mit der Verantwortung betraut ist, den Frieden und den guten Willen in der ganzen Welt zu fördern. Liebe Freunde, ich danke Ihnen für die Gelegenheit, mich heute an Sie zu wenden, und ich verspreche Ihnen die Unterstützung durch mein Gebet für das Fortführen Ihrer edlen Aufgabe.

Bevor ich mich von dieser angesehenen Versammlung verabschiede, möchte ich allen hier vertretenen Nationen meine Grüße in den offiziellen Sprachen entrichten:

Friede und Wohlstand mit Gottes Hilfe!
Peace and Prosperity with God's help!
Paix et prospérité, avec l'aide de Dieu!
Paz y prosperidad con la ayuda de Dios!

4.
Schutz des ungeborenen Lebens

Ansprache an die Teilnehmer der Vollversammlung der Päpstlichen Akademie für das Leben und am internationalen Kongress über das Thema »Der menschliche Embryo in der Phase vor der Implantation«, Rom, am 27. Februar 2006

Liebe Brüder im Bischofs- und Priesteramt,
sehr geehrte Damen und Herren!

Anlässlich der Vollversammlung der Päpstlichen Akademie für das Leben und des eben begonnenen internationalen Kongresses zum Thema »*Der menschliche Embryo in der Phase vor der Implantation*« richte ich an alle meinen ehrerbietigen und herzlichen Gruß. Besonders begrüße ich Kardinal Javier Lozano Barragán, Präsident des Päpstlichen Rates für die Pastoral im Krankendienst, sowie Bischof Elio Sgreccia, Präsident der Päpstlichen Akademie für das Leben, dem ich für die freundlichen Worte danke, mit denen er die besondere Bedeutung der Thematik, mit der man sich bei diesem Kongress auseinandersetzen will, deutlich gemacht hat; zudem begrüße ich den ernannten Kardinal und langjährigen Freund Carlo Caffarra. Das für eure Versammlung gewählte Arbeitsthema: »*Der menschliche Embryo in der Phase vor der Implantation*«, das heißt in den allerersten Tagen nach der Empfängnis, ist in der Tat heutzutage eine äußerst wichtige Frage, sowohl wegen der offenkundigen Auswirkungen auf die philosophisch-anthropologische und ethische Reflexion als auch wegen der Anwendungsmöglichkeiten im Bereich der Biomedizin und der Rechtswissenschaft. Es handelt sich zweifellos um ein faszinierendes, aber schwieriges und anspruchsvolles Thema angesichts des heiklen Charakters des zu untersuchenden Gegenstandes und der Vielschichtigkeit der erkenntnistheoretischen Probleme in bezug auf den Zusammenhang zwischen der experimentalwissenschaftlichen Erhebung der Daten und dem anschließend einsetzenden und notwendigen Nachdenkprozess über die Werte auf anthropologischer Ebene.

Wie man wohl verstehen mag, können weder die Heilige Schrift noch die älteste christliche Überlieferung ausdrückliche Behandlungen eures Themas enthalten. Dessen ungeachtet gibt der hl. Lukas in seinem Bericht von der Begegnung der Mutter Jesu, die diesen erst wenige Tage vorher in ihrem jungfräulichen Schoß empfangen hatte, mit der Mutter Johannes' des Täufers, die bereits im sechsten Monat schwanger war, Zeugnis von der, gleichwohl verborgenen, aktiven Gegenwart der beiden Kinder: »Als Elisabeth den Gruß Marias hörte, hüpfte das Kind in ihrem Leib« (Lk 1,41). Der hl. Ambrosius kommentiert diese Stelle: Elisabet »nahm die Ankunft Marias wahr, er [Johannes] die Ankunft des Herrn; die Frau die Ankunft der Frau, das Kind die Ankunft des Kindes« (Kommentar zum Lukasevangelium, 2,19.22–26). Aber trotz des Fehlens ausdrücklicher Lehren über die allerersten Lebenstage des Ungeborenen ist es dennoch möglich, in der Heiligen Schrift wertvolle Hinweise zu finden, die besonders bei denen, die sich – wie ihr es tut – das Ziel setzen, das Geheimnis der Entstehung des Menschen zu erforschen, Gefühle der Bewunderung und Achtung gegenüber dem gerade erst empfangenen Menschen hervorrufen. Die Heilige Schrift will nämlich die Liebe Gottes zu jedem menschlichen Leben zeigen, noch ehe es im Mutterleib Gestalt annimmt. »Noch ehe ich dich im Mutterleib formte, habe ich dich ausersehen, noch ehe du aus dem Mutterschoß hervorkamst, habe ich dich geheiligt« *(Jer 1,5)*, sagt Gott zum Propheten Jeremia. Und der Psalmist anerkennt voll Dankbarkeit: »Denn du hast mein Inneres geschaffen, mich gewoben im Schoß meiner Mutter. Ich danke dir, dass du mich so wunderbar gestaltet hast. Ich weiß: Staunenswert sind deine Werke« (Ps 139,13–14). Das sind Worte, die ihren ganzen Bedeutungsreichtum gewinnen, wenn man bedenkt, dass Gott bei der Schaffung der Seele jedes neuen Menschen direkt eingreift.

Die Liebe Gottes macht keinen Unterschied zwischen dem neu empfangenen Kind, das sich noch im Leib seiner Mutter befindet, und dem Kleinkind oder dem Jugendlichen oder dem Erwachsenen oder dem alten Menschen. Sie macht keinen Unterschied, weil sie in jedem von ihnen die Spur seines Bildes und der Ähnlichkeit mit ihm sieht (vgl. Gen 1,26). Sie macht keinen Unterschied, weil sie in allen als Widerschein das Antlitz des eingeborenen Sohnes Gottes erkennt, in dem »er uns erwählt hat vor der Erschaffung der Welt …; er hat uns aus Liebe im voraus dazu bestimmt, seine Söhne zu werden … nach seinem gnädigen Willen« (Eph 1,4–6). Diese unermessliche und fast unbegreifliche Liebe zum Menschen offenbart, bis zu welchem Grad die menschliche Person würdig ist, um ihrer selbst willen geliebt zu werden, unabhängig von jeder anderen Voraussetzung – Intelligenz, Schönheit, Gesundheit, Jugendlichkeit, Integrität und so weiter. Schließlich ist das menschliche Leben immer ein Gut, denn »es ist in der Welt Offenbarung Gottes, Zeichen seiner Gegenwart, Spur seiner Herrlichkeit« (Johannes Paul II., Enzyklika *Evangelium vitae,* 34). Dem Menschen wird nämlich eine sehr hohe Würde geschenkt, die ihre Wurzeln in dem engen Band hat, das ihn mit seinem Schöpfer verbindet: Im Menschen, in jedem Menschen, und zwar in jeder Phase und auch in jedem Zustand seines Lebens, leuchtet ein Widerschein der Wirklichkeit Gottes selbst auf. Deshalb hat das Lehramt der Kirche ständig den heiligen und unantastbaren Charakter jedes Menschenlebens von der Empfängnis bis zu seinem natürlichen Ende verkündet (vgl. *ebd.,* 57). Dieses moralische Urteil gilt bereits vom Beginn des Lebens eines Embryos an, noch vor dessen Einnistung im mütterlichen Schoß, der ihn neun Monate lang bis zum Augenblick der Geburt schützen und nähren wird: »Das menschliche Leben ist in jedem Augenblick seiner Existenz, auch in jenem Anfangsstadium, das der Geburt vorausgeht, heilig und unantastbar« (*ebd.,* 61).

Meine lieben Wissenschaftler, ich weiß gut, mit welchen Gefühlen des Staunens und tiefer Achtung für den Menschen ihr eure anspruchsvolle und fruchtbare Forschungsarbeit über den Ursprung des menschlichen Lebens voranbringt: ein Geheimnis, dessen Bedeutung die Wissenschaft immer mehr zu beleuchten vermag, auch wenn es ihr kaum gelingen wird, es gänzlich zu enträtseln. Denn sobald es der Vernunft gelingt, eine für unüberwindlich gehaltene Grenze zu überschreiten, fordern sie weitere, bisher unbekannte Grenzen heraus. Der Mensch wird immer ein tiefes und unergründliches Rätsel bleiben. Bereits im 4. Jahrhundert legte der heilige Cyrill von Jerusalem den Katechumenen, die sich auf den Empfang der Taufe vorbereiteten, die folgende Überlegung vor: »Wer hat die Gebärmutterhöhlung für die Zeugung der Kinder vorbereitet? Wer hat in ihr den unbelebten Fötus belebt? Wer hat uns mit Nerven und Knochen ausgestattet und uns dann mit Haut und Fleisch umkleidet (vgl. Ijob 10,11) und lässt, sobald das Kind geboren ist, aus der Mutterbrust reichlich Milch fließen? Auf welche Weise wird das Kleinkind, indem es wächst, zum Heranwachsenden, wandelt sich vom Heranwachsenden zum Jugendlichen, danach zum Erwachsenen und schließlich zum alten Menschen, ohne dass es jemandem gelänge, den genauen Tag, an dem sich die Wandlung vollzieht, zu erfassen?« Und er schließt mit dem Satz: »O Mensch, du siehst jetzt den Urheber; du siehst den weisen Schöpfer« (Taufkatechese, 9,15–16). Diese Überlegungen, die nicht so sehr das physische oder physiologische Phänomen als vielmehr dessen anthropologische und metaphysische Bedeutung im Auge haben, bleiben auch am Beginn des dritten Jahrtausends noch immer gültig. Wir haben unsere Kenntnisse enorm verbessert und die Grenzen unserer Unwissenheit zutreffender festgestellt; aber für den menschlichen Verstand scheint es zu schwierig geworden zu sein, sich klarzumachen, dass man beim Anblick der Schöpfung auf die Spur des Schöpfers trifft. Eigentlich müsste, wer wie ihr, liebe Gelehrte, die Wahrheit liebt, merken, dass uns die Forschung über so tiefgründige Themen in die Lage versetzt, die Hand Gottes zu sehen, ja beinahe zu berühren. Jenseits der Grenzen der experimentellen Methode, an der Grenze des Bereichs, den manche »Meta-Analyse« nennen, dort, wo die bloße Sinneswahrnehmung und die wissenschaftliche Überprüfung nicht mehr ausreichen oder gar nicht möglich sind, beginnt das Abenteuer der Transzendenz, die verpflichtende Aufgabe, »weiter hinauszugehen«.

Liebe Forscher und Gelehrte, ich wünsche euch, dass es euch immer besser gelingen möge, die Wirklichkeit nicht nur als Gegenstand eurer Arbeiten zu untersuchen, sondern sie auch so zu betrachten, dass zusammen mit euren Entdeckungen die Fragen auftauchen, die euch dahin führen, in der Schönheit der Geschöpfe den Widerschein des Schöpfers zu entdecken. In diesem Zusammenhang ist es mir ein Anliegen, der Päpstlichen Akademie für das Leben Anerkennung und Dank auszusprechen für ihre wertvolle Arbeit in »Forschung, Bildung und Information«, die den Dikasterien des Heiligen Stuhls, den Ortskirchen und den Wissenschaftlern zugute kommt, die alles aufmerksam verfolgen, was die Kirche auf dem Gebiet der wissenschaftlichen Forschung und hinsichtlich des menschlichen Lebens in seiner Beziehung zu Ethik und Recht vorlegt. Wegen der Dringlichkeit und Bedeutung dieser Probleme halte ich die Gründung dieser Einrichtung durch meinen verehrten Vorgänger Johannes Paul II. für providentiell. Euch allen, dem Präsidium, dem Personal und den Mitgliedern der Päpstlichen Akademie für das Leben will ich daher aufrichtig und herzlich meine Nähe und meine Unterstützung ausdrücken. Mit diesen Empfindungen vertraue ich eure Arbeit dem Schutz Mariens an und erteile euch allen den Apostolischen Segen.

Freiheit, Gerechtigkeit und Solidarität

5. Brüderlichkeit und Solidarität

Ansprache an eine Delegation der Pariser Akademie für Moral- und Politikwissenschaften, Rom, am 10. Februar 2007

Herr Ständiger Sekretär, Herr Kardinal, liebe Freunde, Akademiemitglieder, meine Damen und Herren!

Mit Freude empfange ich Sie heute, Mitglieder der Akademie für Moral- und Politikwissenschaften. An erster Stelle danke ich dem Ständigen Sekretär, Herrn Michel Albert, für die Worte, mit denen er sich zum Sprecher Ihrer Delegation gemacht hat, sowie für die Medaille zur Erinnerung an meine Aufnahme als assoziiertes ausländisches Mitglied Ihrer erlesenen Institution.

Die Akademie für Moral- und Politikwissenschaften ist ein Ort des Austausches und der Debatte, der den Bürgern insgesamt und dem Gesetzgeber Denkanstöße anbietet, die helfen sollen, »die für das Gemeinwohl und die Entfaltung des einzelnen geeignetsten Formen politischer Organisation zu finden«. Im Mittelpunkt der Überlegungen und Handlungen der Obrigkeiten und der Bürger müssen immer zwei Elemente stehen: die Achtung vor jedem Menschen und die Suche nach dem Gemeinwohl. In der heutigen Welt ist es dringlicher denn je, die Aufmerksamkeit unserer Zeitgenossen erneut auf diese beiden Elemente zu lenken.

Die Entwicklung des Subjektivismus hat zur Folge, dass jeder dazu neigt, sich für den einzigen Bezugspunkt zu halten und zu meinen, das, was er denke, habe Wahrheitscharakter; so drängt sie uns dazu, die Gewissen auf der Grundlage der fundamentalen Werte zu formen, die nicht verhöhnt werden können, ohne den Menschen und die Gesellschaft selbst in Gefahr zu bringen, sowie auf der Grundlage der objektiven Entscheidungskriterien, die einen Akt der Vernunft voraussetzen.

Wie ich in meinem Vortrag vor Ihrer Akademie im Jahr 1995 über das Thema *»Der Neue Bund«* unterstrichen habe, ist der Mensch »von Natur aus ein auf Beziehung ausgerichtetes Geschöpf« und dazu aufgerufen, sich jeden Tag mehr für seine Brüder und Schwestern im Menschsein verantwortlich zu fühlen. Die von Gott schon im ersten Text der Heiligen Schrift gestellte Frage muss unaufhörlich im Herzen jedes Menschen widerhallen: »Wo ist dein Bruder?« Der Sinn für die Brüderlichkeit und Solidarität und der Sinn für das Gemeinwohl beruhen auf der Wachsamkeit hinsichtlich der Brüder und hinsichtlich der Gestaltung der Gesellschaft, die jedem einen Platz gibt, damit er in Würde leben, ein Dach über dem Kopf und das nötige Auskommen für sich und die Familie, für die er zu sorgen hat, haben kann. In diesem Geist ist der Antrag zu den Menschenrechten und der freien Meinungsäußerung, die zu den Grundrechten gehört, zu verstehen, über den Sie im vergangenen Oktober abgestimmt haben. Ihr Anliegen war immer, dass die grundlegende Würde der einzelnen Menschen und der menschlichen Gruppen nicht verhöhnt und auch ihr religiöser Glaube respektiert werde.

Es sei mir gestattet, vor Ihnen auch die Erinnerung an die Gestalt von Andrej Dmitrijewitsch Sacharow wachzurufen, in dessen Nachfolge ich meinen Platz in der Akademie eingenommen habe. Diese edle Persönlichkeit erinnert uns daran, dass es im persönlichen wie im öffentlichen Leben notwendig ist, den Mut zu haben, die Wahrheit zu sagen und ihr zu folgen, frei zu sein in bezug auf die uns umgebende Welt, die oft dazu neigt, ihre Anschauungen und die zu übernehmenden Verhaltensweisen aufzudrängen. Die echte Freiheit besteht darin, dass man auf dem Weg der Wahrheit vorangeht, gemäß der eigenen Berufung und im Wissen, dass jeder vor seinem Schöpfer und Erlöser Rechenschaft über sein Leben ablegen müssen wird.

Es ist wichtig, dass wir den jungen Menschen einen solchen Weg vorschlagen können, indem wir sie daran erinnern, dass wahre Entfaltung nicht um jeden Preis zu haben ist, und sie einladen, sich nicht damit zufriedenzugeben, allen sich bietenden Moden zu folgen. So werden sie mit Mut und Beharrlichkeit den Weg der Freiheit und des Glücks unterscheiden können, der voraussetzt, dass eine Reihe von Anforderungen gelebt wird und die Anstrengungen, Opfer und Entsagungen vollbracht werden, die für rechtes Handeln notwendig sind.

Eine der Herausforderungen für unsere Zeitgenossen und insbesondere für die Jugend besteht darin, ein Leben zu akzeptieren, das sich nicht nur in der Äußerlichkeit, im Schein abspielt, sondern in der Entfaltung des inneren Lebens, einem Ort, wo sich Sein und Tun verbinden, einem Ort der Anerkennung unserer Würde als Kinder Gottes, die zur Freiheit berufen sind, indem sie sich nicht von der Quelle des Lebens trennen, sondern mit ihr verbunden bleiben. Was das Herz des Menschen erfreut, ist, sich als Söhne und Töchter Gottes zu erkennen, ist ein schönes und gutes Leben unter dem Blick Gottes; Gleiches gilt für die Siege, die über das Böse und gegen die Lüge errungen werden. Indem wir jeden entdecken lassen, dass sein Leben einen Sinn hat und dass er dafür verantwortlich ist, öffnen wir den Weg zum Reifwerden der Menschen sowie zu einem versöhnten Menschsein, das auf das Gemeinwohl bedacht ist.

Der russische Gelehrte Sacharow ist dafür ein Vorbild; während in der Zeit des Kommunismus seine äußere Freiheit eingeschränkt wurde, erlaubte es ihm seine innere Freiheit, die ihm keiner nehmen konnte, das Wort zu ergreifen, um mit beharrlicher Entschlossenheit seine Mitbürger im Namen des Gemeinwohls zu verteidigen. Auch heutzutage ist es wichtig, dass sich der Mensch nicht von äußeren Ketten behindern lässt, wie etwa vom Relativismus, vom Streben nach Macht und Profit um jeden Preis, von der Droge, von ungeordneten Gefühlsbeziehungen, von der Verwirrung im Bereich der Ehe, von der Nichtanerkennung des Menschen in allen Phasen seiner Existenz, von seiner Empfängnis bis zu seinem natürlichen Ende, die zur Meinung führt, es gebe Stadien, in denen der Mensch nicht wirklich existiere. Wir müssen den Mut haben, unsere Zeitgenossen daran zu erinnern, was der Mensch und was das Menschsein ist. Ich fordere die zivilen Obrigkeiten und die Personen, die eine Aufgabe bei der Weitergabe der Werte haben, auf, immer diesen Mut zur Wahrheit über den Menschen zu haben.

Lassen Sie mich zum Abschluss unserer Begegnung den Wunsch aussprechen, dass die Akademie der Moral- und Politikwissenschaften durch ihre Arbeiten, zusammen mit anderen Institutionen, immer den Menschen helfen könne, ein besseres Leben einzurichten und eine Gesellschaft aufzubauen, wo es schön ist, als Brüder zu leben. Dieser Wunsch verbindet sich mit dem Gebet, das ich für Sie, für Ihre Familien und für alle Mitglieder der Akademie der Moral- und Politikwissenschaften zum Herrn erhebe.

6.
Das Gewissen in der Zeit

Ein Vortrag vor der Reinhold-Schneider-Gesellschaft im Juli 1972 in Freiburg

In seinen Gesprächen mit Hitler berichtet Hermann Rauschning, 1933/34 Senatspräsident der Freien Stadt Danzig, von folgender Äußerung des Diktators ihm gegenüber: »Ich befreie den Menschen von dem Zwang eines Selbstzweck gewordenen Geistes; von den schmutzigen und erniedrigenden Selbstpeinigungen einer Gewissen und Moral genannten Chimäre und von den Ansprüchen einer Freiheit und persönlichen Selbständigkeit, denen immer nur ganz wenige gewachsen sein können.«[1] Das Gewissen war für diesen Mann eine Chimäre, von der der Mensch befreit werden musste; die Freiheit, die er verhieß, sollte Freiheit vom Gewissen sein. Dem entspricht es, dass Göring dem gleichen Verfasser gegenüber äußerte: »Ich habe kein Gewissen! Mein Gewissen heißt Adolf Hitler.«[2] Die Zerstörung des Gewissens ist die eigentliche Voraussetzung totalitärer Gefolgschaft und totalitärer Herrschaft. Wo das Gewissen waltet, gibt es eine Schranke für die Herrschaft menschlichen Befehls und menschlicher Willkür, ein Heiliges, das unantastbar bleiben muss und sich jeder fremden und eigenen Verfügung in einer letzten Souveränität entzieht. Nur die Unbedingtheit des Gewissens ist der absolute Gegenpol zur Tyrannis; nur die Anerkennung seiner Unverletzlichkeit schützt den Menschen vor dem Menschen und vor sich selber; nur seine Herrschaft gewährt Freiheit.

Hier können sich Einwände von sehr verschiedenen Richtungen her erheben. Ein erster, vordergründiger könnte die Aktualität einer solchen Aussage bestreiten. Mochte das im Kampf gegen Hitlers Diktatur seine Bedeutung haben, drängen uns heute nicht ganz andere Probleme? Muss heute nicht statt der individuellen Freiheit die soziale Pflicht, statt der persönlichen die strukturelle Befreiung im Vordergrund des Fragens stehen? Nun können zweifellos die Schwerpunkte des Streits um den Menschen wechseln und je nach der Eigenart der Stunde sehr unterschiedliche Aufgaben in den Vordergrund treten; dabei bleibt bestehen, dass die Aktualität eines Themas keinen Maßstab für seinen humanen Rang bieten kann und dass zugleich das wahrhaft Humane in einem tieferen Sinn immer aktuell bleibt. Selbst wenn es nicht im Vordergrund einer geschichtlichen Szenerie steht, gehört es zu den entscheidenden Kräften des Dramas Mensch, und sein Vergessen müsste tödlich wirken, ganz gleich an welchem Abschnitt des Dramas man steht. Diktatur, Verknechtung des Menschen unter dem Vorwand seiner Befreiung ist immer eine Gefahr, die dem Menschen auflauert, und die Anatomie des Totalitären wie seines Gegenüber gehört daher zu den beständigen Aufgaben der Reflexion auf das Menschliche des Menschen.

Darüber hinaus wage ich zu behaupten, dass die Versuchung, der wir heute ausgesetzt sind, bei allem Wechsel der Namen und der Farben für den tiefer Zusehenden eine erschreckende Ähnlichkeit, ja Einheit mit dem aufweist, was nur scheinbar hinter uns liegt. Dazu nochmals ein Hinweis auf Rauschning. 1938 hatte dieser Mann, der dem Dämon ins Angesicht gesehen und ihm eine Weile geglaubt hatte, ehe er das Furchtbare durchschaute, in einem noch immer bedeutenden Buch den Nationalsozialismus als Revolution des Nihilismus diagnostiziert. Er schreibt: »Diese Bewegung ist in ihren eigentlich treibenden und leitenden Kreisen völlig voraussetzungslos, programmlos, aktionsbereit, in ihren besten Kerntruppen instinktiv, in ihrer leitenden Elite höchst überlegt, kalt und raffiniert. Es gab und gibt kein Ziel, das nicht der Nationalsozialismus um der Bewegung willen jederzeit preiszugeben oder aufzustellen bereit wäre.« Für eine Revolution dieser Art gebe es keine festen außenpolitischen Ziele, wie es keine wirtschaftspolitischen und keine innenpolitischen gebe. Die totale Zertrümmerung der bisherigen Ordnungselemente charakterisiere vielmehr als einziges die »doktrinlose nihilistische Revolution in Deutschland«[3]. Natürlich enthält auch ein doktrinloser Nihilismus auf seine Weise eine Doktrin, insofern kann man diese Sätze kritisieren. Aber ihr Kerngehalt erfasst den eigentlichen Vorgang des Damaligen sehr genau und deckt damit eine Fehlinterpretation auf, die sich zusehends verhängnisvoll auswirkt: Das Wesen der damaligen Revolution ist mit den Begriffen »Faschismus« und »Nationalismus« nur zum Teil erfasst, zum wichtigeren Teil aber verdeckt und verkannt. In der gegebenen geistigen Konstellation bediente sich die Revolution Hitlers des Nationalismus der Bürgerschaft, die er gleichzeitig fanatisch hasste und zerstören wollte, ebenso wie ihre Ordnung, die ihm als der eigentliche Gegenpol seines Wollens erschien. Insofern ist es eine historische Perversion, wenn man mit dem Stichwort *Law and order* das Recht als faschistisch-hitleristisch persifliert, um mit solcher Persiflage von neuem genau jene Revolution des Nihilismus zu decken, die in der wahren Nachfolge des Verhängnisses von 1933 steht. Wer näher zusieht, wer sich von Phrasen nicht blenden lässt, wird zwischen dem Verhängnis von damals und den Kräften, die heute Revolution an sich, Verneinung der Ordnung an sich als Heil verkünden, genügend Ähnlichkeiten entdecken. Der Bund dieses Nihilismus mit der sozialen Idee und mit unserer Erschütterung über das Elend von Millionen Menschen dieser Welt – dieser Bund ist nicht weniger betrügerisch als der Bund des damaligen Nihilismus mit der nationalen Idee.

Nur wer blind ist oder es aus Bequemlichkeit sein will, kann übersehen, dass die Drohung des Totalitären eine Frage unserer Stunde ist. Und insofern ist dies eine Stunde des Gewissens. Deshalb gehen uns die Männer, die damals im Gehorsam gegen das Gewissen bei der Freiheit des Gewissens gegen die totalitäre »Befreiung« ausgehalten haben, heute wieder ganz neu etwas an. Ist das Gewissen wirklich eine Macht, auf die wir zählen können? Müssen wir uns nicht mit konkreteren Waffen wappnen? Reinhold Schneider hat in seiner Las-Casas-Dichtung das Geheimnis des Gewissens eindrucksmächtig dargestellt in dem namenlosen

Mädchen von den Lucayos, das den gewissenlosen spanischen Glücksritter Bernardino langsam wieder das Geheimnis des Leidens verstehen ließ und im Mitleidendwerden die erstorbene Seele wieder in ihm erweckt.[4] Dieses gebrechliche junge Wesen, dem keine andere Kraft geblieben ist als die des Leidens, verkörpert, was Gewissen ist, mitten unter den Glücksrittern, für die nur Gold und Schwert, harte ökonomische oder militärische Macht zählt. Wie ein Nichts steht sie da, die zerbrechliche Lucaya, und so steht das Gewissen bis zur Stunde in der Welt: ein ohnmächtiges, dem frühen Tod preisgegebenes Mädchen gegenüber den Kolossen wirtschaftlicher und politischer Interessen. Ist es nicht ein Aberwitz, auf dieses kleine Mädchen Gewissen zu zählen, wenn man sieht, was wirklich zählt in der Welt und was allein zählt in ihr? Ist es nicht leere, sinnlose Träumerei, angesichts der Bedrohungen von heute zu den Zeugen des Gewissens aufzuschauen, die einzig den Beitrag des Leidens leisten konnten? Soll man denn – so wird uns entgegengehalten – mit Lyrik Politik machen, die Probleme der Zeit lösen?

Wesen und Bedeutung des Gewissens

Aber noch ein schwererer Einwand taucht auf. Was ist denn das eigentlich, das Gewissen?[5] Gibt es das überhaupt? Oder ist es nicht bloß ein nach innen verlegtes Über-Ich, das die Tabus der Erziehung zu göttlichen Geboten umwandelt und damit unübersteiglich macht? Verlegen am Ende etwa die Herrschenden durch die Idee des Gewissens ihre Macht sogar noch bis ins Innere des von ihnen schamlos ausgenützten Menschen, indem sie die Summe ihrer Ansprüche ihren Opfern so lange einbleuen, bis sie sie als »Stimme Gottes« sogar von innen her hören? Dann hätte also Hitler doch recht gehabt, dass das Gewissen eine Sklaverei ist, von der der Mensch vor allen Dingen befreit werden muss? Aber, so ist nun weiter zu fragen, welche Richtung bleibt eigentlich dem Menschen, der sich von seinem Gewissen frei gemacht hat?

Wozu wird er eigentlich befreit? Bindet ihn nun der Respekt vor dem Menschsein des anderen nicht mehr, wo das höhere Interesse der zukünftigen Gesellschaft seine Missachtung gebietet? Kann also das Verbrechen, der Mord zum Beispiel, zum legitimen Mittel für die Herbeiführung der Zukunft werden?

Auf alle diese Fragen ist nicht leicht zu antworten. Sicher kann sich unter dem Begriff Gewissen die Kanonisierung eines Über-Ich einschleichen, das den Menschen an seiner Selbstwerdung hindert: Der absolute Ruf der Person in ihre Verantwortung ist dann überdeckt von einem Gefüge von Konventionen, das fälschlich als Stimme Gottes ausgegeben wird, während es in Wahrheit nur die Stimme der Vergangenheit ist, deren Furcht die Gegenwart versperrt. Gewissen kann auch zum Alibi für die eigene Verranntheit und Unbelehrbarkeit werden, bei der die trotzige Unfähigkeit zur Selbstkorrektur mit der Treue zur inneren Stimme gerechtfertigt wird. Gewissen wird dann zum Prinzip des absolut gesetzten subjektiven Eigensinns, wie es im andern Fall zum Prinzip der Entmündigung des Ich durch das Man oder durch ein fremdes Ich wird. Insofern bedarf der Gewissensbegriff der ständigen Reinigung und die Beanspruchung des Gewissens wie die Berufung darauf einer behutsamen Redlichkeit, die weiß, dass man das Große missbraucht, wenn man es voreilig auf den Plan ruft. Wer allzu leicht das Gewissen im Munde führt, macht sich ähnlich verdächtig wie derjenige, der den heiligen Namen Gottes ins Gewöhnliche herabzerrt und damit Götzen- statt Gottesdienst treibt.

Aber die Verletzbarkeit des Gewissens, die Möglichkeit seines Missbrauchs, kann seine Größe nicht aufheben. Reinhold Schneider hat gesagt: »Was ist Gewissen, wenn nicht das Wissen von der Verantwortung für das Ganze der Schöpfung und vor dem, der sie geschaffen hat?« Gewissen heißt, ganz einfach gesagt, den Menschen, sich selbst und den anderen, als Schöpfung anerkennen und in ihm den Schöpfer respektieren. Das bestimmt die Grenze jeder Macht und weist ihr zugleich die Richtung. Insofern bleibt das Beharren bei der Ohnmacht des Gewissens die Grundvoraussetzung und der innerste Kern jeder wahren Machtkontrolle. Wo dieses Innerste nicht festgehalten wird, kann man im Grund nicht mehr von Machtkontrolle sprechen, sondern nur von einer Balance der Interessen, in der der Mensch und seine Gesellschaft auf das Selektionsmodell reduziert wird: Gut ist, was sich durchsetzt; existieren heißt sich durchsetzen. Der Mensch lebt nicht mehr als Schöpfung, sondern als Selektionsprodukt, und die Macht, die er zu kontrollieren ausgezogen war, wird zu seinem einzigen Kriterium. Er ist in seinem Menschsein zerstört. Deshalb brauchen wir die Menschen, die demonstrativ bei dem armen, zerbrechlichen Mädchen »Gewissen« aushalten, die die Macht der Ohnmacht verkörpern und gegen die Vernutzung des Menschen nicht anders protestieren, als indem sie das Leid des geschundenen Wesens Mensch mit-leiden, sich auf die Seite des Leidens stellen. Deshalb waren die Sonette Reinhold Schneiders, war »Lyrik« eine Macht, die die Diktatoren als eine Waffe fürchteten, vor der sie zittern mussten. Schneider hat vom Gewissen her unter dem Missbrauch der Macht gelitten. Leiden um des Gewissens willen ist geradezu die Formel seiner Existenz. Nur, leiden – könnte man sagen –: was nützt das schon? Aber am Ende kann Unrecht doch nur durch Leiden überwunden werden, durch das freiwillige Leiden derer, die ihrem Gewissen treu bleiben und damit das Ende aller Macht real in ihrem Leid und in ihrer ganzen Existenz bezeugen. Langsam beginnen wir wieder neu zu ahnen, was es heißt, dass die Erlösung der Welt, die Überwindung der Macht, das Leiden eines Erhängten ist, dass gerade dort, wo die Macht am Leiden endet, das Heil des Menschen aufgeht.

Las Casas und das Problem des Gewissens

Ich möchte versuchen, diesen Grundgedanken, dass der Kern der notwendigen Machtkontrolle und Machtbegrenzung in dieser Welt der Mut zum Gewissen ist, an dem von Schneider behandelten Las-Casas-Stoff beispielhaft noch etwas zu entfalten. Zunächst eine kurze Reflexion auf den historischen Hintergrund. Mit der Entdeckung Amerikas war für das christliche Europa die Frage nach dem Recht des Menschen als Menschen, nach den Menschenrechten neu gestellt; sie hatte sich im Lauf der Kreuzzüge und der sich ausweitenden Begegnung mit der arabischen Welt zwar schon seit dem dreizehnten Jahrhundert mit zunehmender Dringlichkeit erhoben, gewann aber nun durch die Machtlosigkeit der neu entdeckten Völker gegenüber den spanischen Waffen erst ihre volle Schärfe. Das Problem der Grenze der Macht war bisher nur als ein weitgehend innerchristliches aufgetreten im Gegenspiel von *sacerdotium* und *imperium*. In der christlichen Welt stießen mit diesen beiden Größen zwei ihrer Intention nach absolute Mächte aufeinander: Als christliche scheint sie ganz dem *sacerdotium* untergeordnet, als weltliche ganz dem *imperium*, als christlich-weltliche, das heißt in der Deckung von Welt und Kirche, stellt sie beiden die Frage nach ihrer Selbstbegrenzung. Aber nun entsteht ein weitgehend neues Problem. Der christliche Glaube versteht sich als absolut, als die Enthüllung der einen Wahrheit, die den Menschen rettet; er weiß von der Erbsünde, in der die Vernunft des Menschen getrübt ist, die erst durch den Glauben wieder aufgehellt und zu sich selber gebracht wird. Demnach kann die Vernunft auch nur im Glauben die Grundlagen des wirklichen Rechts finden und Rechtskonstruktionen außerhalb des Glaubens eigentlich gar nicht als wahres Recht anerkennen – so schien es jedenfalls Augustin in der »Civitas Dei« zu sagen, in der er den heidnischen Staaten, die Gott nicht kennen und damit eine wesentliche Hälfte der wahren Gerechtigkeit vernachlässigen, das Merkmal der Gerechtigkeit absprach und sie praktisch als reine Interessengemeinschaften definierte, die als solche eine partielle Friedensfunktion erfüllen und darin für ihn ihre Legitimität haben.[6] Jetzt aber erhebt sich die Frage: Welche Maßstäbe und welche Möglichkeiten der Machtbegrenzung sind da gegeben, wo sich in der Begegnung zweier Völker mit der Überlegenheit der Waffen das Bewusstsein der Überlegenheit in der allein verbindlichen Wahrheit verknüpft?

Bilden Mission und Kolonialismus zusammen den Zwitter, der das Elend der dritten Welt erschuf? Wo konnte hier ein Korrektiv entstehen? Die Antwort Reinhold Schneiders in seinem Roman lautet: Das Korrektiv konnte allein aus dem Glauben selbst aufsteigen – im leidenden und kämpfenden Gewissen, das eben dieser Glaube weckt. Das allein rechtfertigt diesen Glauben als Wahrheit, dass er von seinem Ansatz her nicht Multiplikation der Macht sein darf, sondern Weckruf des Gewissens, das die Macht begrenzt und die Ohnmacht schützt: Eben darin hat er seine Absolutheit, im Schutz des anderen als Geschöpf.

Blicken wir nochmals auf den geschichtlichen Befund. Gab es dieses Gewissen überhaupt? War es eine reale Macht oder gab es allein jene falsche Absolutheit des Glaubens, in der er als Ideologie der Macht fungiert, anstatt die Absolutheit des Schöpfers in der absoluten Würde des Ohnmächtigen zu verkünden? Las Casas hat 1552 in seiner »Brevissima Relación de la destrucción de las Indias Occidentales« die furchtbarste Anklage gegen die Ohnmacht des Gewissens und gegen die Brutalität der gewissenlosen Macht niedergeschrieben, die wir kennen. Wir wissen heute, dass diese Schrift weithin auf reichlich zweifelhaften Quellen beruht, dass sie »höchst einseitig und oft übertrieben und verzerrt« ist; dass sie das Ungeheuerliche der Gegenseite ganz verschweigt, etwa dies, dass Azteken bei einem Gottesdienst zwanzigtausend Menschenherzen opferten.[7] Trotzdem bleibt eine ungeheure Anklage gegen die spanischen Eroberer bestehen, die hemmungslos Menschen versklavten und beraubten und durch ihre brutale Ausnutzung der Arbeitskräfte ganze Stämme zum Aussterben verurteilten. Es bleibt bestehen, dass das Gewissen wirklich bloß wie eine klagende Lucaya dastand, die nur noch in unsäglichem Schmerz weinend und verloren das Ungeheure sehen konnte. Dennoch gab es dieses Gewissen, und Las Casas ist keineswegs sein einziger Zeuge; die Spur des Gewissens führt von den ersten Gesetzen der Königin Isabella, die alle Indianer zu freien Untertanen der Krone erklärte und ihre Versklavung verbot, über die Leyes de Burgos (1512) bis zu den maßgeblich von Las Casas beeinflussten Leyes Nuevas von 1542, die eine umfassende Befreiungsaktion und vollen Rechtsschutz für die Indios versuchten; die Vorschrift, sie sollten mit aller Sorgfalt und Liebe in »unserem heiligen katholischen Glauben unterwiesen werden«, wollte sie nicht beherrschen, sondern gleichstellen und der Willkür der Herrschenden entziehen.[8]

Dass auch hier der Erfolg verhältnismäßig bescheiden geblieben ist, ändert doch nichts daran, dass Gewissen grundsätzlich als Grenze von Macht erkannt wurde und dass damit ein Versuch gemacht war, den Glauben als politische Kraft wirksam werden zu lassen, ohne ihn selbst wieder in einen Machtfaktor unter anderen umzuwandeln: Dies gerade muss sein Eigentümliches bleiben, dass seine Macht im Leiden liegt, Macht des Gekreuzigten ist; nur so kann er davor bewahrt werden, seinerseits eine neue Art von Versklavung zu eröffnen. Nur als Macht des Kreuzes erlöst er – sein Geheimnis liegt in seiner Ohnmacht, und er muss ohnmächtig bleiben in dieser Welt, um er selbst zu sein. Ich glaube, dass sich nur aus dieser Perspektive heraus die Stellungnahme des Neuen Testaments zum Problem der politischen Macht richtig verstehen lässt. Dazu nur eine kleine Anmerkung. Wer die Bergpredigt liest, wer überhaupt das Neue Testament im Blick auf die politischen Bedrängnisse unserer Zeit und die Verantwortung des Christen für sie zur Hand nimmt, ist meist enttäuscht. Das Ganze scheint eine Flucht in eine apolitische Innerlichkeit zu sein; von Weltgestaltung ist kaum die Rede, sondern viel eher von einer Loyalität, die uns als sträfliche Passivität und als Obrigkeitsdenken erscheint: ob man an Röm 13,1–7 denkt oder an 1Petr 2,13–25, jedesmal heißt das Kernwort εὐπείθεια, Unterordnung, Geduld, Gehorsam – bei 1 Petr gar im Blick auf das Vorbild des leidenden Christus. Und auch das einzige Wort Jesu zum Staat, Mk 12,17 – Gebt dem Kaiser, was des Kaisers ist … – verbleibt in der grundsätzlichen Loyalität. Jesus war in der Tat kein Revolutionär, und wer etwas anderes behauptet, verfälscht die Geschichte. Richtig ist auch, dass das Neue Testament von seiner Situation her sich nicht veranlasst fühlte, positiv und ausführlich eine politische Ethik des Christen zu entfalten; mit bloßem Biblizismus ist hier in der Tat nicht weiterzukommen. Das Neue Testament ist aus der Minoritätssituation der langsam wachsenden christlichen Kirche heraus geschrieben und ist daher der Wahrung des christlichen Propriums inmitten der politischen Ohnmacht der Christen, nicht der Ordnung einer christlichen Macht zugeordnet. Dennoch enthält es das Entscheidende, an dem immer wieder anzusetzen ist: In seinem Wort, dass dem Kaiser das Seine und Gott das Seine zu geben sei, trennt Jesus Kaisermacht und Gottesmacht. Er nimmt das *ius sacrum* aus dem *ius publicum* heraus und zerschneidet damit die Grundverfassung der antiken, ja, überhaupt der vorchristlichen Welt. Indem er das *ius sacrum* vom *ius publicum* des Kaisers trennt, hat er den Raum der Freiheit des Gewissens geschaffen, an dem jede Macht, auch die des römischen Gott-Kaisers endet, der damit zum bloßen Mensch-Kaiser wird und sich zum apokalyptischen Tier verwandelt, wo er dennoch Gott bleiben will und den unantastbaren Raum des Gewissens negiert. Insofern ist mit diesem Wort jeder irdischen Macht ihre Grenze gesetzt, die Freiheit der Person verkündet, die alle politischen Systeme überschreitet. Für diese Grenze ist Jesus in den Tod gegangen: Er hat die Grenze der Macht im Leiden bezeugt. Das Christentum beginnt nicht mit einem Revolutionär, sondern mit einem Martyrer.[9] Der Zuwachs der Freiheit, den die Menschheit den Martyrern verdankt, ist unendlich größer als derjenige, den ihr die Revolutionäre bringen konnten.

Reinhold Schneiders Grundthema, das Verhältnis von Macht und Gewissen, empfängt im Las-Casas-Roman eine besonders eindringliche Gestaltung. Neben Lucaya erscheinen Las Casas selbst und Karl V. wie lebendige Repräsentationen dessen, was Gewissen ist; alle drei stellen zusammen seine Funktion auf verschiedenen Ebenen dar, sie instrumentieren das Thema in seiner ganzen Spannweite. Am reinsten wird es ohne Zweifel symbolisiert durch das Mädchen Lucaya. In der Demut ihres Leidens und in der Einfalt ihres Glaubens steht das Gewissen gleichsam rein, in seinem ungetrübten Wesen da. Das Volk der Lucayos, dem sie zugehört und das sie verkörpert, schildert der Ritter Bernardino folgendermaßen: »Sie waren so wehrlos und arglos, als sei Adams Schuld nicht auf sie gefallen.«[10] Die Inseln, die sie bewohnten, bedeuteten für sie die Welt der Menschen. Sie glaubten, dass daran die Welt der Seelen grenze, in der die Verstorbenen wohnten. Als die Spanier zu ihnen kamen, konnten sie nicht anders denken, als dass die Fremden von jenseits der Menschenwelt, aus dem Land der Seelen, kämen. Deshalb folgten sie ihnen voll argloser Bereitschaft, weil sie erwarteten, von den Unbekannten zu den Seelen ihrer Väter gebracht zu werden. Dazu die Worte Bernardinos: »Und ich muss heute denken, wie rein doch das Gewissen der Menschen sein musste, die sich so herzlich auf die Vereinigung mit den Verstorbenen freuten, während wir ... diese Vereinigung vielleicht fürchten müssten, weil dann viele verborgene Schuld offenbar würde und wir nicht wagen könnten, denen, die uns nahe waren, in die Augen zu sehen.«[11] Menschen, die in geschwisterlicher Nachbarschaft mit dem Ewigen leben, deren Welt in die andere Welt hinein offen steht, Menschen, deren Maß allein das Miteinander mit dem Kommenden und so das Gewissen ist, begegnen der brutalen Macht, die kein Gewissen kennt und die Seele verloren hat. Sie glauben in den Himmel zu kommen und sind in die Hölle geraten. Mir scheint, dass gerade diese Szene zeigt, wie tief Reinhold Schneider die Abgründigkeit der menschlichen Existenz und der erfahrbaren Welt lange vor dem »Winter in Wien« erkannt und erlitten hat. Hier ist die Wirklichkeit nicht erbaulich-apologetisch geglättet; hier gibt es nicht die Welt der vernünftelnden Freunde Jobs, die auf alles einen frommen Kehrreim haben und alles erklären können. Hier ertönt der Schrei Jobs selbst: Die Menschen glauben in den Himmel zu gehen und werden in die Hölle geführt. Die Wirklichkeit, wie sie ist, schlägt dem Glauben ins Gesicht, und kein Deus ex machina steht auf, um doch noch alles ins Lot zu bringen. Es bleibt nur »das dumpfe Jammern und Heulen« der gequälten Menschenmasse;[12] das lautlos versickernde Weinen der betrogenen Frau und das Gesicht des Gekreuzigten. Es bleibt das Leid dieser Frau, die um den Eroberer genauso gelitten hat wie um ihre geschundenen Brüder. Für sie ist er in seiner Blindheit nicht weniger bedauernswert als jene in ihrer Qual, auch wenn er selber nicht merkt, wie elend sein Wahn ihn gemacht hat, wie sehr er der Erlösung bedarf, um wieder er selbst zu werden. Mir scheint, dass diese geheimnisvolle Frauengestalt am meisten in dem ganzen Roman das ausdrückt, was Schneider zusehends als seinen eigenen Auftrag und als sein eigenes Schicksal erfahren hat: Ihm war nicht gegeben, auf dem Feld der Macht mit einzugreifen. Ihm blieb nur, Stimme des Gewissens zu sein, die Schuld der Zeit im Leiden zu bestehen und durch sein Leiden den Ruf des Gewissens zu beglaubigen.

Las Casas verkörpert eine zweite Möglichkeit, wie Gewissen zur Sendung werden kann. Neben dem leidenden Gewissen steht durch ihn das prophetische Gewissen, das an die Macht der Mächtigen rüttelt, das Recht der Entrechteten aufrichtet, sich gelassen zwischen die Stühle setzt und nicht aufhört, die Ruhe derer zu stören, deren Macht auf Kosten des Rechtes der anderen geht.[13] Las Casas war selbst Soldat und Encomendero gewesen; auch noch nach seiner Priesterweihe hatte er sich weit mehr um sein Einkommen als um die ihm anvertrauten Indios gekümmert. Da geschah etwas, was in der Geschichte der Heiligen mehr als einmal begegnet: Plötzlich erkennt er, dass ein bestimmtes Schriftwort, das in seine Lage hineintrifft, ganz wörtlich gemeint ist und von ihm wörtlich genommen sein will. Er liest Jesus Sirach 34, 25–27 und weiß, dass das ihn angeht: »Der Arme hat nichts denn ein wenig Brot; wer ihn darum bringt, der ist ein Mörder. Wer einem seine Nahrung nimmt, der tötet seinen Nächsten. Wer dem Arbeiter seinen Lohn nicht gibt, der ist ein Bluthund.«[14] Von da an wird Las Casas zum schlechten Gewissen der Mächtigen, gehasst, verwünscht, aber nicht mehr zum Schweigen zu bringen. Dies gehört zur eigentlichen Größe des christlichen Glaubens: dass er dem Gewissen seine Stimme zu geben vermag. Dass er sich unerbittlich gegen die Welt stellt, die die Gläubigen sich selbst eingerichtet und mit dem Glauben begründet haben. Dass ihm das prophetische Nein innewohnt. Überhaupt – dass er Propheten erweckt. Menschen, die nicht Stimme eines Interesses, sondern Stimme des Gewissens gegen die Interessen sind. Las Casas wird damit zugleich zum Zeugen für die Souveränität des Rechts: »Das Recht bedarf keines menschlichen Zeugnisses; es ruht über dem Menschen, nicht in ihm. Aber wenn die Menschen uneins sind, so können sie ihr Gewissen um Rat fragen; und wenn sie es ohne Hass und Eifer tun, so wird ihr Gewissen ihnen helfen.«[15]

In der Gestalt von Kaiser Karl V. begegnet ein Drittes: das Gewissen dessen, dem Macht übertragen ist und der versuchen muss, Macht verantwortet auszuüben. Die Szene, in der der Mönch an einem kalten Abend dem müden Kaiser begegnet, der nur die Nachfolge Christi auf dem Tisch liegen hat, ist von höchster Eindruckskraft. Ihre entscheidenden Stichworte lauten: Gewissen und Kreuz. Schneider zeichnet – prophetisch an seine eigene Zeit gewandt – einen Herrscher, der nicht siegen, sondern versöhnen will. Einen Herrscher, der bereit ist, Größe abzuwerfen, die von der Last der Schuld gezeichnet ist, und der die wahre Größe in der Verantwortung für den Menschen erkennt. Er zeichnet den Mächtigen, der Macht als Last und als Leiden trägt und daher Macht zu ihrem Sinn führen kann.[16] Dieser Gedanke erhält seine volle Schärfe in der Übertragung eines mexikanischen Bistums an Las Casas: Der Prophet muss Macht übernehmen und tritt damit unter seine schwerste Probe – ob er unter der Macht dem prophetischen Wort treu bleibt. Macht als Leid und damit als geheilte Macht – in dieser Vision schließen sich die erste und die dritte Gestalt ineinander. Der absolute Monarch steht unter der Machtkontrolle des Gewissens, ohne die alle Machtkontrollen ohnmächtig wären.

Nur Macht, die aus dem Leiden kommt, kann Macht zum Heil sein; Macht erweist ihre Größe im Machtverzicht. In André Malraux' Aufzeichnung seiner letzten Gespräche mit de Gaulle findet sich eine merkwürdige Parallele zu diesen Gedanken. In diesen Dialogen, die fortwährend um de Gaulles zentrales Thema: um Frankreich und um die Größe, kreisen, zeigt sich, wie sich dieser merkwürdigen Herrschergestalt unseres Jahrhunderts am Ende der Begriff der Größe verwandelt hatte. Auf die Frage, was er bei seiner Gedenkrede zum Napoleon-Jubiläum gesagt hätte, antwortet de Gaulle: »Er hat Frankreich kleiner zurückgelassen, als er es vorfand, gut; doch eine Nation definiert sich nicht auf solche Weise. Für Frankreich war es nötig, dass es ihn gab …«[17] Malraux kommentiert dazu, de Gaulle habe über Frankreich nicht in Kategorien der Stärke gedacht, »er hielt Stalins Ausspruch für idiotisch: ›Frankreich hat weniger Divisionen einsatzbereit als die Regierung von Lublin.‹« Noch weniger habe er in Begriffen wie Verlust oder Gewinn von Gebieten gedacht. Als er sich für die Unabhängigkeit Algeriens entschied, »hat er sich für die Seele Frankreichs entschieden, gegen alles übrige und zunächst gegen sich selbst«[18]. Malraux durfte der Zustimmung seines Gesprächspartners gewiss sein, als er ihm sagte, dass Frankreich zu seiner Seele nur finde, wenn es sie für die anderen finde: »die Kreuzzüge und die große Revolution viel mehr als Napoleon«[19]. Das Fazit dieser von einer eigentümlichen Melancholie überschatteten Gespräche ist ganz deutlich erkennbar: Die Größe, die der General seinem Land geben konnte, bestand darin, dass er es kleiner hinterließ, dass er ein Weltreich weggab. Sie ereignete sich nicht in dem vergeblichen Versuch, von neuem Großmacht alten Stils zu werden, sondern in dem Verzicht, den er sich und seine Nation lehrte. Am Ende maß sich der General nicht mehr an dem Eroberer Napoleon, sondern an dem verbannten Kaiser, an seinem Wort: Größe ist traurig. Ohne jene Zweideutigkeit, die dabei freilich noch immer stehenbleibt, müsste dies heißen: Macht erreicht Größe da, wo sie sich vom Gewissen berühren lässt. Das ist das Vermächtnis Reinhold Schneiders an diese Zeit; das ist die Chance und die Aufgabe des christlichen Glaubens inmitten des Widerstreits der Mächte, in dem wir heute stehen.

1 Zitiert nach Th. Schieder, Hermann Rauschnings »Gespräche mit Hitler« als Geschichtsquelle. Opladen 1972, S. 19, Anm. 25. Schieder bietet eine eingehende Analyse der historischen Zuverlässigkeit von Rauschnings Angaben.

2 Ebd., S. 31; zur Frage der Authentizität des Ausspruchs, S. 31, Anm., S. 35 und 19, Anm. 25.

3 Schieder, ebd., S. 33; vgl. H. Rauschning, Die Revolution des Nihilismus, Zürich 1938; neu hrsg. mit Kürzungen von Golo Mann, Zürich 1964. Vgl. auch die bei Schieder S. 18 zitierte Äußerung Hitlers über die Aufgabe, eine »gewalttätig aktive, unerschrockene und brutale Jugend heranzuziehen«.

4 Ich zitiere den Roman »Las Casas von Karl V. Szenen aus der Konquistadorenzeit« nach der 1968 erschienenen Taschenbuchausgabe des Ullstein-Verlags. Die Geschichte von Lucaya, S. 81–94. S. 81: »›Meine Seele?‹ fragte er, ›ich weiß nicht, ob es noch meine Seele war. Vielleicht hat sie während vieler Jahre in einem anderen Wesen gewohnt und wurde mir erst nach seinem Tode zurückgegeben.‹« Zu einer Gesamtinterpretation von R. Schneiders Werk, vgl. H.U. von Balthasar, Reinhold Schneider. Sein Weg und sein Werk. Köln 1953.

5 Zur Frage nach dem Wesen des Gewissens, die hier nicht im einzelnen analysiert werden kann, bes. J. Stelzenberger, Das Gewissen. Besinnliches zur Klarstellung eines Begriffs. Paderborn 1961; Das Gewissen. Studien aus dem C.G. Jung-Institut Zürich, Bd. VII. Zürich 1958, dort bes. der Beitrag von H. Zbinden, Das Gewissen in unserer Zeit, S. 9–51. Vgl. auch M. Messner, Moral in der säkularisierten Gesellschaft. In: »Internationale katholische Zeitschrift« 2 (1972) S. 137–158.

6 Vgl. zur Problematik dieser Entwicklungen U. Duchrow, Christenheit und Weltverantwortung. Stuttgart 1970.

7 Vgl. zur Las-Casas-Frage zuletzt G. Kahle, Bartolomé de Las Casas, Köln/Opladen 1968; hierzu bes. S. 18 u. 32; B.M. Bierbaum, Las Casas und seine Sendung. Mainz 1968.

8 Kahle, S. 10ff., 17f.; J. Höffner, Christentum und Menschenwürde. Das Anliegen der spanischen Kolonialethik im Goldenen Zeitalter. Trier 1947.

9 Zu Mk 12,17 und der Rezeption dieses Wortes in der politischen Katechese der Urkirche vgl. wiederum U. Duchrow, a.a.O., S. 137–180. Zum Gesamtproblem die präzise Darstellung von O. Cullmann, Jesus und die Revolutionären seiner Zeit. Tübingen 1970.

10 A.a.O., S. 81.

11 A.a.O., S. 85.

12 S. 92: »… wir fürchteten die Menschenmasse unter den Planken nicht, und ich war ebenso wie meine Gefährten von früheren Fahrten gewohnt, das dumpfe Jammern und Heulen unter mir zu hören; es berührte mich ebenso wenig wie das Murren eingepferchten Viehs. Dass ich die Stimme meiner Schuld hörte, kam mir nicht in den Sinn.«

13 Eindringlich dazu H.U. von Balthasar, a.a.O., S. 177f., S. 178: »Der Heilige nicht als Lenker des Staates, aber als Gewissen des Königs: das wäre die Verwirklichung der transzendenten Ethik, die nicht mit zweierlei Gewichten wägt.«

14 Vgl. G. Kahle, a.a.O., S. 13ff.
15 R. Schneider, Las Casas ..., S. 153 (als Wort des Las Casas an Bernardino).
16 Schöne Ausführungen über den Zusammenhang von Macht und Leidenkönnen nach Luther, die sich mit dem hier Gesagten berühren, bei Duchrow, a.a.O., S. 547 u. 552.
17 A. Malraux, Eichen, die man fällt ... Übers. v. C. Schmid, Frankfurt 1972, S. 85.
18 S. 86.
19 S. 109.

II.
Politik

Staat und Demokratie

7.
Christliche Orientierung in der pluralistischen Demokratie?

Über die Unverzichtbarkeit des Christentums in der modernen Welt

Eröffnungsvortrag beim Intern. Kongress »Das europäische Erbe und seine christliche Zukunft«, München, am 24. April 1984

Bei meinen Spaziergängen durch das alte Rom fallen mir nicht nur die Spuren vergangener Zeit in die Augen, nach denen der Tourist wohl vor allem Ausschau hält. An den Wänden der Häuser lese ich die wechselnden Parolen, die – bald nur mit Kreide, bald mit dicker Ölfarbe angeschrieben – den Geist des Tages widerspiegeln. Ereignisse aus der Fußballwelt spielen da eine große Rolle und steigern sich manchmal fast ins Poetische, so etwa, wenn die italienische Meisterschaft der Mannschaft Roma zu dem Ausruf veranlasst: »Rom, du bist wie die erste Liebe« oder mit einer etwas leiseren Zärtlichkeit hingeschrieben wird: »Danke, Roma!« Beständiger und nachdrücklicher sind die politischen Parolen. In dem schmalen Borgo, der mir am nächsten liegt, lese ich: »Der wahre Sozialismus ist die Anarchie!« Wenige Schritte später folgt der trotzige Ausruf: »Baader lebt!« Um die Ecke finde ich dann den Ausspruch »Anarchie ist Freiheit in Gleichheit«. Eher harmlos hört es sich an, wenn dann – wiederum um die Ecke – in der Parallelstraße die Regierenden ob der laufenden

Preissteigerungen als Räuber bezeichnet werden. Grimmiger Ernst wird es dann wieder ein paar Schritte weiter bei den Worten: »Weder Christus noch Marx – Kampf des Volkes (lotta popolare)«. Die gegenüberliegende Hauswand kommentiert dazu: »Kämpfen ist schön, auch wenn man stirbt dabei.«

Sicher darf man solche Schreibereien nicht überschätzen, deren Pathos oft in Worten ausläuft und nicht selten auch bloße Nachahmung ist. Dennoch sind sie nicht einfach belanglos. War nach dem Krieg die Botschaft von der Demokratie bei uns fast mit einem religiösen Pathos und mit dem moralischen Eifer des lernbegierigen Schülers ergriffen worden, der endlich die richtige Lösung für seine Rechenaufgaben gefunden hat, so ist heute das Unbehagen um so größer, je übertriebener man damals die demokratischen Verheißungen aufgefasst hatte. Um die Breite des Problems zu sehen, muss man neben den Glaubenszweifel an der demokratischen Verfassung im eigenen Land die Heuchelei stellen, die sich im weltpolitischen Urteil der öffentlichen Meinung inzwischen Besitzrecht erworben hat. Die Kritik an undemokratischem Verhalten in Ländern der dritten Welt verstummt, wenn sich dort ein kommunistisches Regime etabliert hat. »Für den Sieg des vietnamesischen Volkes« stand in großen roten Lettern auf den Wänden der Mensa unserer Regensburger Universität geschrieben, als der Vietnamkrieg dem Ende zuging. Heute wird man derlei Aufschriften vergeblich suchen. Vietnam ist wie die anderen marxistisch gewordenen Länder kein Thema öffentlicher Diskussion mehr. Marxistisch regierte Länder der dritten Welt kritisiert man nicht. Anscheinend haben sie nach Meinung der westlichen Politik einen Zustand der Ordnung erreicht, den man nicht stören sollte. Um so eifriger empfiehlt man für Staaten, die zwischen Diktatur und Demokratie schwanken, marxistische Befreiungsideen, die man im eigenen Land gerade nicht angewandt sehen möchte. Dass die Jugend solche Schizophrenie empfindet, sollte eigentlich niemand wundernehmen. Dass sie mit ihrem Willen zum Unbedingten das Pathos solcher Freiheitsideen aufgreift und sie auf den eigenen Bereich anwenden will, ist nur logisch.

Was aber hat dies alles mit unserem Thema zu tun? Nun, es wird daraus deutlich, dass die pluralistische Demokratie niemals einfach gesichert ist. Sie bleibt nicht von selber so, dass sie ihre Bürger in einer grundlegenden Zustimmung zum gemeinsamen Staat vereint. Selbst wenn sie einigermaßen gut gehandhabt wird, wie es bei uns trotz allem in den letzten dreißig Jahren der Fall war, bringt sie nicht automatisch die Überzeugung hervor, dass sie in aller Unzulänglichkeit das beste Staatswesen sei. Nicht nur wirtschaftliche Krisen können sie zum Einsturz bringen, sondern auch geistige Wellenschläge können ihr den Boden fortspülen. Ernst-Wolfgang Böckenförde hat im Blick auf solche Sachverhalte die These aufgestellt, dass der heutige freiheitliche und säkularisierte Staat nicht mehr *societas perfecta* ist: »Er ist zu seiner eigenen Fundierung und Erhaltung auf andere Mächte und Kräfte angewiesen«, anders gesagt: er lebt von Voraussetzungen, »die er selbst nicht garantieren kann«[1]. Das heißt: Es gibt »Unverzichtbares« für die pluralistische Demokratie, das nicht im politischen Bereich angesiedelt ist. Vom Thema her drängt sich nun der Gedanke an das Christentum auf, und ich leugne nicht, dass ich darauf hinauswill. Aber wir sollten es uns nicht zu einfach machen mit der Antwort, zumal Negativwirkungen des Christlichen gerade auch in der jüngsten politischen Geschichte nicht zu übersehen sind. Mir scheint daher, dass es nötig ist, zunächst die wichtigsten Elemente gegenwärtiger Gefährdung der Demokratie zu untersuchen. Daran soll sich eine Selbstkritik des Christlichen in seinen politischen Wirkungen anschließen. Darauf kann endlich sinnvoll die Frage nach seiner positiven Bedeutung, ja, nach seiner Unverzichtbarkeit in Angriff genommen werden.

Die drei Wurzeln der Gefährdung der Demokratie in der Gegenwart

Was bedroht heute die Demokratie? Ich sehe drei Haupttendenzen, die zur Absage an die Demokratie führen oder führen können. Da ist zunächst die Unfähigkeit, sich mit der Unvollkommenheit der menschlichen Dinge anzufreunden. Das Verlangen nach dem Absoluten in der Geschichte ist der Feind des Guten in ihr. Manès Sperber spricht von einer Schwärmerei, die aus Ekel am Bestehenden aufsteigt.[2] Der Ekel am Bestehenden ist heute im Wachsen, und mit ihm wächst die Lust an der Anarchie aus der Überzeugung heraus, dass es irgendwo die gute Welt eben doch geben müsse. Heute will zwar niemand mehr dem Fortschrittsglauben der Aufklärung huldigen, aber eine Art von profanem Messianismus ist tief ins allgemeine Bewusstsein eingedrungen. Das Wort des Ernesto Cardenal: »Ich glaube an die Geschichte« drückt das geheime Credo vieler aus: Irgendwie hat sich Hegels Idee im allgemeinen Bewusstsein festgesetzt, dass die Geschichte selbst am Ende die große Synthese herbeiführen werde. Der Gedanke, dass die ganze bisherige Geschichte Geschichte der Unfreiheit war, dass aber nun endlich und bald die gerechte Gesellschaft gebaut werden könne und müsse, ist in vielfältigen Slogans heute unter Atheisten wie unter Christen verbreitet und reicht bis in Bischofsworte und liturgische Texte hinein. Auf eine seltsame Weise kehrt die Reichsmystik der Zwischenkriegszeit wieder, die dann ein so makabres Ende gefunden hatte. Wieder liebt man es, statt vom »Reich Gottes« einfach vom »Reich« zu sprechen als von einer Sache, für die wir arbeiten, die wir bauen, die durch unsere Anstrengungen in greifbare Nähe gerückt ist. Das »Reich« oder die »neue Gesellschaft« ist zu einem Moralismus geworden, der politische und ökonomische Argumentationen ersetzt. Dass wir für eine neue und dann endgültig bessere Welt arbeiten, ist längst Selbstverständlichkeit geworden. Das philosophisch und politisch Bedenkliche solcher Naheschatologie lässt sich, wie mir scheint, vor allem an drei Hauptaspekten dieser Anschauung darstellen.

a) In der befreiten Gesellschaft beruht das Gute nicht mehr auf der ethischen Anstrengung der Menschen, die diese Gesellschaft tragen, sondern es ist durch die Strukturen einfach und unwiderruflich vorgegeben. Der Mythos der befreiten Gesellschaft beruht auf dieser Vorstellung, denn das Ethos ist allzeit gefährdet, nie vollkommen und muss immer neu errungen werden. Deswegen ist ein vom Ethos, d.h. von der Freiheit getragener Staat nie fertig, nie ganz gerecht, nie gesichert. Er ist unvollkommen wie der Mensch selbst. Aus eben diesem Grund muss die »befreite Gesellschaft« vom Ethos unabhängig sein. Ihre Freiheit und ihre Gerechtigkeit müssen sozusagen durch die Strukturen geliefert werden, ja, das Ethos wird überhaupt vom Menschen auf die Strukturen verlagert. Die jetzigen Strukturen sind sündig, die künftigen werden gerecht sein, man muss sie ausdenken und daran bauen, wie man Geräte baut – dann aber sind sie da. Deswegen wird auch die Sünde zur sozialen, zur strukturellen Sünde und darf als solche wieder genannt werden. Deswegen beruht das Heil auf der Analyse der Strukturen und der daraus folgenden politisch-ökonomischen Tätigkeit. Nicht das Ethos trägt die Strukturen, sondern die Strukturen tragen das Ethos, deshalb nämlich, weil das Ethos das Brüchige ist, die Strukturen aber als das Feste und Sichere gelten. In dieser Umkehrung, die dem Mythos der besseren Welt zugrunde liegt, sehe ich das eigentliche Wesen des Materialismus, der ja nicht einfach in der Leugnung eines Wirklichkeitsbereiches besteht, sondern im tiefsten ein anthropologisches Programm ist, das sich notwendig mit einer bestimmten Vorstellung über die gegenseitige Beziehung der einzelnen Wirklichkeitsbereiche verbindet. Die Behauptung, dass Geist nur ein Produkt materieller Entwicklungen und nicht der Ursprung der Materie sei, entspricht der Vorstellung, dass das Ethos von der Ökonomie produziert und nicht die Ökonomie letztlich durch die menschlichen Grundentscheide geprägt wird. Wenn man aber die Voraussetzungen und die Folgen dieser scheinbar so wundervollen Entlastung des Menschen von seiner Unbeständigkeit sieht, so erkennt man, dass diese Entlastung – »Befreiung« – auf der

Abdankung des Ethos, d.h. auf der Abdankung der Verantwortlichkeit und der Freiheit, auf der Abdankung des Gewissens beruht. Darum ist diese Art von »Reich« ein Vexierbild, mit dem uns der Antichrist narrt – solche befreite Gesellschaft setzt die perfekte Tyrannei voraus. Ich denke, wir müssen uns heute mit aller Entschiedenheit wieder klarmachen, dass weder Vernunft noch Glaube irgendwann uns verheißen, dass es einmal die perfekte Welt geben wird. Es gibt sie nicht. Ihre ständige Erwartung, das Spiel mit ihrer Möglichkeit und Nähe, ist die ernsteste Gefährdung unserer Politik und unserer Gesellschaft, weil daraus die anarchische Schwärmerei mit Notwendigkeit hervorgeht. Für den Fortbestand der pluralistischen Demokratie, d.h. für den Fortbestand und die Entwicklung eines menschenmöglichen Maßes an Gerechtigkeit, ist es dringend, den Mut zur Unvollkommenheit und die Erkenntnis der stetigen Gefährdung der menschlichen Dinge wieder zu erlernen. Nur jene politischen Programme sind moralisch, die diesen Mut wecken. Unmoralisch ist daher umgekehrt jener scheinbare Moralismus, der sich nur mit dem Vollkommenen zufriedengeben will. Eine Gewissenserforschung wird hier gerade auch bei kirchlichen und kirchennahen Moralpredigten nötig sein, deren überanstrengte Forderungen und Hoffnungen die Flucht aus dem Moralischen ins Utopische fördern.

b) Der Versuch, das Moralische in seiner Unzulänglichkeit und Gefährdung überflüssig zu machen durch die sozusagen mechanische Sicherung der richtig eingerichteten Gesellschaft hat aber auch noch andere Wurzeln. Sie liegen in der Einseitigkeit des neuzeitlichen Vernunftbegriffs, wie er zuerst bei Francis Bacon deutlich formuliert ist und dann im 19. Jahrhundert immer stärker zum Siege kam: Nur die quantitative Vernunft, die Vernunft der Berechnung und des Experiments, erscheint überhaupt als Vernunft, alles andere als das Arationale, das langsam überwunden und gleichfalls in den Bereich »exakter« Erkenntnis übergeführt werden muss. Bei Bacon wie bei Comte – um nur zwei programmatische Denker zu nennen – ist das Ziel, dass es schließlich auch zu einer Physik der menschlichen Dinge kommt.[3] Martin Kriele spricht in diesem Zusammenhang von der Umkehrung des Verhältnisses zwischen Wissenschaft und praktischer Vernunft, von einer Reduzierung der Ethik und der Politik auf Physik.[4] In einer noch unfertigen und insofern kritikbedürftigen Terminologie hat Romano Guardini wiederholt auf den gleichen Sachverhalt aufmerksam gemacht und ihn als Schicksalsproblem europäischer Politik gekennzeichnet. Er spricht davon, dass das Logische und das Alogische nicht in ihrer Gegensatzeinheit erkannt seien. Richtiger müsste man sagen: dass der Logos auf eine bestimmte Art von Rationalität reduziert und alles andere ins Alogische abgestoßen wird. »Darum«, so fährt er fort, »ist auch noch kein Europa im eigentlichen Sinn, sondern die geistigen und menschlichen Bereiche stehen, trotz aller Organisation, unverbunden und feindlich nebeneinander.«[5]

Wir können also feststellen, dass die Absage an die Moral zugunsten der Technik gar nicht primär auf der Flucht vor der Mühsal des Moralischen beruht, sondern auf dem Verdacht seiner Unvernünftigkeit. Es ist nicht in derselben Weise rational zu deduzieren wie das Funktionieren eines Apparats. Hat man aber erst einmal dies zum Maßstab der Vernunft erhoben, dann kann man jedenfalls die klassischen Moralen nur in den Bereich der Unvernunft verweisen. Inzwischen nehmen die Versuche zu, auch Moral »exakt« darzustellen. Sie wird dann in der einen oder anderen Form auf den Typus des Kalküls zurückgeführt, auf die Berechnung des Verhältnisses von günstigen und ungünstigen Wirkungen einer Handlung. Damit hat aber das Moralische als solches abgedankt. Denn das in sich Gute und das in sich Böse gibt es damit nicht mehr, sondern nur eine Aufrechnung von Vor- und Nachteilen, woran die Tatsache nichts ändert, dass man uns versichert, im allgemeinen werde es dabei ungefähr bei dem bleiben, was man bisher schon als Handlungsmaxime betrachtet hatte.

Damit verliert dann aber auch das Recht den Boden unter den Füßen. Ich kann mir nicht versagen, hier ein Beispiel aus der Münchener Rechtsprechung anzuführen, das den Vorgang des

Verlusts an Rechtssubstanz in unserem Recht für mich erschreckend deutlich werden lässt. Wenigstens zweimal wurden in jüngster Zeit Klagen wegen Religionsbeschimpfung zuletzt mit der Begründung zurückgewiesen, der öffentliche Friede sei durch das betreffende Machwerk nicht gefährdet worden. Ich sehe hier von der Frage nach dem Recht der jeweiligen Klage ab; was interessiert, ist allein die Begründung für ihre Ablehnung. Denn in dieser Begründung ist in der Sache eine Aufforderung zum Faustrecht enthalten. Wenn die Beleidigten Miene gemacht hätten, für ihre Sache öffentliche Unruhen auszulösen, hätte man den Fall ernstlich erwägen müssen – darauf läuft dies doch hinaus. Das aber bedeutet, dass man überhaupt nicht mehr Rechtsgüter schützt, sondern nur das Aufeinanderprallen gegensätzlicher Interessen zu vermeiden trachtet. Dies freilich ist logisch, wenn das Moralische als solches nicht mehr als schutzwürdiges Rechtsgut erkannt wird, weil es als eine Sache des subjektiven Beliebens erscheint, die nur dann justitiabel wird, wenn dabei der öffentliche Friede in Gefahr gerät. Die Außerkraftsetzung der moralischen Vernunft hat zur Folge, dass das Recht sich nicht mehr auf ein Grundbild von Gerechtigkeit beziehen kann, sondern nur Spiegel herrschender Anschauungen wird. Aber jeder empfindet dabei, dass Gerechtigkeit auf solche Weise nicht zu bauen ist. Die Zuflucht zu einem ideologisch fixierten Typus von Gerechtigkeit, der scheinbar aus wissenschaftlich gesicherter Interpretation der Geschichte stammt, wird so geradezu unvermeidlich. Deshalb ist die Frage nach der Wiederherstellung eines moralischen Grundkonsenses in unserer Gesellschaft zugleich eine Überlebensfrage der Gesellschaft und des Staates.

c) Lassen Sie mich noch einen dritten Gesichtspunkt anfügen, der die beiden vorangegangenen umklammert und vertieft. Ich versuche wieder, ihn anhand eines Beispiels sichtbar zu machen. Kürzlich konnte ich einen Freund aus der DDR darüber befragen, was denn seiner Meinung nach dem wieder verstärkten Drang zugrunde liege, aus der dortigen Republik loszukommen und in den Westen zu gehen – ob da im wesentlichen der Widerstand des

Gewissens gegen die Ideologie das treibende Motiv sei. Er sagte, dass es unterschiedliche Gründe für diesen Vorgang gebe und u.a. gewiss auch den zuletzt genannten. Ein gar nicht seltener Grund sei aber ganz anderer Art: Man hat den Menschen beharrlich eingehämmert, dass dieses Leben das einzige ist und dass der Mensch eine andere Seligkeit als die gegenwärtige nicht erwarten dürfe. Unter dieser Voraussetzung erscheine aber das Leben im Sozialismus so grau, so langweilig und leer, dass man ausbrechen und irgendwo das wirkliche Leben suchen müsse. Solche Flucht, solcherlei »Aussteigen« gibt es nun aber auch im Westen in großem Umfange, denn am Ende sind auch alle seine Abwechslungen und Sensationen leer, wenn sie das Ganze zu sein beanspruchen. Der Verlust der Transzendenz ruft die Flucht in die Utopie hervor. Ich bin überzeugt, dass die Zerstörung der Transzendenz jene eigentliche Amputation des Menschen ist, aus der alle anderen Krankheiten hervorquellen. Seiner wirklichen Größe beraubt, kann er nur Zuflucht zu Scheinhoffnungen nehmen. Überdies ist damit jene Verengung der Vernunft besiegelt, die die eigentlich menschlichen Dinge nicht mehr als vernünftig wahrzunehmen vermag. Marx hat uns gelehrt, man müsse die Transzendenz wegnehmen, damit der Mensch endlich, von falschen Tröstungen geheilt, die vollkommene Welt baue. Heute wissen wir, dass der Mensch die Transzendenz braucht, damit er seine immer unvollkommene Welt so gestalten kann, dass in ihr menschenwürdig zu leben ist.

Fassen wir das bisher Bedachte zusammen, so hat sich jedenfalls die These von Böckenförde nachdrücklich bestätigt, dass der moderne Staat eine *societas imperfecta* ist – unvollkommen nicht nur in dem Sinn, dass seine Institutionen immer so unvollkommen bleiben wie seine Bewohner, sondern auch in dem anderen Sinn, dass er Kräfte von außerhalb seiner selbst braucht, um als er selbst bestehen zu können. Wo sind diese Kräfte, die ihm unverzichtbar sind?

Selbstkritik der politischen Wirkungen des Christentums

Ein erster Blick auf das Christentum als mögliche Quelle solcher Kraft ist nicht unbedingt ermutigend. Insofern ist Selbstkritik des Christentums gerade für den unverzichtbar, der in ihm das Rettende erkennen will. Es gibt die These, dass der Marxismus nirgends Fuß fassen kann, wo nicht vorher das Christliche die überlieferten Religionen abgelöst hat. Das Christliche muss anscheinend vorausgehen, damit die marxistische Logik einen Anhaltspunkt finden kann. Ich weiß nicht, wie weit sich diese These empirisch halten lässt. Immerhin ist sie nicht aus der Luft gegriffen. So ist neben die klassische Kritik der Linken am christlichen Staatsgedanken inzwischen die Kritik der neuen Rechten getreten; mit beidem wird man sich auseinandersetzen müssen. Übrigens hat diese Kritik eine alte Geschichte. Augustins Buch vom Gottesstaat ist eine Antwort auf die Behauptung der konservativen römischen Kritik, dass das Christentum staatszerstörend wirke. Das war schon damals nichts Neues: Die Christenverfolgung des Römischen Reiches hatte auf dem Argument beruht, dass Christentum im Grunde Anarchismus sei. Die kritischen Anfragen, die an das Christentum als politische Kraft von seiner Geschichte wie von seiner Gegenwart her zu richten sind, möchte ich von drei Gesichtspunkten her umreißen.

a) Der messianische Dynamismus des Christlichen zielt auf das Unbedingte des »Reiches«. Er schließt damit die Versuchung ein, das Bedingte und Unvollkommene des irdischen Staatswesens zu überspringen, den Staat zu vernachlässigen oder zu bekämpfen. Die Briefliteratur des Neuen Testaments ist immer wieder von der Auseinandersetzung mit solchem Missverständnis der christlichen Hoffnung geprägt. Die Versuchung zur Anarchie hat es gewiss auch unabhängig vom Christentum im einzelnen zu allen Zeiten gegeben. Aber Anarchie als Gegenstand einer scheinrationalen politischen Philosophie und Programmatik ist in der Tat erst aus der dreifachen Wurzel des jüdischen Messianismus, des christlichen Chiliasmus und der von der Technik genährten neuzeitlichen Fortschrittsidee möglich geworden.[6]

b) Ein zweites Element, mit dem das Christentum sprengend auf das staatsbildende Ethos wirken kann, ist seine Absage an die Gerechtigkeit aus Werken und das damit aufgerichtete Maß der Heiligkeit allein aus Gnade. Daraus kann eine Relativierung des Ethos und eine Unfähigkeit des Kompromisses hervorgehen, die die Demut des Unvollkommenen zerstört, von der das menschliche Gemeinwesen lebt, wie wir sahen. Im Streit um die politische Bedeutung der Bergpredigt geht es um diese Frage. Dieselbe Problematik ist deutlich in Augustins Werk von den zwei Bürgerschaften zu finden. Die *Civitas Dei* kann nicht zu einem empirischen Staatswesen werden, wie Augustinus im Gegensatz zu seinen späteren Auslegern deutlich gesehen hat; sie bleibt in diesem Sinn nicht-empirisch. Der Staat kann seinerseits immer nur *Civitas terrena* sein. Obgleich Anläufe bei Augustin zu erkennen sind, diesen Begriff wertneutral zu fassen, bleibt seine Nachbarschaft zum Teufelsstaat sehr nahe, jedenfalls ist eine eigentlich positive Grundlage für den Erdenstaat nicht näher bedacht.[7] Ähnliche Fragen wird man – wenn gleich von anderen Zusammenhängen her – auch an Luthers Zwei-Reiche-Lehre richten dürfen.[8] Die katholische Theologie hatte demgegenüber freilich seit dem Hochmittelalter durch die Aufnahme des Aristoteles und seines Naturrechtsgedankens zu einem positiven Begriff des profanen, nicht-messianischen Staates gefunden. Aber sie hat dann doch häufig die Naturrechtsidee mit so viel christlichen Inhalten aufgeladen, dass die nötige Kompromissfähigkeit verlorenging und der Staat nicht in den ihm wesentlichen Grenzen seiner Profanität angenommen werden konnte. Man kämpfte um zu viel und verbaute sich damit den Weg zum Möglichen und Nötigen.

c) Damit hängt ein Drittes zusammen. Der christliche Glaube hat die antike Toleranzidee inhaltlich gesehen deswegen gesprengt, weil er sich nicht in das Pantheon einfügen ließ, das den Raum der Religionsverträglichkeit im Austausch und in der gegenseitigen Anerkennung der Götter bildete. Rechtlich betrachtet konnte er deswegen nicht in den Genuss der Religionstoleranz kommen, weil er es ablehnte, sich im Bereich des Privatrechts ansiedeln zu lassen, in dem beliebige Religionsbildungen Platz hatten. Diese Einordnung ins Privatrecht war für den Glauben der Christen deshalb nicht möglich, weil das öffentliche Recht Götterrecht war. Der christliche Monotheismus konnte sich davor nicht ins Privatrecht zurückziehen – das hätte ihn als Monotheismus in seinem Wahrheitsanspruch aufgehoben. Er musste öffentlich rechtliche Geltung wenigstens negativ beanspruchen, d.h., er musste das Recht zur Ablehnung des religiösen Charakters des geltenden öffentlichen Rechts verlangen. In diesem Sinn hat das Christentum von Anfang an, so klein die Zahl seiner Anhänger zunächst auch war, einen öffentlich rechtlichen Anspruch vertreten und sich auf eine dem Staat vergleichbare Rechtsebene gestellt. Deswegen ist die Gestalt des Martyrers in der inneren Konstruktion des Christlichen selbst angelegt.[9] Darin liegt seine Größe als Widerpart jedes staatlichen Totalitarismus. Aber darin kann auch die Gefahr theokratischer Überdehnung liegen. Damit hängt es zusammen, dass der Wahrheitsanspruch des Christlichen sich zu politischer Intoleranz steigern kann und mehr als einmal gesteigert hat.

Insofern gilt auch vom Christentum als einer von Menschen gelebten Wirklichkeit das Gesetz des Unvollkommenen und des Gefährdeten. Seine positive politische Wirkung ist nicht automatisch gewährleistet. Diese Verheißung ist ihm gerade nicht verliehen, und daran müssen Kirchenmänner in ihren politischen Aktivitäten auch jederzeit denken. Aber das ändert nichts daran, dass der Staat *societas imperfecta* bleibt und dass er nun doch nach dem anderen ruft, das ihn zu ergänzen und ihm die sittlichen Kräfte zu eröffnen vermag, die er nicht aus sich selber schöpfen kann. Wo findet er sie? Wenn man die bestehenden Möglichkeiten in der Welt abzählt und nach eventuellen anderen Lösungen Ausschau hält, bieten sich außerhalb des Christentums nur zwei Alternativen an: der Versuch einer Rückkehr ins Vorchristliche, etwa zu einem gereinigten Aristotelismus, oder in der Weise der

Anknüpfung an nichteuropäische Kulturen einerseits und der Islam andererseits. Aber die Rekonstruktion des Vorchristlichen bleibt allemal eine Abstraktion, die nicht tragfähig ist. Weltanschauungen aus der Retorte, wie man sie nun vielfach zu konstruieren unternimmt, sind Kunstprodukte, die letztlich nicht universalisierbar sind. Dafür ist der Versuch von Karl Jaspers ein anschauliches Beispiel. Jaspers hatte gemeint, in seiner Existentialphilosophie ein universales Modell gefunden zu haben, das an die Stelle des zur Partikularität verurteilten Christentums zu treten vermöge.[10] Heute sind es nicht mehr allzu viele, die seine Philosophie überhaupt kennen. Über interessante Gedankenexperimente kommt man mit solchen Unternehmungen nicht weit hinaus, denen der Lebensatem gewachsener geschichtlicher Realität fehlt. Den Islam als erneut in den Vordergrund der Geschichte rückende Alternative zu den christlich begründeten Staatsprägungen werden wir zwar gewiss viel aufmerksamer studieren müssen, als wir es bisher getan haben. Aber er ist ganz offenkundig gerade das Gegenmodell zur pluralistischen Demokratie und kann daher nicht zu deren gründender Kraft werden. So bleibt es dabei, dass diese Demokratie ein Produkt aus der Verschmelzung von griechischem und christlichem Erbe ist und daher auch nur in diesem Gründungszusammenhang überleben kann.[11] Wenn wir das nicht wieder einsehen und entsprechend Demokratie auf Christentum zu, Christentum auf den freien demokratischen Staat hin leben lernen, werden wir die Demokratie mit Sicherheit verspielen.

Die Unverzichtbarkeit des Christentums in der modernen Welt

So bleibt die Frage: Wie können wir die eben skizzierte Selbstkritik des Christentums richtig aufnehmen? Wie kann Christentum, ohne politisch instrumentalisiert zu werden und ohne umgekehrt das Politische für sich zu vereinnahmen, zu einer positiven Kraft für dieses werden? In Anlehnung an das eben praktizierte Schema der Kritik möchte ich in einem letzten Gedankengang auch die Antwort darauf noch einmal in drei Punkten skizzieren.

a) Das Christentum hat entgegen seinen Verkehrungen den Messianismus gerade nicht im Politischen angesiedelt. Es hat ganz im Gegenteil von Anfang an darauf bestanden, das Politische in der Sphäre der Rationalität und des Ethos zu belassen. Es hat die Annahme des Unvollkommenen gelehrt und ermöglicht. Anders ausgedrückt: Das Neue Testament kennt politisches Ethos, aber keine politische Theologie. Genau in dieser Unterscheidung verläuft die Grenzlinie, die Jesus selbst und dann sehr nachdrücklich die Apostelbriefe zwischen Christentum und Schwärmerei gezogen haben. So fragmentarisch und zufällig die verschiedenen Äußerungen des Neuen Testaments zum politischen Bereich im einzelnen auch sein mögen, in diesem Grundentscheid sind sie durchweg einig und klar: Ob man an die Erzählung von den Versuchungen Jesu mit ihren politischen Implikationen denkt, an die Geschichte von der Steuermünze, die des Kaisers ist, an die politischen Ermahnungen in den Paulus- und Petrusbriefen oder auch an die in vieler Hinsicht so ganz anders gelagerte Apokalypse – immer wird der Enthusiasmus abgelehnt, der Gottes Reich zum politischen Programm zu erheben versucht.[12] Immer gilt, dass die Politik nicht der Bereich der Theologie, sondern des freilich zuletzt nur theologisch zu begründenden Ethos ist. Gerade so bleibt das Neue Testament seiner Absage an die Gerechtigkeit aus Werken treu, denn politische Theologie im strengen Sinn des Wortes besagt, dass die vollendete Gerechtigkeit der Welt durch unser Werk produziert werden muss, dass Gerechtigkeit als Werk und nur so entsteht. Sie ist machbar und wird gemacht. Wo dagegen der Staat auf das Ethos gegründet wird, ist der Mensch zwar ganz in Pflicht genommen, aber Gottes bleibt, was Gottes ist. Die Herleitung staatlicher Gerechtigkeit vom Ethos und nicht von den Strukturen bedeutet die Annahme der Unvollkommenheit des Menschen. Sie ist menschlich realistisch, d.h. vernünftig und theologisch wahr. Die Absage an die Werke richtet sich nicht gegen die Moral, sondern nur das Ausharren in der Moral bleibt dieser Grunderkenntnis des Neuen Testaments treu. Der Mut zur Rationalität, der ein Mut zur Unvollkommenheit ist, braucht die christliche Verheißung, um an seinem Ort standhalten zu können: Die Verheißung wehrt dem Mythos, sie wehrt den Enthusiasmus und seine scheinrationalen Verheißungen ab.

b) Der christliche Glaube erweckt das Gewissen und begründet das Ethos. Er gibt der praktischen Vernunft Inhalt und Weg. Die eigentliche Gefahr unserer Zeit, der Kern unserer Kulturkrise, ist die Destabilisierung des Ethos, die darauf beruht, dass wir die Vernunft des Moralischen nicht mehr begreifen können und Vernunft auf das Berechenbare reduziert haben. Der Versuch, den Menschen und die menschlichen Dinge von außen her, vom Quantitativen und Machbaren aus zu stabilisieren oder zu befreien, muss seinem Wesen nach fehlschlagen. Er bedeutet seinem Ansatz nach die Unterordnung des Geistigen unter das Quantitative, die Unterordnung der Freiheit unter den Zwang. Die Befreiung von der Moral kann daher ihrem Wesen nach nur Befreiung zur Tyrannis sein. Nach alledem ist es auch kein Ausweg, das Moralische ins Subjektive abzudrängen und es damit als öffentlich wirksame Kraft formell abzuschaffen. Ebensowenig ist es ein Ausweg, Moral in Berechnung umzusetzen, weil sie damit als Moral wiederum aufgehoben wird.[13] Es führt kein Weg daran vorbei, dass wir uns wieder zu einer größeren Weite der Vernunft bekehren müssen, dass wir die moralische Vernunft wieder als Vernunft erlernen müssen. Für das Staatswesen heißt das, dass die Gesellschaft nie fertig ist, sondern immer wieder vom Gewissen her neu gebaut werden muss und nur von dorther gesichert werden kann. Das bedeutet des weiteren, dass der grundlegende Akt für die Entwicklung und für das Überdauern gerechter Gesellschaften die moralische Erziehung ist, in der der Mensch den Gebrauch seiner Freiheit erlernt. Die Griechen hatten durchaus recht, wenn sie Erziehung zum Kernbegriff ihrer Heilslehre erhoben und in der Erziehung die Gegenkraft zur Barbarei sahen. Wo Moral als überflüssig erklärt wird, wird Korruption zur

Selbstverständlichkeit, und Korruption korrumpiert die Staaten wie die einzelnen zugleich.

Aber das Ethos begründet sich nicht von selbst. Auch das aufgeklärte Ethos, das unsere Staaten noch zusammenhält, lebt von der Nachwirkung des Christentums, das ihm die Grundlagen seiner Vernünftigkeit und seines inneren Zusammenhangs gegeben hat. Wo der christliche Boden völlig weggezogen wird, hält nichts davon mehr zusammen. Wir sehen es heute in der allmählichen Auflösung der Ehe als Grundform des Zueinander der Geschlechter, der die Herabstufung des Sexuellen zu einer Art von leicht erhältlicher Lustdroge folgt. Der Kampf der Generationen gegeneinander, der Kampf der Geschlechter gegeneinander, die Zerspaltung von Geist und Materie folgen zwangsläufig daraus. Den gleichen Auflösungsprozess beobachten wir im Verhältnis zum Leben. Wenn eine Art Einverständnis darüber erzielt ist, dass man vermutlich behinderte Kinder abtreiben soll, um ihnen und den anderen die Last ihrer Existenz zu ersparen – welche Verhöhnung aller Behinderten ist dies: Ihnen wird ja damit gesagt, dass es sie nur gibt, weil der Fortschritt der Wissenschaft noch nicht ausreichend war. So ließe sich fortfahren. Wesentlich ist dies: Die Vernunft, die sich in sich selbst abschließt, bleibt nicht vernünftig, so wie der Staat, der vollkommen sein will, tyrannisch wird. Die Vernunft braucht Offenbarung, um als Vernunft wirken zu können. Die Beziehung des Staates auf den christlichen Grund ist unerlässlich, gerade wenn er Staat bleiben und pluralistisch sein soll.

c) Hier berühren wir nun allerdings den neuralgischen Punkt in der Zuordnung von Christentum und pluralistischer Demokratie. Niemand bestreitet bei uns dem Christentum das Recht, ähnlich wie die verschiedensten gesellschaftlichen Gruppen seine Wertvorstellungen zu pflegen und seine Lebensformen zu entwickeln, d.h. als eine gesellschaftliche Kraft unter anderen zu wirken. Aber dieser Rückzug ins Private, diese Einordnung ins Pantheon aller möglichen Wertsysteme widerspricht dem Wahrheitsanspruch des Glaubens, der als solcher ein Öffentlichkeitsanspruch ist. Robert Spaemann spricht in diesem Zusammenhang von der fatalen Neigung der christlichen Kirchen, sich selbst als Teil des Ensembles »gesellschaftlicher Kräfte« zu verstehen, die automatisch eine Rücknahme seines Wahrheitsanspruchs einschließt und damit gerade das aufhebt, worum es in der Kirche geht und was sie auch für den Staat »wertvoll« macht. Spaemann hält dem entgegen, dass Kirche sich nicht in die Repräsentanz eines »religiösen Bedürfnisses« zurückziehen dürfe, sondern sich verstehen müsse »als Ort einer absoluten, den Staat überbietenden Öffentlichkeit unter dem legitimierenden Anspruch Gottes«, wobei er sich darüber klar ist, dass gerade dieses Selbstverständnis in der Sphäre des staatlichen Rechts keine adäquate Darstellung finden kann.[14] Wir stehen vor einer Aporie: Wenn Kirche diesen Anspruch aufgibt, bewirkt sie gerade auch für den Staat nicht mehr, was er von ihr braucht. Wenn der Staat ihn aber annimmt, hebt er sich als pluralistischer auf und dabei verlieren dann Staat und Kirche sich selbst.

Um die Balance zwischen diesen beiden Grenzmöglichkeiten ist besonders in der Kirche des Westens in allen Jahrhunderten gerungen worden. Auf ihr beruht die Freiheit der Kirche und die Freiheit des Staates. Je nach geschichtlicher Lage ist die Gefahr der Verfehlung nach dem einen oder anderen Pol zu größer. In der heutigen kulturellen Gesamtsituation ist die theokratische Gefahr gering; sie tritt höchstens auf, wo die Mesalliance zwischen Christentum und Marxismus die Vorspiegelung eines politisch zu schaffenden Gottesreiches hervorruft. Im allgemeinen ist aber in der gegenwärtigen Welt klar, dass der Öffentlichkeitsanspruch des Glaubens Pluralismus und religiöse Toleranz des Staates nicht beeinträchtigen darf. Aber daraus kann nicht eine völlige Wertneutralität des Staates hergeleitet werden. Er muss erkennen, dass ein Grundgefüge von christlich fundierten Werten die Voraussetzung seines Bestehens ist. Er muss in diesem Sinn sozusagen einfach seinen historischen Ort erkennen, den Erdboden, von dem er sich nicht gänzlich lösen kann, ohne zu zerfallen. Er muss lernen, dass es einen Bestand von Wahrheit gibt, der nicht dem Konsens unterworfen ist, sondern ihm vorausgeht und ihn ermöglicht.[15]

Lassen Sie mich zum Schluss auch dies an einem Beispiel darstellen, in dem die ganze Dramatik der Sache anschaulich wird. Der Streit um die Kreuze in den Schulen, der in Polen heute ausgetragen wird und der in der Zeit des Dritten Reiches von unseren Eltern in Deutschland ausgetragen wurde, hat einen durchaus symptomatischen Charakter. Für die Eltern in Polen – wie damals für die unsrigen – ist das Kreuz in den Schulen ein Zeichen eines letzten Stücks Freiheit, das sie sich durch den totalen Staat nicht nehmen lassen wollen. Es ist die Gewähr einer Menschlichkeit, in deren Austilgung sie den Anspruch auf die freie Verfügung über den Menschen sehen, die nicht mehr dem Maß des Kreuzes untersteht und damit überhaupt kein Maß mehr hat. Sie kämpfen um die Öffentlichkeit des Christentums und sie kämpfen dabei um den Grundbestand an Menschlichkeit und an menschlichem Maß, den auch der Staat braucht. Wenn wir nicht mehr die Kraft haben, solche Zeichen in ihrer Unverzichtbarkeit zu verstehen und festzuhalten, macht sich das Christentum verzichtbar, aber der Staat wird damit nicht pluralistischer und freier, sondern bodenlos. Der Staat braucht öffentliche Zeichen dessen, was ihn trägt. Auch die Feiertage als öffentliche Markierungen der Zeit gehören dazu. Deswegen muss das Christentum auf solchen öffentlichen Zeichen seiner Menschlichkeit bestehen. Aber es kann freilich nur darauf bestehen, wenn die Kraft öffentlicher Überzeugung sie trägt. Darin sind wir gefordert. Wenn wir nicht überzeugt sind und nicht überzeugen können, haben wir auch kein Recht, Öffentlichkeit zu verlangen. Wir sind dann entbehrlich, und wir müssen es dann auch zugeben. Aber wir entziehen dann mit unserer eigenen Überzeugungslosigkeit der Gesellschaft das, was objektiv unentbehrlich ist für sie: die geistigen Grundlagen ihrer Menschlichkeit und ihre Freiheit. Die einzige Kraft, mit der sich das Christentum öffentlich zur Geltung zu bringen vermag, ist letztlich die Kraft seiner inneren Wahrheit. Diese Kraft aber ist heute so unentbehrlich wie eh und je, weil der Mensch ohne

Wahrheit nicht überleben kann. Das ist die sichere Hoffnung des Christentums; das ist seine ungeheure Herausforderung an jeden einzelnen von uns.

1 E.-W. Böckenförde, Staat – Gesellschaft – Kirche (Freiburg 1982; Teilband 15 von Böckle – Kaufmann u.a., Christlicher Glaube in moderner Gesellschaft) 67.

2 Zitiert bei K. Löw, Warum fasziniert der Kommunismus? (Köln 1980) 87; zur Frage insgesamt: R. Spaemann, Zur Kritik der politischen Utopie (Stuttgart 1977).

3 Zu Bacon: M. Kriele, Befreiung und politische Aufklärung (Freiburg 1980) 78–82; zu Comte: H. de Lubac, Über Gott hinaus. Tragödie des atheistischen Humanismus (Einsiedeln ^{2}1984) 95–172. Zu der hier angesprochenen Problematik insgesamt: J.H. Tenbruck, Die unbewältigten Sozialwissenschaften oder Die Abschaffung des Menschen (Graz 1984), bes. 230–243.

4 A.a.O. 76.

5 R. Guardini, Religiöse Gestalten in Dostojewskijs Werk (München ^{6}1977) 427.

6 Vgl. H. Kuhn, Der Staat (München 1967) 80f., 98f. u.ö.

7 Meine Auslegung von Augustins Civitas Dei habe ich zusammenfassend darzustellen versucht in meinem kleinen Buch: Die Einheit der Nationen (Salzburg 1971) 69–106.

8 Aus der unübersehbaren Fülle der Literatur möchte ich hier nur als für mich besonders erhellend nennen: U. Duchrow, Christenheit und Weltverantwortung, Traditionsgeschichtliche und systematische Struktur der Zweireichelehre (Stuttgart 1970) 437–573.

9 Diese Zusammenhänge mit großer Eindringlichkeit herausgestellt zu haben ist eines der bleibenden Verdienste von E. Peterson, vgl. bes.: Theologische Traktate (München 1951).

10 Vgl. H. Saner, Karl Jaspers in Selbstzeugnissen und Bilddokumenten (Hamburg 1970) 103–110 sowie J. Zöhrer, Der Glaube an die Freiheit und der historische Jesus. Eine Untersuchung der Philosophie Karl Jaspers' unter christologischem Aspekt (Frankfurt 1986), bes. 76–91.

11 Dem muss allerdings präzisierend hinzugefügt werden, dass Demokratie im heutigen Verständnis nicht automatisch aus dieser Wurzel hervortreten muss und hervorgetreten ist, sondern sich faktisch erst unter den besonderen Bedingungen des amerikanischen kongregationalistischen Typus, d.h. abseits der klassischen europäischen Traditionen des hier historisch gewachsenen Staat-Kirche-Verhältnisses gebildet hat. Insofern trifft auch die Behauptung nur sehr bedingt zu, dass Aufklärung zur Demokratie geführt habe, wie Hannah

Arendt in ihrem Buch »On Revolution« (London 1962) gezeigt hat. Noch weniger hatte die europäische Reformation mit ihren staatskirchlichen Konzeptionen den Weg dahin auftun können. Dies alles sollte umgekehrt den Blick nicht trüben für die Existenz grundlegender demokratischer Elemente in der vorrevolutionären christlichen Gesellschaft. Für einen kurzen geschichtlichen Überblick sei verwiesen auf G. Bien – H. Maier, Demokratie, in: J. Ritter (Hg.), Historisches Wörterbuch der Philosophie II (Basel–Stuttgart 1972) 50–55, mit ausführlichen Literaturangaben; wichtig zur Sache H. Maier, Katholizismus und Demokratie (Freiburg 1983).

12 Beachtenswert ist in diesem Zusammenhang E. Käsemanns Auslegung von Röm 13, 1–7, in E. Käsemann, An die Römer (Tübingen 1973) 334–344.

13 Zu den hier entstehenden Problemen verweise ich auf J. Finnis, Fundamentals of Ethics (Georgetown University Press 1983).

14 R. Spaemann, Einführung zu: P. Koslowksi, Gesellschaft und Staat. Ein unvermeidlicher Dualismus (Stuttgart 1982) XVII; bei Koslowski selbst bes. 301f.

15 Vgl. K. Forster, Glaube und Kirche im Dialog mit der Welt von heute II (Würzburg 1982), bes. 344–350.

8.
Die Bedeutung religiöser und sittlicher Werte in der pluralistischen Gesellschaft

Köln 1992

Relativismus als Voraussetzung der Demokratie

Nach dem Zusammenbruch der totalitären Systeme, die dem 20. Jahrhundert zunächst weithin sein Gepräge gegeben haben, hat sich heute in einem großen Teil der Erde die Überzeugung durchgesetzt, dass Demokratie zwar nicht die ideale Gesellschaft bewirkt, aber praktisch das einzig angemessene Regierungssystem ist. Sie verwirklicht Machtverteilung und Machtkontrolle und bietet damit die größtmögliche Gewähr gegen Willkür und Unterdrückung, für die Freiheit jedes einzelnen und für die Einhaltung der Menschenrechte. Wenn wir heute von Demokratie sprechen, denken wir vor allem an diese Güter: an die Machtbeteiligung aller, die Ausdruck von Freiheit ist. Keiner soll nur Objekt von Herrschaft, nur ein Beherrschter sein; jeder soll seinen Willen ins Ganze des politischen Handelns einbringen können. Nur als Mitbestimmende können auch wirklich alle freie Bürger sein.

Das eigentliche Gut, das bei der Machtbeteiligung angestrebt wird, ist also die Freiheit und die Gleichheit aller. Weil aber Macht nicht beständig durch alle direkt ausgeübt werden kann, muss sie zeitweilig delegiert werden. Auch wenn diese Machtübertragung nur befristet, das heißt bis zu den nächsten Wahlen geschieht, so erheischt sie doch Kontrolle, damit der gemeinsame Wille derer bestimmend bleibt, die Macht übertragen haben, und nicht der Wille derer, die sie ausüben, sich verselbständigt. Manche machen an dieser Stelle halt und sagen: Wenn die Freiheit aller gesichert ist, dann ist das Ziel des Staates erreicht.

Auf diese Weise wird die Selbstverfügung des Individuums zum eigentlichen Ziel der Gemeinsamkeit erklärt; die Gemeinschaft habe eigentlich in sich gar keinen Wert, sondern sie wäre nur da, um den einzelnen ihn selber sein zu lassen. Aber die inhaltslose Individualfreiheit, die so als höchstes Ziel erscheint, hebt sich selber auf, weil Einzelfreiheit nur in einer Ordnung der Freiheiten bestehen kann. Sie braucht ein Maß, sonst wird sie zur Gewalt gegen den anderen: Nicht ohne Grund führen diejenigen, die totalitäre Herrschaft anstreben, zunächst eine ordnungslose Freiheit der einzelnen und einen Zustand des Kampfes aller gegen alle herbei, um sich dann mit ihrer Ordnung als die wahren Retter der Menschheit hinstellen zu können. *Freiheit bedarf also eines Inhalts.* Wir können ihn definieren als die Sicherung der Menschenrechte. Wir können ihn aber auch weitläufiger beschreiben als die Gewährleistung der Wohlfahrt des Ganzen wie des Gutes der einzelnen: Der Beherrschte, das heißt derjenige, der Macht übertragen hat, »kann frei sein, wenn er in dem von den Herrschenden angestrebten Gemeingut sich selbst, das heißt sein eigenes Gut, wiedererkennt«[1].

Durch diese Überlegung sind nun neben die Idee der Freiheit zwei weitere Begriffe getreten: das Recht und das Gute. Beide, das heißt die Freiheit als Lebensform der Demokratie und das Recht wie das Gute als ihr Inhalt, stehen in einer gewissen Spannung zueinander, die der wesentliche Gehalt des heutigen Ringens um die rechte Form von Demokratie und Politik überhaupt darstellt.

Freilich denken wir zunächst einmal vor allem an die Freiheit als das wahre Gut des Menschen; alle anderen Güter erscheinen uns heute eher strittig und allzu leicht zu missbrauchen. Wir wollen nicht, dass der Staat uns eine bestimmte Idee des Guten aufdränge. Das Problem wird noch deutlicher, wenn wir den Begriff des Guten durch den Begriff der Wahrheit verdeutlichen. Die Achtung der Freiheit jedes einzelnen scheint uns heute ganz wesentlich darin zu bestehen, dass die Wahrheitsfrage nicht vom

Staat entschieden wird: Wahrheit, also auch die Wahrheit über das Gute, erscheint nicht als gemeinschaftlich erkennbar. Sie ist strittig. Der Versuch, allen aufzuerlegen, was einem Teil der Bürger als Wahrheit erscheint, gilt daher als Knechtung der Gewissen: Der Begriff Wahrheit ist in die Zone der Intoleranz und des Antidemokratischen gerückt. Sie ist kein öffentliches, sondern nur ein privates Gut bzw. ein Gut von Gruppen, aber eben nicht des Ganzen. Anders ausgedrückt: Der moderne Begriff von Demokratie scheint mit dem Relativismus unlöslich verbunden zu sein; der Relativismus aber erscheint als die eigentliche Garantie der Freiheit, gerade auch ihrer wesentlichen Mitte – der Religions- und Gewissensfreiheit.

Das ist heute uns allen durchaus einsichtig. Trotzdem stellt sich bei näherem Zusehen die Frage, ob es nicht doch einen nichtrelativistischen Kern auch in der Demokratie geben müsse: Ist sie denn nicht letztlich um die Menschenrechte herumgebaut, die unverletzlich sind, so dass gerade ihre Gewährung und Sicherung der tiefste Grund ist, warum Demokratie als nötig erscheint? Die Menschenrechte unterliegen nicht ihrerseits dem Pluralismus- und dem Toleranzgebot, sie *sind* der Inhalt der Toleranz und der Freiheit. Den anderen seines Rechtes zu berauben kann niemals Inhalt des Rechts werden und niemals Inhalt der Freiheit sein. Das bedeutet, dass ein Grundbestand an Wahrheit, nämlich an sittlicher Wahrheit, gerade für die Demokratie unverzichtbar zu sein scheint. Wir sprechen dabei heute lieber von Werten als von Wahrheit, um nicht mit dem Toleranzgedanken und dem demokratischen Relativismus in Konflikt zu geraten. Aber der eben gestellten Frage kann man durch diese terminologische Verschiebung nicht ausweichen, denn die Werte beziehen ihre Unantastbarkeit daraus, dass sie wahr sind und wahren Forderungen des menschlichen Wesens entsprechen.

Um so mehr erhebt sich nun die Frage: Wie kann man diese gemeinschaftlich gültigen Werte begründen? Oder, in der heutigen Sprache gesagt: Wie sind die Grundwerte zu begründen, die nicht dem Spiel von Mehrheit und Minderheit unterworfen sind?

Woher kennen wir sie? Was ist dem Relativismus entzogen, warum und wie?

Diese Frage bildet das Zentrum im heutigen Disput der politischen Philosophie, in unserem Ringen um die wahre Demokratie. Man kann etwas vereinfachend sagen, dass sich zwei Grundpositionen gegenüberstehen, die in verschiedenen Varianten auftreten und dabei auch zum Teil einander begegnen. Auf der einen Seite finden wir die radikal relativistische Position, die den Begriff des Guten (und damit erst recht den des Wahren) aus der Politik ganz ausscheiden will, weil freiheitsgefährdend. »Naturrecht« wird als metaphysikverdächtig abgelehnt, um den Relativismus konsequent durchzuhalten: Es gibt danach letztlich kein anderes Prinzip des Politischen als die Entscheidung der Mehrheit, die im staatlichen Leben an die Stelle der Wahrheit trete. Recht könne nur rein politisch verstanden werden, das heißt, Recht sei, was von den dazu befugten Organen als Recht gesetzt wird. Demokratie wird demgemäß nicht inhaltlich, sondern rein formal definiert: als ein Gefüge von Regeln, die Mehrheitsbildung, Machtübertragung und Machtwechsel ermöglichen. Sie bestünde dann wesentlich im Mechanismus von Wahl und Abstimmung.

Dieser Auffassung steht die andere These gegenüber, dass die Wahrheit nicht Produkt der Politik (der Mehrheit) ist, sondern ihr vorangeht und sie erleuchtet: Nicht die Praxis schafft Wahrheit, sondern die Wahrheit ermöglicht rechte Praxis. Politik ist dann gerecht und freiheitsfördernd, wenn sie einem Gefüge von Werten und Rechten dient, das uns von der Vernunft gezeigt wird. Gegenüber dem ausdrücklichen Skeptizismus der relativistischen und positivistischen Theorien finden wir also hier ein Grundvertrauen in die Vernunft, die Wahrheit zeigen kann.[2]

Das Wesen beider Positionen lässt sich sehr gut am Prozess Jesu zeigen, nämlich an der Frage, die Pilatus dem Erlöser stellt: »Was ist Wahrheit?« (Joh 18, 38). Kein Geringerer als der herausragende Vertreter der streng relativistischen Position, der später nach Amerika emigrierte österreichische Rechtslehrer Hans Kelsen, hat in einer Meditation dieses biblischen Textes seine Auffassung unmissverständlich dargelegt.[3]

Wir werden auf seine Philosophie des Politischen noch einmal zurückkommen müssen; begnügen wir uns einstweilen mit dem Blick darauf, wie er den biblischen Text auslegt.

Die Pilatus-Frage ist nach ihm Ausdruck für die notwendige Skepsis des Politikers. Darum ist die Frage irgendwie auch schon Antwort: Wahrheit ist unerreichbar. Dass Pilatus es so versteht, sieht man daran, dass er eine Antwort gar nicht erst abwartet, sondern sich stattdessen unmittelbar an die Menge wendet. So habe er nach Kelsen die Entscheidung des strittigen Falles dem Votum des Volkes unterworfen. Kelsen ist der Meinung, Pilatus habe hier als vollkommener Demokrat gehandelt. Da er nicht weiß, was gerecht ist, überlässt er es der Mehrheit, darüber zu entscheiden. Pilatus wird auf diese Weise in der Darstellung des österreichischen Gelehrten zur emblematischen Figur der relativistischen und skeptischen Demokratie, die sich nicht auf Werte und Wahrheit stützt, sondern auf Prozeduren. Dass im Falle Jesu ein unschuldiger Gerechter verurteilt wurde, scheint Kelsen nicht anzufechten. Es gibt eben keine andere Wahrheit als die der Mehrheit. Hinter sie zurückzufragen ist sinnlos. Kelsen geht an einer Stelle sogar so weit zu sagen, diese relativistische Gewissheit müsse man notfalls auch mit Blut und Tränen auferlegen; man müsse ihrer so sicher sein, wie Jesus seiner Wahrheit sicher war.[4]

Ganz anders und gerade auch unter politischen Gesichtspunkten viel überzeugender ist die Auslegung, die der große Exeget Heinrich Schlier von dem Text gegeben hat. Er tat dies in dem Augenblick, in dem der Nationalsozialismus in Deutschland sich anschickte, die Macht zu ergreifen. Schliers Auslegung war ein bewusstes Gegenzeugnis gegen diejenigen Teile der evangelischen Christenheit, die bereit waren, Glaube und Volk auf dieselbe Ebene zu stellen.[5] Schlier macht darauf aufmerksam, dass Jesus in dem Prozess die richterliche Vollmacht des von Pilatus vertretenen Staates durchaus anerkennt. Er begrenzt sie aber zugleich dadurch, dass er sagt, solche Vollmacht habe Pilatus nicht aus sich selbst, sondern »von oben« (19, 11). Pilatus verfälscht seine Macht und so die Macht des Staates in dem Augenblick, in dem er sie nicht mehr als treuhänderische Verwaltung einer höheren, an der Wahrheit hängenden Ordnung wahrnimmt, sondern sie zu seinen eigenen Gunsten benützt. Der Statthalter fragt nicht mehr nach Wahrheit, sondern versteht Macht als reine Macht. »Sobald er also sich selbst legitimierte, lieh er dem Justizmord an Jesus seine Hand.«[6]

Wozu Staat?

Die Fraglichkeit einer streng relativistischen Position ist damit wohl deutlich geworden. Auf der anderen Seite ist uns die Problematik einer Position, die Wahrheit auch für die demokratische Praxis als grundlegend und erheblich ansieht, heute wohl allen bewusst; zu tief ist uns die Furcht vor Inquisition und vor Vergewaltigung der Gewissen eingebrannt. Wie soll man diesem Dilemma entfliehen? Fragen wir zunächst einmal danach, was der Staat eigentlich ist; wozu er da ist und wozu nicht. Dann wollen wir einen Blick auf die verschiedenen Antworten zu dieser Frage werfen und schließlich versuchen, uns von ihnen aus zu einer abschließenden Antwort vorzutasten.

Was also ist der Staat? Wozu dient er? Wir könnten ganz schlicht sagen: Die Aufgabe des Staates ist es, »das menschliche Miteinander in Ordnung zu halten«[7], also einen solchen Ausgleich der Freiheit und der Güter zu schaffen, dass jeder ein menschenwürdiges Leben führen kann. Wir könnten auch sagen: Der Staat garantiert das Recht als die Bedingung der Freiheit und des gemeinsamen Wohlstands. Zum Staat gehört deshalb zum einen, dass regiert werde; zum anderen aber, dass dieses Regieren nicht einfach Ausübung von Macht, sondern Schutz des Rechtes eines jeden einzelnen und des Wohlergehens aller sei. Nicht ist es Aufgabe des Staates, das Glück der Menschheit herbeizuführen, und nicht ist es daher seine Aufgabe, neue Menschen zu erschaffen. Es ist ferner nicht seine Aufgabe, die Welt in ein Paradies zu verwandeln, und er kann es auch nicht; wenn er es dennoch versucht, setzt er sich absolut und verlässt dann seine Grenzen. Er benimmt sich dann, als ob er Gott wäre, und er wird dadurch – wie die Apokalypse zeigt – zum Tier aus dem Abgrund, zur Macht des Antichrist.

Es ist in diesem Zusammenhang wichtig, zwei Bibeltexte immer beieinander zu halten, die sich nur scheinbar widersprechen, in Wirklichkeit aber wesentlich zueinandergehören: Römer 13 und Apokalypse 13. Der Römerbrief beschreibt den Staat in seiner geordneten Form – den Staat, der sich an seine Grenze hält und sich nicht selbst als Quelle von Wahrheit und Recht ausgibt. Paulus hat den Staat als Treuhänder der Ordnung vor Augen, der dem Menschen sein Einzelsein wie sein Gemeinsamsein ermöglicht. Diesem Staat gebührt der Gehorsam. Der Gehorsam gegen das Recht ist nicht Behinderung der Freiheit, sondern ihre Bedingung. Die Geheime Offenbarung zeigt demgegenüber den Staat, der sich selbst für Gott erklärt und aus Eigenem festlegt, was als gerecht und wahr zu gelten hat. Ein solcher Staat zerstört den Menschen. Er verneint sein eigentliches Wesen und kann daher auch keinen Gehorsam mehr einfordern.[8]

Es ist bezeichnend, dass sowohl der Nationalsozialismus wie der Marxismus im Grunde den Staat und das Recht verneinten, die Bindung des Rechts als Unfreiheit erklärten und demgegenüber etwas Höheres zu setzen beanspruchten: den sogenannten Volkswillen oder die klassenlose Gesellschaft, die den Staat ablösen sollte, der das Instrument der Hegemonie einer Klasse sei. Wenn so der Staat und seine Ordnung als Gegner der Absolutheit des Anspruchs der eigenen Ideologie betrachtet wurden, so war gerade in solcher Ablehnung etwas vom eigentlichen Wesen des Staates bewusst geblieben. Staat als Staat richtet eine relative Ordnung des Zusammenlebens auf, kann aber nicht allein die Antwort auf die Frage der menschlichen Existenz geben. Er muss nicht nur Freiräume für ein anderes und vielleicht Höheres offen lassen; er muss auch die Wahrheit über das Recht immer wieder von außen empfangen, da er sie nicht in sich selber trägt. Aber wie und von wo? Das ist die Frage, der wir uns nun endgültig stellen müssen.

Die gegensätzlichen Antworten auf die Fragen nach den Grundlagen der Demokratie

a) Die relativistische Theorie

Auf diese Fragen antworten, wie oben schon gesagt, zwei diametral einander entgegengesetzte Positionen, zwischen denen aber vermittelnde Auffassungen liegen. Die erste Ansicht, die des strengen Relativismus, ist uns schon in der Gestalt von Hans Kelsen begegnet. Für ihn kann die Beziehung zwischen Religion und Demokratie nur negativ sein. Das Christentum im Besonderen lehrt absolute Wahrheiten und Werte und steht damit im strikten Gegensatz zur notwendigen Skepsis der relativistischen Demokratie. Religion bedeutet für ihn Heteronomie der Person, während umgekehrt Demokratie ihre Autonomie beinhaltet. Das bedeutet auch, dass der Kernpunkt der Demokratie die Freiheit ist und nicht das Gute, das schon wieder als freiheitsgefährdend erscheint.[9] Heute ist wohl der amerikanische Rechtsphilosoph R. Rorty der bekannteste Vertreter dieser Sicht von Demokratie. Seine Fassung des Zusammenhangs von Demokratie und Relativismus drückt weitgehend das gegenwärtige Durchschnittsbewusstsein auch von Christen aus und verdient daher besondere Aufmerksamkeit. Für Rorty ist der einzige Maßstab, nach dem Recht geschaffen werden kann, das, was als Mehrheitsüberzeugung unter den Bürgern verbreitet ist: Eine andere Philosophie, eine andere Quelle des Rechts stehe der Demokratie nicht zur Verfügung. Freilich ist Rorty sich doch irgendwie des letzten Ungenügens eines bloßen Mehrheitsprinzips als Wahrheitsquelle bewusst; denn er meint, die pragmatische, an der Mehrheit orientierte Vernunft schließe immer einige intuitive Ideen mit ein, wie etwa die Ablehnung der Sklaverei.[10] Hier freilich täuscht er sich: Jahrhundertelang oder sogar jahrtausendelang hat das Mehrheitsempfinden diese Intuition nicht eingeschlossen, und niemand weiß, wie lange sie ihm erhalten bleiben wird. Hier waltet ein leerer Begriff von Freiheit, der sogar dahin geht, die Auflösung des Ich zu einem Phänomen ohne Zentrum und ohne Wesen sei notwendig, um unsere Intuition über den Vorrang der Freiheit konkret gestalten zu können. Wie aber, wenn einmal diese Intuition abhanden kommt? Wie aber, wenn sich eine Mehrheit gegen die Freiheit bildet und uns sagt, der Mensch sei der Freiheit nicht gewachsen, sondern wolle und solle geführt werden?

Der Gedanke, in der Demokratie könne nur die Mehrheit entscheiden und Rechtsquelle könnten nur die mehrheitsfähigen Überzeugungen der Bürger sein, hat zweifellos etwas Bestechendes an sich. Denn wann immer man etwas nicht von der Mehrheit Gewolltes und Entschiedenes für die Mehrheit verbindlich macht, scheint eben der Mehrheit ihre Freiheit abgesprochen und damit das Wesen der Demokratie verneint zu sein. Jede andere Theorie scheint einen Dogmatismus zu unterstellen, der die Selbstbestimmung unterläuft und damit Entmündigung der Bürger, Herrschaft von Unfreiheit wird.

Aber andererseits kann auch die Irrtumsfähigkeit der Mehrheit nicht bestritten werden, und ihre Irrtümer können sich nicht nur auf Peripheres beziehen, sondern auch grundlegende Güter in Frage stellen, so dass die Menschenwürde und die Menschenrechte nicht mehr gewährleistet sind, also das Wozu der Freiheit zu Fall kommt. Denn was Menschenrechte sind und worin Menschenwürde besteht, liegt keineswegs immer für die Mehrheit offen zutage. Dass sie verführbar und manipulierbar ist und dass Freiheit gerade im Namen der Freiheit zerstört werden kann, hat die Geschichte unseres Jahrhunderts dramatisch bewiesen. Bei Kelsen haben wir überdies gesehen, dass der Relativismus seinen eigenen Dogmatismus in sich trägt: Er ist sich seiner selbst so gewiss, dass er auch denen auferlegt werden muss, die ihn nicht teilen. Im Letzten ist hier der Zynismus unausweichlich, den man bei Kelsen wie bei Rorty mit Händen greifen kann: Wenn die Mehrheit – wie etwa im Fall des Pilatus – immer recht hat, dann muss das Recht mit Füßen getreten werden. Dann zählt im Grunde zuletzt die Macht des Stärkeren, der die Mehrheit für sich einzunehmen weiß.

b) Die metaphysische und christliche These

So gibt es eine strenge Gegenposition zu dem bisher betrachteten skeptischen Relativismus. Der Vater dieser anderen Sicht des Politischen ist Plato, der davon ausgeht, nur derjenige könne gut regieren, der selbst das Gute kennt und erfahren habe. Alle Herrschaft müsse Dienst sein, das heißt ein bewusstes Verzichten auf die gewonnene eigene kontemplative Höhe und ihre Freiheit. Sie müsse ein freiwilliges Zurückkehren in die »Höhle« sein, in deren Dunkel die Menschen leben. Nur dann entstehe wirkliche Regierung und nicht jenes Sich-Herumschlagen im Schein und mit dem Scheinhaften, das in der Mehrheit der Fälle die Politik charakterisiere: Die Blindheit der durchschnittlichen Politik sieht Plato darin, dass ihre Vertreter um Macht kämpfen, »als wäre sie ein großes Gut«.[11] Mit solchen Überlegungen geht Plato auf den biblischen Grundgedanken zu, dass Wahrheit nicht von der Politik produziert wird: Wenn die Relativisten dies meinen, rücken sie trotz des von ihnen gesuchten Primats der Freiheit in die Nähe der Totalitären. Die Mehrheit wird dann zu einer Art von Gottheit, gegen die es keine Appellation mehr geben kann.

Von solchen Einsichten her hat J. Maritain eine Philosophie des Politischen entwickelt, die die großen Intuitionen der Bibel für die Theorie des Politischen fruchtbar zu machen versucht. Wir brauchen hier auf die geschichtlichen Voraussetzungen dieser Philosophie nicht einzugehen, so lohnend es auch wäre. Man kann wohl in Kürze und damit natürlich auch sehr vereinfachend sagen, dass sich in der Neuzeit der Begriff der Demokratie auf zwei Wegen und damit auch auf zwei unterschiedlichen Grundlagen gebildet hat. Im angelsächsischen Bereich ist Demokratie wenigstens zum Teil auf der Basis naturrechtlicher Traditionen und eines freilich ganz pragmatisch gefassten christlichen Grundkonsenses gedacht und verwirklicht worden.[12] Bei Rousseau hingegen ist sie gegen die christliche Überlieferung gewandt. Von ihm aus bildet sich dann der Strom einer im Gegensatz zum Christentum gedachten Konzeption des Demokratischen.[13]

Maritain hat versucht, den Begriff der Demokratie wieder von Rousseau abzukoppeln, sie – wie er sagt – von den freimaurerischen Dogmen des notwendigen Fortschritts, des anthropologischen Optimismus, der Vergöttlichung des Individuums und des Vergessens auf die Person zu lösen.[14] Für ihn kann das originäre Recht des Volkes auf Selbstregierung niemals das Recht sein, über alles zu entscheiden: »Regierung des Volks« und »Regierung für das Volk« gehören zusammen; es geht um das Gleichgewicht zwischen Volkswillen und Zielwerten des politischen Handelns. In diesem Sinn hat Maritain einen dreifachen Personalismus – den ontologischen, axiologischen und sozialen – entfaltet, worauf wir in diesem Zusammenhang nicht eingehen können.[15]

Es ist klar, dass hier das Christentum als Quelle von Erkenntnis angesehen wird, die der politischen Aktion vorausgeht und sie erleuchtet. Um jeden Verdacht eines politischen Absolutismus des Christlichen auszuschließen, antwortet V. Possenti auf der Linie von Maritain, dass als Wahrheitsquelle für die Politik nicht etwa das Christentum als Offenbarungsreligion, sondern als Sauerteig und als geschichtlich bewährte Lebensform gemeint ist: Die Wahrheit über das Gute, die aus der christlichen Überlieferung kommt, wird auch für die Vernunft zur Einsicht und so zu einem vernünftigen Prinzip; nicht ist sie eine Vergewaltigung der Vernunft und der Politik durch irgendeinen Dogmatismus.[16] Natürlich ist dabei ein gewisser Optimismus hinsichtlich der Evidenz des Moralischen und des Christlichen vorausgesetzt, der von den Relativisten bestritten wird. Hier sind wir noch einmal am kritischen Punkt der Theorie des Demokratischen wie seiner christlichen Auslegung angelangt.

c) Evidenz des Moralischen? Mittlere Positionen

Es ist hilfreich, vor einem Antwortversuch einen Blick auf die mittleren Positionen zu werfen, die weder dem einen noch dem anderen Lager ganz zuzuordnen sind. V. Possenti nennt als Vertreter eines solchen mittleren Weges N. Bobbio, R. K. Popper und J. Schumpeter; als einen früheren Vorläufer eines solchen Weges könnte man den Cartesianer P. Bayle (1647–1706) ansehen. Bayle geht nämlich bereits von einer strikten Trennung der metaphysischen und der moralischen Wahrheit aus. Das politische Leben bedarf nach ihm der Metaphysik nicht. Ihre Fragen können strittig bleiben und erscheinen so als der Raum des von der Politik nicht berührten Pluralismus. Als Existenzgrundlage genügt für die staatliche Gemeinschaft die praktische Wahrheit. Was ihre Erkennbarkeit angeht, hängt allerdings Bayle einem Optimismus an, der uns im Lauf der weiteren Geschichte längst abhanden gekommen ist. In der zweiten Hälfte des 17. Jahrhunderts konnte Bayle noch denken, dass die moralische Wahrheit allen Menschen offensteht. Es gebe nur eine einzige, universale und notwendige Moral, die ein wahres und klares Licht sei, das alle Menschen wahrnehmen, sobald sie nur die Augen öffnen. Diese eine moralische Wahrheit kommt von Gott und muss der Bezugspunkt aller einzelnen Gesetze und Normen sein.[17] Bayle beschreibt damit einfach das Allgemeinbewusstsein seines Jahrhunderts: Die vom Christentum eröffneten moralischen Grundeinsichten standen so offenkundig und so unwidersprechlich vor aller Augen, dass man sie mitten im Streit der Konfessionen als die selbstverständliche Einsicht eines jeden vernünftigen Menschen ansehen konnte, als eine Evidenz der Vernunft, die von den Glaubensauseinandersetzungen der getrennten Christenheit nicht berührt wurde.

Aber was damals als zwingende Einsicht der von Gott geschenkten Vernunft erschien, behielt seine Evidenz doch nur, solange die ganze Kultur, der ganze Lebenszusammenhang von der christlichen Überlieferung geprägt war. In dem Maß, in dem sich der christliche Grundkonsens zersetzte und eine nackte Vernunft übrigblieb, die sich von keiner geschichtlichen Realität belehren lassen, sondern nur auf sich selber hören will, zerfiel auch die Evidenz des Moralischen. Die Vernunft, die ihre Wurzeln im Glauben einer geschichtlichen, religiösen Kultur abschnitt und nur noch empirische Vernunft sein wollte, wurde blind. Wo bloß noch das experimentell Verifizierbare als gemeinsame Gewissheit anerkannt wird, bleibt für die Wahrheiten, die über das rein Materielle hinausgehen, lediglich das Funktionieren, das heißt das Spiel von Mehrheit und Minderheit, als Maßstab übrig, das aber – wie wir gesehen haben – in seiner Isolierung notwendig zum Zynismus und zur Auflösung des Menschen wird. Das eigentliche Problem, vor dem wir heute stehen, ist die Blindheit der Vernunft für die ganze nicht-materielle Dimension der Wirklichkeit.

Begnügen wir uns damit, noch einen Blick auf die Sozialphilosophie K. Poppers zu werfen, von dem man vielleicht sagen darf, dass er die Grundvision Bayles in eine relativistische Zeit zu retten versucht. Zu Poppers Vision der offenen Gesellschaft gehört freie Diskussion und darüber hinaus Institutionen zum Schutz der Freiheit und zum Schutz der Benachteiligten. Die Werte, auf denen die Demokratie als beste Verwirklichungsform der offenen Gesellschaft beruht, werden durch einen moralischen Glauben erkannt: Sie sind nicht rational zu begründen, aber ein dem Voranschreiten der Wissenschaft ähnlicher Prozess von Kritik und Einsicht führt doch zu einer Annäherung an die Wahrheit. Die Prinzipien der Gesellschaft können demnach nicht begründet, nur diskutiert werden. Am Ende muss man darüber entscheiden.[18]

Wie man sieht, mischen sich in dieser Vision viele Elemente. Einerseits sieht Popper, dass es im Prozess der freien Diskussion keine Evidenz der moralischen Wahrheit gibt, andererseits aber wird sie für ihn doch in einer Art von vernünftigem Glauben fassbar. Für Popper ist klar, dass das Mehrheitsprinzip nicht unbegrenzt gelten kann. Bayles große Idee der gemeinsamen Vernunftgewissheit in Sachen Moral ist hier zusammengeschrumpft zu einem durch Diskussion sich vorantastenden Glauben, der immerhin, wenn auch auf unsicherem Boden, Grundelemente moralischer Wahrheit öffnet und sie dem reinen Funktionalismus entzieht. Das Ganze abwägend, dürfen wir wohl sagen, dass auch dieser schmale verbliebene Rest vernünftiger moralischer Grundgewissheit nicht aus der puren Vernunft hervorgeht, sondern auf einem immer noch vorhandenen Rest von Einsichten aus christlich-jüdischer Herkunft beruht. Längst ist auch dieser Rest nicht mehr unbestrittene Gewissheit, aber ein Minimum morale ist in der sich auflösenden christlichen Kultur noch irgendwie zugänglich geblieben.

Bevor wir uns an den Versuch einer Antwort wagen, blicken wir zurück. Abzulehnen ist der absolute Staat, der sich als Quelle von Wahrheit und Recht setzt. Abzulehnen ist aber auch der strikte Relativismus und Funktionalismus, weil die Erhebung der Wahrheit zur einzigen Quelle des Rechts die moralische Würde des Menschen bedroht und tendenziell zum Totalitären hinneigt. Die Spannweite annehmbarer Theorien würde demgemäß von Maritain bis Popper reichen, wobei Maritain ein Maximum von Vertrauen zur vernünftigen Evidenz der moralischen Wahrheit des Christlichen und seines Menschenbildes vertritt, während wir bei Popper vor dem wohl gerade noch ausreichenden Minimum stehen, um den Sturz in den Positivismus abzufangen.

Ich möchte nun nicht neben oder zwischen diesen Autoren eine neue Theorie über das Verhältnis von Staat und moralischer Wahrheit darbieten, sondern nur versuchen, die Erkenntnisse zusammenzufassen, die uns auf dem bisherigen Weg begegnet sind. Sie könnten eine Art Plattform sein, auf der sich politische Philosophien treffen, die in irgendeiner Form das Christentum und seine moralische Botschaft als Bezugspunkt politischen Handelns ansehen, ohne dabei die Grenzen zwischen Politik und Glauben zu verwischen.

Zusammenfassung und Ergebnisse

Mir scheint, das Ergebnis unseres Rundgangs durch die moderne Debatte lasse sich in folgenden sieben Aussagen zusammenfassen:

1. Der Staat ist nicht selbst Quelle von Wahrheit und Moral: Nicht aus einer ihm etwa eigenen, auf Volk oder Rasse oder Klasse oder sonst eine Größe gegründeten Ideologie und auch nicht auf dem Weg über die Mehrheit kann er Wahrheit selbst aus sich hervorbringen. Der Staat ist nicht absolut.

2. Das Ziel des Staates kann aber nicht in einer bloßen inhaltslosen Freiheit liegen; um eine sinnvolle und lebbare Ordnung des Miteinander zu begründen, braucht er ein Mindestmaß an Wahrheit, an Erkenntnis des Guten, die nicht manipulierbar ist. Andernfalls wird er, wie Augustinus sagt, auf die Stufe einer gut funktionierenden Räuberbande herabsinken, weil er wie diese nur vom Funktionalen her bestimmt wäre und nicht von der Gerechtigkeit, die gut ist für alle.

3. Der Staat muss demgemäß das für ihn unerlässliche Maß an Erkenntnis und Wahrheit über das Gute von außerhalb seiner selbst nehmen.

4. Dieses »Außerhalb« könnte günstigstenfalls die reine Einsicht der Vernunft sein, die etwa von einer unabhängigen Philosophie zu pflegen und zu hüten wäre. Praktisch aber gibt es eine solche reine, von der Geschichte unabhängige Vernunftevidenz nicht. Metaphysische und moralische Vernunft wird nur in historischem Zusammenhang wirksam, hängt von ihm ab und überschreitet ihn zugleich. Faktisch haben alle Staaten aus ihnen vorausliegenden religiösen Überlieferungen, die zugleich moralische Erziehung waren, die moralische Vernunft erkannt und angewandt. Die Vernunftoffenheit und das Maß an Erkenntnis des Guten ist freilich in den historischen Religionen sehr verschieden, wie auch die Art des Miteinander von Staat und Religion verschieden ist. Die Versuchung zur Identifizierung und damit zur religiösen Verabsolutierung des Staats, die zugleich die Reli-

gion korrumpiert, ist in der ganzen Geschichte anwesend. Aber es gibt durchaus auch positive Modelle einer Beziehung zwischen religiös gegründeter moralischer Erkenntnis und staatlicher Ordnung. Man darf sogar sagen, dass sich in den großen religiösen und staatlichen Bildungen ein Grundkonsens über wichtige Elemente des moralisch Guten zeigt, der auf eine gemeinsame Vernünftigkeit verweist.

5. Als am meisten universale und rationale religiöse Kultur hat sich der christliche Glaube erwiesen, der auch heute der Vernunft jenes Grundgefüge an moralischer Einsicht darbietet, das entweder zu einer gewissen Evidenz führt oder wenigstens einen vernünftigen moralischen Glauben begründet, ohne den eine Gesellschaft nicht bestehen kann.

6. Demgemäß kommt dem Staat – wie wir schon sagten – das, was ihn wesentlich trägt, von außen zu, nicht aus einer bloßen Vernunft, die im moralischen Bereich nicht ausreicht, sondern aus einer in historischer Glaubensgestalt gereiften Vernunft. Es ist wesentlich, dass dieser Unterschied nicht aufgehoben wird: Die Kirche darf sich nicht selbst zum Staat erheben oder als Machtorgan in ihm oder über ihn wirken wollen. Dann macht sie sich selbst zum Staat und bildet so den absoluten Staat, den sie gerade ausschließen soll. Sie würde durch die Verschmelzung mit dem Staat das Wesen des Staates und ihr eigenes Wesen zerstören.

7. Die Kirche bleibt für den Staat ein »Außen«. Nur dann sind beide, was sie sein sollen. Sie muss ebenso an ihrem Ort und an ihrer Grenze bleiben wie der Staat. Sie muss sein Eigenwesen und seine eigene Freiheit respektieren, gerade damit sie ihm den Dienst tun kann, dessen er bedarf. Sie muss aber auch alle Kraft aufbieten, damit in ihr jene moralische Wahrheit leuchtet, die sie dem Staat anbietet und die für die Bürger des Staates einsichtig werden soll. Nur wenn in ihr selbst diese Wahrheit Kraft hat und die Menschen formt, kann sie auch andere überzeugen und eine Kraft für das Ganze werden.[19]

Damit gewinnt eine christliche Lehre wieder Bedeutung, die in unserem Jahrhundert kaum noch zu Wort gekommen ist. Sie drückt sich aus in dem paulinischen Satz: »Unser Staatswesen ist im Himmel« (Phil 3,20)[20]. Das Neue Testament hat diese Überzeugung mit großem Nachdruck vertreten. Für die neutestamentlichen Schriftsteller ist die Stadt im Himmel nicht bloß eine ideale, sondern eine durchaus reale Größe – die neue Heimat, auf die wir zugehen. Sie ist das innere Maß, unter dem wir leben, die Hoffnung, die uns in der Gegenwart trägt. Die neutestamentlichen Schriftsteller wissen, dass es diese Stadt schon jetzt gibt und dass wir ihr jetzt schon zugehören, auch wenn wir noch auf dem Wege sind. Der Brief an die Hebräer hat diesen Gedanken mit besonderer Eindringlichkeit ausgefaltet: »Wir haben hier keine bleibende Stadt, sondern die künftige suchen wir« (13,14). Von der schon jetzt wirkenden Gegenwart dieser Stadt sagt er: »Ihr seid hinzugetreten zum Berge Zion und zur Stadt des lebendigen Gottes, dem himmlischen Jerusalem« (12,22). Für die Christen gilt demnach wieder, was von den Patriarchen Israels gesagt wurde: Sie sind Fremdlinge und Mitwohner, denn nach dem künftigen Vaterland streben sie (11,13–16).

Solche Texte hat man seit langem nicht mehr gerne zitiert, weil sie den Menschen der Erde zu entfremden und ihn von seinem innerweltlichen, auch politischen Auftrag abzuhalten scheinen. »Brüder, bleibt der Erde treu«, hatte Nietzsche in unser Jahrhundert hineingerufen, und die große marxistische Strömung hat uns eingehämmert, dass wir keine Zeit für den Himmel zu verlieren haben: Den Himmel lassen wir den Spatzen, meinte Bert Brecht. Wir aber kümmern uns um die Erde und machen sie wohnlich.

In Wahrheit ist es gerade diese »eschatologische« Haltung, die dem Staat sein eigenes Recht garantiert und zugleich dem Absolutismus wehrt, indem sie die Grenzen sowohl des Staates wie der Kirche in der Welt aufzeigt. Denn wo diese Grundhaltung eingenommen wird, da weiß die Kirche, dass sie hier nicht selbst Staat sein kann. Da weiß sie, dass das endgültige Staatswesen anderswo ist und dass sie nicht auf Erden den Gottesstaat aufrichten kann. Sie respektiert den irdischen Staat als eine eigene Ordnung der geschichtlichen Zeit, mit ihren Rechten und Gesetzen, die sie anerkennt. Sie fordert daher das loyale Mitleben und Mitwirken mit dem irdischen Staat auch da, wo er kein christlicher Staat ist (Röm 13,1; 1 Petr2,13–17; 1 Tim2, 2). Indem sie so einerseits loyale Mitwirkung im Staatswesen und die Respektierung seiner Eigenart wie seiner Grenzen fordert, erzieht sie auch zu jenen Tugenden, die einen Staat gut werden lassen. Zugleich aber setzt sie der Allmacht des Staats eine Barriere: Weil man »Gott mehr gehorchen muss als den Menschen« (Apg 5,29) und weil sie aus Gottes Wort weiß, was das Gute und das Böse ist, ruft sie zum Widerstand da, wo das eigentliche Böse, das Gottwidrige befohlen würde. Das Zugehen auf die andere Stadt entfremdet nicht, sondern es ist in Wirklichkeit die Voraussetzung dafür, dass wir gesunden und dass unsere Staaten gesunden. Denn wenn die Menschen nichts zu erwarten haben, als was ihnen diese Welt bietet, und wenn sie dies alles vom Staat verlangen dürfen und müssen, zerstören sie sich selbst und jedwedes Gemeinwesen. Wenn wir nicht erneut in die Fänge des Totalitarismus geraten wollen, müssen wir über den Staat hinausschauen, der ein Teil und nicht das Ganze ist. Hoffnung auf den Himmel steht nicht gegen die Treue zur Erde, sie ist die Hoffnung auch für die Erde. Auf das Größere und Endgültige hoffend, dürfen und müssen wir Christen auch ins Vorläufige, in unsere Staatenwelt hinein Hoffnung tragen.

1 *H. Kuhn*, Der Staat. Eine philosophische Darstellung, München 1967, S. 60.

2 Diese Grundfrage der heutigen Debatte um das rechte Verständnis von Demokratie ist sehr erhellend dargestellt in dem Werk von *V. Possenti*, Le società liberali al bivio. Lineamenti di filosofia della società Genova 1991; siehe bes. S. 289ff.

3 Ausführlich dazu *V. Possenti*, a.a.O., S. 315–345, bes. S. 345f. Zur Auseinandersetzung mit Kelsen auch hilfreich *H. Kuhn*, a.a.O., S. 41f.
4 Vgl. *V. Possenti*, a.a.O., S. 336.
5 *H. Schlier*, Die Beurteilung des Staates im Neuen Testament, zuerst 1932 gedruckt in: Zwischen den Zeiten; hier zitiert aus dem Sammelband *H. Schlier*, Die Zeit der Kirche, Freiburg i. Br. ²1958, S. 1–16; vgl. im selben Band, S. 56–74, den Beitrag: Jesus und Pilatus.
6 *H. Schlier*, a.a.O., S. 3.
7 Ebd., S. 11.
8 Vgl. *H. Schlier*, a.a.O., S. 3–7; S. 14–16.
9 Vgl. *V. Possenti*, a.a.O., S. 321.
10 Ebd. S. 293.
11 Der Staat VII 520 c; vgl. *V. Possenti*, a.a.O., S. 290; vgl. auch *H. Kuhn*, Plato, in: *H. Maier / H. Rausch / H. Denzer* (Hrsg.), Klassiker des politischen Denkens, München ³1969, S. 1–35.
12 Vgl. *H. Kuhn*, a.a.O., (s. Anm. 1), S. 263ff.
13 Vgl. *R. Spaemann*, Rousseau – Bürger ohne Vaterland, München 1980.
14 *V. Possenti*, a.a.O., S. 309.
15 Vgl. ebd., S. 308–310.
16 Ebd., S. 308ff.
17 Vgl. ebd., S. 291.
18 Ebd., S. 301.
19 In diese Richtung gehen die Reflexionen Solowjews zu Kirche und Staat, die neu bedacht zu werden verdienen, auch wenn die Idee der »Theokratie« in der von Solowjew entwickelten Form nicht haltbar ist. Vgl. La grande controverse et la politique chrétienne, Paris 1953, S. 129–168.
20 Vgl. zum Folgenden *H. Schlier*, a.a.O., S. 7ff.

Gewalt und Friede

9.
Pilger der Wahrheit, Pilger des Friedens

Ansprache beim Tag der Reflexion, des Dialogs und des Gebets für Frieden und Gerechtigkeit auf der Welt, Assisi, am 27. Oktober 2011

Liebe Brüder und Schwestern!
Sehr geehrte Oberhäupter und Vertreter der Kirchen und kirchlichen Gemeinschaften sowie der Weltreligionen!
Liebe Freunde!

25 Jahre sind vergangen, seitdem der selige Papst Johannes Paul II. erstmals Vertreter der Religionen der Welt nach Assisi zu einem Gebet für den Frieden geladen hat. Was ist seitdem geschehen? Wie steht es um die Sache des Friedens heute? Damals kam die große Bedrohung des Friedens in der Welt von der Teilung der Erde in zwei einander entgegengesetzte Blöcke. Augenfälliges Sinnbild dieser Teilung war die Mauer in Berlin, die mitten durch die Stadt die Grenze zweier Welten zog. 1989 – drei Jahre nach Assisi – ist die Mauer gefallen – ohne Blutvergießen. Die gewaltigen Waffenarsenale, die hinter der Mauer standen, bedeuteten plötzlich nichts mehr. Sie hatten ihren Schrecken verloren. Der Wille der Völker zur Freiheit war stärker als die Arsenale der Gewalt. Die Frage nach den Ursachen dieses Umbruchs ist sehr vielschichtig und nicht mit einfachen Formeln zu beantworten. Aber neben den wirtschaftlichen und politischen Faktoren ist der tiefste Grund für das Ereignis ein geistiger: Hinter der materiellen

Macht standen keine geistigen Überzeugungen mehr. Der Wille zur Freiheit war schließlich stärker als die Furcht vor der Gewalt, die keine geistige Deckung mehr hatte. Für diesen Sieg der Freiheit, der vor allem auch ein Sieg des Friedens war, sind wir dankbar. Und es ist hinzuzufügen, dass es dabei nicht nur, wohl nicht einmal primär, aber doch auch um die Freiheit zu glauben ging. Insofern dürfen wir dies alles auch irgendwie mit dem Gebet um den Frieden in Zusammenhang bringen.

Aber was ist dann geschehen? Wir können leider nicht sagen, dass seither Freiheit und Friede die Situation prägen. Auch wenn es die Drohung des großen Krieges im Augenblick nicht gibt, so ist die Welt doch leider voller Unfrieden. Nicht nur dass da und dort immer wieder Kriege geführt werden – die Gewalt als solche ist potentiell immer gegenwärtig und prägt den Zustand unserer Welt. Freiheit ist ein großes Gut. Aber die Welt der Freiheit hat sich weithin als orientierungslos erwiesen, und sie wird von nicht wenigen auch als Freiheit zur Gewalt missverstanden. Der Unfriede hat neue und erschreckende Gesichter, und das Ringen um den Frieden muss uns alle auf neue Weise bedrängen.

Versuchen wir, die neuen Gesichter der Gewalt und des Unfriedens etwas aus der Nähe zu identifizieren. Man kann, wie mir scheint, in großen Zügen zwei unterschiedliche Typen der neuen Form von Gewalt feststellen, die in ihrer Motivation konträr gegeneinanderstehen und im einzelnen wieder viele Varianten aufweisen. Da ist zunächst der Terrorismus, in dem anstelle des großen Krieges gezielte Anschläge den Gegner an wichtigen Punkten zerstörend treffen sollen, wobei keinerlei Rücksicht auf unschuldige Menschenleben genommen wird, die dabei auf grausame Weise getötet oder verletzt werden. Die große Sache der Schädigung des Feindes rechtfertigt in den Augen der Täter jede Art von Grausamkeit. Alles, was im Völkerrecht als Grenze der Gewalt gemeinsam anerkannt und sanktioniert worden war, ist außer Kraft gesetzt. Wir wissen, dass der Terrorismus häufig religiös motiviert wird und dass gerade der religiöse Charakter der Anschläge als Rechtfertigung der rücksichtslosen Grausamkeit dient, die die Regeln des Rechts um des angezielten »Gutes« willen beiseite schieben zu dürfen glaubt. Religion dient da nicht dem Frieden, sondern der Rechtfertigung für Gewalt.

Die Religionskritik seit der Aufklärung hatte immer wieder behauptet, Religion sei Ursache von Gewalt, und hatte damit die Feindseligkeit gegen die Religionen genährt. Dass hier Religion in der Tat Gewalt motiviert, muss uns als religiöse Menschen tief beunruhigen. In einer subtileren, aber immer noch grausamen Weise sehen wir Religion als Ursache von Gewalt auch dort, wo von Verteidigern einer Religion gegen die anderen Gewalt angewendet wird. Die 1986 in Assisi versammelten Religionsvertreter wollten sagen, und wir wiederholen es mit Nachdruck und aller Entschiedenheit: Dies ist nicht das wahre Wesen der Religion. Es ist ihre Entstellung und trägt zu ihrer Zerstörung bei. Dagegen wird der Einwand erhoben: Woher wisst ihr überhaupt, was das wahre Wesen von Religion ist? Kommt euer Anspruch nicht davon her, dass bei euch die Kraft der Religion erloschen ist? Und andere werden einwenden: Gibt es überhaupt ein gemeinsames Wesen der Religion, das sich in allen Religionen ausdrückt und daher für alle gültig ist? Diesen Fragen müssen wir uns stellen, wenn wir realistisch und glaubhaft dem religiös begründeten Gebrauch von Gewalt entgegentreten wollen. Hier liegt eine grundlegende Aufgabe des interreligiösen Dialogs – ein Auftrag, der von dieser Begegnung erneut unterstrichen werden soll. Als Christ möchte ich an dieser Stelle sagen: Ja, auch im Namen des christlichen Glaubens ist in der Geschichte Gewalt ausgeübt worden. Wir bekennen es voller Scham. Aber es ist vollkommen klar, dass dies ein Missbrauch des christlichen Glaubens war, der seinem wahren Wesen offenkundig entgegensteht. Der Gott, dem wir Christen glauben, ist der Schöpfer und Vater aller Menschen, von dem her alle Menschen Brüder und Schwestern sind und eine einzige Familie bilden. Das Kreuz Christi ist für uns das Zeichen des Gottes, der an die Stelle der Gewalt das Mitleiden und das Mitlieben setzt. Sein Name ist »Gott der Liebe und des Friedens« (2 Kor 13,11). Es ist die Aufgabe aller, die für den christlichen

Glauben Verantwortung tragen, die Religion der Christen immer wieder von ihrer inneren Mitte her zu reinigen, damit sie gegen die Fehlbarkeit des Menschen wirklich Instrument von Gottes Frieden in der Welt ist.

Wenn ein Grundtypus von Gewalt heute religiös begründet wird und damit die Religionen vor die Frage ihres Wesens stellt und uns alle zur Reinigung zwingt, so ist ein zweiter, vielgesichtiger Typus von Gewalt gerade umgekehrt begründet: Folge der Abwesenheit Gottes, seiner Leugnung und des Verlusts an Menschlichkeit, der damit Hand in Hand geht. Die Feinde der Religion sehen – wie wir gesagt hatten – in der Religion eine Hauptquelle der Gewalt in der Menschheitsgeschichte und fordern damit das Verschwinden der Religion. Aber das Nein zu Gott hat Grausamkeiten und eine Maßlosigkeit der Gewalt hervorgebracht, die erst möglich wurde, weil der Mensch keinen Maßstab und keinen Richter mehr über sich kennt, sondern nur noch sich selbst zum Maßstab nimmt. Die Schrecknisse der Konzentrationslager zeigen in aller Deutlichkeit die Folgen der Abwesenheit Gottes.

Ich möchte aber hier nicht weiter vom staatlich verordneten Atheismus sprechen, sondern von der Verwahrlosung des Menschen, mit der sich ein geistiger Klimawechsel lautlos und um so gefährlicher vollzieht. Die Anbetung des Mammon, die Anbetung von Besitz und Macht, erweist sich als eine Gegenreligion, in der der Mensch nicht mehr zählt, sondern nur der eigene Vorteil. Das Verlangen nach Glück degeneriert zum Beispiel zur hemmungslosen, unmenschlichen Begierde, wie sie in der Herrschaft der Droge mit ihren verschiedenen Gestalten erscheint. Da sind die Großen, die mit ihr ihr Geschäft treiben, und dann die vielen, die von ihr verführt und körperlich wie seelisch von ihr ruiniert werden. Gewalt wird zur Selbstverständlichkeit und droht in Teilen der Welt unsere Jugend zu zerstören. Weil Gewalt zur Selbstverständlichkeit wird, ist der Friede zerstört, und der Mensch zerstört sich selbst in dieser Friedlosigkeit.

Die Abwesenheit Gottes führt zum Verfall des Menschen und

der Menschlichkeit. Aber wo ist Gott? Kennen wir ihn, und können wir ihn neu der Menschheit zeigen, um wirklichen Frieden zu stiften? Fassen wir zunächst unsere bisherigen Überlegungen noch einmal kurz zusammen. Ich hatte gesagt, dass es ein Verständnis und einen Gebrauch von Religion gibt, durch die sie Quelle von Gewalt wird, während die recht gelebte Hinordnung des Menschen zu Gott Kraft des Friedens ist. In diesem Zusammenhang hatte ich auf die Notwendigkeit des Dialogs verwiesen und von der immer wieder nötigen Reinigung der gelebten Religion gesprochen. Andererseits hatte ich gesagt, dass die Leugnung Gottes den Menschen verdirbt, ihn der Maßstäbe beraubt und zur Gewalt führt.

Neben den beiden Realitäten von Religion und Antireligion gibt es in der wachsenden Welt des Agnostizismus noch eine andere Grundorientierung: Menschen, denen zwar das Geschenk des Glaubenkönnens nicht gegeben ist, die aber Ausschau halten nach der Wahrheit, die auf der Suche sind nach Gott. Solche Menschen behaupten nicht einfach: »Es ist kein Gott.« Sie leiden unter seiner Abwesenheit und sind inwendig, indem sie das Wahre und das Gute suchen, auf dem Weg zu ihm hin. Sie sind »Pilger der Wahrheit, Pilger des Friedens«. Sie stellen Fragen an die eine und an die andere Seite. Sie nehmen den kämpferischen Atheisten ihre falsche Gewissheit, mit der sie vorgeben zu wissen, dass kein Gott ist, und rufen sie auf, statt Kämpfer Suchende zu werden, die die Hoffnung nicht aufgeben, dass es die Wahrheit gibt und dass wir auf sie hin leben können und müssen. Sie rufen aber auch die Menschen in den Religionen an, Gott nicht als ihr Besitztum anzusehen, das ihnen gehört, so dass sie sich damit zur Gewalt über andere legitimiert fühlen. Sie suchen nach der Wahrheit, nach dem wirklichen Gott, dessen Bild in den Religionen, wie sie nicht selten gelebt werden, vielfach überdeckt ist. Dass sie Gott nicht finden können, liegt auch an den Gläubigen mit ihrem verkleinerten oder auch verfälschten Gottesbild. So ist ihr Ringen und Fragen auch ein Anruf an die Glaubenden, ihren Glauben zu reinigen, damit Gott, der wirkliche Gott zugänglich werde. Deshalb habe ich bewusst Vertreter dieser dritten Gruppe zu unserem Treffen nach Assisi eingeladen, das nicht einfach Vertreter religiöser Institutionen versammelt. Es geht vielmehr um die Zusammengehörigkeit im Unterwegssein zur Wahrheit, um den entschiedenen Einsatz für die Würde des Menschen und um das gemeinsame Einstehen für den Frieden gegen jede Art von rechtszerstörender Gewalt. Am Schluss möchte ich Ihnen versichern, dass die katholische Kirche nicht nachlassen wird im Kampf gegen die Gewalt, in ihrem Einsatz für den Frieden in der Welt. Wir sind von dem gemeinsamen Wollen beseelt, »Pilger der Wahrheit, Pilger des Friedens« zu sein.

10.
Der Auftrag der Religion angesichts der gegenwärtigen Krise von Frieden und Gerechtigkeit

Vortrag bei der fünften christlich-islamischen Konsultation im orthodoxen Zentrum zu Chambésy im Dezember 1989

Friede und Gerechtigkeit sind zu den zentralen Fragen unseres Zeitalters geworden. In den folgenden Überlegungen soll es darum gehen, zunächst die Probleme kurz zu skizzieren, mit denen sich das Bemühen um Frieden und Gerechtigkeit heute konfrontiert sieht, um dann zu fragen, welchen Beitrag die Religion zur Bewältigung dieser Probleme leisten kann. Da es Religion nicht abstrakt gibt, sondern nur als konkrete historische Gestalt, werde ich dabei nicht von einem allgemeinen Religionsbegriff ausgehen, sondern meine Frage konkret an meinen eigenen Glauben als Christ und Katholik richten: Was kann von seinem ursprünglichen und wahren Wesen her unser Glaube für die Bewältigung dieser Fragen tun? Was kann und darf er vielleicht auch nicht tun, wenn er seinem Wesen treu bleiben will? Auch die erste Hälfte des Themas möchte ich etwas enger und präziser fassen, um es realisierbar zu gestalten: Ich beabsichtige nicht, eine empirische Analyse der einzelnen Facetten der heutigen Krise von Frieden und Gerechtigkeit zu liefern, die bei der Weite der Phänomene ein ganzes Buch füllen müsste und vielleicht von einem einzelnen auch gar nicht zu leisten wäre, selbst wenn er über mehr Fachkenntnisse und mehr Forschungsmöglichkeiten verfügte, als dies bei mir der Fall ist. Meine Absicht ist nicht deskriptiv, sondern in einem weitläufigen Sinn normativ. Das bedeutet: Es soll darum gehen, von den Phänomenen her zu erkennen, was Friede ist, was Gerechtigkeit ist und wie beide zusammenhängen, um von da aus unseren ethischen Auftrag zu erfassen. Solche Analyse aber geschieht nicht »innerhalb der Grenzen der bloßen Vernunft« (um Kant zu zitieren), sondern im Licht dessen, was der christliche Glaube uns über beide Themen sagen kann, das heißt in einer Öffnung der Vernunft auf Erkenntnis, die sie nicht einfach selbst hervorgebracht hat, die aber gleichwohl – einmal gegeben – wirkliche Erkenntnis ist. Insofern ist der Beitrag des Glaubens schon in der Analyse der Phänomene selbst wie in der Ausleuchtung seiner ethischen Imperative enthalten.

Gefährdungen des Friedens – Verlust des Maßes für Recht und Unrecht

Unser Thema verknüpft Frieden und Gerechtigkeit miteinander. Die Krise des einen ist die Krise der anderen und umgekehrt. Wo Gerechtigkeit ins Wanken gerät, wankt auch der Friede. Ja, man kann wohl sagen, dass Kriege immer da entstehen, wo das Maß der Gerechtigkeit undeutlich oder kraftlos wird. Das scheint mir offenkundig zu werden, wenn wir die vier Formen der Bedrohung des Friedens konkret betrachten, die heute in der Welt feststellbar sind:

Die erste Bedrohung des Friedens, die am meisten im öffentlichen Bewusstsein gegenwärtig ist, besteht in der Gefahr des Menschheitskrieges, also in der Gefahr, dass die großen Blöcke, in die die Welt geteilt ist, mit jenen Zerstörungswaffen gegeneinander losgehen, die aller Voraussicht nach den Untergang der Menschheit nach sich ziehen würden.

Die zweite Form von Friedensgefährdung und -zerstörung besteht in den »klassischen« Kriegen, die auch in den letzten vierzig Jahren in den verschiedenen Erdteilen in einer nicht abreißenden Kette stattgefunden haben: Kriege im Vorderen Orient, Kriege in Afrika, in Südostasien, der Krieg zwischen Argentinien und Großbritannien usw.

Die dritte Form könnte man als Verlust des inneren Friedens der Staaten bezeichnen, der sich in zwei wohl zu unterscheidenden, aber auch ineinander übergehenden Formen darstellt:

Sogenannte Befreiungsbewegungen greifen zur Gewalt, wo sie die staatliche Rechtsgewalt als Unrechtsgewalt ansehen und daher die an sich friedensstörende Auflehnung gegen die Staatsordnung als Einsatz für das Recht und damit als einzige Form der Herstellung des Friedens, als Verpflichtung für den wahren Frieden ansehen. Diese oft sehr grausame und blutige Form des Kampfes wird heute interessanterweise vom Großteil derer, die sich von Kriegstyp 1 her als Pazifisten betrachten, als geradezu heilige Angelegenheit, als eine höhere Form des *bellum iustum* angesehen – als aktive Form von Frieden. Zugleich wird hier der Kern der modernen Krise deutlich, die im Verlust des gemeinsamen Maßes der Gerechtigkeit besteht. Großräumiger Friede ist ja im Lauf des Mittelalters nach der Zeit der vielfältigen Fehden zwischen Familien und Städten, nach der Zeit weitgehender Selbstjustiz durch den Gewaltverzicht der einzelnen Rechtsträger entstanden, die sich untereinander in einem gemeinsam anerkannten Landrecht finden und den Schutz dieses Rechtes zentralen Instanzen – der »Justiz« und ihren Organen – übertragen.[1] So ergab sich eine klare Scheidung zweier wesentlich verschiedener Arten von Gewalt: Den staatlichen Organen des Rechts stehen Mittel zu dessen Durchsetzung zur Verfügung, die innerhalb des so geschaffenen Friedensraumes als Kraft des Rechtes anerkannt werden. Sie sind nicht mehr »Gewalt«, mit der der eine sein Recht zu wahren versucht, während sie für den anderen ein Akt des Unrechts ist, gegen das er sich wehrt. Sie schützen vielmehr das Recht aller und sind als »Rechtsgewalt« von der rechtsbrechenden Gewalttätigkeit von Grund auf unterschieden. Heute ist ein Prozess in Gang gekommen, der auf die Zurücknahme dieses Gewaltverzichts hinauslaufen könnte. Dieser Prozess der Zurücknahme des Gewaltverzichts kann verschiedene Ursachen haben. Er kann darauf beruhen, dass der Staat in der Tat nicht mehr Recht schützt, sondern als Recht ausgibt, was Willkür ist. Er kann aber auch umgekehrt darauf beruhen, dass ideologische Gruppierungen sich eine parteiliche Rechtsidee schaffen und daher aus der Gemeinsamkeit des Rechtes ausbrechen, um ihre Ziele durchzusetzen. In beiden Fällen liegt ein tiefgehender ethischer und religiöser Wandlungsprozess zugrunde, in dem das Einverständnis darüber zerbricht, was Recht und was Unrecht ist.

Wir hatten eben gesagt, das Zurücknehmen des Gewaltverzichts könne auf Verschulden des Staates beruhen, der Unrecht zu Recht macht; es könne aber auch auf einer rechtszerstörenden Parteilichkeit einer Gruppe beruhen, die ihr eigenes Recht zum einzigen Recht erhebt und damit ihrerseits Unrecht als Recht aufzurichten gedenkt. Je nachdem ob das erste oder das zweite der Fall ist, wird man von Befreiungsbewegung oder von Terrorismus sprechen. Natürlich wird sich jeder Terrorismus als Befreiungsbewegung ausgeben, und wo das Maß des Rechtes undeutlich geworden ist, kann er es auch. Man wird sich daran erinnern, dass in der ersten Phase des deutschen Terrorismus, als das Phänomen die übrigen westlichen Länder noch kaum berührt hatte, der Westen weitgehend geneigt war, die Terroristen als wirkliche Freiheitskämpfer und als Opfer einer neu sich etablierenden Staatstotalität anzusehen. Erst als das Phänomen sich internationalisierte und man den »Freiheitskampf« aus der Nähe zu sehen bekam, wurde unstrittig deutlich, dass es sich um brutale, menschenverachtende Gewalt handelte und dass die idealisierte anarchische Freiheit vor allem als Freiheit zur Gewalt und als Freiheit vom Recht konzipiert war. Umgekehrt ist man in Europa immer bereit, jede Art von Terrorismus in der dritten Welt als Befreiungsbewegung begeistert zu feiern. Das Motiv dafür hat Helmut Kuhn vor mehr als zwanzig Jahren scharfsichtig so formuliert: »Wie aber die von der Gerechtigkeit getrennte Ordnung furchtbar wird, so die ungerechte, durch Ausbeutung und das Leiden anderer erkaufte Wohlfahrt widerwärtig. Daher das schlechte Gewissen, das die Freude an der Nachkriegswohlfahrt der atlantischen Welt verdirbt und das im Gedanken an geleistete Entwicklungshilfe keine Beruhigung findet.«[2] Wenn man im übrigen trotz allem dem anfänglichen Terrorismus in Europa noch einen gewissen Idealismus, wenigstens eine Idee zuerkennen wird, so schreitet heute der Rechtszerfall und damit die Enthemmung der Gewalt immer weiter voran: Das weltweite Netz des Drogenhandels, verknüpft mit Prostitution, Waffenhandel und alten Verbrechersyndikaten, wird allmählich zu einer Menschheitsbedrohung, in der der Verlust des Rechts den Frieden ohne großen offenen Krieg von innen her mehr zerstört, als die klassischen Kriege es je tun konnten und die Dimensionen eines Menschheitskrieges von unerwarteter Seite und in unerwarteter Gestalt heraufsteigen könnten.

Die vierte Form von Friedenszerstörung ist im Voraufgegangenen schon angeklungen; sie hängt mit der vorigen eng zusammen. Es kann sein, dass ein Staat in die Hand von Gruppen gerät, die das Unrecht zum Recht erheben, die Gerechtigkeit von Grund auf zerstören und dabei auf ihre Weise einen »Frieden« schaffen, der in Wirklichkeit Herrschaft von Gewalt ist. Ein solcher Staat kann mit den Mitteln moderner Massenbeherrschung völlige Unterwerfung und damit den Anschein von Ordnung und Ruhe erzeugen, während die Menschen des unbeugsamen Gewissens ins Gefängnis geworfen oder zur Auswanderung genötigt oder umgebracht werden. Ein Staat ohne Gerechtigkeit ist eine große Räuberbande, hat Augustinus dazu festgestellt.[3] Hitlers Reich war ein solcher Räuberstaat, aber auch Stalins Regiment war Herrschaft einer Räuberbande. Äußerlich gesehen besteht hier Friede, aber es ist der Friede des Friedhofs. Das Tragische ist, dass in der perfekten Tyrannis gar kein Befreiungskrieg mehr möglich ist und die Herrschaft der Gewalt sich ruhig als Sieg des Friedens etablieren kann. In diesem Sinn sagt das Neue Testament über den Antichrist voraus, dass er sich als der Bote von »Friede und Sicherheit« darstellen werde.[4] Hier stehen wir vor der paradoxen Seite unseres Themas: Was sich als endgültiger Friede ausgibt, kann vielleicht gerade die totale Zerstörung des Friedens sein.

Der Kern unserer gegenwärtigen Probleme ist beim dritten Aspekt der Krise sichtbar geworden, und hier wird auch deutlich, wie eng Religion mit Friede und Gerechtigkeit zusammenhängt. Es hat sich gezeigt, dass sich heute der Friede in den Völkern auflöst, weil das Einverständnis darüber zerfällt, was Recht und was Unrecht ist. Was eine Gesellschaft zusammenhält und ihr Frieden gibt, ist das Recht. Dass Friede zwischen den Völkern immer wieder durch Krieg gebrochen wurde, hängt mit dem Fehlen eines wirksamen internationalen Rechts zusammen, das nicht bloß eine Gesellschaft im Inneren ordnet, sondern auch unter den Völkern gemeinschaftlich als ihr verbindliches Maß anerkannt wird, dem sie sich beugen, ob es Vorteil oder Nachteil bedeutet. Wenn aber Recht keine gemeinsam anerkannten Inhalte mehr hat, dann wird es kraftlos, dann verblasst der Unterschied zwischen Rechtsgewalt und Unrechtsgewalt; dann werden die Träger der Rechtsgewalt zu »Bullen« und die der Unrechtsgewalt zu Vertretern der Freiheit. Recht, das sich nicht mehr ausweisen kann, erscheint als Willkür, und was übrigbleibt, ist Gewalt: Homo homini lupus.

Deswegen ist die Friedensfrage mit der Frage nach dem Recht praktisch identisch, und die wahre Überlebensfrage der Menschheit ist darum die Frage nach den Gründen und nach den wesentlichen, unmanipulierbaren Inhalten des Rechts. Wo und wie aber kann man darauf Antwort finden? Oder fragen wir lieber umgekehrt: Warum ist uns die Evidenz des Unterschieds zwischen Recht und Unrecht verlorengegangen? Warum ist beides ununterscheidbar geworden? Diese Fragen nötigen uns, nach den wesentlichen Formen der Rechtsbegründung und der Rechtsgestaltung in der neuzeitlichen Welt zu fragen; auch dies kann natürlich wieder nicht in der Form einer historischen Analyse geschehen, sondern nur in dem Versuch, einige bestimmende Züge in den Blick zu bringen. Ich sehe deren drei.

a) Auctoritas – Utilitas

Da ist zunächst das berühmte Wort des Thomas Hobbes: Auctoritas, non veritas facit legem[5] (Autorität, nicht Wahrheit schafft das Recht). Die sokratische Frage danach, was über alle Traditionen und Rechtssetzungen hinaus in Wirklichkeit, in sich selbst und der inneren Wahrheit der Dinge nach Recht oder Unrecht sei, wird als nicht funktional beiseite getan.[6] Das Gesetz findet seine Begründung nicht in einer unterscheidbaren Wirklichkeit des Rechten oder des Unrechten, sondern in der Autorität dessen, der es setzen kann. Es entsteht durch Setzung, nicht anders. Seine innere Deckung ist also die Macht der Durchsetzung, nicht die Wahrheit des Seins. Dieser Satz konnte zunächst der Autonomisierung der politischen Herrschaft gegenüber den verschiedenen Ordnungsmächten des Mittelalters dienen. Er konnte den Anspruch der absolutistischen Monarchien begründen. Er kann aber auch zum Grundsatz des Rechtspositivismus werden, wie er sich seit dem 19. Jahrhundert weithin etabliert hat. Die Folgen sind weitreichend: Nun kann die eine Regierung zum Recht erklären, was die nächste zum Unrecht machen wird. Inzwischen ist dies im Bewusstsein eines großen Teils der heutigen Parlamentarier, also der rechtssetzenden »auctoritas«, dahin abgewandelt, dass das Recht die in der Gesellschaft tatsächlich bestehenden Werturteile zu spiegeln und in Normen umzusetzen habe. Wenn auf solche Weise die Mehrheitsmeinung zur eigentlichen Rechtsquelle und zum inneren Maß der »auctoritas« wird, ist das Paradox um nichts gemindert: Der heute Verurteilte kann sich als Pionier des Rechts von morgen verstehen und sich dementsprechend auch berechtigt fühlen, alle Mittel anzuwenden, um der Zukunft zum Durchbruch zu verhelfen, als deren Träger er sich weiß. Wenn Wahrheit so unzugänglich ist, wie es hier vorausgesetzt wird, gibt es den Unterschied von Recht und Unrecht in Wirklichkeit nicht, also auch nicht den Unterschied von Rechtsgewalt und Unrechtsgewalt, sondern nur die Durchsetzung der augenblicklich stärkeren Gruppe, die Herrschaft der Mehrheit.

Diesem Begriff von Recht entspricht eine Idee des Friedens, die man auf die Formel bringen könnte: Utilitas, non veritas facit pacem (Nutzen, nicht Wahrheit schafft Frieden). Solchen Gedanken, die man besonders bei Adam Smith entwickelt finden kann, hat auch Immanuel Kant in seiner Schrift vom ewigen Frieden Raum gegeben: »Es ist der Handelsgeist, der mit dem Kriege nicht zusammenbestehen kann, und der früher oder später sich jedes Volks bemächtigt. Weil nämlich unter allen der Staatsmacht untergeordneten Mächten (Mitteln) die Geldmacht wohl die zuverlässigste sein möchte, so sehen sich die Staaten ... gedrungen, den edlen Frieden zu befördern und, wo auch immer in der Welt Krieg auszubrechen droht, ihn durch Vermittlungen abzuwehren, gleich als ob sie deshalb in beständigem Bündnisse ständen.«[7] Dem Sinne nach geht es hier darum, den Egoismus als die stärkste und verlässlichste Kraft des Menschen – die Kraft, der die Konflikte entspringen – nun zum eigentlichen Instrument des Friedens zu machen, weil gerade vom Standpunkt des Egoismus her Friede nützlicher ist als Krieg. Realistische Politik wird diesen Gesichtspunkt zweifellos in Anschlag bringen müssen und in ihm ein friedensstiftendes Element finden. Dass es allein nicht ausreicht, um den ewigen Frieden zu bauen, hat die Zeit nach Kant hinlänglich erwiesen.

b) Trias der Grundrechte – Ambivalenz der Menschenrechtslehre

Die beiden eben genannten Motive »auctoritas« und »utilitas« stellen sich ins postmetaphysische Zeitalter; sie suchen Recht und Frieden zu begründen in einer Situation, in der die Unerkennbarkeit des Wahren und die Unfähigkeit des Menschen zum Guten unwiderrufliche Gewissheit geworden zu sein scheinen. Diesen beiden nachmetaphysischen Ideen, deren politische Wirksamkeit offenkundig ist, steht aber ein starker metaphysischer Strom entgegen, der gerade heute wieder mächtig hervortritt; ich meine die von John Locke in seinem Second Treatise of Government (1690) begründete Trias der Grundrechte: Leben, Freiheit, Eigentum. Im Hintergrund steht die Magna Charta, die Bill of Rights und letztlich die naturrechtliche Tradition.[8] Ganz eindeutig wird hier die Vorgängigkeit des Rechts der Person vor den Rechtssetzungen des Staates reklamiert. Bei Locke ist die Formulierung der Menschenrechtslehre deutlich gegen den Staat gerichtet; ihr Sinn ist revolutionär. Von da aus ist es nicht verwunderlich, dass die Aufklärung lange vor Marx auch einen revolutionären Strom entwickelte und die alte Lehre vom gerechten Krieg nun in eine Lehre vom Kampf für den ewigen Frieden umwandelte, der in der Weise des Weltbürgerkriegs zu führen sei.[9] Damit ist die Ambivalenz auch der Menschenrechtslehre angedeutet: Wo der Freiheitsbegriff hypertrophiert und der Staat wesentlich als Feind angesehen wird, wird die Friedensfähigkeit zerstört. In seinem gesunden Kern aber ist und bleibt die Idee der Menschenrechte ein Schutzwall gegen den Positivismus und ein Führer zur Wahrheit: Es gibt das, was an sich recht ist, und dies ist das wahrhaft Verbindende, weil es aus unserem gemeinsamen Wesen kommt.

Der Versuch, die Wurzeln der Krise von Gerechtigkeit und Frieden aufzudecken, ist damit zugleich zu einem Hinweis auf das geworden, was heilen könnte. Recht kann nur dann wirksame Kraft des Friedens sein, wenn sein Maß nicht in unseren Händen steht. Das Recht wird von uns geformt, aber nicht geschaffen. Anders ausgedrückt: Rechtsbegründung ohne Transzendenz gibt es nicht. Wo Gott und die von ihm gesetzte Grundform menschlicher Existenz aus dem öffentlichen Bewusstsein verdrängt und ins Private, bloß Subjektive abgeschoben wird, löst sich der Rechtsbegriff auf und damit das Fundament des Friedens.

Was Kirche tun kann und muss – was sie weder kann noch darf

Damit sind wir von selbst beim dritten Teil unseres Themas angelangt, bei dem Beitrag, den Religion für den Frieden leisten kann und soll. Warum ich als Subjekt von Religion hier konkret Kirche setzen will, habe ich oben schon angedeutet. Ich denke, man müsse unterscheiden zwischen dem, was Kirche für den Frieden tun kann und muss, und dem, was sie weder kann noch darf.

a) Überlieferung und Schutz der Grundmaße

Die erste Aufgabe der Kirche in diesem Bereich besteht darin, dass sie von ihrer heiligen Überlieferung her die Grundmaße der Gerechtigkeit gegenwärtig hält und sie der Willkür der Macht entzieht. Sie muss, was die großen Gründer gesehen und gesagt haben – was Jesus und seine Zeugen sahen und sagten –, durch die Zeiten tragen als ein großes, dem Menschen gegebenes Licht. Sie muss dieses Licht auf die Fragen der jeweiligen Gegenwart beziehen und das ihr gegebene Wort zur Antwort auf die Probleme einer Epoche werden lassen. Sie muss Überzeugung schaffen und den Menschen helfen, dass sie mit Jesus und durch ihn sehen können, was sie aus Eigenem nicht zu sehen vermöchten. Sie muss helfen, dass im Widerstreit zwischen utilitas und veritas, zwischen »auctoritas« und veritas die Wahrheit nicht versinkt. Dem Menschen ist das Organ für die Wahrheit so gut gegeben wie das Organ für die Nützlichkeit. Nützlichkeit ist nichts Schlechtes, aber absolut gesetzt wird sie zur Kraft des Bösen, weil Nützlichkeit sich selbst aufhebt, wenn sie die Wahrheit außer acht lässt. Das gleiche gilt für »auctoritas«. Aber das Organ für den Nutzen und das Organ für die Macht sind lauter und in ihrer Auswirkung unmittelbarer als das Organ für die Wahrheit. Deshalb braucht das Organ für die Wahrheit Nachhilfe, es braucht Unterstützung. Das müsste Aufgabe der Kirche sein – diesem sonst allzu leicht niedergetretenen Sinn die nötige Kraft zu geben.

Demnach ist der Auftrag der Kirche in diesem Bereich vor allem »Erziehung« – das Wort in dem großen Sinn genommen, in dem die griechischen Denker es formuliert haben. Sie muss den Kerker des Positivismus aufbrechen, die Empfänglichkeit des Menschen für die Wahrheit, für Gott und damit die Kraft des Gewissens erwecken. Sie muss den Mut zum Leben nach dem Gewissen geben und so den schmalen Grat zwischen Anarchie und Tyrannei gangbar halten, der zugleich der schmale Weg des Friedens ist. Sie muss in der Gesellschaft jene Überzeugung schaffen, die gutes Recht tragen kann. Denn wenn wir vorhin die Mehrheitsanschauung als entscheidende Rechtsquelle ausdrücklich abgelehnt haben, so ist doch klar, dass nichts auf Dauer wirksames Recht bleiben kann, was nicht auch eine Art von öffentlicher Evidenz besitzt. Unter diesem Betracht muss es freilich als höchst bedenklich erscheinen, dass die moderne Rechtsprechung ganz offensichtlich sittliche und religiöse Werte nicht mehr als schützenswerte Rechtsgüter ansieht, sondern nur noch die emanzipatorische Freiheit des einzelnen und die materiellen Güter als der Verteidigung bedürftig zu betrachten scheint. Ebenso gilt in der Kirche, dass kaum noch jemand Glauben als schützenswertes Gut ansieht, jedenfalls nicht, wenn er in Konflikt mit individueller Freiheit oder mit öffentlicher Meinung kommt.

b) Verzicht auf direkte politische Aktion

Neben dieser Primäraufgabe, Überzeugung zu schaffen, Gewissen zu bilden und von innen her Gemeinschaft, einen Raum des Friedens zu formen, steht die Sendung des kirchlichen Amtes, auch öffentlich – mit der Deckung der Überzeugung ihrer Gläubigen – in die Fragen der Zeit hineinzusprechen und Ratgeber des Friedens zu sein. Diese Aufgabe wird heute mit großer Leidenschaft aufgenommen. Neben den klassischen Instanzen kirchlichen Redens bilden sich Kommissionen und Institutionen aller Art, die sich mit Leidenschaft der Friedensfrage annehmen und zu ihr das richtige Wort zu sagen versuchen. Nicht alles, was auf solche Weise ans Licht kommt, ist erleuchtet. Aber das Bemühen als solches entspricht ohne Zweifel einem wirklichen Auftrag der Kirche. Nur muss sie sich dabei gegenwärtig halten, dass ihr die Quellen des Rechts zum Hüten anvertraut sind, aber dass sie über keine spezifische Erleuchtung für die konkreten politischen Fragen verfügt. Sie darf sich nicht als alleiniger Träger der politischen Vernunft hinstellen. Sie zeigt der Vernunft Wege, aber deren eigene Verantwortung bleibt.

Dies alles findet seinen Zusammenhalt in dem innersten und zugleich menschlichsten Auftrag der Kirche – dem Auftrag, den Frieden zu tun, nicht nur zu sagen – im Werk der Liebe. Kein staatliches Sozialsystem kann die spontanen und die organisierten Formen christlicher Liebe ersetzen, ja es verfällt von innen her, wenn es nicht mehr die Inspiration der aus dem Glauben kommenden Liebe empfängt. Die Treue der Kirche zu ihrem Wesen zeigt sich in ihrer Fähigkeit, Menschen in der Berufung zur Liebe zu tragen, die Berufung der Liebe zur Reife zu führen und ihr gemeinschaftlich gelebte Gestalten zu geben. Aus der Kraft der Liebe heraus muss die Kirche den Armen, den Kranken, den Verlorenen, den Unterdrückten dienen; sie muss im Gefängnis ebenso gegenwärtig sein wie im seelischen und körperlichen Leid bis in den dunklen Weg des Todes hinein. Sie muss in den Zonen des Unfriedens, die es in der Menschheit immer gegeben hat und immer geben wird, Kraft des Überlebens geben und mit der Fähigkeit des Verzeihens die Fähigkeit zum neuen Anfang erwecken. Nur wer vergeben kann, kann Frieden bauen und erhalten.[10]

Mit alledem zeichnet sich nun auch ab, wo die Grenzen des Auftrags der Kirche und ihrer Möglichkeiten liegen. Sie kann den Frieden nicht erzwingen. Sie hat es in der Vergangenheit nicht gekonnt, und sie wird es auch in Zukunft nicht können. Sie darf sich nicht in eine Art von politischer Friedensbewegung umwandeln, in der das Erreichen des ewigen Weltfriedens zu ihrem eigentlichen Daseinszweck würde. Deswegen ist das geplante »Friedenskonzil« der Religionen vom Wesen der Kirche her eine Unmöglichkeit. Die Vertreter der Kirche haben keine Legitimation zu direkt politischen Aktionen; sie haben dazu keinen Auftrag erhalten, von ihren Gläubigen nicht und erst recht von ihrem Herrn her nicht. Eher schon müsste man sagen, dass der Versuch, über eine Art Weltunion der Religionen das Weltreich des Friedens herbeizuführen, in bedenkliche Nähe zu der dritten Versuchung Jesu führt: Alle Reiche der Erde will ich dir geben, wenn du niederfällst und mich anbetest (vgl. Mt 4,9).[11] Denn in dieser Konzeption wird fast unvermeidlich der Weltfriede als solcher zum Summum bonum, dem sich alle unterwerfen und für dessen Erreichung alle anderen religiösen Inhalte und Akte nur noch Mittel sind. Ein Gott aber, der zum Mittel für vermeintlich höhere Ziele wird, ist nicht mehr Gott; er hat sein Gottsein in Wirklichkeit an das Höhere abgegeben, zu dessen Herbeiführung er dienen muss. Dass ein so hergestellter Friede sich seinem Wesen nach entweder ins Totalitäre eines allein zulässigen Denkens zu verwandeln oder aber in den Weltbürgerkrieg umzuschlagen droht, liegt auf der Hand.

c) Zeugnis und Dienst der Liebe

Die Kirche tut demnach für den Frieden nicht mehr, sondern weniger, wenn sie die ihr eigene Ebene des Glaubens, der Erziehung, des Zeugnisses, des Rates, des Gebetes und der dienenden Liebe verlässt, um sich dafür in eine direkte politische Aktionsgemeinschaft zu verwandeln. Sie schneidet damit den Zugang zu den Quellen ab, aus denen immer neu die Kräfte des Friedens und der Versöhnung kommen können. Gerade weil das Äußerste für den Frieden getan werden muss, muss die Kirche ihrem spezifischen Wesen treu bleiben. Nur wenn sie ihre Grenzen achtet, bleibt sie grenzenlos, und nur dann kann ihr Dienst der Liebe und des Zeugnisses ein Anruf an alle werden. Was die Kirche letztlich zum Frieden beizutragen hat, finde ich überzeugend formuliert in Worten von Metropolit Damaskinos, die ich mir uneingeschränkt zueignen kann und mit denen ich daher schließen möchte: »… Über ihren sozialen Dienst hinaus muss – meiner bescheidenen Meinung nach – der Beitrag der orthodoxen Kirche zu Frieden, Freiheit, Gerechtigkeit und Brüderlichkeit unter den Völkern in einem Zeugnis der Liebe bestehen ... Die Rolle der Kirche kann dabei mit keiner Art von politischer Strategie oder Opportunität der Autoritäten oder der Regierungen identifiziert werden, unter denen ihre Völker leben. In diesem Kontext ist der Spielraum für Initiative und Aktion der orthodoxen Kirchen eng; ihr Zeugnis und ihre Anwesenheit bringen Gefahren mit sich, die die Verantwortlichen bis zum Martyrium führen können ... Aber gerade diese martyriumsbereite Liebe ist es, die letztlich den Willen der orthodoxen Kirchen festigen wird, damit sie in Zusammenarbeit mit den Brüdern der anderen christlichen Kirchen und Konfessionen heute ihr Zeugnis geben können – das Zeugnis von Glaube und Liebe, in einer Welt, die dessen vielleicht mehr denn je bedarf.«[12]

1 Vgl. H. Maier, Worauf Frieden beruht (Freiburg 1981) 20ff.; U. Duchrow, Christenheit und Weltverantwortung (Stuttgart 1970) 533ff.

2 H. Kuhn, Der Staat. Eine philosophische Darstellung (München 1967) 193.

3 De civitate Dei IV 4 C Chr XLVII 101: Remota itaque iustitia quid sunt regna nisi magna latrocinia? quia et latrocinia quid sunt nisi parva regna?

4 1 Thess 5, 3 stellt die Herrschaft der Schlagworte »Friede und Sicherheit« als Zeichen des unmittelbar bevorstehenden Endes dar, verbindet dies allerdings nicht mit der Gestalt des Antichrist. Die spätere Reflexion hat diesen Zusammenhang, wie mir scheint sachlich durchaus zu Recht, hergestellt; am eindringlichsten Solowjew in seiner Erzählung vom Antichrist. Solowjews Antichrist ist der Verfasser eines in der ganzen Welt beachteten Buches mit dem Titel »Der offene Weg zu Frieden und Wohlfahrt in der Welt«. In dem Manifest, das er nach seiner Proklamation zum Weltherrscher erlässt, heißt es: »Völker der Erde! Die Verheißungen haben sich erfüllt! Der Weltfriede ist auf ewig gesichert ...« Wichtig auch die eindringliche Interpretation der Antichrist-Überlieferungen bei: J. Pieper, Über das Ende der Zeit. Eine geschichtsphilosophische Betrachtung (München ³1980) 113–136.

5 M. Mettner, Frieden, in: P. Eicher (Hg.), Neues Handbuch theologischer Grundbegriffe I (München 1984) 404–431, hierzu 421; vgl. zu Hobbes: H. Maier, Hobbes, in: Maier–Rausch–Denzer, Klassiker des politischen Denkens I (München ³1969) 351–375.

6 Noch immer bedeutend für das Wesen und die bleibende Geltung des sokratischen Fragens R. Guardini, Der Tod des Sokrates (1. Aufl. Berlin 1943, Neudruck Mainz-Paderborn 1987). Vgl. auch H. Kuhn, Der Staat (s.o. Anm. 2) 24ff.

7 Zum ewigen Frieden. Erster Zusatz: B 65, 66; in der von mir benützten Ausgabe der Darmstädter Buchgesellschaft Bd. VI (1964) 226. Vgl. H. Kuhn, a.a.O. 351ff.; M. Mettner, a.a.O. 422. Selbstverständlich beanspruchen diese Hinweise nicht, eine Darstellung und Wertung der ganzen, sehr viel reicheren und tiefer gehenden Friedensidee des Königsberger Philosophen zu bieten.

8 Wichtig hierzu und zum Folgenden H. Kuhn, a.a.O. 262–266; vgl. ferner E.-W. Böckenförde – R. Spaemann (Hg.), Menschenrechte und Menschenwürde (Stuttgart 1987), bes. den Beitrag von G. Stourzh, Die Begründung der Menschenrechte im englischen und amerikanischen Verfassungsdenken des 17. und 18. Jahrhunderts, 78–90.

9 Vgl. M. Mettner, a.a.O. 422f.

10 Zum Zusammenhang von Frieden und Vergebung eindringlich H. Schlier, Der Friede nach dem Apostel Paulus, in: ders., Der Geist und die Kirche (Freiburg 1980) 117–133, bes. 133.

11 J. Pieper, a.a.O. (s.o. Anm. 4) 123, zitiert in ähnlichem Zusammenhang den Satz: »Eine Weltorganisation könnte die tödlichste und unüberwindlichste aller Tyranneien, die endgültige Herrschaft des Antichrist bringen.« 124: »Die Kehrseite des in einem Weltstaat freilich erreichten Kantischen Ideals, dass es eigentliche ›äußere Kriege‹ nicht mehr gäbe, würde sein, dass an die Stelle von Krieg Polizeiaktionen träten, die durchaus den Charakter von Schädlingsbekämpfungen annehmen könnten.« Vgl. H. Kuhn, a.a.O. 355: »Als Kirche der Märtyrer ist die Kirche am meisten sie selbst. Aber als Organisation zur Verbrüderung der Menschheit scheitert sie an der irdischen Vormacht der Politik.«

12 Metropolite Damaskinos Papandreou, Contribution de l'Eglise orthodoxe à la réalisation des idéaux chrétiens de paix, de liberté, de fraternité et d'amour entre les peuples, et la suppression des discriminations raciales, in: Weisheit Gottes – Weisheit der Welt. Festschrift für J. Ratzinger (St. Ottilien 1987) Bd. II 1333–1343, Zitat 1342f.

Über Europa

11.
Europas Identität. Seine geistigen Grundlagen gestern, heute und morgen

Vortrag am 28. November 2000 in der Bayerischen Landesvertretung in Berlin

Europa – was ist das eigentlich? Diese Frage wurde in einem der Sprachzirkel der römischen Bischofssynode über Europa von Kardinal Glemp immer wieder nachdrücklich gestellt: Wo beginnt, wo endet Europa? Warum gehört zum Beispiel Sibirien nicht zu Europa, obwohl es doch weitgehend von Europäern bewohnt wird, die auch auf durchaus europäische Weise denken und leben? Und wo verliert sich Europa im Süden der russischen Staatengemeinschaft? Wo läuft im Atlantik seine Grenze? Welche Inseln sind Europa, welche nicht und warum nicht? In diesen Gesprächen wurde völlig klar, dass »Europa« nur ganz sekundär ein geographischer Begriff ist: Europa ist kein geographisch deutlich fassbarer Kontinent, sondern ein kultureller und historischer Begriff.

Die Entstehung Europas

Das zeigt sich ganz evident, wenn wir auf die Ursprünge Europas zurückzugehen versuchen. Wer vom Ursprung Europas redet, verweist gewöhnlich auf Herodot (ca. 484–425 vor Christus), der wohl als erster Europa als geographischen Begriff kennt und es so definiert: »Die Perser sehen Asien mit seinen Völkern als ihr Land an. Europa und das Land der Griechen, meinen sie, liegt vollkommen außerhalb ihrer Grenzen.«[1] Die Grenzen Europas selbst werden nicht angegeben, aber es ist klar, dass Kernlande des heutigen Europa völlig außerhalb des Blickfelds des antiken Historikers lagen.

In der Tat hatte sich mit der Ausbildung der hellenistischen Staaten und des Römischen Reiches ein »Kontinent« gebildet, der zur Grundlage des späteren Europa wurde, aber ganz andere Grenzen aufwies: Es waren die Länder rund um das Mittelmeer, die durch ihre kulturelle Verbundenheit, durch Verkehr und Handel, durch ein gemeinsames politisches System miteinander einen wirklichen »Kontinent« bildeten. Erst der Siegeszug des Islam hat im 7. und im beginnenden 8. Jahrhundert eine Grenze durch das Mittelmeer gezogen, es sozusagen in der Mitte durchgeschnitten, so dass, was bisher ein Kontinent gewesen war, sich nunmehr in drei Kontinente teilte: Asien, Afrika, Europa. Im Osten vollzog sich die Umbildung der alten Welt langsamer als im Westen: Das Römische Reich mit Konstantinopel als Mittelpunkt hielt dort – wenn auch immer weiter zurückgedrängt – bis ins 15. Jahrhundert hinein stand.[2]

Während die Südseite des Mittelmeers um das Jahr 700 endgültig aus dem bisherigen Kulturkontinent herausgefallen ist, vollzieht sich zur selben Zeit eine immer stärkere Ausdehnung nach Norden. Der Limes, der bisher eine kontinentale Grenze gewesen war, verschwindet und öffnet sich in einen neuen Geschichtsraum hinein, der nun Gallien, Germanien, Britannien als eigentliche Kernlande umgreift und sich zusehends nach Skandinavien ausstreckt. In diesem Prozess der Verschiebung der Grenzen wurde die ideelle Kontinuität mit dem vorangehenden, geographisch anders bemessenen mittelmeerischen Kontinent durch eine geschichtstheologische Konstruktion gewahrt: Im Anschluss an das Buch Daniel sah man das durch den christlichen Glauben erneuerte und verwandelte Römische Reich als das letzte und bleibende Reich der Weltgeschichte überhaupt an und definierte daher das sich konstituierende Völker- und Staatengebilde als das bleibende Sacrum Imperium Romanum.

Dieser Prozess einer neuen geschichtlichen und kulturellen Identifizierung ist unter Karl dem Großen ganz bewusst vollzogen worden, und hier taucht nun auch wieder das alte Wort Europa in verwandelter Bedeutung auf: Diese Vokabel wurde nun geradezu als Bezeichnung für das Reich Karls des Großen gebraucht und drückte zugleich das Bewusstsein der Kontinuität und der Neuheit aus, mit dem sich das neue Staatengefüge als die eigentlich zukunftstragende Kraft auswies – zukunftstragend, gerade weil es sich in der Kontinuität der bisherigen Geschichte und letztlich im Immerwährenden verankert begriff.[3] In dem so sich bildenden Selbstverständnis ist ebenso das Bewusstsein der Endgültigkeit wie das Bewusstsein einer Sendung ausgedrückt. Der Begriff Europa ist zwar nach dem Ende des Karolingischen Reiches wieder weitgehend verschwunden und nur in der Gelehrtensprache erhalten geblieben; in die Populärsprache geht er erst zu Beginn der Neuzeit – wohl im Zusammenhang mit der Türkengefahr als Weise der Selbstidentifizierung – über, um sich allgemein im 18. Jahrhundert durchzusetzen. Unabhängig von dieser Wortgeschichte bedeutet die Konstituierung des Frankenreiches als des nie untergegangenen und nun neu geborenen Römischen Reiches in der Tat den entscheidenden Schritt auf das zu, was wir heute meinen, wenn wir von Europa sprechen.[4]

Freilich dürfen wir nicht vergessen, dass es auch noch eine zweite Wurzel Europas, eines nicht westlichen, nicht abendländischen Europa gibt: Das Römische Reich hatte ja, wie schon gesagt, in Byzanz über die Stürme der Völkerwanderung und der Islamischen Invasion hin standgehalten. Byzanz verstand sich als das wirkliche Rom; hier war das Reich in der Tat nicht untergegangen, weshalb man auch weiterhin Anspruch auf die westliche Reichshälfte erhob. Auch dieses östliche Römische Reich hat sich weit nach Norden, in die slawische Welt hinein ausgedehnt und eine eigene, griechisch-römische Welt geschaffen, die sich von dem lateinischen Europa des Westens durch die andere Liturgie, die andere Kirchenverfassung, durch die andere Schrift und durch den Verzicht auf das Latein als gemeinsame Bildungssprache unterscheidet. Freilich gibt es auch genug verbindende Elemente, die die zwei Welten doch zu einem gemeinsamen Kontinent machen können: An erster Stelle das gemeinsame Erbe der Bibel und der alten Kirche, das übrigens in beiden Welten über sich hinausweist auf einen Ursprung, der nun außerhalb Europas, in Palästina liegt; dazu die gemeinsame Reichsidee, das gemeinsame Grundverständnis der Kirche und damit auch die Gemeinsamkeit grundlegender Rechtsvorstellungen und rechtlicher Instrumente; schließlich würde ich auch das Mönchtum erwähnen, das in den großen Erschütterungen der Geschichte der wesentliche Träger nicht nur der kulturellen Kontinuität, sondern vor allem der grundlegenden religiösen und sittlichen Werte, der letzten Orientierungen des Menschen geblieben ist und als vorpolitische und überpolitische Kraft zum Träger der immer wieder nötigen Wiedergeburten wurde.[5]

Zwischen den beiden Europen gibt es mitten in der Gemeinsamkeit des wesentlichen kirchlichen Erbes allerdings doch noch einen tiefreichenden Unterschied, auf dessen Bedeutung besonders Endre von Ivanka hingewiesen hat: In Byzanz erscheinen Reich und Kirche nahezu miteinander identifiziert; der Kaiser ist das Haupt auch der Kirche. Er versteht sich als Stellvertreter Christi, und im Anschluss an die Gestalt des Melchisedek, der König und Priester zugleich war (Gen 14,18), führt er seit dem 6. Jahrhundert den offiziellen Titel »König und Priester«.[6] Dadurch dass das Kaisertum seit Konstantin aus Rom abgewandert war, konnte sich in der alten Reichshauptstadt die selbständige Stellung des römischen Bischofs als Nachfolger Petri und Oberhaupt der Kirche entwickeln; hier wird schon seit Beginn der konstantinischen Ära eine Dualität der Gewalten gelehrt: Kaiser und Papst haben je getrennte Vollmachten, keiner verfügt über das Ganze.

Papst Gelasius I. (492–496) hat die Sicht des Westens in seinem berühmten Brief an Kaiser Anastasius und noch deutlicher in seinem vierten Traktat formuliert, wo er der byzantinischen Melchisedek-Typologie gegenüber betont, dass die Einheit der Gewalten ausschließlich in Christus liege. »Dieser selbst hat nämlich wegen der menschlichen Schwäche (superbia!) für spätere Zeiten die beiden Ämter getrennt, damit sich niemand überhebe (c. 11).« Für die Dinge des ewigen Lebens bedürfen die christlichen Kaiser der Priester (pontifices), und diese wiederum halten sich für den zeitlichen Lauf der Dinge an die kaiserlichen Verfügungen. Die Priester müssen in weltlichen Dingen den Gesetzen des durch göttliche Ordnung eingesetzten Kaisers folgen, während dieser sich in göttlichen Dingen dem Priester zu unterwerfen habe.[7] Damit ist eine Gewaltentrennung und -unterscheidung eingeführt, die für die folgende Entwicklung Europas von höchster Bedeutung wurde und sozusagen das eigentlich Abendländische grundgelegt hat. Weil auf beiden Seiten entgegen solchen Abgrenzungen immer der Totalitätsdrang, das Verlangen nach der Überordnung der eigenen Macht über die andere, lebendig blieb, ist dieses Trennungsprinzip auch zum Quell unendlicher Leiden geworden. Wie es recht zu leben und politisch wie religiös zu gestalten ist, bleibt ein grundlegendes Problem auch für das Europa von heute und von morgen.

Der Umbruch in die Neuzeit hinein

Wenn wir nach dem bisher Gesagten die Entstehung des Karolingischen Reiches einerseits, das Fortbestehen des Römischen Reiches in Byzanz und seine Slawenmission andererseits als die eigentliche Geburt des »Kontinents« Europa ansehen dürfen, so bedeutet für die beiden Europen der Beginn der Neuzeit einen Umbruch, der sowohl das Wesen dieses Kontinents wie seine geographischen Umrisse betrifft. 1453 wurde Konstantinopel von den Türken erobert. O. Hiltbrunner kommentiert dazu lakonisch: »Die letzten ... Gelehrten wanderten ... nach Italien aus und vermittelten den Humanisten der Renaissance die Kenntnis der griechischen Originale; der Osten aber versank in Kulturlosigkeit.«[8] Das mag etwas schroff formuliert sein, weil ja auch das Osmanische Reich seine Kultur hatte; richtig ist, dass die christlich-griechische »europäische« Kultur von Byzanz damit ein Ende fand. So drohte damit der eine Flügel Europas zu verschwinden, aber das byzantinische Erbe war nicht tot: Moskau erklärt sich zum dritten Rom, bildet nun selbst ein eigenes Patriarchat auf der Basis der Idee einer zweiten *translatio imperii* und stellt sich damit als eine neue Metamorphose des Sacrum Imperium dar – als eine eigene Form von Europa, das doch dem Westen verbunden blieb und sich immer mehr an ihm orientierte, bis schließlich Peter der Große es zu einem westlichen Land zu machen versuchte. Diese Nordverschiebung des byzantinischen Europa brachte es mit sich, dass nun auch die Grenzen des Kontinents weit nach Osten in Bewegung kamen. Die Festlegung des Ural als Grenze ist durchaus willkürlich, jedenfalls wurde die Welt östlich davon immer mehr zu einer Art Hinterhaus Europas, weder Asien noch Europa, vom Subjekt Europa wesentlich geformt, ohne selbst an seinem Subjektcharakter teilzunehmen: Objekt und nicht selber Träger seiner Geschichte. Vielleicht ist damit überhaupt das Wesen eines Kolonialstatus definiert.

Wir können also bezüglich des byzantinischen, nicht abendländischen Europa zu Beginn der Neuzeit von einem doppelten Vorgang sprechen: Auf der einen Seite steht das Erlöschen des alten Byzanz mit seiner historischen Kontinuität zum Römischen Reich; auf der anderen Seite erhält dieses zweite Europa mit Moskau eine neue Mitte und weitet seine Grenze nach Osten hin aus, um schließlich in Sibirien eine Art kolonialen Vorbau einzurichten. Gleichzeitig können wir im Westen ebenfalls einen doppelten Vorgang mit weitreichender historischer Bedeutung konstatieren. Ein großer Teil der germanischen Welt reißt sich los von Rom; eine neue, aufgeklärte Art des Christentums entsteht, so dass durch das »Abendland« von nun an eine Trennlinie verläuft, die deutlich auch einen kulturellen Limes, eine Grenze zweier unterschiedlicher Denk- und Verhaltensweisen bildet. Freilich gibt es auch innerhalb der protestantischen Welt Risse, zum einen zwischen Lutheranern und Reformierten, denen sich Methodisten und Presbyterianer zugesellen, während die Anglikanische Kirche einen Mittelweg zwischen katholisch und evangelisch auszubilden versucht; dazu kommt dann auch die Differenz zwischen staatskirchlich geformtem Christentum, das für Europa kennzeichnend wird, und Freikirchen, die ihren Zufluchtsraum in Nordamerika finden, worüber noch zu sprechen sein wird.

Achten wir zunächst noch auf den zweiten Vorgang, der die neuzeitliche Situation des ehemals lateinischen Europa wesentlich umprägt: die Entdeckung Amerikas. Der Osterweiterung Europas durch die fortschreitende Ausdehnung von Russland nach Asien entspricht der radikale Ausbruch Europas aus seinen geographischen Grenzen in die Welt jenseits des Ozeans, die nun den Namen Amerika empfängt; die Teilung Europas in eine lateinisch-katholische und eine germanisch-protestantische Hälfte überträgt sich auf diesen von Europa mit Beschlag belegten Erdteil. Auch Amerika wird zunächst zu einem erweiterten Europa, zur »Kolonie«, schafft sich aber gleichzeitig mit der Erschütterung Europas durch die Französische Revolution seinen eigenen Subjektcharakter: Vom 19. Jahrhundert an steht es, wenngleich tief von seiner europäischen Geburt geprägt, Europa doch als eigenes Subjekt gegenüber.

Bei dem Versuch, durch den Blick auf die Geschichte die innere Identität Europas zu erkennen, haben wir jetzt zwei grundlegende geschichtliche Umbrüche anvisiert: als erstes die Ablösung des alten mediterranen Kontinents durch den weiter nördlich angesetzten Kontinent des Sacrum Imperium, in dem sich seit der Karolingischen Epoche »Europa« als westlich-lateinische Welt bildet; daneben das Fortbestehen des alten Rom in Byzanz mit seinem Ausgriff in die slawische Welt. Wir hatten als zweiten Schritt den Fall von Byzanz und die damit erfolgende Nord- und Ost-Verschiebung des christlichen Reichsgedankens auf der einen Seite Europas beobachtet, auf der anderen Seite die innere Teilung Europas in eine germanisch-protestantische und eine lateinisch-katholische Welt, dazu den Ausgriff nach Amerika, auf das sich diese Teilung überträgt und das sich schließlich als eigenes, Europa gegenüberstehendes geschichtliches Subjekt konstituiert.

Nun müssen wir einen dritten Umbruch ins Auge fassen, dessen weithin sichtbares Fanal die Französische Revolution bildete. Zwar war das Sacrum Imperium schon seit dem späten Mittelalter als politische Realität in Auflösung begriffen und auch als tragende Geschichtsdeutung immer brüchiger geworden, aber jetzt erst zerbricht auch formell dieser geistige Rahmen, ohne den sich Europa nicht hätte bilden können. Dies ist sowohl in realpolitischer wie in ideeller Hinsicht ein Vorgang von erheblicher Tragweite.

In ideeller Hinsicht bedeutet dies, dass die sakrale Fundierung der Geschichte und der staatlichen Existenz abgeworfen wird: Die Geschichte misst sich nicht mehr an einer ihr vorausliegenden und sie formenden Idee Gottes; der Staat wird nunmehr rein säkular betrachtet, auf Rationalität und Bürgerwillen gegründet. Erstmals in der Geschichte überhaupt entsteht der rein säkulare Staat, der die göttliche Verbürgung und Normierung des Politischen als mythische Weltansicht ablegt und Gott selbst zur Privatsache erklärt, die nicht ins Öffentliche der gemeinsamen Willensbildung gehört. Die wird nun allein als Sache der Vernunft angesehen, für die Gott nicht eindeutig erkennbar erscheint: Religion und Glaube an Gott gehören dem Bereich des Fühlens, nicht der Vernunft zu. Gott und sein Wille hören auf, öffentlich relevant zu sein. Auf diese Weise entsteht mit dem ausgehenden 18. und dem beginnenden 19. Jahrhundert eine neue Art von Glaubensspaltung, deren Ernst wir zusehends zu fühlen bekommen. Sie hat im Deutschen keinen Namen, weil sie hier sich langsamer ausgewirkt hat. In den lateinischen Sprachen wird sie als Spaltung zwischen »Christen« und »Laien« bezeichnet. Diese Spannung ist in den letzten zwei Jahrhunderten als ein tiefer Riss durch die lateinischen Nationen gegangen, während das protestantische Christentum es zunächst leichter hatte, liberalen und aufgeklärten Ideen in seinem Inneren Raum zu geben, ohne dass der Rahmen eines weitläufigen christlichen Grundkonsenses dabei hätte gesprengt werden müssen.

Die realpolitische Seite der Ablösung der alten Reichsidee besteht darin, dass nun definitiv die Nationen, die durch die Ausbildung einheitlicher Sprachräume als solche identifizierbar geworden waren, als die eigentlichen und einzigen Träger der Geschichte erscheinen, also einen Rang erhalten, der ihnen vorher so nicht zugekommen war. Die explosive Dramatik dieses nun pluralen Geschichtssubjekts zeigt sich darin, dass sich doch die großen europäischen Nationen mit einer universalen Sendung betraut wussten, die notwendig zum Konflikt zwischen ihnen führen musste, dessen tödliche Wucht wir in dem nun verflossenen Jahrhundert leidvoll erfahren haben.

Die Universalisierung der europäischen Kultur und ihre Krise

Schließlich ist da aber noch ein weiterer Vorgang zu bemerken, mit dem sich die Geschichte der letzten Jahrhunderte deutlich in ein Neues hinein überschreitet. Hatte das alte vorneuzeitliche Europa in seinen beiden Hälften wesentlich nur ein Gegenüber gekannt, mit dem es sich auf Leben und Tod auseinanderzusetzen hatte, nämlich die islamische Welt; hatte die neuzeitliche Wende die Ausweitung nach Amerika und in Teile Asiens ohne eigene große Kultursubjekte gebracht, so erfolgt nun der Ausgriff auf die beiden bisher nur marginal berührten Kontinente Afrika und Asien, die man jetzt ebenfalls zu Ablegern Europas, zu »Kolonien« umzugestalten versuchte. Bis zu einem gewissen Grad ist das auch gelungen, insofern jetzt auch Asien und Afrika dem Ideal der technisch geprägten Welt und ihres Wohlstands nacheifern, so dass auch dort die alten religiösen Überlieferungen in eine Situation der Krise eintreten und rein säkular denkende Schichten immer mehr das öffentliche Leben beherrschen.

Aber es gibt auch eine Gegenwirkung: Die Renaissance des Islam ist nicht nur mit dem neuen materiellen Reichtum islamischer Länder verbunden, sondern auch von dem Bewusstsein gespeist, dass der Islam eine tragfähige geistige Grundlage für das Leben der Völker zu bieten vermöge, die dem alten Europa abhanden gekommen zu sein scheint, das so trotz seiner noch währenden politischen und wirtschaftlichen Macht immer mehr zum Abstieg und zum Untergang verurteilt angesehen wird. Auch die großen religiösen Traditionen Asiens, vor allem seine im Buddhismus ausgedrückte mystische Komponente, erheben sich als geistige Kräfte gegen ein Europa, das seine religiösen und sittlichen Grundlagen verneint. Der Optimismus über den Sieg des Europäischen, den Arnold Toynbee noch zu Beginn der sechziger Jahre vertreten konnte, erscheint heute seltsam überholt: »Von 28 Kulturen, die wir identifiziert haben ... sind 18 tot und neun von den verbliebenen zehn – alle in der Tat außer unserer – zeigen, dass sie bereits niedergebrochen sind.«[9] Wer würde das heute so noch sagen mögen? Und überhaupt – was ist das, »unsere« Kultur, die noch geblieben ist? Ist die siegreich über die Welt ausgebreitete Zivilisation der Technik und des Kommerzes die europäische Kultur? Oder ist sie nicht eher posteuropäisch aus dem Ende der alten europäischen Kulturen geboren?

Ich sehe da eine paradoxe Synchronie: Mit dem Sieg der posteuropäischen technisch-säkularen Welt, mit der Universalisierung ihres Lebensmusters und ihrer Denkweise verbindet sich weltweit, besonders aber in den streng nicht-europäischen Welten Asiens und Afrikas der Eindruck, dass die Wertewelt Europas, seine Kultur und sein Glaube, worauf seine Identität beruhten, am Ende und eigentlich schon abgetreten sei; dass nun die Stunde der Wertesysteme anderer Welten, des präkolumbianischen Amerika, des Islam, der asiatischen Mystik gekommen sei. Europa scheint in dieser Stunde seines äußersten Erfolgs von innen her leer geworden, gleichsam von einer lebensbedrohenden Kreislaufkrise gelähmt, sozusagen auf Transplantate angewiesen, die dann aber doch seine Identität aufheben müssen. Diesem inneren

Absterben der tragenden seelischen Kräfte entspricht es, dass auch ethnisch Europa auf dem Weg der Verabschiedung begriffen erscheint. Es gibt eine seltsame Unlust an der Zukunft. Kinder, die Zukunft sind, werden als Bedrohung der Gegenwart angesehen; sie nehmen uns etwas von unserem Leben weg, so meint man. Sie werden weithin nicht als Hoffnung, sondern als Grenze der Gegenwart empfunden. Der Vergleich mit dem untergehenden Römischen Reich drängt sich auf, das als großer geschichtlicher Rahmen noch funktionierte, aber praktisch schon von denen lebte, die es auflösen sollten, weil es selbst keine Lebenskraft mehr hatte.

Damit sind wir bei den Problemen der Gegenwart angelangt. Über die mögliche Zukunft Europas gibt es zwei gegensätzliche Diagnosen. Da ist auf der einen Seite die These von Oswald Spengler, der für die großen Kulturgestalten eine Art von naturgesetzlichem Verlauf glaubte feststellen zu können: Es gibt den Augenblick der Geburt, den allmählichen Aufstieg, die Blütezeit einer Kultur, ihr langsames Ermüden, Altern und Tod. Spengler belegt seine These eindrucksvoll aus der Geschichte der Kulturen, in der man dieses Verlaufsgesetz nachzeichnen kann. Seine These war, dass das Abendland in seiner Spätphase angelangt sei, die allen Beschwörungen zum Trotz unausweichlich auf den Tod dieses kulturellen Kontinents hinausläuft. Natürlich kann er seine Gaben an eine neu aufsteigende Kultur weiterreichen, wie es in früheren Untergängen geschehen ist, aber als dieses Subjekt habe er seine Lebenszeit hinter sich. Diese als biologistisch gebrandmarkte These hat zwischen den beiden Weltkriegen besonders im katholischen Raum leidenschaftliche Bestreiter gefunden; eindrucksvoll ist ihr auch Arnold Toynbee entgegengetreten, freilich mit Postulaten, die heute wenig Gehör finden.[10] Toynbee stellt die Differenz zwischen materiellem-technischem Fortschritt einerseits, wirklichem Fortschritt andererseits heraus, den er als Vergeistigung definiert. Er räumt ein, dass sich das Abendland – die »westliche Welt« – in einer Krise befindet, deren Ursache er im Abfall von der Religion zum Kult der Technik, der Nation und des

Militarismus sieht. Die Krise heißt für ihn letztlich: Säkularismus. Wenn man die Ursache der Krise kennt, kann man auch den Weg der Heilung angeben: Das religiöse Moment muss neu eingeführt werden, wozu für ihn das religiöse Erbe aller Kulturen gehört, besonders aber das, »was vom abendländischen Christentum übriggeblieben ist«[11]. Der biologistischen tritt hier eine voluntaristische Sicht entgegen, die auf die Kraft schöpferischer Minderheiten und herausragender Einzelpersönlichkeiten setzt. Es stellt sich die Frage: Ist die Diagnose richtig? Und wenn – liegt es in unserer Macht, das religiöse Moment neu einzuführen, in einer Synthese aus Restchristentum und religiösem Menschheitserbe? Letztlich bleibt die Frage zwischen Spengler und Toynbee offen, weil wir nicht in die Zukunft schauen können. Aber unabhängig davon stellt sich die Aufgabe, nach dem zu fragen, was Zukunft gewähren kann und was die innere Identität Europas in allen geschichtlichen Metamorphosen weiterzuführen vermag. Oder noch einfacher: was auch heute und morgen die Menschenwürde und ein ihr gemäßes Dasein zu schenken verspricht.

Um darauf Antwort zu finden, müssen wir noch einmal in unsere Gegenwart hineinblicken und zugleich ihre geschichtlichen Wurzeln gegenwärtig halten. Wir waren vorhin ja bei der Französischen Revolution und dem 19. Jahrhundert stehen geblieben. In dieser Zeit haben sich vor allem zwei neue »europäische« Modelle entwickelt. Da steht bei den lateinischen Nationen das laizistische Modell: Der Staat ist streng geschieden von den religiösen Körperschaften, die in den privaten Bereich verwiesen sind. Er selber lehnt ein religiöses Fundament ab und weiß sich allein auf die Vernunft und ihre Einsichten gegründet. Angesichts der Fragilität der Vernunft haben sich diese Systeme als brüchig und diktaturanfällig erwiesen; sie überleben eigentlich nur, weil Teile des alten moralischen Bewusstseins auch ohne die vorigen Grundlagen weiterbestehen und einen moralischen Basiskonsens ermöglichen.

Auf der anderen Seite stehen im germanischen Raum in unterschiedlicher Weise die staatskirchlichen Modelle des liberalen

Protestantismus, in denen eine aufgeklärte, wesentlich als Moral gefasste christliche Religion – auch mit staatlich verbürgten Kultformen – den moralischen Konsens und eine weitgespannte religiöse Grundlage verbürgt, der sich die einzelnen nicht staatlichen Religionen anzupassen haben. Dieses Modell hat in Großbritannien, in den skandinavischen Staaten und zunächst auch im preußisch dominierten Deutschland staatlichen und gesellschaftlichen Zusammenhalt über lange Zeit hin verbürgt. In Deutschland allerdings hat der Zusammenbruch des preußischen Staatskirchentums ein Vakuum geschaffen, das sich dann ebenfalls als Leerraum für eine Diktatur anbot. Heute sind die Staatskirchen überall von der Auszehrung befallen: Von religiösen Körpern, die Derivate des Staates sind, geht keine moralische Kraft aus, und der Staat selbst kann moralische Kraft nicht schaffen, sondern muss sie voraussetzen und auf ihr aufbauen.

Zwischen den beiden Modellen stehen die Vereinigten Staaten von Nordamerika, die einerseits – auf freikirchlicher Grundlage geformt – von einem strikten Trennungsdogma ausgehen, andererseits über die einzelnen Denominationen hinweg doch tief von einem nicht konfessionell geprägten protestantisch-christlichen Grundkonsens geprägt wurden, der sich mit einem besonderen Sendungsbewusstsein religiöser Art der übrigen Welt gegenüber verband und so dem religiösen Moment ein bedeutendes öffentliches Gewicht gab, das als vorpolitische und überpolitische Kraft für das politische Leben bestimmend sein konnte. Freilich darf man sich nicht verbergen, dass auch in den Vereinigten Staaten die Auflösung des christlichen Erbes unablässig voranschreitet, während gleichzeitig die schnelle Zunahme des spanischen Elements und die Anwesenheit religiöser Traditionen aus aller Welt das Bild verändern. Vielleicht muss man hier doch auch anmerken, dass die Vereinigten Staaten die Protestantisierung Lateinamerikas, also die Ablösung der katholischen Kirche durch freikirchliche Formen, unübersehbar fördern, aus der Überzeugung heraus, dass die katholische Kirche keine stabilen Wirtschafts- und politischen Systeme gewährleisten könne, insofern also als

Erzieherin der Nationen versage, während man erwartet, dass das freikirchliche Modell einen ähnlichen moralischen Konsens und demokratische Willensbildung ermöglichen werde, wie sie für die Vereinigten Staaten charakteristisch sind. Um das Bild weiter zu komplizieren, muss man hinzunehmen, dass heute die katholische Kirche die größte Religionsgemeinschaft in den Vereinigten Staaten bildet, dass sie in ihrem Glaubensleben ganz entschieden zur katholischen Identität steht, dass aber die Katholiken hinsichtlich des Verhältnisses von Kirche und Politik die freikirchlichen Traditionen in dem Sinn aufgenommen haben, dass gerade eine nicht mit dem Staat verschmolzene Kirche die moralischen Grundlagen des Ganzen besser gewährleistet, so dass die Förderung des demokratischen Ideals als eine tief dem Glauben gemäße moralische Verpflichtung erscheint. Man kann in einer solchen Position mit gutem Recht eine zeitgemäße Fortführung des Modells von Papst Gelasius sehen, von dem ich oben gesprochen hatte.

Kehren wir nach Europa zurück. Zu den zwei Modellen, von denen wir vorher sprachen, hat sich noch im 19. Jahrhundert ein drittes gesellt, nämlich der Sozialismus, der sich alsbald in zwei unterschiedliche Wege aufteilte, den totalitären und den demokratischen. Der demokratische Sozialismus hat sich von seinem Ausgangspunkt her als ein heilsames Gegengewicht gegenüber den radikal liberalen Positionen in die beiden bestehenden Modelle einzufügen vermocht, sie bereichert und auch korrigiert. Er erwies sich dabei auch als die Konfessionen übergreifend: In England war er die Partei der Katholiken, die sich weder im protestantisch-konservativen noch im liberalen Lager zu Hause fühlen konnten. Auch im wilhelminischen Deutschland konnte sich das katholische Zentrum weithin dem demokratischen Sozialismus näher fühlen als den streng preußisch protestantischen konservativen Kräften. In vielem stand und steht der demokratische Sozialismus der katholischen Soziallehre nahe, jedenfalls hat er zur sozialen Bewusstseinsbildung erheblich beigetragen.

Das totalitäre Modell hingegen verband sich mit einer streng materialistischen und atheistischen Geschichtsphilosophie: Die Geschichte wird deterministisch als ein Prozess des Fortschritts über die religiöse und die liberale Phase hin zur absoluten und endgültigen Gesellschaft verstanden, in der Religion als Relikt der Vergangenheit überwunden sein und das Funktionieren der materiellen Bedingungen das Glück aller gewährleisten wird. Die scheinbare Wissenschaftlichkeit verbirgt einen intoleranten Dogmatismus: Der Geist ist Produkt der Materie; die Moral ist Produkt der Umstände und muss je nach den Zwecken der Gesellschaft definiert und praktiziert werden; alles, was der Herbeiführung des glücklichen Endzustandes dient, ist moralisch. Hier ist die Umwertung der Werte, die Europa gebaut hatten, vollständig. Mehr, hier vollzieht sich ein Bruch mit der gesamten moralischen Tradition der Menschheit: Es gibt keine von den Zwecken des Fortschritts unabhängigen Werte mehr, alles kann im gegebenen Augenblick erlaubt oder sogar notwendig, im neuen Sinn moralisch sein. Auch der Mensch kann zum Mittel werden; nicht der einzelne zählt, sondern einzig die Zukunft wird zur grausamen Gottheit, die über alle und alles verfügt.

Die kommunistischen Systeme sind inzwischen zunächst an ihrer falschen ökonomischen Dogmatik gescheitert. Aber man übersieht allzu gern, dass sie tieferhin an ihrer Menschenverachtung, an ihrer Unterordnung der Moral unter die Bedürfnisse des Systems und seine Zukunftsverheißungen zugrunde gegangen sind. Die eigentliche Katastrophe, die sie hinterlassen haben, ist nicht wirtschaftlicher Natur; sie besteht in der Verwüstung der Seelen, in der Zerstörung des moralischen Bewusstseins. Ich sehe ein wesentliches Problem unserer Stunde für Europa und für die Welt darin, dass zwar nirgends das wirtschaftliche Scheitern bestritten wird und daher Altkommunisten ohne Zögern zu Wirtschaftsliberalen geworden sind; hingegen wird die moralische und religiöse Problematik, um die es eigentlich ging, fast völlig verdrängt. Insofern besteht die vom Marxismus hinterlassene Problematik auch heute fort: Die Auflösung der Urgewissheiten des Menschen über Gott, über sich selbst und über das Universum – die Auflösung des Bewusstseins moralischer Werte, die nie zur Disposition stehen, ist noch immer und gerade jetzt wieder unser Problem und kann zur Selbstzerstörung des europäischen Bewusstseins führen, die wir – unabhängig von Spenglers Untergangsvision – als eine reale Gefahr ins Auge fassen müssen.[12]

Wo stehen wir heute?

So stehen wir vor der Frage: Wie soll es weitergehen? Gibt es in den gewaltigen Umbrüchen unserer Zeit eine Identität Europas, die Zukunft hat und zu der wir von innen her stehen können? Für die Väter der europäischen Einigung nach den Verwüstungen des Zweiten Weltkriegs – Adenauer, Schumann, de Gasperi – war es klar, dass es eine solche Grundlage gibt und dass sie im christlichen Erbe unseres durch das Christentum gewordenen Kontinents besteht. Für sie war klar, dass die Zerstörungen, mit denen uns die Nazidiktatur und die Diktatur Stalins konfrontierten, gerade auf der Abstoßung dieser Grundlage beruhten – auf einer Hybris, die sich dem Schöpfer nicht mehr unterwarf, sondern beanspruchte, selbst den besseren, den neuen Menschen zu schaffen und die schlechte Welt des Schöpfers umzumontieren in die gute Welt, die aus dem Dogmatismus der eigenen Ideologie entstehen sollte. Für sie war klar, dass diese Diktaturen, die eine ganz neue Qualität des Bösen hervorbrachten, weit über alle Greuel des Krieges hinaus, auf der gewollten Abschaffung Europas beruhten und dass man wieder zu dem zurückkehren müsse, was diesem Kontinent in allen Leiden und Verfehlungen seine Würde gegeben hatte. Der anfängliche Enthusiasmus der neuen Zuwendung zu den großen Konstanten des christlichen Erbes ist schnell verflogen, und die europäische Einigung hat sich dann zunächst fast ausschließlich unter wirtschaftlichen Aspekten vollzogen, unter weitgehender Ausklammerung der Frage nach den geistigen Grundlagen einer solchen Gemeinschaft.

In den letzten Jahren ist das Bewusstsein dafür wieder gewachsen, dass die wirtschaftliche Gemeinschaft der europäischen Staaten auch einer Grundlage gemeinsamer Werte bedarf: Das Anwachsen der Gewalt, die Flucht in die Droge, das Zunehmen der Korruption lässt uns sehr fühlbar werden, dass der Werteverfall durchaus auch materielle Folgen hat und dass Gegensteuerung notwendig ist. Aus solcher Einsicht heraus haben am 3. und 4. Juli 1999 die Staats- und Regierungschefs der Europäischen Union die Ausarbeitung einer Charta der Grundrechte beschlossen. Das dafür eingesetzte Gremium hat sich am 3. Februar 2000 den Namen Konvent gegeben und bereits am 14. September desselben Jahres einen abschließenden Textentwurf vorgelegt, der am 14. Oktober von den Staats- und Regierungschefs gebilligt wurde. Ich kann hier nicht versuchen, diesen Entwurf einer Grundrechts-Charta zu analysieren, sondern nur die Frage stellen, wie weit sie geeignet ist, dem Wirtschaftskörper Europa auch eine geistige Mitte zu geben. Wichtig ist der zweite Satz der Präambel: »Im Bewusstsein ihres geistig-religiösen und sittlichen Erbes gründet sich die Union auf die unteilbaren und universellen Werte des Menschen, der Freiheit, der Gleichheit und der Solidarität.« Man hat die Abwesenheit des Gottesbezugs in diesem Text bedauert; darauf werde ich zurückkommen. Wichtig ist zunächst die Unbedingtheit, mit der Menschenwürde und Menschenrecht hier als Werte dastehen, die jeder staatlichen Rechtssetzung vorangehen. Günter Hirsch hat mit Recht betont, dass diese Grundrechte nicht vom Gesetzgeber geschaffen noch den Bürgern verliehen werden, »vielmehr existieren sie aus eigenem Recht, sie sind seit je vom Gesetzgeber zu respektieren, ihm vorgegeben als übergeordnete Werte«[13]. Diese allem politischen Handeln und Entscheiden vorangehende Gültigkeit der Menschenwürde verweist letztlich auf den Schöpfer: Nur er kann Rechte setzen, die im Wesen des Menschen gründen und für niemanden zur Disposition stehen. Insofern ist hier wesentlich christliches Erbe in seiner besonderen Art von Gültigkeit kodifiziert. Dass es Werte gibt, die für niemanden manipulierbar sind, ist die eigentliche Gewähr unserer Freiheit und menschlicher Größe; der Glaube sieht darin das Geheimnis des Schöpfers und der von ihm dem Menschen verliehenen Gottebenbildlichkeit. So schützt dieser Satz ein Wesenselement der christlichen Identität Europas in einer auch dem Ungläubigen verstehbaren Formulierung.

Nun wird heute kaum jemand direkt die Vorgängigkeit der Menschenwürde und der grundlegenden Menschenrechte vor allen politischen Entscheiden verleugnen; zu kurz liegen noch die Schrecknisse des Nazismus und seiner Rassenlehre zurück. Aber im konkreten Bereich des sogenannten medizinischen Fortschritts gibt es sehr reale Bedrohungen dieser Werte: Ob wir an die Klonation, an die Vorratshaltung menschlicher Föten zum Zweck der Forschung und der Organspende, an den ganzen Bereich der genetischen Manipulation denken – die stille Auszehrung der Menschenwürde, die hier droht, kann niemand übersehen. Dazu kommen in wachsendem Maß der Menschenhandel, neue Formen der Sklaverei, das Geschäft mit menschlichen Organen zum Zweck der Transplantation. Immer werden »gute Zwecke« vorgebracht, um das zu rechtfertigen, was nicht zu rechtfertigen ist. In diesen Sektoren gibt es einige erfreuliche Festlegungen in der Grundrechts-Charta, aber in wichtigen Punkten bleibt sie zu vage, während es doch gerade hier um den Ernstfall des Prinzips geht.

Fassen wir zusammen: Die Festschreibung von Wert und Würde des Menschen, von Freiheit, Gleichheit und Solidarität mit den Grundsätzen der Demokratie und der Rechtsstaatlichkeit schließt ein Menschenbild, eine moralische Option und eine Idee des Rechts ein, die sich keineswegs von selbst verstehen, aber in der Tat grundlegende Identitätsfaktoren Europas sind, die auch in ihren konkreten Konsequenzen verbürgt werden müssten und freilich nur verteidigt werden können, wenn sich ein entsprechendes moralisches Bewusstsein immer neu bildet.

Lassen Sie mich noch kurz zwei weitere Punkte ansprechen, in denen die europäische Identität erscheint. Da ist zuerst Ehe und Familie. Die monogame Ehe ist als grundlegende Ordnungsgestalt des Verhältnisses von Mann und Frau und zugleich als Zelle staatlicher Gemeinschaftsbildung vom biblischen Glauben her geformt worden. Sie hat Europa, dem abendländischen wie dem östlichen, sein besonderes Gesicht und seine besondere Menschlichkeit gegeben, auch und gerade weil die damit vorgezeichnete Form von Treue und von Verzicht immer wieder neu leidvoll errungen werden musste. Europa wäre nicht mehr Europa, wenn diese Grundzelle seines sozialen Aufbaus verschwände oder wesentlich verändert würde. Die Grundrechts-Charta redet vom Recht auf Ehe, spricht aber keinen spezifischen rechtlichen und moralischen Schutz für sie aus und definiert sie auch nicht näherhin. Dabei wissen wir alle, wie sehr Ehe und Familie gefährdet sind – zum einen durch die Aushöhlung ihrer Unauflöslichkeit durch immer leichtere Formen der Scheidung, zum anderen durch ein sich immer mehr ausbreitendes neues Verhalten, das Zusammenleben von Mann und Frau ohne die rechtliche Form der Ehe. In krassem Gegensatz dazu steht das Verlangen homosexueller Lebensgemeinschaften, die nun paradoxerweise eine Rechtsform verlangen, die mehr oder weniger der Ehe gleichgestellt werden soll. Mit dieser Tendenz tritt man aus der gesamten moralischen Geschichte der Menschheit heraus, die bei aller Verschiedenheit der Rechtsformen der Ehe doch immer wusste, dass diese ihrem Wesen nach das besondere Miteinander von Mann und Frau ist, das sich auf Kinder hin und so auf die Familie hin öffnet. Hier geht es nicht um Diskriminierung, sondern um die Frage, was der Mensch als Mann und Frau ist und wie das Miteinander von Mann und Frau recht geformt werden kann. Wenn einerseits ihr Miteinander sich immer mehr von rechtlichen Formen löst, wenn andererseits homosexuelle Gemeinschaft immer mehr der Ehe gleichrangig angesehen wird, stehen wir vor einer Auflösung des Menschenbildes, deren Folgen nur äußerst gravierend sein können. Dazu fehlt leider ein klares Wort in der Charta.

Schließlich möchte ich noch auf den religiösen Bereich eingehen. Hier werden in Artikel 10 Gedanken-, Gewissens- und Religionsfreiheit verbürgt, dazu auch die Freiheit, Religion oder Weltanschauung zu wechseln, und endlich die Freiheit, Religion einzeln oder gemeinsam mit anderen öffentlich oder privat durch Gottesdienst, Unterricht, Bräuche und Riten zu bekunden. Die Staaten erklären sich als neutral den Religionen gegenüber, aber zugleich räumen sie ihnen die öffentliche Selbstdarstellung ein. Das ist in sich positiv und entspricht letztlich gerade auch der christlichen Grundeinsicht von der Unterscheidung des staatlichen und kirchlichen Bereichs, von der Freiheit des Glaubensaktes und der Glaubensausübung, dem Nein zu staatlich verfügter Religion. Aber praktisch erhebt sich doch die Frage, wie sich die unterschiedlichen öffentlichen Äußerungen der Religion ins Ganze einordnen. Ich möchte ein simples Beispiel nennen: Der Staat kann nicht für die Moslems den Freitag, für die Juden den Samstag, für die Christen den Sonntag zum freien Tag erklären. Er wird sich für eine gemeinsame Ordnung der Zeit entscheiden müssen und dann nach Präferenzen zu fragen haben. Die großen Feste – Weihnachten, Ostern, Pfingsten –, sind sie nicht Identitätszeichen unserer Kultur? Und der Sonntag? Noch schwieriger wird es, wenn sich in einzelnen Religionen Elemente finden sollten, die nicht mit den grundlegenden Verfassungszielen der Präambel und des ersten Kapitels über die Würde des Menschen übereinstimmen. Was wäre, wenn eine Religion prinzipiell Gewalt als Teil ihres Programms anerkennen würde? Wenn eine Religion von ihrem Ansatz her die Religionsfreiheit verneinen und Formen von politischer Theokratie fordern würde? Was ist von Magie zu halten, die dem anderen an Leib und Seele schaden will? Das neue Aufstehen rechtsextremer Ideologien macht uns wieder bewusst, dass Toleranz nicht dahin gehen darf, ihre Selbstaufhebung zu befördern: Sie findet da ihre Grenze, wo grenzenlose Freiheit zur Zerstörung der Freiheit, für freiheitsfeindliche und unmenschliche Ideologien ausgenützt würde. Diese Frage der inneren Grenze der Toleranz, die sie um ihrer selbst willen braucht, muss weiter reflektiert werden.

An diesem Punkt stellt sich noch einmal die Frage, ob es nicht von der Tradition europäischer Humanität und ihrer Begründung her notwendig gewesen wäre, Gott und die Verantwortung vor ihm in der Charta zu verankern. Man hat es wohl deshalb nicht getan, weil man auf keinen Fall vom Staat her eine religiöse Überzeugung verordnen wollte. Dies muss man respektieren. Aber eines hätte meiner Überzeugung nach nicht fehlen dürfen: die Ehrfurcht vor dem, was dem anderen heilig ist und die Ehrfurcht vor dem Heiligen überhaupt, vor Gott, die sehr wohl auch demjenigen zumutbar ist, der selbst nicht an Gott zu glauben bereit ist. Wo diese Ehrfurcht zerbrochen wird, geht in einer Gesellschaft Wesentliches zugrunde. In unserer gegenwärtigen Gesellschaft wird gottlob jemand bestraft, der den Glauben Israels, sein Gottesbild, seine großen Gestalten verhöhnt. Es wird auch jemand bestraft, der den Koran und die Grundüberzeugungen des Islam herabsetzt. Wo es dagegen um Christus und um das Heilige der Christen geht, erscheint die Meinungsfreiheit als das höchste Gut, das einzuschränken die Toleranz und die Freiheit überhaupt gefährden oder gar zerstören würde. Meinungsfreiheit findet aber ihre Grenze darin, dass sie Ehre und Würde des anderen nicht zerstören darf; sie ist nicht Freiheit zur Lüge oder zur Zerstörung von Menschenrechten. Hier gibt es einen merkwürdigen und nur als pathologisch zu bezeichnenden Selbsthass des Abendlandes, das sich zwar lobenswerterweise fremden Werten verstehend zu öffnen versucht, aber sich selbst nicht mehr mag, von seiner eigenen Geschichte nur noch das Grausame und Zerstörerische sieht, das Große und Reine aber nicht mehr wahrzunehmen vermag.

Europa braucht eine neue – gewiss kritische und demütige – Annahme seiner selbst, wenn es überleben will. Die immer wieder leidenschaftlich geforderte Multikulturalität ist manchmal vor allem Absage an das Eigene, Flucht vor dem Eigenen. Aber Multikulturalität kann ohne gemeinsame Konstanten, ohne Richtpunkte des Eigenen nicht bestehen. Sie kann ganz sicher nicht ohne Ehrfurcht vor dem Heiligen bestehen. Zu ihr gehört es, dem Heiligen des anderen ehrfürchtig zu begegnen, aber dies können wir nur, wenn uns das Heilige, Gott, selbst nicht fremd ist. Gewiss, wir können und sollen vom Heiligen der anderen lernen, aber es ist gerade vor den anderen und für die anderen unsere Pflicht, selbst in uns die Ehrfurcht vor dem Heiligen zu nähren und das Gesicht des Gottes zu zeigen, der uns erschienen ist – des Gottes, der sich der Armen und Schwachen, der Witwen und Waisen, des Fremden annimmt; des Gottes, der so menschlich ist, dass er selbst ein Mensch werden wollte, ein leidender Mensch, der mit uns mitleidend dem Leiden Würde und Hoffnung gibt. Wenn wir dies nicht tun, verleugnen wir nicht nur die Identität Europas, sondern versagen auch den anderen einen Dienst, auf den sie Anspruch haben. Den Kulturen der Welt ist die absolute Profanität, die sich im Abendland herausgebildet hat, zutiefst fremd. Sie sind überzeugt, dass eine Welt ohne Gott keine Zukunft hat. Insofern ruft uns gerade die Multikulturalität wieder zu uns selber zurück.

Wie es mit Europa weitergehen wird, wissen wir nicht. Die Charta der Grundrechte kann ein erster Schritt sein, dass es wieder bewusst seine Seele sucht. Toynbee ist darin recht zu geben, dass das Schicksal einer Gesellschaft immer wieder von schöpferischen Minderheiten abhängt. Die gläubigen Christen sollten sich als eine solche schöpferische Minderheit verstehen und dazu beitragen, dass Europa das Beste seines Erbes neu gewinnt und damit der ganzen Menschheit dient.

1 Herodot, Historien (Hg. Feix), 1. Bd. S. 8 (München 1977); hier zitiert nach E. Chargaff, Ein zweites Leben. Autobiographische und andere Texte (Stuttgart 1995) S. 166.

2 Einen weitgespannten Durchblick durch die Gestaltwerdung Europas in Ort und Wert bietet P. Brown, Die Entstehung des christlichen Europa (München 1996); englisches Original: Divergent Christendoms: The Emergence of a Christian Europe, 200–1000 AD, Oxford [8]1995.

3 Vgl. H. Gollwitzer, Europa, Abendland, in: J. Ritter (Hg.), Historisches Wörterbuch der Philosophie II 824–826; F. Prinz, Von Konstantin zu Karl dem Großen (Düsseldorf 2000).

4 Vgl. Gollwitzer, a.a.O. S. 826

5 Aus der reichen Literatur zum Thema Mönchtum nenne ich hier nur H. Fischer, Die Geburt der westlichen Zivilisation aus dem Geist des romanischen Mönchtums (München 1969); F. Prinz, Askese und Kultur. Vor- und frühbenediktinisches Mönchtum an der Wiege Europas (München 1980).

6 E. von Ivánka, Rhomäerreich und Gottesvolk (Freiburg-München 1968).

7 Belege und Literatur bei U. Duchrow, Christenheit und Weltverantwortung (Stuttgart 1970) S. 328ff. Reiches Material zur Frage bietet H. Rahner, Kirche und Staat im frühen Christentum (München 1961). St. Horn macht mich auf einen wichtigen Text von Leo d. Gr. aufmerksam, der dem Schreiben des Papstes vom 22. 5. 452 an den Kaiser entnommen ist, mit dem er den später sogenannten Kanon 28 von Chalkedon (Primatstellung von Konstantinopel neben Rom aufgrund des Sitzes des Kaisers in der Stadt) zurückweist: Habeat sicut optamus Constantinopolitana civitas gloriam suam, et protegente Dei dextera diuturno clementiae vestrae fruatur imperio, alia tamen ratio est rerum saecularium alia divinarum, nec praeter illam petram quam Dominus in fundamento posuit stabilis erit ulla constructio (LME II [37] 55,52–56; vgl. ACO II/IV S. 56). Vgl. zur Problematik auch A. Michel, Der Kampf um das politische oder petrinische Prinzip der Kirchenführung, in: A. Grillmeier, H. Bacht, Das Konzil von Chalkedon, Bd. II Entscheidung um Chalkedon (Würzburg 1953) S. 491–562; im selben Band auch der Beitrag von Thomas O. Martin über den Kanon 28 von Chalkedon, S. 433–458.

8 In: Kleines Lexikon der Antike (München 1950) S. 102

9 A.J. Toynbee, Der Gang der Weltgeschichte II: Kulturen im Übergang (Zürich–Stuttgart–Wien 1958) 370; hier zitiert nach J. Holdt, Hugo Rahner. Sein geschichtstheologisches Denken (Paderborn 1997) S. 53. Besonders der Abschnitt »Philosophische Besinnung auf das Abendland« (S. 52–61) bietet wichtiges Material zur Frage nach Europa.

10 O. Spengler, Der Untergang des Abendlandes. 2 Bde. (1917). Zum Disput um seine These bei J. Holdt das Kapitel »Die abendländische Bewegung zwischen den Weltkriegen« S.13–17. Die Auseinandersetzung mit Spengler ist z.B. auch ein durchgehendes Motiv in dem für die Zwischenkriegszeit grundlegenden moralphilosophischen Werk von Th. Steinbüchel, Die philosophische Grundlegung der katholischen Sittenlehre, 2 Bde., 1. Aufl. 1938; 3. Aufl. 1947.

11 Vgl. Holdt, a.a.O. 54.

12 Hier drängt sich mir der Hinweis auf ein Wort von E. Chargaff (a.a.O. S. 168) auf: »Wo ein jeder frei ist, dem anderen das Fell über die Ohren zu ziehen, also zum Beispiel in der freien Marktwirtschaft, bekommen wir die Marsyasgesellschaft, eine Gesellschaft von blutenden Leichen.«

13 G. Hirsch, Ein Bekenntnis zu den Grundwerten, in: FAZ 12. 10. 2000.

12.
Europa – Hoffnungen und Gefahren

Vortrag am 2. Juni 1990 zur 2000-Jahr-Feier der Stadt Speyer

Der Europa-Gedanke ist heute in ein merkwürdiges Zwielicht geraten. Er hatte seine große Stunde im Augenblick der Not, als der zum ideologischen Wahn gesteigerte Nationalismus die Länder des alten Kontinents verwüstet hatte. Nun besann man sich wieder auf die gemeinsame Wurzel, auf die in vielfältigem Austausch gewachsene gemeinsame Kultur, das sittliche und religiöse Erbe, auf die Rationalität dieser Kultur und ihre einheitsstiftende Kraft. Europa wurde in jener Situation zum Ausdruck des Einenden und Gemeinsamen, das den Trennungen vorauslag und durch sie nie ganz hatte ausgelöscht werden können. So hat der Europa-Gedanke in der Nachkriegszeit sich als positive moralische Kraft bewährt. Er wurde zum Siegel der Versöhnung nach dem Wahnsinn der Zerstörungen: Er ermöglichte eine Friedensordnung zwischen den einst Verfeindeten, ließ die Welt für den einzelnen offener und größer werden und gab zugleich wirtschaftlichen Wohlstand, ja Macht. Europa – ein Wort für Frieden und Versöhnung: das ist das Große und Positive an der Europa-Erfahrung unserer Epoche. Dieser Aspekt des Europäischen meldet sich heute neu zu Worte, da nun auch die Türen zwischen Ost und West sich geöffnet haben. Deren Versöhnung war zwar nach dem Krieg vom Eisernen Vorhang nie völlig blockiert worden, musste aber doch auf halbem Wege stehenbleiben. Die Suche nach ihrer Vollendung in einer tragfähigen politischen und wirtschaftlichen Gestalt vollzieht sich heute wieder im Zeichen der gemeinsamen Zugehörigkeit zu Europa. Die eng zusammengerückten Länder des Westens stehen vor der Herausforderung, neue Weisen der Einheit in der

Vielfalt zu finden, eine neue großräumige Friedensordnung zu konzipieren. Im Streit um die Wiedervereinigung Deutschlands melden sich auch die alten Ängste der nationalistischen Epoche von neuem zu Wort. Grenzen erscheinen wieder in ihrer unverrückbaren Bedeutung; der Gegensatz des Nationalen könnte stärker werden als die kaum gewachsene Gemeinschaft des Europäischen. Von neuem muss sich zeigen, ob Europa nur eine Idee ist oder eine reale Kraft der Versöhnung. Von neuem muss sich zeigen, ob die innere Einheit von Geschichte und Kultur, von Auftrag und Verantwortung stark genug ist, um der Grenze eine bessere Bedeutung zu geben als die der Trennung. Grenzen werden um so leichter zu respektieren sein, je mehr sie zugleich offene Wege sind; je mehr Minoritäten diesseits und jenseits ihr eigenes Wesen im Ganzen leben können; je mehr nirgendwo Ausschließlichkeit, sondern überall lebendiger Austausch, anerkannte Vielfalt und Gemeinsamkeit in der Vielfalt herrschen. Kein Vernünftiger kann heute wollen, dass in Europa neue Vertreibungen stattfinden und von neuem Grenzen verschoben werden. Aber ebensosehr verlangt die gemeinsame sittliche und politische Vernunft, dass Grenzen Stationen des Austauschs werden und nicht mehr bewaffnete Symbole der Absolutsetzung eines nationalen Prinzips sein dürfen.

So hat die Wende des Jahres 1989 auch dem Europa-Gedanken neuen Schwung gegeben. Wenn es seit den siebziger Jahren danach aussah, als würde das im Wort »Europa« zusammengefasste große Programm der Versöhnung und des sittlichen Aufbruchs langsam, aber sicher im Dickicht der Wirtschaftsbürokratie ersticken, so hat das Zerreißen des Eisernen Vorhangs mit einem Mal die ursprüngliche Herausforderung erneuert: Das gemeinsame Stehen in der sittlichen Größe Europa muss zu einer neuen Friedensordnung, zu einem Austausch der Gaben des Geistes und der Erde führen. Europa als politische Idee muss das nationalstaatliche Modell endlich durch ein großräumiges Konzept kultureller Gemeinschaft ersetzen, das Verfehlte am Weg des Nationalismus durch eine die Menschheit umfassende Solidarität ablösen. Denn nicht das Gegeneinander, sondern nur das Miteinander baut auch die einzelnen Nationen auf.

Bei dieser Überlegung sind bereits die zwei Motive angeklungen, die seit einiger Zeit Zweifel an der Gültigkeit des Europa-Gedankens genährt hatten. Das eine war das zunehmende Absinken der europäischen Idee in eine bloß ökonomische Arithmetik, die zwar Europas wirtschaftliche Macht in der Welt immer weiter steigerte, aber die großen ethischen Ziele immer mehr auf Besitzvermehrung reduzierte und in die reine Logik des Marktes einebnete. Das hatte schon innerhalb Europas selbst eine Art Kulturrevolution zur Folge: eine Standardisierung nicht nur der Waren, sondern auch des geistigen Ausdrucks, die zu einer Verflachung der Seelen und einer Uniformierung des Denkens von bisher nicht gekanntem Ausmaß zu führen droht. Gewachsene kulturelle Formen zerfallen; in der Landwirtschaft wie im Handel wie im Kleingewerbe führte der erdrückende Sog der großen anonymen Strukturen zu einem Verlust an persönlicher Gestaltungsfreiheit, der durch den Talmiglanz einer sittlich ungehemmten Freizeitwelt ersetzt werden soll.

Was so im Inneren Europas selbst geschah, zeigte sein wahrhaft tragisches Gesicht um so deutlicher in der nichteuropäischen Welt, der Südhälfte des Erdballs. Der Umschlag in der sittlichen Wertung des neuen Europa nach dem Krieg wird in dem Augenblick deutlich, in dem der anwachsende Besitz von Macht die frühe Anspannung der Versöhnung ablöste. Anfangs konnte Entwicklungshilfe als moralische Rechtfertigung des eigenen Reichtums gelten; es erschien als eine Frage der Zeit, dass auf diese Weise das »Wunder« Europas sich auf den Rest der Welt ausdehnen würde, um Nord und Süd im gleichen System des Wohlstands zu vereinigen. Dass zur selben Zeit Ost und West je auf ihre eigene Weise ihr »Glück« in die übrige Welt exportieren wollten und so auch ihren Antagonismus in sie trugen, ist nur *ein* Grund für das Scheitern dieses Unterfangens. Die Ursachen dafür lagen auch in der rein mechanischen Vorstellung von Wohlstandsmehrung, also in der Art und Weise, wie man »Glück« für die anderen auffasste und daher Entwicklungshilfe praktizierte. Tatsache ist, dass die Wirtschaftshilfe in den geübten Formen nicht den allmählichen Aufstieg ganz anders gearteter Lebensräume bewirkte, sondern erst ihr wirkliches Elend produzierte. Der Export des Europäischen und des Amerikanischen wurde zwar zum Gewinn für die Geber-Länder, aber er verarmte die Empfänger. Er schuf statt Einheit Zorn und Trauer. So stieg der Selbstzweifel im Inneren Europas auf. Der eigene Reichtum wurde zum Gefühl der Schuld. Eurozentrismus wurde zum Vorwurf, und die Geschichte der Triumphe Europas wurde nun zu einer Geschichte seiner Sündenfälle. Noch in der vorigen Generation hatte Paul Claudel seinen Christoph Columbus als das Drama der Befreiung Südamerikas von seinen blutigen Götzen schreiben können, als Weg zur Einheit der Menschheit in der Menschlichkeit des christlichen Glaubens, die den Partikularismus und die Unmenschlichkeit abergläubischer Kulte überwindet. Wer würde heute das Eintreten der Europäer in die südamerikanische Hemisphäre noch so darzustellen wagen? Nicht wenige sind der Meinung, dass es lieber umgekehrt hätte gehen sollen, dass man Europa hätte befreien müssen vom Christentum und von dem Herrschaftsanspruch, den es aus seiner Wahrheitsgewissheit ableitet. Aber auch wer nicht so weit geht, kann in der spanischen Landnahme weithin nur noch eine Geschichte gewaltsamer Unterdrückung, eine Geschichte voll Habsucht und Grausamkeit sehen, die auch durch das demütige Dienen so mancher großer Missionare nicht kompensiert werden kann. Die 500-Jahr-Feier der ersten Begegnung zwischen Europa und Amerika, zu der man sich in Lateinamerika rüstet, steht im Zeichen solcher Fragen. Europa hat sich seit der schicksalhaften Fahrt des Columbus nach Amerika ausgedehnt, sich dort gleichsam noch einmal selbst dargestellt. War es Segen oder Fluch für Amerika und für Europa selbst? Die Bilanz des einen oder des anderen aufzustellen und beides gegeneinander abzuwägen wird schwer sein. Die Mahnung, nicht einen Eurozentrismus zu wiederholen, der auch in Afrika und in Asien mit seiner törichten Selbstgewissheit so vieles zertreten und zerstört hat, muss jedenfalls Europa auf die Seele fallen.

Mit dieser in groben Strichen gezeichneten Bestandsaufnahme der Schicksale und Wirkungen des Europa-Gedankens in der zweiten Hälfte unseres Jahrhunderts sind zwei gegenläufige Aspekte des Phänomens Europa in Erscheinung getreten: Zum einen Europa als Idee und als Kraft der Versöhnung, die aus der nationalistischen Epoche herausführt und ein neues Modell von Völkergemeinschaft eröffnet; auf der anderen Seite aber erscheint Europa als Herrschaftsanspruch und als wirtschaftliche Gewalt, die anderes und andere vereinnahmt, das heißt das Eigenrecht und die eigene Lebensgestalt anderer mindert oder gar zerstört. Zwischen diesen beiden Polen bewegt sich Europa. Es muss seine Gefahr von seiner wahren Größe unterscheiden lernen: Davon hängt es ab, ob Europa ein Name des Segens oder des Fluches wird.

Unsere Frage lautet also: Was muss Europa tun, damit es seiner positiven Sendung entspricht? Was muss es lassen, damit es nicht aus seinem rechten Wesen in sein immer mögliches Unwesen herabsinkt? Ich möchte auf die Antwort in zwei Schritten zugehen. Bisher hatten wir uns mit einer Art Phänomenologie des Europäischen begnügt, das heißt mit einem Blick darauf, wie die Idee Europa heute wirkt und wie sie gesehen wird. Nun müssen wir etwas tiefer gehen und zu einer Art Gewissenserforschung kommen; wir müssen fragen: Was sind die wesentlichen Verfehlungen Europas, deretwegen es heute auf der Anklagebank sitzt? Wie kann man diese Verfehlungen erkennen und wie sie unterscheiden von dem, was das Große an Europa ist, sein gültiger Beitrag zur Geschichte der Menschheit? Der zweite Schritt besteht darin, dass Gewissenserforschung übergeht in die Suche nach dem Weg, also in die Frage, wie Europa sein und was es tun sollte.

Die zwei Sündenfälle Europas in der Neuzeit

a) Der Nationalismus

Beginnen wir also mit der ersten Frage: Welches sind die Sünden Europas und der Europäer, die sich möglichst nicht wiederholen oder fortsetzen sollten? Es wäre gewiss nicht schwer, einen langen Katalog von Verfehlungen aufzuzählen. Ich möchte das Negative in zwei großen Stichworten zusammenfassen, die sich im übrigen auf das gegenwärtig noch Wirksame oder Drohende konzentrieren, also auf das nach der Französischen Revolution entstandene Europa der Neuzeit im engeren Sinn bezogen sind. Den ersten Komplex von Verfehlungen möchte ich unter dem schon mehrfach gefallenen Stichwort Nationalismus zusammenfassen. Dies ist keine ganz neue Sünde; es ist nur die moderne Radikalisierung des Tribalismus, also eines Urlasters der Menschheit. Tribalismus steht als Verhängnis in der archaischen Geschichte; seine blutige Spur durchzieht die Jahrtausende. Aber dieses alte Laster gewinnt im europäischen Nationalismus des 19. und 20. Jahrhunderts eine neue Dimension, und dies auf zweifache Weise. Das Gebilde Nation ist im Lauf des Mittelalters und der frühen Neuzeit in einem komplizierten Prozess kultureller und politischer Angleichung innerhalb stammesverwandter Räume gewachsen. Es präsentiert sich zum ersten Mal deutlich in der Französischen Revolution, in der die monarchische Einheit durch die nationale ersetzt wird. Im Lauf des 19. Jahrhunderts konstituieren sich Deutschland und Italien als Nationen, während in Spanien und Großbritannien die lange Geschichte eines weltweiten kolonialen Ausgriffs ein entsprechendes Unterscheidungs- und Sendungsbewusstsein hatte reifen lassen. Auch Polen findet in den Aufständen des 19. Jahrhunderts zum Bewusstsein seiner selbst als Nation; in Russland war es nicht zuletzt die slawophile Theologie, die den Gedanken eines Gottträgervolkes und damit ein religiös geprägtes russisches Nationalbewusstsein geformt hatte. In Mitteleuropa hatte sich nach der von Preußen getragenen Gestaltwerdung eines deutschen Nationalstaats mit Österreich-Ungarn ein letztes Großgebilde erhalten, das nicht auf dem nationalen Prinzip beruhte. Das politische Hauptergebnis des Ersten Weltkriegs war die Liquidierung dieses letzten Restes einer früheren Staatsordnung und der Versuch, Europa nun endlich rigoros unter der nationalen Idee neu zu strukturieren – ein Vorgang voll innerer Widersprüche, der dann im Paroxysmus des nationalsozialistischen Wahns sein grauenvolles Finale fand.

Was aber war das Neue an diesem Konstruktionsprinzip? Zunächst dies, dass in geringerem oder größerem Maß bei den europäischen Völkern eine mythische Überhöhung der eigenen Nation vor sich ging. Eine jede davon empfand sich nun selbst als maßstäblich für die Verwirklichung des eigentlich Humanen und erhob darum den Anspruch, ihre eigene Lebensform und damit ihre Macht in der ganzen übrigen Welt zur Geltung zu bringen. Man könnte von einer eigentümlichen Verbindung zwischen Nationalismus und Universalismus sprechen: Die Einheit der Welt sollte im Zeichen der eigenen Nation entstehen; sie beruhte auf dem Vorrang des Eigenen und nicht auf dem Ausgleich des Ganzen. Das »Gott mit uns« war Ausdruck einer Vereinnahmung des Heiligen, in der man die Kräfte des Christlichen fürs Nationale zu mobilisieren versuchte. Das je eigene Christentum galt als das reinere, wie dies zum Beispiel Harnack in seiner Gegenüberstellung der drei Grundgestalten des Christlichen – der römischen, der germanischen und der byzantinisch-slawischen – geradezu klassisch dargestellt hatte.[1] Merken wir dabei nur in Klammern an, dass das Selbstbewusstsein des germanischen Christentums gegenüber dem romanischen und dem slawischen auch heute ungebrochen ist und über den Verlust der religiösen Substanz hinaus als Mythos weiterwirkt und Emotionen begünstigt, die der Einheit im Wege stehen. Diese Mythisierung des Nationalen hat ihre eigentliche Sprengkraft dadurch gewonnen, dass sie sich mit dem Fortschrittsglauben und mit dem Mythos der technischen Welt verband. Die Lebensgestalt der eigenen Nation zeigt danach den Weg, auf den der Fortschritt weist; alle anderen erscheinen als weniger fortgeschritten und müssen daher denselben Weg nachgehen. Die Macht der wirtschaftlich-technischen Zivilisation hat den so programmierten Auseinandersetzungen ihre weltweite zerstörerische Gewalt gegeben; sie hat den archaischen tribalistischen Affekt mit ihrer Pseudorationalität zur Menschheitsbedrohung werden lassen. In diesem Zusammenhang müsste vom Kolonialismus und von seinem Export europäischer Kriege in die fremden Erdteile gesprochen werden; es müsste auch die neue Dimension der Sklaverei bedacht werden, die im Zusammenhang der großen Entdeckungen der frühen Neuzeit ausgebildet wurde und nun als Hypothek der Schuld auf der europäischen und der amerikanischen Geschichte lastet.

b) Die Ausschließlichkeit der technischen Vernunft und die Zerstörung des Ethos

Der Europa-Gedanke wurde nach dem Zweiten Weltkrieg formuliert, um die nationalistische Häresie endgültig zu bannen und ein neues Prinzip der Politik zu gewinnen, das nicht auf gegenseitige Ausschließung, sondern auf Ergänzung und Kooperation abzielt. Obwohl der Nationalismus in Europa geboren wurde und insofern eine europäische Häresie ist, dürfen wir doch die erneuerte Idee des einen Europa als Gegenkraft gegen diesen Irrweg unserer Geschichte ansehen und allen Rückfallversuchen entschieden entgegensetzen. Die Gefahr des Nationalismus ist zwar nicht einfach überwunden, aber sie ist – wir hoffen es – doch nicht die eigentliche Versuchung unserer Stunde. Die beruht auf einem zweiten Sündenfall, dem wir nun auf den Grund zu gehen versuchen müssen. Gemeint ist die in den extremen Formen des Nationalismus schon anklingende Verbindung von Fortschrittsglauben, Absolutsetzung der wissenschaftlich-technischen Zivilisation und Verheißung der neuen Menschheit, des messianischen Reichs. Am konsequentesten durchgebildet war diese dreifache Verknüpfung zu einem politischen Mythos von fast unwiderstehlicher Kraft ohne Zweifel im Marxismus. Deswegen sind nicht wenige europäische Intellektuelle ratlos, wenn sie nun versuchen sollen, ohne ihn auszukommen, zumal ihr eigenes Unschuldsbewusstsein und die Übersichtlichkeit der Schuldzuweisungen eng mit dieser mythologischen Synthese verknüpft waren. Wieweit es in diesem geistigen Klima Restaurationen des Marxismus geben wird, ist im Augenblick nicht abzusehen; ein Bedarf dafür könnte auch dadurch entstehen, dass er den verlorenen christlichen Glauben durch eine Dynamik der Hoffnung zu ersetzen schien, die sich schon zu einer Art von nachchristlicher Religion aufgeschwungen hatte. Einstweilen bleibt zu hoffen, dass der Schmerz der Befreiten, alles, was sie durchlitten und durchschritten haben, eindringlich genug zur Welt spricht, um weittragendere Formen der Restauration zu verhindern.

Wenn das Geschehene zum Heil werden soll, müssen wir uns allerdings bewusst werden, dass der Marxismus nur die radikale Durchführung eines ideologischen Konzepts war, das auch ohne ihn weitgehend die Signatur unseres Jahrhunderts bestimmt. Wir hatten vorhin sein politisches und geschichtliches Wesen zu fassen versucht, indem wir ihn als die Verknüpfung von Fortschrittsglauben, verabsolutierter wissenschaftlich-technischer Zivilisation und politischem Messianismus darstellten. Das Bemerkenswerte an dieser seltsamen Trinität ist aber nun, dass dieses Gefüge den Gottesbegriff ersetzt und ihn notwendig ausschließt, da es ja an seine Stelle tritt. Dieser systematische Ausschluss des Göttlichen aus der Gestaltung von Geschichte und Menschenleben unter Berufung auf die Endgültigkeit wissenschaftlicher Einsicht ist vielleicht das eigentlich Neue und zugleich das wahrhaft bedrohliche Element an jenem seltsamen Produkt Europas, das wir Marxismus nennen. Ich behaupte nun, dass auch außerhalb des marxistischen Denkens in der Lebenswelt des Westens diese gleiche Kombination in weniger strengen Formen wirksam ist. Wenn es ihr gelingen sollte, sich endgültig durchzusetzen, so wäre dies einerseits Eurozentrismus im schlechten Sinn des Wortes, andererseits aber auch zugleich das Ende dessen, was Europa zu einer positiven Kraft in der Welt machen könnte.

Dem wird man sofort entgegenhalten, dass heute das Ressentiment gegen Technik und Wissenschaft immer mehr um sich greife und dass der Fortschrittsglaube längst einer resignierten Skepsis gewichen sei. Aber Ressentiment und Skepsis sind keine Fundamente, auf die man bauen kann; sie taugen nicht zur Überwindung von Ideen, über die man nur durch ein größeres und besseres Ja, nicht durch Negationen und Halbherzigkeiten hinauskommt. Tatsächlich werden sich Technik und Wissenschaft mit einer immanenten Notwendigkeit auch in Zukunft fortentwickeln, und ebenso ist ihre Weitergabe logische Folge ihrer Universalität. Sie kann nicht durch den romantischen Traum verbleibender vortechnischer Paradiese begrenzt werden, mit dem man anderen verweigern will, was man selbst nicht missen möchte. Bessere Mittel müssen gefunden werden, ihre Schäden zu begrenzen. Das Weitergehen der technischen Entwicklung wird aber auch dafür sorgen, dass der Fortschrittsglaube nicht ausstirbt und damit in wechselnden Formen auch der politische Messianismus lebendig bleibt: Irgendwann und irgendwie müsse es doch gelingen, endlich einmal die bessere Welt und den neuen Menschen zu schaffen – wer wagt sich eigentlich diesem Traum zu entziehen, der inzwischen zur eigentlichen Menschheitshoffnung und -tröstung geworden ist? Wer dies tut, würde heute ungefähr so angesehen wie ehedem der Atheist – als Leugner dessen, was überhaupt die Welt im Gange hält. Beides zusammen aber, der technische Fortschritt und der Glaube, von ihm her lasse sich die neue Welt konstruieren, zieht ganz logisch die Meinung nach sich, man müsse Gott aus dem Geschichtshandeln herauslassen und die Vorstellung darüber, ob es ihn gebe und wer er sei, ganz in den Bereich des Privaten und damit Beliebigen abschieben. In diesem Sinn wird der Bereich der Religion zum eigentlichen Ort der Toleranz: Heilig muss ihr vor allem sein, dass sie aus diesem Toleranzbereich des bloß Privaten nicht heraustritt und nicht Öffentlichkeitsrechte in Anspruch nimmt. Das alles aber bedeutet, dass Europa Mechanik ohne Ethos und letztlich gegen das Ethos exportiert; dass mit der Übermacht der technischen Fortschrittsideologie jene großen sittlichen Traditionen zerstört werden, auf denen die alten Gesellschaften beruhten, während die dunklen Praktiken des Zaubers und der Magie fortbestehen oder sogar verstärkten Einfluss gewinnen. Es bedeutet weiterhin, dass der Geist des Habens, des Machens und der Flucht ins Morgen mit seiner leeren Verheißung weltweit werden. Es bedeutet eine Einheit der Menschheit, die zugleich ihre wahrhaft vereinigenden Kräfte und ihre großen gemeinsamen sittlichen Grundüberzeugungen zum Erlöschen bringt. Robert Spaemann hat die Frage präzis formuliert, um die es hier geht: »Kann Europa es … verantworten, durch die Universalisierung wissenschaftlicher Vergegenständlichung der Welt und zweckrationaler Organisation des Lebens alle traditionellen Kulturen zu zerstören, dasjenige aber für sich zu behalten, was allein diese Zerstörung … kompensieren kann: den Gedanken des Unbedingten. Dieser Gedanke ist in seinem Kern und Ursprung der Gottesgedanke.«[2]

Tatsächlich werden die Folgen der Zerstörung ethischer Grundlagen heute dramatisch sichtbar in der epidemischen Ausbreitung einer Zivilisation des Todes. Die Droge ist der Versuch, die künftig erst zu bauende Welt heute schon zu antizipieren. Dies ist ganz logisch, denn keiner der Bauleute wird diese Welt erleben. So muss er sie sich vorweg auf andere Weise erschließen. Die Länder, die von der Erzeugung der Droge leben, sind jenen, die sie verbrauchen, in einer Straße des Todes verbunden, die immer breiter wird und sich immer weniger zu verstecken braucht. Terrorismus bedarf heute keiner ideologischen Beschönigung mehr; er zeigt sich nackt als die Selbstverständlichkeit der Gewalt, die sich durch ihre Erfolge rechtfertigt. Räuberbanden fordern den Staat heraus und können sich als eine Art Gegenstaat etablieren. Im übrigen haben wir in unserem Jahrhundert auch schon den nächsten Schritt erlebt: Staaten, die in die Hände von Räuberbanden gefallen sind – besonders augenfällig im Reiche Hitlers, aber unbestreitbar auch dort, wo ein Archipel Gulag Ausdruck staatlicher Unterdrückungsmacht wurde.

Diagnose von den geschichtlichen Wurzeln her

a) Was unterscheidet den Staat von der gut geführten Räuberbande?

Was falscher Eurozentrismus ist, liegt damit offen zutage. Aber wie kann er überwunden werden? Und was kann, was soll Europa wirklich sein und geben? Der Weg zu dieser Überlegung öffnet sich, wenn wir das Stichwort »Staat als Räuberbande« etwas näher untersuchen und uns mühen, den genauen Unterschied zwischen einer gut organisierten Gesellschaft von Räubern und einem wirklichen Staat zu erfassen. Das Wort, dass Staaten ohne Gerechtigkeit nichts seien als ins Unabsehbare gewachsene Räuberbanden, hat zuerst Seneca geprägt, der vom Erzieher Neros zum Märtyrer seiner Tyrannei wurde.[3] Es kehrt wieder bei Tacitus und erneut im Munde jenes stoischen Märtyrers, der dem Kaiser Commodus auf die Frage, warum er ihm die Anerkennung seiner kaiserlichen Göttlichkeit versage, die er doch seinem Vater Marc Aurel zugestand, antwortete: »Das kam wohl deinem Vater … zu, der ein Weiser und Vollkommener war, aber nicht dir, dem Tyrannen und Räuberhauptmann.«[4]

Seine konkrete Prägung hat das Wort also durch die praktische Erfahrung von Herrschern erhalten, die in Wirklichkeit Räuber waren. Aber seine philosophischen Voraussetzungen liegen tiefer. Sie zu betrachten führt uns in den Kern griechischer und römischer Staatsphilosophie, in der die geistigen Wurzeln Europas liegen: die Maßstäbe des Guten und die Drohung seines Verderbs. Als älteste Wurzel lässt sich eine Drei-Reiche-Lehre noch vorsokratischer Herkunft ausmachen, wo die Völker nach ihren Anlagen und ihren geographischen Zonen gegliedert wurden. Die Völker im Norden seien gekennzeichnet durch kriegerische Wildheit, aber auch individualistische Unbändigkeit, so dass es dort nicht zu geregeltem Gemeinschaftsleben und zur Bildung wirklicher Staaten komme. Bei den Völkern des Ostens und Südens herrsche Genusssucht, Servilität und politische Indolenz, so dass sie sich trotz Wissenschaft, Kunstgeschick, gewerblichem Fleiß und kaufmännischer Geschicklichkeit leicht von Despoten unterjochen ließen. In der gemäßigten Zone endlich – in Hellas – finde sich das rechte Gleichgewicht zwischen kriegerischem Mut und friedlichen Begabungen, so dass hier die wahre Polis verwirklicht werde, »in der die staatliche Ordnung nicht die individuelle Freiheit erdrückt und die zügellose Unabhängigkeit nicht das Staatsgebilde sprengt«.[5]

Es war die große Leistung Platons, dass er dieses Drei-Staaten-Schema aus der geographischen Einteilung herausnahm und es stattdessen mit den drei Grundweisen menschlicher Existenz verknüpfte, Politik also an Anthropologie band. Er spricht von drei Seelenteilen im Menschen, aber wir können stattdessen auch einfach von drei Grundweisen der Integration oder Desintegration des Menschen reden. Die Gestalt des Staates wird davon abhängen, welche dieser drei anthropologischen Grundformen die Oberhand gewinnt. Es gibt die Herrschaft des Niedrigsten im Menschen – die Herrschaft der Gier, der Gier nach Habe, nach Macht, nach Lust. Verstand und Herz werden instrumentalisiert für das Niedrige; der Mensch sieht im anderen nur noch den Konkurrenten oder das Instrument für die Ausweitung seines eigenen Ich. Markt und Meinung regieren über den Menschen und werden zur Karikatur der Freiheit. Über der Gier steht in Platons anthropologischer Formel der bloße Wille, die Kühnheit des Wagens und Unternehmens, die aber blind bleibt. Die wahre Instanz der Integration des Menschen ist für Platon der »Nous«, was wir sehr unzulänglich mit Vernunft oder Verstand übersetzen. Gemeint ist die Fähigkeit, die eigentlichen Maße des Seins selbst wahrzunehmen, das Organ für das Göttliche.[6] Nur von diesem Ausgriff des Menschen über sich hinaus erfolgt die Integration des einzelnen in sich selbst und mit sich wie die Integration der Gemeinschaft. Nicht das Interesse, sondern nur die Wahrheit kann die Menschen gültig verbinden und so Freiheit und Recht in ihrer inneren Einheit zur Geltung bringen.[7]

An dieser Stelle lässt sich nun ziemlich genau beantworten, was den Unterschied zwischen einer Großgruppe von Räubern und einem wirklichen Staat ausmacht: Bloß pragmatische und daher notwendig parteiliche, gruppenbestimmte Maßstäbe sind ihrem Wesen nach das Konstitutiv geordneter Räubergemeinschaften. Etwas anderes als sie, das heißt als die sich allein nach ihren Zwecken regelnde Großgruppe, besteht nur, wenn eine Gerechtigkeit ins Spiel kommt, die sich nicht am Gruppeninteresse misst, sondern an einem universalen Maß. Erst das nennen wir »Gerechtigkeit«, die den Staat konstituiert. Sie schließt Schöpfer und Schöpfung als ihre Orientierungspunkte ein. Das bedeutet, dass ein grundsätzlich Gott gegenüber agnostischer Staat, der Recht nur noch auf Mehrheitsmeinungen aufbaut, von innen her zur Räubergruppe absinkt. Darin muss man Augustins abschließender Interpretation der platonischen Tradition einfach recht geben: Wo Gott ausgeschlossen wird, ist das Prinzip Räuberbande – in unterschiedlich krassen oder gemilderten Formen – gegeben. Das beginnt sichtbar zu werden dort, wo das geordnete Umbringen unschuldiger Menschen – Ungeborener – mit dem Schein des Rechtes umkleidet wird, weil es die Deckung des Interesses einer Mehrheit hinter sich hat.[8]

b) Fortschritt und Rückschritt

Wir müssen noch einmal kurz zu Platon und zur antiken Staatsphilosophie zurückkehren. Platon hatte, wie wir sahen, das Drei-Reiche-Schema in ein anthropologisches Schema umgewandelt, aber es zugleich als zyklisches Geschichtsschema gedacht: Für ihn ist dies die Formel geschichtlicher Dekadenz. Die Staaten steigen einer inneren Gesetzlichkeit des Lebens entsprechend von der ersten zur zweiten, dann zur dritten Stufe ab. Trotzdem ist Platon kein Pessimist: Es handelt sich für ihn nicht um einen linearen Verlauf der Geschichte, sondern um einen stets neu sich wiederholenden Prozess. Nach jedem Absturz beginnt die Geschichte mit anderen Subjekten von vorn. Sie hat keine endgültige Richtung; sie ist ein Zyklus von Wiederholungen. Jedem Aufstieg folgt Abstieg und umgekehrt; kein politisches Gebilde wird ewig bestehen, und keines ist die Endstation der Geschichte. Ursprünglich war dies auch die Meinung der Römer, die in der republikanischen Zeit noch keineswegs mit der Ewigkeit Roms rechneten. Sallust formuliert ausdrücklich, alles Gewordene gehe auch wieder unter.[9]

Die Philosophie der römischen Kaiserzeit sieht es anders: Sie greift biblische Gedanken auf; erweitert das Drei-Reiche-Schema zur Idee von vier Reichen, deren letztes – Rom – unvergänglich und die eigentliche Erfüllung menschlicher Gemeinschaftsbildung sei. Das zyklische Schema ist abgelöst durch das lineare, das keine Abstiege mehr kennt, sondern Geschichte als Fortschritt konstruiert, der in Rom sein Ziel erreicht habe. Der Fortschrittsglaube war gewonnen, der freilich auf den Widerspruch derer stieß, die unter der römischen Herrschaft zu leiden hatten und sie daher nicht als den Zielpunkt der Geschichte anerkennen konnten.[10]

Es wäre reizvoll, die Synthese zu bedenken, in der Augustinus nach der Plünderung Roms durch die Westgoten im Jahre 410 unter den drohenden Zeichen kommenden Untergangs platonische und römische Tradition von der neuen Vorgabe des christlichen Glaubens her verschmolz. In der Verbindung von zyklischer und linearer, von aufsteigender und absteigender Geschichtsbetrachtung hat er deren Einseitigkeiten korrigiert und so die geistigen Grundlagen geschaffen, aus denen Europa sich bilden konnte. Gewiss, auch sein Werk ist nicht frei von Einseitigkeiten; es bot zu Missverständnissen Anlass, die auf Abwege führten. Aber in seinem wesentlichen Kern hat es sich als stark genug erwiesen, um positiv Geschichte neu nach dem Zusammenbruch des Römischen Reichs zu bauen. Seine Ansätze waren so offen und weit, dass sie Entwicklung und Vertiefung gestatteten, zugleich aber so groß und so rein, dass man auf dem rechten Weg bleibt, wenn man ihrer Richtung folgt. Aber wir können hier nicht in historische Untersuchungen eintreten. So möchte ich statt dessen zum

Abschluss einige Thesen formulieren, in denen die Scheidelinie zwischen Wesen und Unwesen Europas, zwischen seiner Verheißung und seiner Gefährdung sichtbar werden soll.

Konsequenzen für den künftigen Weg

a) Absage an den Fortschrittsglauben

Eine erste These muss sich gegen den Mythos des Fortschritts wenden, der die Kräfte des Heute an ein imaginäres Morgen verschwendet und damit weder dem einen noch dem anderen dient. Augustinus hat sich unter Schmerzen dazu bekannt, dass keinem politischen Gebilde Ewigkeit verheißen ist und dass daher auch das Römische Reich trotz seiner positiven Leistung, trotz seiner Macht und auch trotz seines Rechts untergehen könne. Auch heute gilt, dass keine politische und kulturelle Gestalt Ewigkeit in Anspruch nehmen kann. Auch Europa, auch die europäische Kultur kann untergehen. Das bedeutet nicht Resignation, sondern Nüchternheit. Denn das Wesentliche an dieser Aussage ist nicht die Feststellung eines möglichen Endes, sondern die Einsicht, dass niemand die endgültige, vollkommene Gestalt der Menschheit konstruieren kann. Die Zukunft bleibt immer offen, weil menschliches Zusammenleben immer unter dem Zeichen menschlicher Freiheit steht und daher immer auch in der Möglichkeit des Versagens. Das aber bedeutet: Das Feld des politischen Handelns ist nicht die Zukunft, sondern die Gegenwart. Der Politiker ist nicht der Arrangeur einer irgendwann kommenden besseren Welt, sondern er trägt Verantwortung dafür, dass die Welt heute gut sei, damit sie auch morgen gut sein könne. Die angebliche bessere Welt von morgen ist eine Fata Morgana, die dem Heute seine Kraft und seine Würde nimmt, dem Morgen aber dabei nicht dient. Denn die Vorstellung, man könne durch das Eingehen auf die Gesetze der Geschichte endlich doch als Produkt aller Wege und Umwege so etwas wie das irdische Paradies konstruieren, ist freiheitsfeindlich und darum unmenschlich. Sie setzt voraus, dass die Geschichte einmal nicht mehr auf Freiheit, sondern auf definitiven Strukturen beruhen wird. Die doppelte Paradoxie dieser Erwartung besteht darin, dass man den Menschen nicht zur Freiheit, sondern von seiner Freiheit befreien will; dass man absolute Maßstäbe – Gott – ausschalten und gerade so das Absolute – die endgültige Gesellschaft – erreichen möchte. Hölderlin hat mit Recht über derartige Bemühungen gesagt: »Immerhin hat das den Staat zur Hölle gemacht, dass ihn der Mensch zu seinem Himmel machen wollte.«[11] Wie wahr das ist, wissen wir heute mehr, als man es damals sehen konnte. Vom Mythos innerweltlicher Eschatologien müssen wir Abschied zu nehmen lernen. Wir dienen dem Morgen dann am besten, wenn wir im Heute gut sind und wenn wir es gestalten in der Verantwortung vor dem, was heute und morgen das Gute *ist*.

b) Die Überordnung der Ethik über die Politik

Damit sind wir bereits bei einer zweiten These angelangt. Politisches Handeln im Zeichen des Fortschrittsmythos, so haben wir gesehen, verkennt die in jeder Generation neu zur Entscheidung aufgerufene Freiheit des Menschen und ersetzt sie durch vermeintliche Naturgesetze der Geschichte. Dieses freiheitswidrige Wesen seines Ansatzes bedeutet zugleich seinen antimoralischen Charakter. Moral wird durch Mechanik ersetzt. Damit aber ist die eigentliche Grundlage menschenwürdiger Politik verneint. Denn diese Grundlage ist die Gerechtigkeit, und zwar eine nicht von der Gruppe allein, sondern von universalen moralischen Maßstäben bestimmte Ordnung des Rechts. Helmut Kuhn hat dazu treffend bemerkt: »Der Aufbau des politischen Machtgebildes muss Hand in Hand gehen mit dem inneren Aufbau, will sagen der Erziehung – nicht etwa der Erziehung für den Staat (damit wäre die Ordnung von Grundlage und Grundgelegtem vertauscht), sondern der Erziehung zum Menschen, der als solcher auch Staatsbürger ist.«[12] Ohne die ständige Mühe um den moralischen

Konsens in den großen Grundfragen des menschlichen Ethos gibt es keine öffentliche Macht des Moralischen und ohne diese kein gelingendes Miteinandersein der Menschen. Noch einmal hat Helmut Kuhn hier das Wesentliche präzis formuliert: »Mit dem Triumph des Hegelianismus in Deutschland, der den Nationalsozialismus in seinem Wachstum begünstigt und dann überlebt hat, ist an die Stelle der Ethik die Geschichtsphilosophie getreten, und das Gute ist mit dem Zeitgemäßen gleichgesetzt worden. In einem durch diese Substitution bestimmten denkerischen Klima muss die Überordnung der Ethik im Verhältnis zur Politik als eine moralistische Vergewaltigung des Wirklichen erscheinen, und auch das Beispiel einer vollendet de-humanisierten Politik hat nicht genügt, diesen Irrtum zu berichtigen.«[13]

Hier geht es um eine sehr subtile Balance. Der Staat ist nicht das Reich Gottes, so sagten wir; er kann auch nicht selbst Moral hervorbringen. Er bleibt gerade dann ein guter Staat, wenn er diese seine Grenzen einhält. Aber zugleich gilt, dass er von einer transpolitischen Grundlage lebt und dass er nur gut bleiben kann, wenn die Grundlagen in Kräften sind, die er nicht selbst hervorbringt. Der Staat darf – mit anderen Worten – sich nicht selbst zur Religion machen; er muss profan bleiben und sich von der Religion als solcher unterscheiden. Aber er darf auch nicht in den puren Pragmatismus des Machbaren abgleiten, sondern muss um den Bestand sittlicher Überzeugungen ringen, denn nur durch Überzeugung kann Ethos Macht sein und so dem Staat den Weg vorgeben.[14] Bevor wir in einer dritten These die abschließende Konsequenz aus diesen Überlegungen ziehen, muss deren Inhalt noch etwas konkretisiert werden. »Gerechtigkeit« ist das Unterscheidungsmerkmal zwischen Staat und Räuberbande, hatten wir früher gesagt. Auch die Räuberbande pflegt nun freilich ihre gruppenbezogene Gerechtigkeit. Gerechtigkeit, die mehr ist als Regulierung von Gruppeninteressen, muss daher einem universalen Maßstab unterstehen. Praktisch bedeutet das für jeden einzelnen Staat heute, dass er sein nationales Gemeinwohl demjenigen der Menschheit unterordnen muss. Kein Staat kann mehr nur Gerechtigkeit intern und für sich allein wollen; nur in der Einordnung ins Ganze der Menschheit sorgt er richtig auch für das Gut der Seinigen. Rechte europäische Universalität muss in dieser Selbstüberschreitung und Selbstüberwindung der einzelnen Staaten bestehen. Wir müssen heute wieder erreichen, was der Grieche Aelius Aristides im 2. Jahrhundert nach Christus in seiner Lobrede auf Rom sagte: »Alles ist für alle da. Niemand ist irgendwo ein Fremder …«[15]

c) Die Unverzichtbarkeit des Gottesgedankens für die Ethik

Den letzten Schritt unserer Überlegungen eröffnet eine Frage: Was aber ist nun gut für alle? Der bloße Begriff des universalen Gemeinwohls genügt nicht; er verlangt nach einem Maßstab. Die Idee des weltweiten Gemeinwohls wird erst dann zur sittlichen Idee und damit menschenwürdig, wenn wir die sokratische Unterscheidung zwischen dem Guten und den Gütern neu erlernen. Noch einmal finden wir uns auf das Ethos als Grundlage alles Wohlseins verwiesen. Das Gute hinter und über den Gütern ist in der europäischen Tradition auf einer Grundlage formuliert worden, die Europa sich nicht selbst gegeben, sondern aus höherer Überlieferung empfangen hat: in den Zehn Geboten, in denen im übrigen Israel und die Christenheit mit den ältesten und reinsten Traditionen der ganzen Menschheit kommunizieren. In ihnen ist auch der wesentliche Kern dessen grundgelegt, was die frühe Neuzeit unter dem Begriff der Menschenrechte formuliert hat; sie sind ihrerseits die Grundlage der Unterscheidung des sich selbst begrenzenden vom totalitären Staat geworden. Der Religionsphilosoph Georg Picht hat gezeigt, dass die Lehre von den Menschenrechten sich auf die Überzeugung von der Gottebenbildlichkeit des Menschen stützt und so die europäische Metaphysik impliziert. Er hält aus diesem Grund auch die Menschenrechte für relativ, für eine vorübergehende europäische Erscheinung, die nicht Grundlage universaler Ordnung sein könne. Dem hat Robert Spaemann entgegengehalten: »Die Menschenwürde ist dem, der unter ihrer Erniedrigung leidet, ein evidentes Postulat. Und so muss er jede theoretische Überzeugung für falsch halten, die dieses Postulat desavouieren würde.«[16] Das Leiden der Unterdrückten wird hier der hermeneutische Ort, an dem Erkenntnis der Wahrheit aufgeht. Die Konsequenz, die der Münchener Philosoph aus diesen Einsichten zieht, scheint mir unausweichlich: »Wenn Europa nicht seinen Glauben exportiert, den Glauben, dass – um mit Nietzsche zu reden – ›Gott die Wahrheit, dass die Wahrheit göttlich ist‹, dann exportiert es unvermeidlich seinen Unglauben, das heißt die Überzeugung, dass es keine Wahrheit, kein Recht, dass es das Gute nicht gibt ... Ohne den Gedanken des Unbedingten ist Europa nur noch ein geographischer Begriff. Im übrigen ein Name für den Ursprungsort der Abschaffung des Menschen.«[17] Europa – so möchte ich hinzufügen, wird nicht aufhören können und auch nicht aufhören dürfen, seine Technik und seine Rationalität zu exportieren. Wenn es aber nur dies tut, zerstört es die großen religiösen und sittlichen Traditionen der Menschheit, zerstört es die Grundlagen des Menschseins und unterwirft die anderen einer Gesetzlichkeit, die es auch selbst zerstören wird. Das wäre Eurozentrismus im negativen Sinn. Es muss mit seiner Rationalität auch deren inneren Ursprung und deren sinngebenden Grund weiterreichen – die Erkenntnis des Logos als Grund aller Dinge, den Blick auf die Wahrheit, die auch Maßstab des Guten ist. Dann führt es die großen Traditionen der Menschheit zusammen in einem Geben und Empfangen, in dem allen alles gehört und keiner dem anderen ein Fremder ist.

1 A. v. Harnack, Das Wesen des Christentums. 1900, Jubiläumsausgabe (Stuttgart 1950) 113–117.

2 R. Spaemann, Universalismus oder Eurozentrismus?, in: K. Michalski (Hg.), Europa und die Folgen (Stuttgart 1988) 313–322, Zitat 320f.

3 E. von Ivánka, Rhomäerreich und Gottesvolk (Freiburg 1968) 17.
4 Ebd. 17f.
5 E. von Ivánka, a.a.O. 35–42, Zitat 37.
6 Ebd. 38.
7 In diesem Zusammenhang möchte ich auf das bedeutende Werk des tschechischen Philosophen J. Patocka, Platon et l'Europe, Paris 1983, verweisen, das – mitten in der Bedrängnis der kommunistischen Diktatur geschrieben – ganz bewusst auf Platon zurückgreift und ihn von seinem Grundanliegen der »Sorge um die Seele« her als Vater Europas – dessen, was Europa sein soll – interpretiert. Patocka findet bei Platon drei Ebenen, auf denen sich die »Sorge um die Seele« vollzieht: zuerst das Heraustreten aus dem Intimismus und der Verschlossenheit des Bewusstseins, das Sich-Einordnen in die Wirklichkeit, wie es die platonische Metaphysik vollzieht; dann die ethisch-politische und schließlich als Drittes die ethisch-religiöse Ebene. Vgl. auch A. Rigobello, Platone »padre« dell'idea d'Europa, in: Osserv. Rom., 27.4. (1990) 3.
8 Augustinus, De civitate Dei IV 4 C Chr XLVII 101; dazu J. Ratzinger, Die Einheit der Nationen (Salzburg 1971) 71–103.
9 E. von Ivánka, a.a.O. 40ff.; zu Sallust 45 Anm. 84.
10 Ebd. 39f., vgl. zum Ganzen auch A.A.I. Ehrhardt, Politische Metaphysik von Solon bis Augustin. I. Die Gottesstadt der Griechen und Römer. II. Die christliche Revolution (Tübingen 1959). III. Civitas Dei (ebd. 1969).
11 Vgl. H. Kuhn, Der Staat (München 1967) 38.
12 Ebd. 85.
13 H. Kuhn, a.a.O. 29.
14 Vgl. zu den hier angesprochenen Fragen die wichtige Studie von H. Schambeck, Ethik und Staat (Berlin 1986).
15 Vgl. E. von Ivánka, a.a.O. 35.
16 R. Spaemann, a.a.O. (s.o. Anm. 2) 321f.
17 Ebd. 322.

III.
Vernunft, Wissenschaft und Technik

Vollständige Vernunft und verengte säkularisierte Vernunft

13. Glaube, Vernunft und Universität. Erinnerungen und Reflexionen.

Die »Regensburger Vorlesung« vom 12. September 2006

Eminenzen, Magnifizenzen, Exzellenzen, verehrte Damen und Herren!

Es ist für mich ein bewegender Augenblick, noch einmal in der Universität zu sein und noch einmal eine Vorlesung halten zu dürfen. Meine Gedanken gehen dabei zurück in die Jahre, in denen ich an der Universität Bonn nach einer schönen Periode an der Freisinger Hochschule meine Tätigkeit als akademischer Lehrer aufgenommen habe. Es war – 1959 – noch die Zeit der alten Ordinarien-Universität. Für die einzelnen Lehrstühle gab es weder Assistenten noch Schreibkräfte, dafür aber gab es eine sehr unmittelbare Begegnung mit den Studenten und vor allem auch der Professoren untereinander. In den Dozentenräumen traf man sich vor und nach den Vorlesungen. Die Kontakte mit den Historikern, den Philosophen, den Philologen und natürlich auch zwischen beiden Theologischen Fakultäten waren sehr lebendig. Es gab jedes Semester einen sogenannten *Dies academicus,* an dem sich Professoren aller Fakultäten den Studenten der gesamten Universität vorstellten und so ein Erleben von *Universitas* möglich wurde – auf das Sie, Magnifizenz, auch gerade hingewiesen haben –, die Erfahrung nämlich, dass wir in allen Spezialisierungen, die uns manchmal sprachlos füreinander machen, doch ein Ganzes bilden und im Ganzen der einen Vernunft mit all ihren Dimensionen arbeiten und so auch in einer gemeinschaftlichen Verantwortung für den rechten Gebrauch der Vernunft stehen – das wurde erlebbar. Die Universität war auch durchaus stolz auf ihre beiden Theologischen Fakultäten. Es war klar, dass auch sie, indem sie nach der Vernunft des Glaubens fragen, eine Arbeit tun, die notwendig zum Ganzen der *Universitas scientiarum* gehört, auch wenn nicht alle den Glauben teilen konnten, um dessen Zuordnung zur gemeinsamen Vernunft sich die Theologen mühen. Dieser innere Zusammenhalt im Kosmos der Vernunft wurde auch nicht gestört, als einmal verlautete, einer der Kollegen habe geäußert, an unserer Universität gebe es etwas Merkwürdiges: zwei Fakultäten, die sich mit etwas befassten, was es gar nicht gebe – mit Gott. Dass es auch solch radikaler Skepsis gegenüber notwendig und vernünftig bleibt, mit der Vernunft nach Gott zu fragen und es im Zusammenhang der Überlieferung des christlichen Glaubens zu tun, war im Ganzen der Universität unbestritten.

All dies ist mir wieder in den Sinn gekommen, als ich kürzlich den von Professor Theodore Khoury (Münster) herausgegebenen Teil des Dialogs las, den der gelehrte byzantinische Kaiser Manuel II. Palaeologos wohl 1391 im Winterlager zu Ankara mit einem gebildeten Perser über Christentum und Islam und beider Wahrheit führte.[1] Der Kaiser hat vermutlich während der Belagerung von Konstantinopel zwischen 1394 und 1402 den Dialog aufgezeichnet; so versteht man auch, dass seine eigenen Ausführungen sehr viel ausführlicher wiedergegeben sind, als die seines persischen Gesprächspartners.[2] Der Dialog erstreckt sich über den ganzen Bereich des von Bibel und Koran umschriebenen Glaubensgefüges und kreist besonders um das Gottes- und das Menschenbild, aber auch immer wieder notwendigerweise um das Verhältnis der, wie man sagte, »drei Gesetze« oder »drei Lebensordnungen«: Altes Testament – Neues Testament – Koran. Jetzt, in dieser Vorlesung, möchte ich darüber nicht handeln, nur einen – im Aufbau des ganzen Dialogs eher marginalen – Punkt berühren, der mich im Zusammenhang des Themas Glaube und Vernunft fasziniert hat und der mir als Ausgangspunkt für meine Überlegungen zu diesem Thema dient.

In der von Professor Khoury herausgegebenen siebten Gesprächsrunde (διάλεξις – Kontroverse) kommt der Kaiser auf das Thema des *Djihād*, des heiligen Krieges, zu sprechen. Der Kaiser wusste sicher, dass in Sure 2,256 steht: Kein Zwang in Glaubenssachen – es ist wohl eine der frühen *Suren* aus der Zeit, wie uns ein Teil der Kenner sagt, in der Mohammed selbst noch machtlos und bedroht war. Aber der Kaiser kannte natürlich auch die im Koran niedergelegten – später entstandenen – Bestimmungen über den heiligen Krieg. Ohne sich auf Einzelheiten wie die unterschiedliche Behandlung von »Schriftbesitzern« und »Ungläubigen« einzulassen, wendet er sich in erstaunlich schroffer, für uns unannehmbar schroffer Form ganz einfach mit der zentralen Frage nach dem Verhältnis von Religion und Gewalt überhaupt an seinen Gesprächspartner. Er sagt: »Zeig mir doch, was Mohammed Neues gebracht hat, und da wirst du nur Schlechtes und Inhumanes finden wie dies, dass er vorgeschrieben hat, den Glauben, den er predigte, durch das Schwert zu verbreiten.«[3] Der Kaiser begründet, nachdem er so zugeschlagen hat, dann eingehend, warum Glaubensverbreitung durch Gewalt widersinnig ist. Sie steht im Widerspruch zum Wesen Gottes und zum Wesen der Seele. »Gott hat kein Gefallen am Blut«, sagt er, »und nicht vernunftgemäß, nicht ›σὺν λόγω‹ zu handeln, ist dem Wesen Gottes zuwider. Der Glaube ist Frucht der Seele, nicht des Körpers. Wer also jemanden zum Glauben führen will, braucht die Fähigkeit zur guten Rede und ein rechtes Denken, nicht aber Gewalt und Drohung … Um eine vernünftige Seele zu überzeugen, braucht man nicht seinen Arm, nicht Schlagwerkzeuge noch sonst eines der Mittel, durch die man jemanden mit dem Tod bedrohen kann …«[4]

Der entscheidende Satz in dieser Argumentation gegen Bekehrung durch Gewalt lautet: Nicht vernunftgemäß handeln ist dem Wesen Gottes zuwider.[5] Der Herausgeber, Theodore Khoury, kommentiert dazu: Für den Kaiser als einen in griechischer Philosophie aufgewachsenen Byzantiner ist dieser Satz evident. Für die moslemische Lehre hingegen ist Gott absolut transzendent. Sein Wille ist an keine unserer Kategorien gebunden, und sei es die der Vernünftigkeit.[6] Khoury zitiert dazu eine Arbeit des bekannten französischen Islamologen R. Arnaldez, der darauf hinweist, dass Ibn Hazm so weit gehe zu erklären, dass Gott auch nicht durch sein eigenes Wort gehalten sei und dass nichts ihn dazu verpflichte, uns die Wahrheit zu offenbaren. Wenn er es wollte, müsse der Mensch auch Götzendienst treiben.[7]

An dieser Stelle tut sich ein Scheideweg im Verständnis Gottes und so in der konkreten Verwirklichung von Religion auf, der uns heute ganz unmittelbar herausfordert. Ist es nur griechisch zu glauben, dass vernunftwidrig zu handeln dem Wesen Gottes zuwider ist, oder gilt das immer und in sich selbst? Ich denke, dass an dieser Stelle der tiefe Einklang zwischen dem, was im besten Sinn griechisch ist, und dem auf der Bibel gründenden Gottesglauben sichtbar wird. Den ersten Vers der Genesis, den ersten Vers der Heiligen Schrift überhaupt abwandelnd, hat Johannes den Prolog seines Evangeliums mit dem Wort eröffnet: Im Anfang war der Logos. Dies ist genau das Wort, das der Kaiser gebraucht: Gott handelt »σὺν λόγω«, mit Logos. Logos ist Vernunft und Wort zugleich – eine Vernunft, die schöpferisch ist und sich mitteilen kann, aber eben als Vernunft. Johannes hat uns damit das abschließende Wort des biblischen Gottesbegriffs geschenkt, in dem alle die oft mühsamen und verschlungenen Wege des biblischen Glaubens an ihr Ziel kommen und ihre Synthese finden. Im Anfang war der Logos, und der Logos ist Gott, so sagt uns der Evangelist. Das Zusammentreffen der biblischen Botschaft und des griechischen Denkens war kein Zufall. Die Vision des heiligen Paulus, dem sich die Wege in Asien verschlossen und der nächtens in einem Gesicht einen Mazedonier sah und ihn rufen hörte:

Komm herüber und hilf uns (Apg 16,6–10) – diese Vision darf als Verdichtung des von innen her nötigen Aufeinanderzugehens zwischen biblischem Glauben und griechischem Fragen gedeutet werden.

Dabei war dieses Zugehen längst im Gang. Schon der geheimnisvolle Gottesname vom brennenden Dornbusch, der diesen Gott aus den Göttern mit den vielen Namen herausnimmt und von ihm einfach das »Ich bin«, das Dasein, aussagt, ist eine Bestreitung des Mythos, zu der der sokratische Versuch, den Mythos zu überwinden und zu übersteigen, in einer inneren Analogie steht.[8] Der am Dornbusch begonnene Prozess kommt im Innern des Alten Testaments zu einer neuen Reife während des Exils, wo nun der landlos und kultlos gewordene Gott Israels sich als den Gott des Himmels und der Erde verkündet und sich mit einer einfachen, das Dornbusch-Wort weiterführenden Formel vorstellt: »Ich bin's.« Mit diesem neuen Erkennen Gottes geht eine Art von Aufklärung Hand in Hand, die sich im Spott über die Götter drastisch ausdrückt, die nur Machwerke der Menschen seien (vgl. Ps 115). So geht der biblische Glaube in der hellenistischen Epoche bei aller Schärfe des Gegensatzes zu den hellenistischen Herrschern, die die Angleichung an die griechische Lebensweise und ihren Götterkult erzwingen wollten, dem Besten des griechischen Denkens von innen her entgegen zu einer gegenseitigen Berührung, wie sie sich dann besonders in der späten Weisheits-Literatur vollzogen hat. Heute wissen wir, dass die in Alexandrien entstandene griechische Übersetzung des Alten Testaments – die Septuaginta – mehr als eine bloße (vielleicht sogar wenig positiv zu beurteilende) Übersetzung des hebräischen Textes, nämlich ein selbständiger Textzeuge und ein eigener wichtiger Schritt der Offenbarungsgeschichte ist, in dem sich diese Begegnung auf eine Weise realisiert hat, die für die Entstehung des Christentums und seine Verbreitung entscheidende Bedeutung gewann.[9] Zutiefst geht es dabei um die Begegnung zwischen Glaube und Vernunft, zwischen rechter Aufklärung und Religion. Manuel II. hat wirklich aus dem inneren Wesen des christlichen Glaubens heraus und zugleich aus dem Wesen des Griechischen, das sich mit dem Glauben verschmolzen hatte, sagen können: Nicht »mit dem Logos« handeln, ist dem Wesen Gottes zuwider.

Hier ist der Redlichkeit halber anzumerken, dass sich im Spätmittelalter Tendenzen der Theologie entwickelt haben, die diese Synthese von Griechischem und Christlichem aufsprengen. Gegenüber dem sogenannten augustinischen und thomistischen Intellektualismus beginnt bei Duns Scotus eine Position des Voluntarismus, die schließlich in den weiteren Entwicklungen dahin führte zu sagen, wir kennten von Gott nur seine *Voluntas ordinata.* Jenseits davon gebe es die Freiheit Gottes, kraft derer er auch das Gegenteil von allem, was er getan hat, hätte machen und tun können. Hier zeichnen sich Positionen ab, die denen von Ibn Hazm durchaus nahekommen können und auf das Bild eines Willkür-Gottes zulaufen könnten, der auch nicht an die Wahrheit und an das Gute gebunden ist. Die Transzendenz und die Andersheit Gottes werden so weit übersteigert, dass auch unsere Vernunft, unser Sinn für das Wahre und Gute kein wirklicher Spiegel Gottes mehr sind, dessen abgründige Möglichkeiten hinter seinen tatsächlichen Entscheiden für uns ewig unzugänglich und verborgen bleiben. Demgegenüber hat der kirchliche Glaube immer daran festgehalten, dass es zwischen Gott und uns, zwischen seinem ewigen Schöpfergeist und unserer geschaffenen Vernunft eine wirkliche Analogie gibt, in der zwar – wie das Vierte Laterankonzil 1215 sagt – die Unähnlichkeiten unendlich größer sind als die Ähnlichkeiten, aber eben doch die Analogie und ihre Sprache nicht aufgehoben werden. Gott wird nicht göttlicher dadurch, dass wir ihn in einen reinen und undurchschaubaren Voluntarismus entrücken, sondern der wahrhaft göttliche Gott ist der Gott, der sich als Logos gezeigt und als Logos liebend für uns gehandelt hat. Gewiss, die Liebe »übersteigt«, wie Paulus sagt, die Erkenntnis und vermag daher mehr wahrzunehmen als das bloße Denken (vgl. Eph 3,19), aber sie bleibt doch Liebe des Gottes-Logos, weshalb christlicher Gottesdienst, wie noch einmal Paulus sagt,

»λογικη λατρεία« ist – Gottesdienst, der im Einklang mit dem ewigen Wort und mit unserer Vernunft steht (vgl. Röm 12,1).[10]

Dieses hier angedeutete innere Zugehen aufeinander, das sich zwischen biblischem Glauben und griechischem philosophischem Fragen vollzogen hat, ist ein nicht nur religionsgeschichtlich, sondern weltgeschichtlich entscheidender Vorgang, der uns auch heute in die Pflicht nimmt. Wenn man diese Begegnung sieht, ist es nicht verwunderlich, dass das Christentum trotz seines Ursprungs und wichtiger Entfaltungen im Orient schließlich seine geschichtlich entscheidende Prägung in Europa gefunden hat. Wir können auch umgekehrt sagen: Diese Begegnung, zu der dann noch das Erbe Roms hinzutritt, hat Europa geschaffen und bleibt die Grundlage dessen, was man mit Recht Europa nennen kann.

Der These, dass das kritisch gereinigte griechische Erbe wesentlich zum christlichen Glauben gehört, steht die Forderung nach der Enthellenisierung des Christentums entgegen, die seit dem Beginn der Neuzeit wachsend das theologische Ringen beherrscht. Wenn man näher zusieht, kann man drei Wellen des Enthellenisierungsprogramms beobachten, die zwar miteinander verbunden, aber in ihren Begründungen und Zielen doch deutlich voneinander verschieden sind.[11]

Die Enthellenisierung erscheint zuerst mit den Anliegen der Reformation des 16. Jahrhunderts verknüpft. Die Reformatoren sahen sich angesichts der theologischen Schultradition einer ganz von der Philosophie her bestimmten Systematisierung des Glaubens gegenüber, sozusagen einer Fremdbestimmung des Glaubens durch ein nicht aus ihm kommendes Denken. Der Glaube erschien dabei nicht mehr als lebendiges geschichtliches Wort, sondern eingehaust in ein philosophisches System. Das *Sola Scriptura* sucht demgegenüber die reine Urgestalt des Glaubens, wie er im biblischen Wort ursprünglich da ist. Metaphysik erscheint als eine Vorgabe von anderswoher, von der man den Glauben befreien muss, damit er ganz wieder er selber sein könne. In einer für die Reformatoren nicht vorhersehbaren Radikalität hat

Kant mit seiner Aussage, er habe das Denken beiseiteschaffen müssen, um dem Glauben Platz zu machen, aus diesem Programm heraus gehandelt. Er hat dabei den Glauben ausschließlich in der praktischen Vernunft verankert und ihm den Zugang zum Ganzen der Wirklichkeit abgesprochen.

Die liberale Theologie des 19. und 20. Jahrhunderts brachte eine zweite Welle im Programm der Enthellenisierung mit sich, für die Adolf von Harnack als herausragender Repräsentant steht. In der Zeit, als ich studierte, wie in den frühen Jahren meines akademischen Wirkens war dieses Programm auch in der katholischen Theologie kräftig am Werk. Pascals Unterscheidung zwischen dem Gott der Philosophen und dem Gott Abrahams, Isaaks und Jakobs diente als Ausgangspunkt dafür. In meiner Bonner Antrittsvorlesung von 1959 habe ich mich damit auseinanderzusetzen versucht[12] und möchte dies alles hier nicht neu aufnehmen. Wohl aber möchte ich wenigstens in aller Kürze versuchen, das unterscheidend Neue dieser zweiten Enthellenisierungswelle gegenüber der ersten herauszustellen.

Als Kerngedanke erscheint bei Harnack die Rückkehr zum einfachen Menschen Jesus und zu seiner einfachen Botschaft, die allen Theologisierungen und eben auch Hellenisierungen voraus liege: Diese einfache Botschaft stelle die wirkliche Höhe der religiösen Entwicklung der Menschheit dar. Jesus habe den Kult zugunsten der Moral verabschiedet. Er wird im letzten als Vater einer menschenfreundlichen moralischen Botschaft dargestellt. Dabei geht es Harnack im Grunde darum, das Christentum wieder mit der modernen Vernunft in Einklang zu bringen, eben indem man es von scheinbar philosophischen und theologischen Elementen wie etwa dem Glauben an die Gottheit Christi und die Dreieinheit Gottes befreie. Insofern ordnet die historisch-kritische Auslegung des Neuen Testaments, wie er sie sah, die Theologie wieder neu in den Kosmos der Universität ein: Theologie ist für Harnack wesentlich historisch und so streng wissenschaftlich. Was sie auf dem Weg der Kritik über Jesus ermittelt, ist sozusagen Ausdruck der praktischen Vernunft und damit auch im

Ganzen der Universität vertretbar. Im Hintergrund steht die neuzeitliche Selbstbeschränkung der Vernunft, wie sie in Kants Kritiken klassischen Ausdruck gefunden hatte, inzwischen aber vom naturwissenschaftlichen Denken weiter radikalisiert wurde. Diese moderne Auffassung der Vernunft beruht auf einer durch den technischen Erfolg bestätigten Synthese zwischen Platonismus (Cartesianismus) und Empirismus, um es verkürzt zu sagen. Auf der einen Seite wird die mathematische Struktur der Materie, sozusagen ihre innere Rationalität, vorausgesetzt, die es möglich macht, sie in ihrer Wirkform zu verstehen und zu gebrauchen: Diese Grundvoraussetzung ist sozusagen das platonische Element im modernen Naturverständnis. Auf der anderen Seite geht es um die Funktionalisierbarkeit der Natur für unsere Zwecke, wobei die Möglichkeit der Verifizierung oder Falsifizierung im Experiment erst die entscheidende Gewissheit liefert. Das Gewicht zwischen den beiden Polen kann je nachdem mehr auf der einen oder der anderen Seite liegen. Ein so streng positivistischer Denker wie J. Monod hat sich als überzeugten Platoniker bezeichnet.

Dies bringt zwei für unsere Frage entscheidende Grundorientierungen mit sich. Nur die im Zusammenspiel von Mathematik und Empirie sich ergebende Form von Gewissheit gestattet es, von Wissenschaftlichkeit zu sprechen. Was Wissenschaft sein will, muss sich diesem Maßstab stellen. So versuchten dann auch die auf die menschlichen Dinge bezogenen Wissenschaften wie Geschichte, Psychologie, Soziologie, Philosophie sich diesem Kanon von Wissenschaftlichkeit anzunähern. Wichtig für unsere Überlegungen ist aber noch, dass die Methode als solche die Gottesfrage ausschließt und sie als unwissenschaftliche oder vorwissenschaftliche Frage erscheinen lässt. Damit aber stehen wir vor einer Verkürzung des Radius von Wissenschaft und Vernunft, die in Frage gestellt werden muss.

Darauf werde ich zurückkommen. Einstweilen bleibt festzustellen, dass bei einem von dieser Sichtweise her bestimmten Versuch, Theologie »wissenschaftlich« zu erhalten, vom Christentum nur ein armseliges Fragmentstück übrigbleibt. Aber wir müssen mehr sagen: Wenn dies allein die ganze Wissenschaft ist, dann wird der Mensch selbst dabei verkürzt. Denn die eigentlich menschlichen Fragen, die nach unserem Woher und Wohin, die Fragen der Religion und des Ethos können dann nicht im Raum der gemeinsamen, von der so verstandenen »Wissenschaft« umschriebenen Vernunft Platz finden und müssen ins Subjektive verlegt werden. Das Subjekt entscheidet mit seinen Erfahrungen, was ihm religiös tragbar erscheint, und das subjektive »Gewissen« wird zur letztlich einzigen ethischen Instanz. So aber verlieren Ethos und Religion ihre gemeinschaftsbildende Kraft und verfallen der Beliebigkeit. Dieser Zustand ist für die Menschheit gefährlich: Wir sehen es an den uns bedrohenden Pathologien der Religion und der Vernunft, die notwendig ausbrechen müssen, wo die Vernunft so verengt wird, dass ihr die Fragen der Religion und des Ethos nicht mehr zugehören. Was an ethischen Versuchen von den Regeln der Evolution oder von Psychologie und Soziologie her bleibt, reicht einfach nicht aus.

Bevor ich zu den Schlussfolgerungen komme, auf die ich mit alledem hinauswill, muss ich noch kurz die dritte Enthellenisierungswelle andeuten, die zur Zeit umgeht. Angesichts der Begegnung mit der Vielheit der Kulturen sagt man heute gern, die Synthese mit dem Griechentum, die sich in der alten Kirche vollzogen habe, sei eine erste Inkulturation des Christlichen gewesen, auf die man die anderen Kulturen nicht festlegen dürfe. Ihr Recht müsse es sein, hinter diese Inkulturation zurückzugehen auf die einfache Botschaft des Neuen Testaments, um sie in ihren Räumen jeweils neu zu inkulturieren. Diese These ist nicht einfach falsch, aber doch vergröbert und ungenau. Denn das Neue Testament ist griechisch geschrieben und trägt in sich selber die Berührung mit dem griechischen Geist, die in der vorangegangenen Entwicklung des Alten Testaments gereift war. Gewiss gibt es Schichten im Werdeprozess der alten Kirche, die nicht in alle Kulturen eingehen müssen. Aber die Grundentscheidungen, die eben den Zusammenhang des Glaubens mit dem Suchen der menschlichen Vernunft betreffen, die gehören zu diesem Glauben selbst und sind seine ihm gemäße Entfaltung.

Damit komme ich zum Schluss. Die eben in ganz groben Zügen versuchte Selbstkritik der modernen Vernunft schließt ganz und gar nicht die Auffassung ein, man müsse nun wieder hinter die Aufklärung zurückgehen und die Einsichten der Moderne verabschieden. Das Große der modernen Geistesentwicklung wird ungeschmälert anerkannt: Wir alle sind dankbar für die großen Möglichkeiten, die sie dem Menschen erschlossen hat und für die Fortschritte an Menschlichkeit, die uns geschenkt wurden. Das Ethos der Wissenschaftlichkeit – Sie haben es angedeutet, Magnifizenz – ist im übrigen Wille zum Gehorsam gegenüber der Wahrheit und insofern Ausdruck einer Grundhaltung, die zu den wesentlichen Entscheiden des Christlichen gehört. Nicht Rücknahme, nicht negative Kritik ist gemeint, sondern um Ausweitung unseres Vernunftbegriffs und -gebrauchs geht es. Denn bei aller Freude über die neuen Möglichkeiten des Menschen sehen wir auch die Bedrohungen, die aus diesen Möglichkeiten aufsteigen, und müssen uns fragen, wie wir ihrer Herr werden können. Wir können es nur, wenn Vernunft und Glaube auf neue Weise zueinanderfinden; wenn wir die selbstverfügte Beschränkung der Vernunft auf das im Experiment Falsifizierbare überwinden und der Vernunft ihre ganze Weite wieder eröffnen. In diesem Sinn gehört Theologie nicht nur als historische und humanwissenschaftliche Disziplin, sondern als eigentliche Theologie, als Frage nach der Vernunft des Glaubens an die Universität und in ihren weiten Dialog der Wissenschaften hinein.

Nur so werden wir auch zum wirklichen Dialog der Kulturen und Religionen fähig, dessen wir so dringend bedürfen. In der westlichen Welt herrscht weithin die Meinung, allein die positivistische Vernunft und die ihr zugehörigen Formen der Philosophie seien universal. Aber von den tief religiösen Kulturen der Welt wird gerade dieser Ausschluss des Göttlichen aus der Universalität der Vernunft als Verstoß gegen ihre innersten Überzeugungen angesehen. Eine Vernunft, die dem Göttlichen gegenüber taub ist und Religion in den Bereich der Subkulturen abdrängt, ist unfähig zum Dialog der Kulturen. Dabei trägt, wie ich zu zeigen versuchte, die moderne naturwissenschaftliche Vernunft mit dem ihr innewohnenden platonischen Element eine Frage in sich, die über sie und ihre methodischen Möglichkeiten hinausweist. Sie selber muss die rationale Struktur der Materie wie die Korrespondenz zwischen unserem Geist und den in der Natur waltenden rationalen Strukturen ganz einfach als Gegebenheit annehmen, auf der ihr methodischer Weg beruht. Aber die Frage, warum dies so ist, die besteht doch und muss von der Naturwissenschaft weitergegeben werden an andere Ebenen und Weisen des Denkens – an Philosophie und Theologie. Für die Philosophie und in anderer Weise für die Theologie ist das Hören auf die großen Erfahrungen und Einsichten der religiösen Traditionen der Menschheit, besonders aber des christlichen Glaubens, eine Erkenntnisquelle, der sich zu verweigern eine unzulässige Verengung unseres Hörens und Antwortens wäre. Mir kommt da ein Wort des Sokrates an Phaidon in den Sinn. In den vorangehenden Gesprächen hatte man viele falsche philosophische Meinungen berührt, und nun sagt Sokrates: Es wäre wohl zu verstehen, wenn einer aus Ärger über so viel Falsches sein übriges Leben lang alle Reden über das Sein hasste und schmähte. Aber auf diese Weise würde er der Wahrheit des Seienden verlustig gehen und einen sehr großen Schaden erleiden.[13] Der Westen ist seit langem von dieser Abneigung gegen die grundlegenden Fragen seiner Vernunft bedroht und könnte damit einen großen Schaden erleiden. Mut zur Weite der Vernunft, nicht Absage an ihre Größe – das ist das Programm, mit dem eine dem biblischen Glauben verpflichtete Theologie in den Disput der Gegenwart eintritt. »Nicht vernunftgemäß, nicht mit dem Logos handeln ist dem Wesen Gottes zuwider«, hat Manuel II. von seinem christlichen Gottesbild her zu seinem persischen Gesprächspartner gesagt. In diesen großen Logos, in diese Weite der Vernunft laden wir beim Dialog der Kulturen unsere Gesprächspartner ein. Sie selber immer wieder zu finden, ist die große Aufgabe der Universität.

1 Von den insgesamt 26 Gesprächsrunden (διάλεξις – Khoury übersetzt »Controverse«) des Dialogs (»Entretien«) hat Th. Khoury die 7. »Controverse« mit Anmerkungen und einer umfassenden Einleitung über die Entstehung des Textes, die handschriftliche Überlieferung und die Struktur des Dialogs sowie kurze Inhaltsangaben über die nicht edierten »Controverses« herausgegeben; dem griechischen Text ist eine französische Übersetzung beigefügt: Manuel II Paléologue, Entretiens avec un Musulman. 7e Controverse. Sources chrétiennes Nr. 115, Paris 1966. Inzwischen hat Karl Förstel im Corpus Islamico-Christianum (Series Graeca. Schriftleitung A.Th. Khoury – R. Glei) eine kommentierte griechisch-deutsche Textausgabe veröffentlicht: Manuel II. Palaiologus, Dialoge mit einem Muslim. 3 Bde. Würzburg – Altenberge 1993–1996. Bereits 1966 hatte E. Trapp den griechischen Text – mit einer Einleitung versehen – als Band II der Wiener byzantinischen Studien herausgegeben. Ich zitiere im Folgenden nach Khoury.

2 Vgl. über Entstehung und Aufzeichnung des Dialogs Khoury S. 22–29; ausführlich äußern sich dazu auch Förstel und Trapp in ihren Editionen.

3 Controverse VII 2c; bei Khoury S. 142/143; Förstel Bd. I, VII. Dialog 1.5 S. 240/241. Dieses Zitat ist in der muslimischen Welt leider als Ausdruck meiner eigenen Position aufgefasst worden und hat so begreiflicherweise Empörung hervorgerufen. Ich hoffe, dass der Leser meines Textes sofort erkennen kann, dass dieser Satz nicht meine eigene Haltung dem Koran gegenüber ausdrückt, dem gegenüber ich die Ehrfurcht empfinde, die dem heiligen Buch einer großen Religion gebührt. Bei der Zitation des Texts von Kaiser Manuel II. ging es mir einzig darum, auf den wesentlichen Zusammenhang zwischen Glaube und Vernunft hinzuführen. In diesem Punkt stimme ich Manuel zu, ohne mir deshalb seine Polemik zuzueignen.

4 Controverse VII 3b – c; bei Khoury S. 144/145; Förstel Bd. I, VII. Dialog 1.6, S. 240–243.

5 Einzig um dieses Gedankens willen habe ich den zwischen Manuel und seinem persischen Gesprächspartner geführten Dialog zitiert. Er gibt das Thema der folgenden Überlegungen vor.

6 Khoury, a.a.O. S. 144 Anm. 1.

7 R. Arnaldez, Grammaire et théologie chez Ibn Hazm de Cordoue. Paris 1956 S. 13; cf Khoury S. 144. Dass es in der spätmittelalterlichen Theologie vergleichbare Positionen gibt, wird im weiteren Verlauf dieses Vortrags gezeigt.

8 Für die vieldiskutierte Auslegung der Dornbuschszene darf ich auf meine »Einführung in das Christentum« (München 1968) S. 84–102 verweisen. Ich denke, dass das dort Gesagte trotz der weitergegangenen Diskussion nach wie vor sachgemäß ist.

9 Vgl. A. Schenker, L'Ecriture sainte subsiste en plusieurs formes canoniques simultanées, in: L'interpretazione della Bibbia nella Chiesa. Atti del Simposio promosso dalla Congregazione per la Dottrina della Fede. Città del Vaticano 2001 S. 178–186.

10 Ausführlicher habe ich mich dazu geäußert in meinem Buch »Der Geist der Liturgie. Eine Einführung.« Freiburg 2000 S. 38–42.

11 Aus der umfänglichen Literatur zum Thema Enthellenisierung möchte ich besonders nennen A. Grillmeier, Hellenisierung – Judaisierung des Christentums als Deuteprinzipien der Geschichte des kirchlichen Dogmas, in: ders., Mit ihm und in ihm. Christologische Forschungen und Perspektiven. Freiburg 1975 S. 423–488.

12 Neu herausgegeben und kommentiert von Heino Sonnemans (Hrsg.): Joseph Ratzinger – Benedikt XVI., Der Gott des Glaubens und der Gott der Philosophen. Ein Beitrag zum Problem der theologia naturalis. Johannes-Verlag Leutesdorf, 2. ergänzte Auflage 2005.

13 90 c – d. Vgl. zu diesem Text R. Guardini, Der Tod des Sokrates. Mainz – Paderborn [5]1987 S. 218–221.

14.
Wissenschaft und Wahrheit

Vorlesung für die römische Universität
»La Sapienza« am 17. Januar 2008,
die kurzfristig abgesagt wurde

Magnifizenz, verehrte Vertreter des politischen
und gesellschaftlichen Lebens,
sehr geehrte Dozenten und Verwaltungsangestellte,
liebe Studenten!

Es ist für mich ein Grund zu großer Freude, anlässlich der Eröffnung des akademischen Jahres die Gemeinschaft der Römischen Universität »Sapienza« zu besuchen. Schon seit Jahrhunderten prägt diese Universität den Weg und das Leben der Stadt Rom, indem sie in allen Wissensgebieten die besten intellektuellen Kräfte Früchte tragen lässt. Sowohl in der Zeit, als die Einrichtung nach der von Papst Bonifatius VIII. gewollten Gründung unmittelbar der kirchlichen Autorität unterstand, als auch später, als das *Studium Urbis* sich zu einer Institution des italienischen Staates entwickelte, hat Ihre akademische Gemeinschaft ein hohes wissenschaftliches und kulturelles Niveau bewahrt, das sie unter die renommiertesten Universitäten der Welt einreiht. Von jeher betrachtet die Kirche von Rom dieses Universitätszentrum mit Sympathie und Bewunderung und zollt ihm Anerkennung für seine bisweilen schwierige und mühevolle Aufgabe der Forschung und der Ausbildung der jungen Generationen. So hat es auch in den letzten Jahren nicht an bedeutsamen Momenten der Zusammenarbeit und des Dialogs gefehlt. Besonders möchte ich an das weltweite Rektoren-Treffen anlässlich des Jubiläums für die Universitäten erinnern, bei dem Ihre Gemeinschaft nicht nur die Aufnahme und die Organisation übernommen, sondern vor allem den prophetischen und umfassenden Vorschlag der Erarbeitung eines »neuen Humanismus für das dritte Jahrtausend« vorgelegt hat.

Gerne möchte ich bei dieser Gelegenheit meine Dankbarkeit darüber ausdrücken, dass Ihre Universität mich zu Besuch und Vortrag eingeladen hat. Im Hinblick darauf habe ich mir zuallererst die Frage gestellt: Was kann und soll ein Papst bei einer solchen Gelegenheit sagen? Bei meiner Vorlesung in Regensburg habe ich, gewiss als Papst, aber vor allem auch als ehemaliger Hochschullehrer an meiner eigenen Universität gesprochen und dabei Erinnerungen und Gegenwart miteinander zu verknüpfen versucht. Aber an der »Sapienza«, der alten Universität von Rom, bin ich gerade als Bischof von Rom eingeladen und muss daher als solcher sprechen. Gewiss, die »Sapienza« war einmal Universität des Papstes, aber heute ist sie eine säkulare Universität mit der Autonomie, welche von ihrer Gründungsidee her immer zum Wesen der Universität gehörte, die allein der Autorität der Wahrheit verpflichtet sein soll. In ihrer Freiheit von politischen und kirchlichen Autoritäten kommt der Universität ihre besondere Funktion gerade auch für die moderne Gesellschaft zu, die einer solchen Institution bedarf.

Ich komme auf meine Ausgangsfrage zurück: Was kann und soll der Papst bei der Begegnung mit der Universität seiner Stadt sagen? Beim Bedenken dieser Frage schien mir, sie schließe zwei andere Fragen ein, deren Klärung von selbst zur Antwort führen müsste. Es ist nämlich zu fragen: Was ist Wesen und Auftrag des Papsttums? Und: Was ist Wesen und Auftrag der Universität? Ich möchte Sie und mich an dieser Stelle nicht mit langen Erörterungen über das Wesen des Papsttums hinhalten. Ein kurzer Hinweis mag genügen. Der Papst ist zuallererst Bischof von Rom und als solcher in der Nachfolge des heiligen Petrus mit einer bischöflichen Verantwortung für die ganze katholische Kirche ausgestattet. Das Wort Bischof – *Episkopos,* das zunächst so viel wie Aufseher bedeutet, ist schon im Neuen Testament mit dem biblischen Begriff des Hirten verschmolzen worden: Er ist der, der von einem Übersichtspunkt aus aufs Ganze sieht, sich um den rechten Weg und den Zusammenhalt des Ganzen müht. Insofern ist mit dieser Berufsbezeichnung zunächst der Blick aufs Innere der gläubigen Gemeinschaft gerichtet. Der Bischof – der Hirte – ist der Mann, der sich um diese Gemeinschaft kümmert; der sie dadurch beieinander hält, dass er sie auf dem Weg zu Gott hält, wie ihn dem christlichen Glauben gemäß Christus gezeigt hat – und nicht nur gezeigt hat; Er ist selbst für uns der Weg. Aber diese Gemeinschaft, um die sich der Bischof sorgt, lebt – ob sie nun groß oder klein ist – in der Welt; ihr Zustand, ihr Weg, ihr Beispiel und ihr Wort wirkt sich unweigerlich aufs Ganze der übrigen menschlichen Gemeinschaft aus. Je größer sie ist, desto mehr wird ihr rechter Zustand oder ihr eventueller Verfall sich aufs Ganze der Menschheit auswirken. Wir sehen es heute sehr deutlich, wie der Zustand der Religionen und wie die Situation der Kirche, ihre Krisen und ihre Erneuerungen aufs Ganze der Menschheit einwirken. So ist der Papst gerade als Hirte seiner Gemeinschaft immer mehr auch zu einer Stimme der moralischen Vernunft der Menschheit geworden.

Hier ergibt sich freilich sofort der Einwand, dass der Papst eben doch nicht wirklich von der moralischen Vernunft her spreche, sondern seine Urteile aus dem Glauben beziehe und daher keine Gültigkeit für diejenigen beanspruchen könne, die diesen Glauben nicht teilen. Auf diese Frage wird zurückzukommen sein, denn dabei ergibt sich die ganz grundsätzliche Frage: Was ist Vernunft? Wie weist sich eine Aussage – vor allem eine moralische Norm – als »vernünftig« aus? An dieser Stelle möchte ich vorerst nur ganz kurz darauf hinweisen, dass John Rawls, obwohl er umfassenden religiösen Lehren den Charakter der »öffentlichen« Vernunft abspricht, in deren »nicht öffentlicher« Vernunft immerhin Vernunft sieht, die ihren Trägern nicht einfach im Namen einer säkularistisch verhärteten Rationalität abgesprochen werden dürfe. Ein Kriterium dieser Vernünftigkeit sieht er unter anderem darin, dass solche Lehren aus einer verantworteten und doktrinellen Tradition heraus stammen, in der über lange Zeiträume hinweg hinreichend gute Gründe für die jeweilige Lehre entwickelt wurden. An dieser Aussage erscheint mir wichtig, dass die Erfahrung und Bewährung über Generationen hin – der historische Fundus menschlicher Weisheit – auch ein Zeichen ihrer Vernünftigkeit und ihrer weiter reichenden Bedeutung ist. Gegenüber einer a-historischen Vernunft, die sich nur in einer a-historischen Rationalität selber zu konstruieren versucht, ist die Weisheit der Menschheit als solche – die Weisheit der großen religiösen Traditionen – als Realität zur Geltung zu bringen, die man nicht ungestraft in den Papierkorb der Ideengeschichte werfen kann.

Kehren wir zurück zur Ausgangsfrage. Der Papst spricht als Vertreter einer gläubigen Gemeinschaft, in welcher in den Jahrhunderten ihres Bestehens Weisheit des Lebens gereift ist; als Vertreter einer Gemeinschaft, die zumindest einen Schatz an moralischer Erkenntnis und Erfahrung in sich verwahrt, der für die ganze Menschheit von Bedeutung ist: Er spricht in diesem Sinn als Vertreter moralischer Vernunft.

Aber nun ist zu fragen: Und was ist die Universität? Was ist ihre Aufgabe? Eine gewaltige Frage, zu der ich wiederum nur im Telegrammstil die eine oder andere Anmerkung versuchen kann. Ich denke, man dürfe sagen, der eigentliche innere Ursprung der Universität liege in dem Drang des Menschen nach Erkenntnis. Er will wissen, was das alles ist, was ihn umgibt. Er will Wahrheit. In diesem Sinn kann man das Fragen des Sokrates als den Impuls sehen, aus dem die abendländische Universität geboren wurde. Ich denke etwa – um nur einen Text zu nennen – an das Streitgespräch mit Eutyphron, der dem Sokrates gegenüber die mythische Religion und ihre Frömmigkeit verteidigt. Dem stellt Sokrates die Frage entgegen: »Du glaubst, dass wirklich unter den Göttern gegenseitiger Krieg bestehe und furchtbare Feindschaften und Schlachten … Sollen wir wirklich sagen, Eutyphron, das alles sei wahr?« (6 b – c). In dieser scheinbar unfrommen Frage, die bei Sokrates freilich aus einer tieferen und reineren Frömmigkeit, aus der Suche nach dem göttlichen Gott kam, haben die Christen der ersten Jahrhunderte sich und ihren Weg wiedererkannt. Sie haben ihren Glauben nicht positivistisch aufgenommen, nicht als Ausweg unerfüllter Wünsche, sondern als den Durchbruch aus dem Nebel der mythologischen Religion zu dem Gott verstanden, der schöpferische Vernunft und zugleich Vernunft als Liebe ist. Deswegen war das Fragen der Vernunft nach dem größeren Gott und nach dem, was der Mensch wirklich ist und soll, für sie nicht eine bedenkliche Form von Unfrömmigkeit, sondern gehörte zum Wesen ihrer Weise der Frömmigkeit. Sie brauchten daher das sokratische Fragen nicht aufzulösen oder beiseite zu schieben, sondern durften, ja mussten es aufnehmen und das Ringen der Vernunft um Erkenntnis der ganzen Wahrheit als Teil ihrer eigenen Identität erkennen. So konnte, musste im Raum des christlichen Glaubens, in der christlichen Welt die Universität entstehen.

Ein weiterer Schritt ist nötig. Der Mensch will erkennen – er will Wahrheit. Wahrheit ist zunächst eine Sache des Sehens, des Verstehens, der *theoría,* wie die griechische Tradition es nennt. Aber Wahrheit ist nie bloß theoretisch. Augustinus hat in seiner Zuordnung der Seligpreisungen der Bergpredigt und der Geistesgaben von Jes 11 *scientia* und *tristitia* aufeinander bezogen: Bloßes Wissen, so meint er, macht traurig. Und in der Tat – wer nur alles ansieht und erfährt, was in der Welt geschieht, wird traurig werden. Aber Wahrheit meint mehr als Wissen: Die Erkenntnis der Wahrheit zielt auf die Erkenntnis des Guten. Das ist auch der Sinn des sokratischen Fragens: Was ist das Gute, das uns wahr macht? Die Wahrheit macht uns gut, und das Gute ist wahr: Dies ist der Optimismus, der im christlichen Glauben lebt, weil er des Logos, der schöpferischen Vernunft ansichtig geworden ist, die sich in der Menschwerdung Gottes zugleich als das Gute, als die Güte selbst gezeigt hat.

In der mittelalterlichen Theologie hat es einen eingehenden Disput über das Verhältnis von Theorie und Praxis, über den rechten Zusammenhang von Erkennen und Tun gegeben, den wir hier nicht aufzurollen brauchen. Faktisch stellt die mittelalterliche Universität mit ihren vier Fakultäten diesen Zusammenhang dar. Beginnen wir mit der nach damaligem Verständnis vierten

Fakultät, derjenigen der Medizin. Sie wurde zwar mehr als »Kunst« denn als Wissenschaft betrachtet, aber ihre Einfügung in den Kosmos der *Universitas* bedeutete doch klar, dass sie im Raum der Rationalität angesiedelt war, dass die Kunst des Heilens unter der Leitung der Vernunft stand und dem Bereich des Magischen entzogen wurde. Heilen ist eine Aufgabe, die immer mehr als den bloßen Verstand verlangt, aber gerade so die Verbindung von Wissen und Können, die Zugehörigkeit zum Raum der Ratio braucht. Unvermeidlich erscheint die Frage nach dem Zusammenhang von Praxis und Theorie, von Erkenntnis und Handeln, in der juristischen Fakultät. Es geht um die rechte Gestaltung der menschlichen Freiheit, die immer Freiheit im Miteinander ist: Das Recht ist Voraussetzung der Freiheit, nicht ihr Gegenspieler. Aber hier erhebt sich sofort die Frage: Wie findet man die Maßstäbe der Gerechtigkeit, die gemeinsam gelebte Freiheit ermöglichen und dem Gutsein des Menschen dienen? An dieser Stelle drängt sich ein Sprung in die Gegenwart auf – die Frage, wie eine Rechtsordnung, die eine Ordnung der Freiheit, der Menschenwürde und der Menschenrechte darstellt, gefunden werden kann. Es ist die Frage, die uns heute in den demokratischen Meinungsbildungen bewegt und die uns zugleich als Frage für die Zukunft der Menschheit bedrängt. Jürgen Habermas drückt, wie mir scheint, einen weitgehenden Konsens des heutigen Denkens aus, wenn er sagt, die Legitimität einer Verfassung als Voraussetzung der Legalität gehe aus zwei Quellen hervor: aus der gleichmäßigen politischen Beteiligung aller Bürger und aus der vernünftigen Form, in der die politischen Auseinandersetzungen ausgetragen werden. Zu dieser »vernünftigen Form« stellt er fest, dass sie nicht bloß ein Kampf um arithmetische Mehrheiten sein könne, sondern als ein »wahrheitssensibles Argumentationsverfahren« zu charakterisieren sei. Das ist gut gesagt, aber sehr schwer in politische Praxis umzusetzen. Denn die Vertreter dieses öffentlichen »Argumentationsverfahrens« sind nun einmal überwiegend die Parteien als Träger der politischen Willensbildung. Faktisch werden sie unausweichlich vor allem auf das Gewinnen von

Mehrheiten bedacht sein und damit fast unvermeidlich auf Interessen achten, denen sie Befriedigung versprechen, die aber häufig partikulär sind und nicht wirklich dem Ganzen dienen. Die Wahrheits-Sensibilität wird immer wieder überlagert von der Interessen-Sensibilität. Ich finde es bedeutsam, dass Habermas von der Sensibilität für die Wahrheit als notwendigem Element im politischen Argumentationsprozess spricht und so den Begriff der Wahrheit wieder in die philosophische und in die politische Debatte einführt.

Aber die Pilatus-Frage wird da unausweichlich: Was ist Wahrheit? Und wie erkennt man sie? Wenn man dafür auf die »öffentliche Vernunft« verweist, wie Rawls es tut, dann folgt unausweichlich noch einmal die Frage: Was ist vernünftig? Wie weist sich Vernunft als wirkliche Vernunft aus? Jedenfalls wird von da aus sichtbar, dass andere Instanzen in der Suche nach dem Recht der Freiheit, nach der Wahrheit des rechten Miteinander zu Gehör kommen müssen als Parteien und Interessengruppen, deren Bedeutung damit nicht im mindesten bestritten werden soll. So kommen wir auf die Struktur der mittelalterlichen Universität zurück. Neben der Rechtswissenschaft standen da die Fakultäten für Philosophie und Theologie, denen die Suche nach dem Ganzen des Menschseins und so das Wachhalten der Sensibilität für die Wahrheit aufgetragen waren. Man könnte geradezu sagen, dass dies der bleibende, wahre Sinn beider Fakultäten ist: Hüter der Sensibilität für die Wahrheit zu sein, den Menschen nicht von der Suche nach der Wahrheit abbringen zu lassen. Aber wie können sie dieser Aufgabe gerecht werden? Das ist eine Frage, um die immer neu gerungen werden muss und die nie einfach zu Ende gestellt und beantwortet ist. So kann auch ich an dieser Stelle nicht eigentlich eine Antwort anbieten, sondern viel eher eine Einladung, mit dieser Frage unterwegs zu bleiben – unterwegs mit den großen Ringenden und Suchenden der ganzen Geschichte, mit ihren Antworten und ihrer über jede einzelne Antwort immer neu hinausweisenden Unruhe für die Wahrheit.

Theologie und Philosophie bilden dabei ein eigentümliches

Zwillingspaar, in dem keines vom anderen gänzlich zu lösen ist und doch jedes seinen eigenen Auftrag und seine besondere Identität wahren muss. Es ist das geschichtliche Verdienst des heiligen Thomas von Aquin, dass er gegenüber der von ihrem geschichtlichen Kontext anders gearteten Antwort der Väter die Eigenständigkeit der Philosophie und mit ihr das Eigenrecht und die Eigenverantwortung der von ihren Kräften her fragenden Vernunft herausgestellt hat. Die Väter hatten gegenüber den neuplatonischen Philosophien, in denen Religion und Philosophie untrennbar verflochten waren, den christlichen Glauben als die wahre Philosophie dargestellt und dabei auch betont, dass dieser Glaube den Ansprüchen der nach Wahrheit suchenden Vernunft entspricht; dass er das Ja zur Wahrheit gegenüber den zu bloßer Gewohnheit gewordenen mythischen Religionen war. Aber nun, im Zeitpunkt der Entstehung der Universität, gab es im Abendland diese Religionen nicht mehr, sondern nur noch das Christentum, und so musste nun auf neue Weise die Eigenverantwortung der Vernunft herausgestellt werden, die nicht vom Glauben absorbiert wird. Thomas wirkte in einem privilegierten Zeitpunkt: Die philosophischen Schriften des Aristoteles waren erstmals in ihrer Ganzheit zugänglich geworden; die jüdischen und arabischen Philosophien als je eigene Anverwandlungen und Weiterführungen der griechischen Philosophie standen im Raum. Das Christentum musste so in einem neuen Dialog mit der ihr begegnenden Vernunft der anderen um seine eigene Vernünftigkeit ringen. Die philosophische Fakultät, die als sogenannte Artisten-Fakultät bisher nur eine Vorschule für die Theologie gewesen war, wurde zur eigentlichen Fakultät, zum eigenständigen Partner der Theologie und des von ihr reflektierten Glaubens. Über das spannende Ringen, das sich dabei ergab, kann hier nicht gehandelt werden. Ich würde sagen, dass die Vorstellung des heiligen Thomas über das Verhältnis von Philosophie und Theologie sich in der Formel ausdrücken lasse, die das Konzil von Chalzedon für die Christologie gefunden hatte: Philosophie und Theologie müssen zueinander im Verhältnis des »Unvermischt und Ungetrennt«

stehen. Unvermischt, das will sagen, dass jede der beiden ihre eigene Identität bewahren muss. Die Philosophie muss wirklich Suche der Vernunft in ihrer Freiheit und ihrer eigenen Verantwortung bleiben; sie muss ihre Grenze und gerade so auch ihre eigene Größe und Weite sehen. Die Theologie muss dabei bleiben, dass sie aus einem Schatz von Erkenntnis schöpft, den sie nicht selbst erfunden hat und der ihr vorausbleibt, nie ganz von ihrem Bedenken eingeholt wird und gerade so das Denken immer neu auf den Weg bringt. Mit diesem »Unvermischt« gilt auch zugleich das »Ungetrennt«: Die Philosophie beginnt nicht immer neu vom Nullpunkt des einsam denkenden Subjekts her, sondern sie steht im großen Dialog der geschichtlichen Weisheit, die sie kritisch und zugleich hörbereit immer neu aufnimmt und weiterführt; sie darf sich aber auch nicht demgegenüber verschließen, was die Religionen und was besonders der christliche Glaube empfangen und der Menschheit als Wegweisung geschenkt haben. Manches, was von Theologen im Laufe der Geschichte gesagt oder auch von kirchlicher Autorität praktiziert wurde, ist von der Geschichte falsifiziert worden und beschämt uns heute. Aber zugleich gilt, dass die Geschichte der Heiligen, die Geschichte der vom christlichen Glauben her gewachsenen Menschlichkeit diesen Glauben in seinem wesentlichen Kern verifiziert und damit auch zu einer Instanz für die öffentliche Vernunft macht. Gewiss, vieles von dem, was Theologie und Glaube sagen, kann nur im Inneren des Glaubens angeeignet werden und darf daher nicht als Anspruch an diejenigen auftreten, denen dieser Glaube unzugänglich bleibt. Aber zugleich gilt, dass die Botschaft des christlichen Glaubens nie nur eine *»comprehensive religious doctrine«* im Sinn von Rawls ist, sondern eine reinigende Kraft für die Vernunft selbst, die ihr hilft, mehr sie selbst zu sein. Die christliche Botschaft sollte von ihrem Ursprung her immer Ermutigung zur Wahrheit und so eine Kraft gegen den Druck von Macht und Interessen sein.

Nun, ich habe bisher nur von der mittelalterlichen Universität gesprochen, dabei freilich versucht, das bleibende Wesen der Universität und ihres Auftrags durchscheinen zu lassen. In der Neuzeit haben sich neue Dimensionen des Wissens eröffnet, die in der Universität vor allem in zwei großen Bereichen zur Geltung kommen: in der Naturwissenschaft, die aus der Verbindung von Experiment und vorausgesetzter Rationalität der Materie sich gebildet hat; in den Geschichts- und Humanwissenschaften, in denen der Mensch sich im Spiegel seiner Geschichte und im Ausleuchten der Dimensionen seines Wesens besser zu verstehen sucht. Bei dieser Entwicklung hat sich der Menschheit nicht nur ein ungeheures Maß von Wissen und Können erschlossen; auch Erkenntnis und Anerkenntnis von Menschenrechten und Menschenwürde sind gewachsen, und dafür können wir nur dankbar sein. Aber der Weg des Menschen ist nie einfach zu Ende, und die Gefahr des Absturzes in die Unmenschlichkeit nie einfach gebannt: Wie sehr erleben wir das im Panorama der gegenwärtigen Geschichte: Die Gefahr der westlichen Welt – um nur davon zu sprechen – ist es heute, dass der Mensch gerade angesichts der Größe seines Wissens und Könnens vor der Wahrheitsfrage kapituliert. Und das bedeutet zugleich, dass die Vernunft sich dann letztlich dem Druck der Interessen und der Frage der Nützlichkeit beugt, sie als letztes Kriterium anerkennen muss. Von der Struktur der Universität her gesagt: Die Gefahr ist, dass die Philosophie sich ihre eigentliche Aufgabe nicht mehr zutraut und in Positivismus abgleitet; dass die Theologie mit ihrer an die Vernunft gewandten Botschaft ins Private einer mehr oder weniger großen Gruppe abgedrängt wird. Aber wenn die Vernunft aus Sorge um ihre vermeintliche Reinheit taub wird für die große Botschaft, die ihr aus dem christlichen Glauben und seiner Weisheit zukommt, dann verdorrt sie wie ein Baum, dessen Wurzeln nicht mehr zu den Wassern hinunterreichen, die ihm Leben geben. Sie verliert den Mut zur Wahrheit und wird so nicht größer, sondern kleiner. Auf unsere europäische Kultur angewandt, heißt dies: Wenn sie sich nur selbst aus ihrem Argumentationszirkel und dem ihr jetzt Einleuchtenden konstruieren will und sich aus Furcht um ihre Säkularität von den Wurzeln abschneidet, von denen sie lebt, dann wird sie nicht vernünftiger und reiner, sondern zerfällt.

Damit kehre ich zum Ausgangspunkt zurück. Was hat der Papst an der Universität zu tun oder zu sagen? Er darf gewiss nicht versuchen, andere in autoritärer Weise zum Glauben zu nötigen, der nur in Freiheit geschenkt werden kann. Über seinen Hirtendienst in der Kirche hinaus und vom inneren Wesen dieses Hirtendienstes her ist es seine Aufgabe, die Sensibilität für die Wahrheit wachzuhalten; die Vernunft immer neu einzuladen, sich auf die Suche nach dem Wahren, nach dem Guten, nach Gott zu machen und auf diesem Weg die hilfreichen Lichter wahrzunehmen, die in der Geschichte des christlichen Glaubens aufgegangen sind und dabei dann Jesus Christus wahrzunehmen als Licht, das die Geschichte erhellt und den Weg in die Zukunft zu finden hilft.

Technokratisches Wissen und die Wahrheit des Menschen

15. Konsequenzen des Schöpfungsglaubens

Gastvorlesung an der Universität Salzburg am 14. März 1979

G.K. Chesterton, dem so oft treffsichere Formulierungen geglückt sind, hat einen entscheidenden Aspekt am Werk des heiligen Thomas von Aquin getroffen mit seiner Bemerkung, wenn man dem großen Lehrer einen Namen beilegen müsse in der Art, wie er im Orden der Karmeliten üblich ist (… vom Kinde Jesu, … von der Mutter Gottes usw.), dann müsse man ihn »Thomas a Creatore« nennen.[1] Schöpfer und Schöpfung sind Kern seines theologischen Denkens; es spricht aber einiges für die These, dass erst mit der vollen denkerischen Durchdringung des Schöpfungsglaubens die christliche Durchdringung des antiken Erbes an ihr Ziel gekommen war. Insofern liegt in einer Thomasfeier das Thema Schöpfung nahe. Von unserer heutigen theologischen Situation her lag es dem Denken bis vor kurzem ziemlich fern, so wie Thomas und seine Theologie uns sehr fern gerückt waren. In der theologischen Diskussion der letzten Jahre, ja, Jahrzehnte, hat das Thema Schöpfung in der Tat nur eine geringe Rolle gespielt.[2] Es schien eine Frage ohne konkreten anthropologischen Belang; höchstens wurde es in einem aktuellen Ausschnitt diskutiert, als Frage nach der Vereinbarkeit von Schöpfung und Evolution, die von ihrer inneren Richtung her auf die Frage nach dem Menschen hinzielt: Gibt es ein letztlich nur theologisch zu erklärendes Proprium des Menschen oder muss er, bei Licht besehen, in den Raum der Naturwissenschaften zurückgenommen werden? Aber auch diese Frage blieb am Rande, weil sie zu wenig praktisch erschien und auch Theologie ihre Wahrheit mehr und mehr in der Praxis suchte, nicht in dem unbeantwortbar scheinenden Problem: Was sind wir?, sondern in dem drängenderen: Was können wir tun?

Erst in den letzten Jahren beginnt Schöpfungslehre eine unerwartete Aktualität zu gewinnen. Die Konzentration des Menschen auf das Tun, auf die Erschaffung einer neuen, seiner eigenen und nun endlich besseren Welt, hat immer deutlicher den Widerstand der Schöpfung spürbar werden lassen: Gegen das unbegrenzte Schöpfertum des Menschen, das die vorgefundene Welt nur noch als Materie eigenen Schaffens verstehen will, setzt sich die Schöpfung Gottes, setzt sich die »Natur« zur Wehr. Und plötzlich erscheint die eigene Schöpfung des Menschen nicht mehr einfach als seine – womöglich einzige – Hoffnung, sondern im Gegenteil als seine Bedrohung, durch die er sich den Ast absägt, auf dem er sitzt, und die gegebene Schöpfung als die Zuflucht, auf die er zurückblickt, die er von neuem sucht.

In einer radikalen Kehrtwendung wird nunmehr die christliche Schöpfungslehre als Ursache für die Ausplünderung der Welt gesehen. Die Schöpfung selbst, bisher ein Thema der theoretischen Vernunft, ein sozusagen rein »objektivistisches Thema«, wird praktisch und kann nicht länger ausgeklammert werden[3]. Erlösung kann nicht ohne und nicht gegen Schöpfung geschehen; ja, es erhebt sich die Frage, ob am Ende die Schöpfung die einzig wahre Erlösung sei. Es fängt an klarzuwerden, dass wir die Frage, wohin wir gehen sollen, nicht richtig beantworten können, wenn wir die Frage ausklammern, woher wir kommen; dass wir die Frage »Was können wir tun?« falsch und verderblich beantworten, wenn wir uns die Frage ersparen »Wer sind wir?« – dass also die

Frage nach dem Sein und die nach unserer Hoffnung nicht voneinander zu trennen sind.

So tut sich mit der Wiedererweckung und Wiederentdeckung der Schöpfungslehre ein weites Feld von Fragen und Aufgaben auf, das in diesem Vortrag nur in ersten Schritten angegangen werden kann: Bloß ein paar Fragmentstücke kann ich versuchen vorzulegen, deren innerer Zusammenhang nur skizzenhaft darzustellen ist; es wird mehr darum gehen, eine Aufgabe aufzuzeigen, als Lösungen oder gar eine fertige Synthese zu entwickeln. Wenn wir uns den Schöpfungsglauben wieder positiv in seinem grundlegenden Gehalt und in seiner Weisung aneignen wollen, müssen wir zuerst seine Verdunklung entfernen, die vorhin in der Diagnose unserer theologischen Situation andeutend dargestellt wurde.

Die Verdrängung des Schöpfungsglaubens im neuzeitlichen Denken

Die Verdunklung des Schöpfungsglaubens, die schließlich zu seiner fast völligen Ausblendung führte, hängt mit dem Geist der Neuzeit aufs engste zusammen; sie ist ein grundlegender Teil dessen, was Neuzeit geistig ausmacht. Wir können geradezu sagen: Die Gründe der Neuzeit sind zugleich und als solche die Gründe für das Verschwinden von »Schöpfung« aus dem Gesichtskreis des die Entwicklung bestimmenden Denkens. Insofern führt uns unser Thema mitten in das Drama der Neuzeit als solches hinein und in den Kern der Krise von heute, die eben Krise des neuzeitlichen Bewusstseins als solchen ist.

Der Umschwung vom Mittelalter in eine neue geistige Verfassung hinein stellt sich im 15./16. Jahrhundert in dreifacher Gestalt dar und ist dabei zugleich auf je unterschiedliche Art Abwendung vom Schöpfungsglauben. Da ist zuerst die neue Philosophie von Giordano Bruno zu nennen. Auf den ersten Blick mag es merkwürdig erscheinen, ihm ein Verdecken des Schöpfungsglaubens zuzuschreiben, wo er doch die emphatische Wiederentdeckung des Kosmos und seiner Göttlichkeit vollzieht. Aber gerade in dieser Zukehr zum *göttlichen* Kosmos wird der Schöpfungsglaube radikal zurückgenommen. Re-naissance vollzieht sich hier ganz klar als Zurücknahme des Christlichen, um das Griechische in seiner heidnischen Reinheit wiederherzustellen. Das bedeutet, dass die Welt selbst als eine in sich ruhende göttliche Fülle erscheint. Schöpfung drückt demgegenüber für Bruno die *Abhängigkeit* der Welt von einem anderen außerhalb ihrer selbst aus. Der christliche Gedanke der Abhängigkeit der Welt von einem anderen aber erscheint als eine Entmächtigung der Welt, der gegenüber die Welt zu verteidigen ist als das sich selbst Gründende, das selbst Göttliche: Die Kontingenz der Einzeldinge ist unbestreitbar, aber die Kontingenz der Welt als ganzer wird nicht angenommen.[4] Letztlich ist dies noch ein ästhetisierendes Vorspiel einer im neuzeitlichen Bewusstsein immer deutlicher werdenden Option: Der Gedanke der Abhängigkeit, der im Schöpfungsglauben liegt, wird unannehmbar; er erscheint als die eigentliche Schranke der menschlichen Freiheit, die alle weiteren Beschränkungen begründet und daher vor allem beseitigt werden muss, wenn wirksam Befreiung des Menschen geschehen soll.

Bei Galilei zeigt sich die Rückkehr zum Griechischen nicht in ihrer ästhetischen und darin emanzipatorischen Variante, sondern in der Zuwendung zur mathematischen Seite des platonischen Denkgebäudes: »Gott treibt Geometrie«, das ist die Formulierung seines Gottesbegriffs, seines Naturbegriffs und seines Wissenschaftsideals zugleich. Gott hat das Buch der Natur mit mathematischen Buchstaben geschrieben; Geometrie treiben, das bedeutet zugleich die Spuren Gottes berühren. Das heißt aber: Die Erkenntnis Gottes wird in Erkenntnis der mathematischen Strukturen der Natur umgewandelt; der Begriff der Natur im Sinn des Objekts der Natur-Wissenschaft löst den Schöpfungsbegriff ab.[5] Das ganze Erkennen tritt unter die Schematik von Subjekt und Objekt. Was nicht objektiv ist, ist subjektiv. Objektiv ist aber nur, was im Sinn der *Naturwissenschaft* Objekt geworden ist, das heißt, was gegenständlich vorgeführt und überprüft, berechnet werden kann; das Subjektive ist das Beliebige, das Private, das außerhalb der Wissenschaftlichkeit steht und als das Beliebige ohne Erkenntniswert ist. »Gott treibt Geometrie«: Unter der Herrschaft dieses Axioms muss Gott »platonisch« werden, das heißt, er schrumpft auf die formalen mathematischen Strukturen zusammen, die die Naturwissenschaft in der Natur erkennt. Freilich bleibt zunächst, solange die Methode nicht ihre Vollkommenheit erreicht hat und der Umfang der Erkenntnisse begrenzt ist, der Schöpfungsgedanke in der Form des Postulats einer ersten Ursache bestehen. Insofern mag man versucht sein zu sagen, dass gerade der Schöpfungsbegriff sozusagen die stabilste Position des Glaubens war, weil das Postulat der Causa zugleich die Form darstellte, wie ein Gottesbegriff, ein »vernünftig gewordener« Gottesgedanke, noch in Geltung stand. Aber hier zeigt sich nun eine grundlegende Gegenseitigkeit der Elemente des christlichen Glaubens: Eine bloße »erste Ursache«, die aber rein natural wirksam geworden ist und sich nie dem Menschen gezeigt hat, den Menschen gänzlich außerhalb ihres Wirkraums allein sich selbst überlässt und überlassen muss, ist kein Gott mehr, sondern eine naturwissenschaftliche Grenzhypothese. Umgekehrt – ein Gott, der mit der Rationalität der Schöpfung nichts zu tun hat, sondern nur im Innenraum der Frömmigkeit gilt, ist auch kein Gott mehr; er wird wirklichkeitslos und schließlich bedeutungslos. Nur wo Schöpfung und Bund ineinandertreten, ist in Wahrheit von Schöpfung und Bund die Rede: beides bedingt einander. Die bloße erste Ursache drückt ja auch nicht den Schöpfungsgedanken aus, denn sie denkt Causa auf der Ebene des naturwissenschaftlichen Kausalitätsgedankens, und eine solche Causa ist kein Gott, sondern eben eine »causa«, ein hypothetisch postulierter Aktionsträger in der Größenordnung des naturwissenschaftlich Postulierbaren. Der Schöpfungsgedanke liegt demgegenüber auf anderer Ebene: Die Wirklichkeit als ganze ist eine Frage über sich hinaus, und den Schöpfungsgedanken fassen bedeutet zugleich, die Grenze des Subjekt-Objekt-Schemas herausstellen, die Grenze des

»exakten« Denkens, und aufdecken, dass erst in dieser Entgrenzung das Humanum, das Eigentliche des Menschen und der Wirklichkeit, vor den Blick kommt: dass also umgekehrt diese Grenze nicht zu überschreiten mit der Leugnung Gottes zugleich die Leugnung des Menschen ist mit allen ihren Konsequenzen. Tatsächlich ist dies die eigentliche konkrete Frage, die hier im Spiele steht: Gibt es eigentlich den Menschen? Er steht faktisch der »Science« im Weg, denn er ist nicht exakt objektivierbar und insofern ihr Ärgernis; um ihn geht es letztlich – oder vielmehr, damit es um ihn gehe, muss es weiterhin um Gott gehen können.[6]

Einer dritten und gänzlich anders gearteten Form der Abwendung vom Schöpfungsgedanken begegnen wir bei Martin Luther. Während Bruno und Galilei die leidenschaftliche Rückwendung hinter die Synthese des Christlichen und Griechischen ins Rein-Griechische, also die Zuwendung zur vorchristlich-griechisch-heidnischen Welt und von ihr her die Gründung der nachchristlich-rationalen Welt darstellen, ist für Luther das Griechische die Verfremdung des Christlichen, die er beseitigen will, um das vom Griechischen gereinigte Rein-Christliche herzustellen.[7] Dieses zu beseitigende Griechische am Christlichen sieht er ganz wesentlich im Kosmosgedanken, in der Seinsfrage und so im Bereich der Schöpfungslehre. Der Kosmos, richtiger: das Sein als solches ist für ihn Ausdruck des Eigenen, des Bisherigen des Menschen, das seine Fessel, seine Kette ist: Gesetzlichkeit, die zugleich seine Verdammnis bedeutet. Erlösung kann nur in der Befreiung von dieser Fessel des Bisherigen, von der Fessel des Seins geschehen; Erlösung befreit vom Fluch der bestehenden Schöpfung, die als die Last des Eigenen empfunden wird. Ich möchte diesen Gedanken nur an einem, freilich höchst bezeichnenden Text belegen: »Der Mensch ist nämlich Mensch, bis er Gott wird, der allein wahrhaftig ist. Durch die Teilhabe an ihm wird auch er selbst wahrhaftig. Diese Teilhabe geschieht, indem er ihm (Gott) in wirklichem Glauben und in der Hoffnung anhängt; durch dieses Heraustreten aus sich kehrt er als Mensch ins Nichts zurück. Denn wo sollte der hinkommen, der auf Gott setzt, wenn nicht ins Nichts seiner selbst? Wo aber geht der hin, der ins Nichts geht, wenn nicht dorthin, von wo er kommt? Der Mensch aber kommt aus Gott und aus dem Nichts seiner selbst; daher geht zu Gott, wer ins Nichts zurückgeht.«[8] Gnade wird hier in radikaler Entgegenstellung zu der durch die Sünde ganz geprägten Schöpfung gesehen: Sie setzt das Zurückkehren hinter die Schöpfung voraus.

Dahinter wird eine bestimmte Erfahrung von Schöpfung spürbar, wie sie sich in dem lutherisch geprägten Gebetbuch der Herzogin Dorothea von Preußen ausdrückt. Dort wird der Sinngehalt des Psalms 6 umgesetzt in den Schrei: Ich wolt schir liber du werest nit, dann das ich solt lenger also von dir geplagt sein.[9] Dies ist zunächst ganz konträr zur Renaissance-Erfahrung des Kosmos. Für die Neuzeit wird aber zusehends gerade der Dualismus charakteristisch zwischen göttlicher Geometrie einerseits und einer Welt auf der anderen Seite, die zutiefst Verderbnis ist. Die Welt ohne das Mysterium der erlösenden Liebe, die zugleich die schöpferische Liebe ist, wird notwendig dualistisch: Sie ist als Natur Geometrie; als Geschichte ein Drama des Bösen.[10]

Den umfassenden Versuch, diese Antinomie zu versöhnen und damit die endgültige Philosophie zu gewinnen, hat Hegel unternommen. Hegels System ist im letzten »eine gigantische Theodizee«[11]. Gott darf nicht als die ewig in sich selbst ruhende Allmacht verstanden werden, der dann eine von ihm zu verantwortende böse Welt gegenübertritt, sondern Gott ist im Prozess der Vernunft, die nur am anderen werden kann und daher auseinandertritt, um so und nur so ganz zu sich selbst zu kommen: So ist das ganze Universum, die ganze Geschichte dieser Prozess der Vernunft, in dem die einzelnen in sich sinnlosen oder »bösen« Momente als Teile des Ganzen ihren Sinn gewinnen: Der historische Karfreitag wird zum Ausdruck des spekulativen Karfreitags, der Notwendigkeit, durch das Scheitern hindurch ganz zu sich selbst aufzuerstehen. Auf diese Weise löst sich das Problem der Theodizee: An die Stelle des Begriffs »Sünde« tritt die »Einsicht«, dass das Böse notwendigerweise mit der Endlichkeit verbunden ist und »daher unwirklich vom Standpunkt des Unendlichen aus«;

das Leid ist dann Schmerz über die Begrenztheit, und die Aufhebung erfolgt durch die Hineinnahme ins Ganze.[12]

Diese Position bleibt bei Hegel noch weitgehend theoretisch, »idealistisch« (auch wenn seine Philosophie durchaus nicht ohne politische Absicht ist). Zur Handlungsanweisung wird dies erst bei Marx, wo nun Erlösung streng als Praxis des Menschen und als Absage an Schöpfung, ja, als Gegensatz zum Schöpfungsglauben konstruiert wird. Dies im einzelnen darzustellen, ist hier unmöglich. Nur zwei Gesichtspunkte möchte ich andeutend nennen:

1. Die Aufhebung des einzelnen im Ganzen, seine Entwirklichung und die Ersetzung der Sünde durch »Vorsehung« heißt nun konkret: Nicht der einzelne zählt, sondern die Gattung. Das Instrument der Geschichte aber ist dabei die Partei als organisierte Form der Klasse. Kennzeichnend dafür ist ein Satz von Ernst Bloch: Der Materialist stirbt, »als wäre die ganze Ewigkeit sein. Das macht: er hatte schon vorher aufgehört, sein Ich so wichtig zu nehmen, er hatte Klassenbewusstsein«[13]. Das eigene Bewusstsein wird ins Klassenbewusstsein hinein aufgehoben, in dem die individuellen Leiden nicht mehr zählen, sondern nur die Logik des Systems, die Zukunft, in der der Mensch von der Schöpfung erlöst wird durch seine eigene Schöpfung: die Arbeit.[14]

2. Die Schöpfung wird als Abhängigkeit, als Ursprung ab alio definiert. An ihre Stelle tritt die Kategorie der Selbstschöpfung, die in der Arbeit geschieht[15]. Weil Schöpfung Abhängigkeit ist, Abhängigkeit aber Widerspruch zur Freiheit, darum steht sie in Widerspruch zu der Grundrichtung des Denkens von Karl Marx, ist ihm vom Ansatz her entgegengesetzt. Marx kann nicht bestreiten, dass es sehr schwer ist, logisch den Gedanken des Ursprungs ab alio zu beseitigen. Er kann gar nicht direkt, sondern nur vom Zusammenhang des Systems her aufgehoben werden. Dass der Mensch so frage, sei eben schon Ausdruck seiner verqueren Situation: »Gib deine Abstraktion auf, so gibst du auch deine Frage auf.« »Denke nicht, frage mich nicht.«[16] Gerade an dieser Stelle bricht die Logik des Marxschen Systems offenkun-

dig zusammen: Schöpfung ist ihr eigentlicher Widerspruch und zugleich der Punkt, von dem aus sich diese Erlösung als Verdammnis, als Stehen gegen die Wahrheit erweist. Die entscheidende Option, die dem Ganzen des Denkens von Karl Marx zugrunde liegt, ist letzten Endes der Protest gegen die Abhängigkeit, die Schöpfung bedeutet: der Hass auf das Leben, so wie es uns begegnet, und diese Grundeinstellung ist auch jederzeit die stärkste Nahrung marxistischen Denkens und marxistischer Praxis.

Drei Weisen der Verdeckung des Schöpfungsbegriffs im Denken der Gegenwart

Mit allem Gesagten zeichnet sich der Schöpfungsbegriff als entscheidende Kreuzungsstelle der geistigen Wege ab; wer ihn aber heute ins Spiel zu bringen versucht, wird feststellen müssen, dass er von den unterschiedlichsten Seiten her verdeckt ist und nur zur Wirkung kommen kann, wenn diese Verdeckung aufgedeckt wird.

a) Der Schöpfungsbegriff ist verdeckt zunächst durch den naturwissenschaftlichen Naturbegriff, der »Natur« ausschließlich im Sinn des Objekts der Naturwissenschaft versteht und jeden anderen Sinn dieses Wortes nur für Un-sinn ansehen kann. Deswegen stößt die auf dem Schöpfungsgedanken beruhende theologische Argumentation aus dem »Naturrecht«, aus der »Natur« des Menschen ins Leere, ja, sie erscheint als widersinnig, als Relikt einer archaischen Natur-»Wissenschaft«: Die physikalisch-chemische Struktur des Menschen gibt nun einmal keine Aussagen im Sinn der traditionellen Moraltheologie ab, überhaupt keine ethischen Aussagen, höchstens Aussagen über die Grenzen des Machbaren, so dass von hier aus das Moralische mit dem Machbaren identisch wird. Als Ersatz bietet sich dann der Naturbegriff der Verhaltensforschung an, aber dagegen hat A. Portmann mit Recht eingewandt, dass es diese Art von Natürlichkeit im Menschen gerade nicht gebe; er spricht von der »natürlichen Künstlichkeit« der menschlichen Sozial- und Kulturformen: Für die Weisen menschlichen Soziallebens, »von der Sprache bis zur Staatsbildung, von der Ordnung des Geschlechtsverhältnisses bis zur Aufzucht des Nachwuchses«, sei kennzeichnend, dass sie alle »dem Bereich der Entscheidung angehören«[17]. Freilich, wenn die Alternative zu einer im Sinn der Verhaltensforschung verstandenen Natürlichkeit Künstlichkeit heißt und Entscheidung unabdingbar ist, entsteht erneut die Frage, von wo Entscheidung ihre Maßstäbe bezieht oder ob etwa der Mensch im Sinn Sartres zu einer formlosen Freiheit »verdammt« ist, in der er sich erst erfinden muss: Dieser Sturz ins Nichts ist unvermeidlich, wenn zwischen Natur und Künstlichkeit die metaphysische Mitte der Schöpfung nicht erkennbar wird.

b) Die Reaktion des antitechnischen Ressentiments, die sich schon bei Rousseau ankündigt, ist inzwischen längst zum Ressentiment gegen den Menschen selbst als die Krankheit der Natur umgeschlagen: Dieses aus der exakten Objektivität wie aus der Selbstverständlichkeit der Natur heraustretende Wesen ist die eigentliche Störung des schönen Gleichgewichts der Natur. Am Geist und an seiner Folge, der Freiheit, krankt der Mensch. Geist und Freiheit sind die Krankheit der Natur: Davon müsste der Mensch, müsste die Welt befreit werden, um erlöst zu sein – vom Menschsein selbst müsste der Mensch geheilt werden, um wieder ins Gleichgewicht zurückzukehren. Lévi-Strauß ist vom Ethnologischen her in diese Richtung vorgestoßen, Skinner von der Psychologie her;[18] beide sind auf der Ebene der Wissenschaft Ausdruck für eine Stimmung, die immer stärker an Breite gewinnt und in vielfältigen Formen des Nihilismus für die Jugend des Westens zu einer ständig größeren Versuchung wird.

c) Es gibt aber auch eine theologische Verdeckung des Schöpfungsbegriffs, die wahrscheinlich ursächlich mit den beiden anderen zu tun hat: da nämlich, wo die Natur um der Gnade willen verlästert, ihres Eigenen beraubt und sozusagen vor der Gnade zurückgenommen wird. Hier müsste der Satz von 1 Kor 15,46 entschieden ins Bewusstsein gehoben werden: Nicht zuerst ist das Pneumatische, sondern zuerst das Psychische, *dann* das Pneumatische. Es gibt eine Abfolge der Schritte, die nicht in einen Gnadenmonismus hinein aufgesogen werden darf. Ich glaube, dass hier eine christliche Pädagogik, die die Schöpfung annimmt, entwickelt werden müsste als konkreter Ausdruck der Zweipoligkeit des einen Glaubens. Man kann nie den zweiten Schritt vor dem ersten tun wollen, sondern: zuerst das Psychische, dann das Pneumatische – wo diese Abfolge übersprungen wird, ist Schöpfung geleugnet und damit der Gnade ihr Grund entzogen.[19] Eine Selbstlosigkeit, die das eigene Ich aufheben will, verfällt der Ichlosigkeit und wird so gerade auch Du-Losigkeit. Als Verlästerung der Schöpfung kann sie nie Vehikel der Gnade werden, sondern nur des »odium generis humani«, der gnostischen Zerfallenheit mit der Schöpfung, die zuletzt auch keine Gnade mehr will und wollen kann.[20] Der christliche Liebesbegriff, der die eigentliche Mitte des Christlichen und sein eigentlicher Gegensatz zum Gnostischen ist, ist in der christlichen Pädagogik und auch in exaltierten Theorien des Christlichen immer wieder zugleich zur Einbruchsstelle der Schöpfungsnegation und so zum Umschlagspunkt in sein eigenes Gegenteil gemacht worden: Die christliche Liebe muss aber als Glaube an den Schöpfer zugleich die Annahme meiner selbst als Schöpfung und das Lieben der Schöpfung des Schöpfers in mir selbst enthalten und zu der Freiheit, mich anzunehmen wie irgendein Glied am Leib Christi hinführen … Das gleiche gilt für Buße: Sie ist ein Vehikel des Ja und ist in ihr Gegenteil verfälscht, wo sie zum Hass auf das Eigene wird.

Schöpfungsglaube als anthropologischer Grundentscheid

Nach allem Gesagten könnten wir jetzt das Entscheidende und Unterscheidende der zwei Grundoptionen definieren, die sich hier letztlich – gewiss in vielen Varianten – gegenüberstehen. Bei allen Variationen, die die geistige Landschaft der Gegenwart so undurchdringlich machen, scheinen mir nämlich in der Tat letztlich doch nur zwei Grundmodelle zur Debatte zu stehen, von denen ich das eine das Gnostische, das andere das Christliche nennen möchte. Als gemeinsamen Kern der Gnosis in allen Verschiedenheiten ihrer konkreten Darstellungen sehe ich dabei die Absage an die Schöpfung an. Dieser Kern wirkt sich dann anthropologisch noch einmal gemeinsam in den verschiedenen gnostischen Modellen darin aus, dass in ihnen das Mysterium des Leidens, der Stellvertretung, der Liebe abgelehnt wird zugunsten einer Welt- und Lebensbeherrschung durch Wissen. Die Liebe erscheint sozusagen als zu unsicher, als dass man das Leben und die Welt darauf gründen könnte: Man ist ja damit in der Tat auf das Unberechenbare und Unerzwingbare angewiesen; auf das, was man sicher nicht selber machen, sondern eben nur erwarten und empfangen kann. Das Erwartete aber könnte ausbleiben. Es macht mich fortwährend abhängig, es erscheint fortwährend als ein Faktor des Risikos und der Unsicherheit, über den ich nicht verfüge. Ich kann betrogen sein und bin dann ganz ohnmächtig dagegen. So wird aus der schönen Verheißung der Liebe das unerträgliche Gefühl der Abhängigkeit, der Ausgeliefertheit. Diese muss beseitigt werden: Man darf von vornherein gar nicht darauf setzen, sondern nur auf das Verfügbare, auf das Wissen, das Macht über die Welt gibt und das als überschaubares System der Unberechenbarkeit entzogen ist. Im gnostischen Weltbild, antik oder modern, erscheint Schöpfung als Abhängigkeit, Gott als Grund von Abhängigkeit. Dies ist geradezu das Wesen Gottes, seine Definition und der Grund, warum Gnosis in Sachen Gott nicht neutral sein kann, sondern kämpferisch antitheistisch sein muss. Die gnostische Option zielt daher auf Wissen und auf Machen durch Wissen als die einzig zuverlässige Erlösung des Menschen, die deshalb auch nicht der geschaffenen Welt vertraut, sondern der zu erschaffenden, die kein Vertrauen mehr braucht, sondern nur Können.

Die christliche Option ist genau umgekehrt: Der Mensch *ist* abhängig, und nur in der Form der Seinslüge kann er das bestreiten. Dies ist der Punkt, wo auf dem arationalen, ja, antirationalen Charakter des marxistischen Rationalismus insistiert werden muss: Für den sozialistischen Menschen, so meint Marx, sei die Frage nach dem Ursprung »praktisch unmöglich geworden«. Sie sinkt für Marx auf die Stufe der simplen Neugier herab: Man braucht den Ursprung nicht zu kennen, um bei sich zu sein – ob die Welt von Gott oder vom Zufall geschaffen sei, »ist unwichtig und hat in keinerlei Weise Einfluss auf den Ablauf unseres Lebens«.[21] Nein, muss man dazu sagen: Sie *hat* Einfluss, und Marx würde sich nicht so viel Mühe geben, die Frage auszuschalten, wenn es anders wäre. Man muss mit Nachdruck darauf den Finger legen, dass hier das System zum Frageverbot führt, ja, in der Ausschaltung der alten Grundfragen durch den Verweis auf deren angebliche soziologische Bedingtheit liegt der methodische Hebel dieses ganzen Denkens, das selbst die Grenzen der Rationalität festlegt. Indem es so vom selbstgesetzten Systemmuster her erlaubte von unerlaubten Fragen unterscheidet, wird es zur dogmatistischen Gängelung des Denkens durch das System, der im übrigen die konkrete Vereinnahmung des Menschen durch das System (die Partei) exakt entspricht.

Aber kehren wir zu unserem Fragepunkt zurück: Der Mensch *ist* abhängig. Er kann nicht anders als von anderen leben und von einem Vertrauen leben. Abhängigkeit aber hat dann nichts Degradierendes mehr, wenn sie die Form der Liebe hat, denn dann ist sie nicht mehr Abhängigkeit, nicht mehr Verminderung des Eigenen durch die Konkurrenz des anderen, sondern dann konstituiert sie gerade das Eigene als Eigenes und befreit es, denn Liebe hat ja wesentlich die Form »ich will, dass Du bist«, sie ist das Creativum, die einzige schöpferische Macht, die anderes als anderes hervorbringen kann ohne Neid und Angst, das Eigene zu verlieren.[22] Der Mensch ist abhängig – das ist seine primäre Wahrheit. Weil es so ist, kann nur die Liebe ihn erlösen, weil nur sie Abhängigkeit in Freiheit umwandelt. Er kann also nur seine eigene Erlösung, sich selbst zerstören, wenn er die Liebe »sicherheitshalber« ausschaltet. Der gekreuzigte Gott ist für ihn aber die anschaubare Gewissheit, dass die Schöpfung schon Ausdruck einer Liebe ist: Wir existieren aufgrund einer Liebe.[23] Zum christlichen Glauben gehört daher konstitutiv, das Mysterium als Mitte der Wirklichkeit anzunehmen, das heißt, die Liebe, Schöpfung als Liebe anzunehmen und von da aus zu leben.

Den damit geschilderten Alternativen des Denkens entsprechen zwei Grundhaltungen als Alternativen des Lebens: Die christliche Grundhaltung ist die einer seinshaften, nicht moralistischen Demut – das Sein als Empfangen, sich selbst als Geschaffenen und von der »Liebe« Abhängigen anzunehmen. Dieser christlichen Demut der Anerkennung des Seins steht die so merkwürdig andere »Demut« der Seinsverachtung gegenüber: An sich ist der Mensch ja nichts, ein nackter Affe, eine besonders aggressive Ratte, aber wir könnten vielleicht noch etwas aus ihm machen … In christlicher Erlösungslehre ist demgemäß die Schöpfungslehre unverzichtbar mit enthalten, sie beruht auf der Schöpfungslehre, auf dem nicht zurückgenommenen Ja zur Schöpfung. Die von der Neuzeit aufgerichtete grundlegende Alternative zwischen Liebe und Machen erweist sich so als identisch mit der Alternative zwischen Seinsvertrauen und Seinsskepsis (Seinsvergessenheit, Seinsabsage), die sich als Fortschrittsglaube, als Prinzip Hoffnung, als Prinzip Klassenkampf, kurz: als Kreativität gegen Creatio, als Welthervorbringung gegen das Sein der Schöpfung darstellt.

In dem Augenblick, in dem der Gehalt dieser Alternative klarwird, wird zugleich das Ausweglose eines Denkens sichtbar, das sich gegen die Schöpfung stellt: Auch die »Kreativität« kann immer nur mit dem Creatum der gegebenen Schöpfung arbeiten. Nur wenn das Sein der Schöpfung gut ist und folglich das Seinsvertrauen grundsätzlich zu Recht besteht, ist der Mensch überhaupt erlösbar. Nur wenn der Erlöser auch der Schöpfer ist, kann er überhaupt Erlöser sein. Deshalb ist für die Frage nach unserem Tun die nach unserem Seinsgrund entscheidend: Die Zukunft kann nur gewonnen werden, wenn wir die Schöpfung nicht verlieren.

1 Vgl. J. Pieper, Einleitung zu: Thomas von Aquin, Sentenzen über Gott und die Welt (Trier 1987) 33; vgl. ausführlich dazu M.J. Marmann, Praeambula ad gratiam. Ideengeschichtliche Untersuchung über die Entstehung des Axioms »gratia praesupponit naturam« (Diss. Regensburg 1974) 205ff. u. 286f.

2 Einzelne bedeutende Arbeiten hatten freilich schon vor geraumer Zeit die Dringlichkeit des Schöpfungsthemas herausgestellt, z.B. H. Volk, Kreatürlichkeit, in: MThZ 2 (1951) 197–210; für weitere Literatur verweise ich auf H. Reinelt – L. Scheffczyk – H. Volk, Schöpfung, in: H. Fries (Hrsg.), Handbuch theol. Grundbegriffe II (München 1963) 494–517, sowie bes. auf die jüngste systematische Darstellung der Schöpfungslehre: J. Auer, a.a.O.

3 Vgl. G. Altner u.a., Sind wir noch zu retten? Schöpfungsglaube und Verantwortung für unsere Erde (Regensburg 1978); dort vor allem die Beiträge von K. Lehmann u. N. Lohfink.

4 Vgl. R. Buttiglione – A. Scola, Von Abraham zu Prometheus. Zur Problematik der Schöpfung innerhalb des modernen Denkens, in: Int. kath. Zeitschr. 5 (1976) 30–41.

5 Vgl. H. Staudinger – W. Behler, Chance und Risiko der Gegenwart (Paderborn ^{2}1978) 56ff.

6 Vgl. A. Görres, Kennt die Psychologie den Menschen? (München 1986) 17–47.

7 Demgemäß beruht die Neuzeit zunächst und wesentlich auf einer Re-Hellenisierung; ihr Gegenpol, die Enthellenisierung, gewinnt erst allmählich epochal bestimmende Bedeutung. Dies nicht gesehen zu haben ist die eigentliche Schwäche des Werkes von L. Dewart, Die Grundlagen des Glaubens, 2 Bde. (deutsch: Einsiedeln 1971).

8 WA 5, 167, 40ff. (zitiert nach W. Joest, Ontologie der Person bei Luther, Göttingen 1967, 246): »Homo enim homo est, donec fiat deus, qui solus est verax, cuius participatione et ipse verax efficitur, dum illi vera fide et spe adhaeret, redactus hoc excessu in nihilum. Quo enim perveniat, qui sperat in deum, nisi in sui nihilum? Quo autem abeat, qui abit in nihilum, nisi eo, unde venit? Venit autem ex deo et suo nihilo, quare in deum redit, qui redit in nihilum.« Es versteht sich von selbst, dass damit nicht Luthers theologische Position zur Schöpfungslehre insgesamt umschrieben ist, sondern lediglich ein spiritueller Aspekt, der sich aus der Dramatik seiner Gnadenerfahrung ergibt. Dass unter anderen Voraussetzungen und Darstellungsformen im katholischen Bereich – zumal in der Neuzeit – Analoges auftritt, zeige ich in Punkt 2c dieses Referats.

9 Text bei L. Gundermann, Untersuchungen zum Gebetbüchlein der Herzogin Dorothea von Preußen (Köln – Opladen 1966) Tafel II. Vgl. J. Ratzinger, Der Gott Jesu Christi (München 1976) 12.

10 Vgl. R. Buttiglione – A. Scola, a.a.O. (s. Anm. 4) 31: »Das moderne Denken findet sich also vor dem gleichen Dilemma wie die klassische Philosophie: entweder ist Gott böse oder man kann ihm nicht die Schöpfung der Welt anlasten.«

11 Ebd. 31.

12 Ebd. 32.

13 E. Bloch, a.a.O. 1378f.; vgl. U. Hommes, in: Hommes – Ratzinger, Das Heil des Menschen (München 1975) 29.

14 Vgl. F. Hartl, a.a.O.

15 R. Buttiglione – A. Scola, a.a.O. 37.

16 K. Marx, Nationalökonomie und Philosophie (Frühschriften, ed. Landshut u. Mayer, Leipzig 1932) 307; hier zitiert nach E. Voegelin, Wissenschaft, Politik und Gnosis (München 1959) 36.

17 A. Portmann, Biologie und Geist (Herderbücherei 1963) 266–271.

18 Vgl. dazu Görres, a.a.O. 20ff.; zu Lévi-Strauß, B. Adoukonou, Jalons pour une théologie africaine (Paris 1980).

19 Wichtige Einsichten dazu in dem in Anm. 1 zitierten Werk von M.J. Marmann; von diesem Problemzusammenhang aus macht er die Unerlässlichkeit wie die eigentliche Bedeutung der Unterscheidung von Natur und Übernatürlichem und damit den unwiderruflichen Beitrag des Aquinaten zur Theologie deutlich.

20 Ausführlicher habe ich mich dazu geäußert in meiner Theologischen Prinzipienlehre (München 1982) 78–87. Von hier aus muss man auch der durch A. Nygren vorgenommenen Entgegensetzung von Eros und Agape widersprechen, vgl. dazu J. Pieper, Über die Liebe (München ^{7}1992).

21 Vgl. R. Buttiglione – A. Scola, a.a.O. 39; Voegelin, a.a.O.

22 Vgl. J. Pieper, a.a.O., bes. 38ff.

23 Vgl. dazu J. Schmidt, »Ich glaube an Gott, den Schöpfer des Himmels und der Erde«, in: Int. kath. Zeitschr. 5 (1976) 1–14; G. Martelet, Der Erstgeborene der Schöpfung. Für eine christologische Schau der Schöpfung, ebd. 15–29.

16.
Der Mensch zwischen Reproduktion und Schöpfung

Theologische Fragen zum Ursprung des menschlichen Lebens.

Vortrag im Rahmen der 900-Jahr-Feier der Universität Bologna am 20. April 1988

Reproduktion und Prokreation: Das philosophische Problem zweier Terminologien

Was ist der Mensch? Diese vielleicht allzu philosophisch klingende Frage ist in ein neues Stadium getreten, seit es möglich geworden ist, den Menschen zu »machen« oder – wie die Fachterminologie lautet – ihn *in vitro* zu reproduzieren. Das neue Können, das der Mensch sich angeeignet hat, hat von selbst auch eine neue Sprache hervorgebracht. Bisher wurde die Herkunft des Menschen durch die Begriffe »Zeugung« und »Empfängnis« sprachlich ausgedrückt; in den romanischen Sprachen gibt es darüber hinaus das Wort »Prokreation« *(procreazione)*, das auf den Schöpfer hinweist, dem sich jeder Mensch zuletzt verdankt. Nun aber scheint statt dessen das Wort »Reproduktion« die Weitergabe des Menschseins am bündigsten zu beschreiben. Beide Terminologien müssen sich nicht notwendig ausschließen, jede entspricht einer verschiedenen Betrachtungsweise und bringt so verschiedene Aspekte des Wirklichen vor den Blick. Aber die Sprache zielt doch jeweils aufs Ganze; man kann schwerlich leugnen, dass sich im Gegenüber der Wörter tiefere Probleme anzeigen: Zwei verschiedene Vorstellungen vom Menschen, zwei verschiedene Weisen der Deutung des Wirklichen überhaupt klingen auf.

Versuchen wir, die neue Sprache zunächst von ihren innerwissenschaftlichen Ursprüngen her zu verstehen, um uns dann behutsam an die weiterreichenden Probleme heranzutasten. Das Wort »Reproduktion« deutet den Vorgang der Entstehung eines neuen Menschen aus den Erkenntnissen der Biologie über die Eigenschaften lebender Organismen: Ihnen kommt es – zum Unterschied von Artefakten – zu, sich selbst »reproduzieren« zu können. J. Monod z.B. spricht von drei bestimmenden Kennzeichen des Lebendigen: ihm eigene Teleonomie, autonome Morphogenese und invariante Reproduktion.[1] Ein besonderer Nachdruck liegt auf der Invarianz: Der einmal gegebene genetische Code wird unverändert immer neu »reproduziert«; jedes neue Individuum ist eine genaue Wiederholung der gleichen »Botschaft«.[2] »Reproduktion« drückt also zum einen die genetische Identität aus: das Individuum »reproduziert« nur immer neu das Gemeinsame; zum anderen verweist das Wort auch auf den mechanischen Charakter, in dem sich solche Nachbildung vollzieht. Dieser Vorgang ist genau beschreibbar; J. Léjeune hat das Wesentliche des Geschehens menschlicher »Reproduktion« kurz so formuliert: »Die Kinder sind beständig mit ihren Eltern durch ein materielles Band geeint, das lange ADN-Molekül, auf dem sich die gesamte genetische Information in einer unveränderlichen Miniatursprache eingeschrieben findet. Im Kopf eines Spermatozoons gibt es einen in 23 Stücke abgeteilten Meter ADN [...] Sobald die 23 väterlichen Chromosomen, die vom Spermatozoon herbeigebracht werden, und die 23 mütterlichen, im Ei getragenen vereinigt sind, ist die gesamte Information versammelt, die nötig und ausreichend ist, um die genetische Konstitution des neuen menschlichen Seins zu bestimmen.«[3]

Die »Reproduktion« der Spezies Mensch vollzieht sich durch die Vereinigung zweier Informationsbänder, können wir also ganz grob abkürzend sagen. Die Richtigkeit dieser Beschreibung steht außer Zweifel, aber ist sie auch vollständig? Zwei Fragen drängen sich hier unvermittelt auf: Ist das so reproduzierte Wesen nur ein weiteres Individuum, ein reproduziertes Stück der Spezies Mensch – oder ist es mehr: eine Person, d.h. ein Wesen, das einerseits invariant das Gemeinsame der Gattung Mensch darstellt und andererseits doch etwas Neues, Einzigartiges, nicht Reproduzierbares ist, mit einer Einmaligkeit, die über die bloße Individuation des gemeinsamen Wesens hinausgeht? Wenn dies, woher rührt diese Einmaligkeit? Damit hängt die zweite Frage zusammen: Wie kommen die beiden Informationsbänder zueinander? Diese scheinbar fast zu simple Frage ist heute zum Ort der eigentlichen Entscheidung geworden, an dem sich nicht nur die Theorien über den Menschen trennen, sondern die Praxis Inkarnation von Theorien wird und ihnen ihre ganze Schärfe gibt. Die Antwort scheint, wie gesagt, zunächst das Selbstverständlichste von der Welt: Die beiden einander ergänzenden Informationen kommen zueinander durch die Vereinigung von Mann und Frau, durch ihr »Ein-Fleisch-Werden«, wie die Bibel es ausdrückt. Der biologische Vorgang der »Reproduktion« ist eingehüllt in einen personalen Vorgang der leib-seelischen Zuwendung zweier Menschen.

Dadurch, dass es gelungen ist, im Laboratorium sozusagen den biochemischen Teil des Ganzen zu isolieren, ist aber nun die Frage entstanden: Wie notwendig ist dieser Zusammenhang? Ist er dem Geschehen als solchem wesentlich, soll und muss es so sein, oder handelt es sich – mit Hegel zu sprechen – nur um eine List der Natur, die den Trieb der Menschen zueinander so ähnlich verwendet, wie sie im pflanzlichen Bereich den Wind als Transportmittel des Samens benützt oder die Bienen und dergleichen mehr? Kann man einen isolierten Kernvorgang als das eigentlich und allein Wichtige von bloß faktischen Weisen der Vereinigung unterscheiden und dementsprechend den Naturvorgang durch rational gesteuerte andere Methoden ersetzen? Hier erheben sich unterschiedliche Gegenfragen: Kann man das Zueinander von Mann und Frau als bloßen Naturvorgang bezeichnen, bei dem womöglich die seelische Zuwendung beider auch nur eine List der Natur wäre, die sie darüber täuscht, dass sie nicht als Personen, sondern nur als Individuen einer Spezies handeln? Oder muss man genau umgekehrt sagen: Mit der Liebe zweier Personen und der geistigen Freiheit, aus der sie kommt, tritt eine neue Dimension des Wirklichen in Erscheinung, der es dann entspricht, dass auch das Kind nicht bloße Wiederholung invarianter Informationen, sondern Person ist, in der Neuheit und Freiheit des Ich, das ein neues Zentrum in der Welt bildet? Und ist nicht einfach blind, wer dies Neue leugnet und das All auf reine Mechanik reduziert, aber, um es zu können, eine listige Natur erfinden muss, die ein irrationaler und grausamer Mythos ist?

Eine weitere Frage, die noch im Raum steht, geht von einer Feststellung aus: Offensichtlich kann man heute den biochemischen Vorgang im Laboratorium isolieren und so die beiden Informationen zueinander bringen. Die Verbindung mit dem geistig-personalen Geschehen ist also nicht durch jene Art von »Notwendigkeit« zu definieren, die im physikalischen Bereich gilt: Es geht auch anders. Aber die Frage ist, ob es nicht eine andere Art von »Müssen« gibt als die bloß naturgesetzliche. Auch wenn technisch das Personale und das Biologische trennbar sind, gibt es da nicht eine tiefere Art von Untrennbarkeit, ein höheres »Muss« für die Verbindung beider? Hat man nicht in Wirklichkeit schon den Menschen geleugnet, wenn man nur das naturgesetzliche »Muss« als Muss anerkennt und das ethische »Muss«, das der Freiheit aufgetragene Sollen, bestreitet? Anders gesagt: Wenn ich einzig die »Reproduktion« als real betrachte und alles darüber Hinausgehende, das zum Begriff der »Prokreation« führt, als unexaktes und wissenschaftlich unerhebliches Gerede ansehe, habe ich dann nicht geleugnet, dass es den Menschen als Menschen gibt? Aber wer diskutiert dann eigentlich noch mit wem, und was soll man dann noch von der Rationalität des Labors, von der Rationalität der Wissenschaft selbst halten?

Von diesen Überlegungen her können wir nun die Frage präzis fassen, um die es in dieser Abhandlung gehen soll: Wieso ist die Entstehung eines neuen Menschen mehr als »Reproduktion«? Was ist dieses Mehr? Welches sind die ethischen Folgen dieses Mehr? Die Frage hat dadurch, wie schon angedeutet, eine ganz neue Brisanz erlangt, dass es möglich ist, den Menschen ohne personale Zuwendung, ohne leibliche Vereinigung von Mann und Frau, im Labor zu »reproduzieren«. Man kann heute faktisch das naturalpersonale Geschehen der Vereinigung von Mann und Frau vom rein biologischen Vorgang trennen. Dieser faktischen Trennbarkeit steht nach Überzeugung der von der Kirche übermittelten biblisch begründeten Moral eine ethische Untrennbarkeit entgegen.[4] Auf beiden Seiten sind geistige Grundentscheide im Spiele: Auch das Handeln im Labor folgt nicht aus rein mechanischen Prämissen, sondern ist Frucht einer Grundansicht der Welt und des Menschen. Bevor wir rein argumentativ weitergehen, wird daher ein doppelter geschichtlicher Rückblick hilfreich sein. Zunächst wollen wir versuchen, etwas von der geistigen Vorgeschichte der Idee künstlicher »Reproduktion« des Menschen zu erheben; der zweite geschichtliche Ausblick soll sich auf das biblische Zeugnis zu unserer Frage richten.

Gespräch mit der Geschichte

a) »Homunculus« in der Geistesgeschichte

Der Gedanke, den Menschen »machen« zu können, hat wohl seine erste Gestalt im kabbalistischen Judentum mit der Idee des Golem gefunden.[5] Hier liegt der im Buch *Jezira* (etwa 500 n. Chr.) formulierte Gedanke der Schöpfungsmächtigkeit der Zahlen zugrunde: Durch die geordnete Rezitation aller denkbaren schöpferischen Buchstabenkombinationen lässt sich schließlich Homunculus, der Golem, hervorbringen. Schon im 13. Jahrhundert steigt im Zusammenhang damit der Gedanke des Todes Gottes auf: Der endlich produzierte Homunculus habe von dem Wort »Emeth« (Wahrheit) das *aleph,* den ersten Buchstaben, weggerissen. So stand auf seiner Stirn nun statt der Inschrift »Jahwe Gott ist Wahrheit« das neue Motto »Gott ist tot«. Der Golem erklärt den neuen Spruch mit einem Gleichnis, das – kurz zusammengefasst – so endet: Wo ihr wie Gott einen Menschen schaffen könnt, wird man sagen: Es ist kein Gott in der Welt außer diesem … Schaffen wird mit Macht in Verbindung gebracht; die Macht ist nun in der Hand derer, die Menschen produzieren können, und mit solcher Macht haben sie Gott abgelöst; er kommt nicht mehr in die Sichtweite des Menschen.[6] Die Frage bleibt, ob die neuen Mächtigen, die den Schlüssel zur Sprache der Schöpfung gefunden haben und ihre Bausteine nun selbst kombinieren können, sich daran erinnern werden, dass ihr Tun nur möglich ist, weil es die Zahlen und Buchstaben schon gibt, deren Information sie zusammenzufügen wissen.

Die bekannteste Variante der Homunculus-Idee findet sich im Zweiten Teil von Goethes Faust. Wagner, dem wissenschaftsfanatischen Famulus des großen Dr. Faust, ist in dessen Abwesenheit das Meisterstück gelungen. Der »Vater« dieser neuen Kunst ist also nicht der ins Große hinausreichende, nach dem Ganzen fragende Geist, sondern eher der Positivist des Lernens und Könnens, wie man Wagner wohl charakterisieren könnte. Trotzdem erkennt das Retorten-Menschlein von seinem Reagenzglas aus sofort in Mephistopheles seinen Vetter: Goethe statuiert so eine innere Verwandtschaft zwischen der künstlichen, selbstgemachten Welt des Positivismus und dem Geist der Verneinung. Für Wagner freilich und für seine Art der Rationalität ist dies der Augenblick höchsten Triumphes:

Behüte Gott: wie sonst das Zeugen Mode war,
Erklären wir für eitel Possen.
[…]
Wenn sich das Tier noch weiter dran ergetzt,
So muss der Mensch mit seinen großen Gaben
Doch künftig höhern, höhern Ursprung haben.

Und ein wenig später:

Doch wollen wir des Zufalls künftig lachen,
Und so ein Hirn, das trefflich denken soll,

Wird künftig auch ein Denker machen.
[…]
Was wollen wir, was will die Welt nun mehr?
Denn das Geheimnis liegt am Tage.

Goethe stellt in diesen Versen deutlich zwei treibende Kräfte in der Suche nach der künstlichen Produktion von Menschen heraus und will damit eine von ihm abgelehnte, als »wagnerisch« empfundene Form von Naturwissenschaft kritisieren: An erster Stelle steht das Verlangen, Geheimnisse zu entschleiern, die Welt zu durchschauen und sie auf eine platte Rationalität zu reduzieren, die sich mit dem Machen-Können ausweisen will. Darüber hinaus sieht Goethe eine Verachtung der »Natur« und ihrer geheimnisvoll größeren Vernunft zugunsten planender, zweckbestimmter Rationalität am Werk. Das Symbol für das Enge, Unwahre und Sekundäre dieser Art von Vernunft und ihrer Schöpfungen ist das Glas; Homunculus lebt *in vitro:*

Das ist die Eigenschaft der Dinge:
Natürlichem genügt das Weltall kaum,
Was künstlich ist, verlangt geschloss'nen Raum.

Die Prognose Goethes ist, dass das Glas – die Wand des Künstlichen – zuletzt an der Wirklichkeit zerschellen muss. Weil Homunculus künstlich und doch aus Natur genommen ist, entgleitet er den Händen des Machers; steht er in der Spannung zwischen der besorgten Furcht um sein schützendes Glas (»Nicht gleich wird's Glas und Flamme kosten«) und der Ungeduld, das Glas entzweizuschlagen – immer auf der Suche nach wirklichem Werden. Goethe sieht das Ende auf seine Art versöhnend: Homunculus kehrt flammend in die Elemente zurück, in den Hymnus des Alls, in seine schöpferische Kraft: zu »Eros, der alles begonnen«. Die Flamme, in der er sich auflöst, wird zum feurigen Wunder. Aber auch wenn Goethe hier wie am Ende der Wege seines Faust das Gericht durch Versöhnung ersetzt – das flammende Zerschellen des Glases ist doch ein Urteil über die Anmaßung des Machens, das sich an die Stelle des Werdens setzt und nach einer Wanderung voller Widersprüche in »Feuer« und »Woge« enden muss.

Schon an der Schwelle der Verwirklichung hat Aldous Huxley 1932 seine negative Utopie der *Brave New World* geschrieben.[7] In dieser endgültig ganz wissenschaftlich gewordenen Welt ist es klar, dass Menschen nur noch im Labor gezüchtet werden dürfen. Der Mensch hat sich von seiner Natur endgültig emanzipiert; er will kein Naturwesen mehr sein. Jeder wird – je nach Bedarf – zweckvoll für seine Aufgabe im Labor komponiert. Sexualität hat längst nichts mehr mit Fortpflanzung zu tun; die bloße Erinnerung daran wirkt wie eine Beleidigung des geplanten Menschen. Statt dessen ist sie nun ein Teil der Betäubungen, mit denen das Leben erträglich gemacht wird, der positivistische Zaun um das menschliche Bewusstsein verteidigt und die Fragen aus der Tiefe dieses Seins ausgeschaltet werden. Daher darf Sexualität natürlich auch nichts mit personalen Bindungen, mit Treue und Liebe zu tun haben – das würde den Menschen ja wieder in die alten Gefilde seiner personalen Existenz zurückführen. In dieser Welt gibt es keinen Schmerz, keine Sorge mehr, nur noch Rationalität und Rausch; alles ist für alle vorgeplant. Die Frage ist nur: Wer ist Träger dieser planenden Vernunft? Der Weltaufsichtsrat ist es; die Verwaltung der Rationalität macht zugleich ihren abgründigen Irrsinn sichtbar. Huxley hatte sein Buch, wie er 1949 dazu bemerkte, als skeptischer Ästhet geschrieben, der den Menschen zwischen den Alternativen von Wahnsinn und Irrsinn, von wissenschaftlicher Utopia und barbarischem Aberglauben angesiedelt sah.[8] Erst im Vorwort von 1949 und dann noch einmal im *Wiedersehen mit der schönen neuen Welt* von 1958 macht er deutlich, dass sein Werk als Plädoyer für die Freiheit zu verstehen ist – als Anruf an die Menschen, den schmalen Raum zwischen Wahnsinn und Irrsinn, die Existenz in Freiheit zu suchen.[9] Huxley ist – begreiflicherweise – in seiner Kritik präziser und überzeugender als in den eher allgemein gehaltenen positiven Vorstellungen, die er entwickelt. Eines wird bei ihm sicher deutlich: Die Welt der rationalen Planung, der wissenschaftlich gesteuerten »Reproduktion« des Menschen ist keine Welt der Freiheit. Dass sie die Herkunft des Menschen auf Reproduktion reduziert, ist im Gegenteil Ausdruck der Leugnung personaler Freiheit: Reproduktion ist eine Montage von Notwendigkeiten, ihre Welt ist die von der Kabbala geschilderte Wirklichkeit – Kombination aus Buchstaben und Zahlen; wer ihren Code kennt, hat Macht über das All. Ist es ein Zufall, dass es bisher keine positive poetische Vision einer Zukunft gibt, in der der Mensch *in vitro* reproduziert wird? Oder liegt in einem solchen Beginnen vielleicht von innen her die Leugnung und schließlich die Ausschaltung jener Dimension des Menschen, die in der Poesie ans Licht kommt?

b) Die Herkunft des Menschen nach dem Zeugnis der Bibel

Wenden wir uns nach diesem Blick auf die bekanntesten geschichtlichen Vorentwürfe der Reproduktions-Ideologie jenem Werk zu, das die entscheidende Quelle für die Idee der Prokreation des Menschen ist: der Bibel. Auch hier kann es selbstverständlich nicht um eine erschöpfende Analyse gehen, sondern nur um einen ersten Blick auf einige ihrer charakteristischen Aussagen zum Thema. Wir können uns dabei im wesentlichen auf die ersten Kapitel der *Genesis* beschränken, in denen das biblische Bild vom Menschen und von der Schöpfung grundgelegt ist. Ein erster, wesentlicher Punkt ist sehr präzis in den *Genesis-Homilien* des hl. Gregor von Nyssa formuliert: »Aber der Mensch, wie ist er gemacht worden? Gott hat nicht gesagt: ›Der Mensch sei‹ [...] Die Schöpfung des Menschen ist höher als alles. ›Der Herr nahm [...]‹ Er will unseren eigenen Leib mit seiner eigenen Hand formen.«[10] Wir werden auf diesen Text zurückkommen müssen, wenn wir nicht mehr vom ersten Menschen, sondern von jedem Menschen reden; es wird sich zeigen, dass die Bibel am ersten Menschen nur sichtbar macht, was ihrer Überzeugung nach für jeden Menschen gilt. Dem Bild von den Händen Gottes, die den

Menschen aus der Erde formen, entspricht im jüngeren Schöpfungsbericht der sogenannten *Priesterschrift* die Aussage: »Lasset uns den Menschen machen nach unserem Bild und Gleichnis« (Gen 1,26). Beide Male geht es darum, den Menschen in einer spezifischen Weise als Gottes Schöpfung darzustellen; beide Male geht es darum, ihn nicht bloß als Exemplar einer Klasse von Lebewesen erscheinen zu lassen, sondern als jeweilig Neues, in dem mehr geschieht als Reproduktion: neuer Anfang, der über alle Kombination vorhandener Informationen hinausreicht, noch anderes – den anderen – voraussetzt und uns damit »Gott« zu denken lehrt. Um so wichtiger ist, dass schon beim Schöpfungsakt gesagt wird: als Mann und Frau schuf er sie. Anders als bei Tieren und Pflanzen, wo einfach der Auftrag zur Vermehrung erteilt wird, ist Fruchtbarkeit hier ausdrücklich an das Mann- und Frausein gebunden. Die Betonung von Gottes Schöpfertum macht das menschliche Zueinander nicht überflüssig, sondern gibt ihm erst seinen Rang: Eben weil Gott im Spiele ist, kann man den »Transport« der Chromosomen nicht beliebig gestalten; eben darum muss der Weg solcher Schöpfung würdig sein. Dieser würdige Weg ist nach der Bibel nur einer: das Sich-Einen von Mann und Frau, die »ein Fleisch werden«.

Damit haben wir zwei wichtige Formeln biblischer Sprache berührt, die noch etwas näher bedacht werden müssen. Die Schilderung des Paradieses endet mit einem Wort, das wie ein prophetischer Spruch über das Wesen des Menschen erscheint: »Darum verlässt der Mann Vater und Mutter und hängt an seiner Frau, und sie werden ein Fleisch« (Gen 2,24). Was heißt das: sie werden ein Fleisch? Darüber ist viel gestritten worden; die einen sagen, damit sei der Geschlechtsverkehr gemeint; die anderen, damit werde auf das Kind verwiesen, in dem beide zu einem Fleisch verschmelzen. Sicherheit ist hier nicht zu gewinnen, aber wahrscheinlich kommt doch F. Delitzsch der Sache am nächsten, wenn er sagt, damit sei »geistliche Einheit, allumfassende persönliche Gemeinschaft« ausgedrückt.[11] Jedenfalls ist solches tiefstes Einswerden von Mann und Frau als Bestimmung des Menschen angesehen und als der Ort, an dem sich der dem Menschen erteilte Schöpfungsauftrag erfüllt, weil er in Freiheit dem Ruf seines Wesens entspricht.

In die gleiche Richtung weist ein anderes Grundwort biblischer Anthropologie: Die geschlechtliche Gemeinschaft von Mann und Frau wird im Alten Testament mit dem Wort »erkennen« bezeichnet. »Adam erkannte seine Frau, Eva«, heißt es am Anfang der Geschichte menschlicher Zeugungen (Gen 4,1). Es mag richtig sein, dass man nicht zu viel Philosophie in diesen Sprachgebrauch hineinlegen darf. Zunächst handelt es sich dabei, wie G. von Rad treffend gesagt hat, einfach um »Keuschheit der Sprache«, die ehrfürchtig das Innerste des menschlichen Miteinander im Geheimnis belässt.[12] Dann aber ist wichtig: Das hebräische Wort *jaḏa'* bedeutet Erkennen gerade auch im Sinn des Erfahrens, des Vertrautseins. Cl. Westermann glaubt einen Schritt weiter gehen zu dürfen, wenn er sagt, *jaḏa'* bedeute »nicht eigentlich Erkennen und Wissen im Sinn des objektiven Erkennens als *etwas* erkennen oder *etwas* wissen, sondern das Erkennen in der Begegnung«. Die Verwendung des Wortes für den Geschlechtsakt zeige, »dass hier die körperliche Beziehung von Mann und Frau nicht primär physiologisch, sondern primär personal gedacht ist«.[13] Wieder kommt eine Untrennbarkeit aller Dimensionen des Menschseins in den Blick, die gerade in ihrem Ineinander das Besondere dieses Wesens »Mensch« ausmachen, das verfehlt wird, wo man anfängt, einzelne Teile daraus zu isolieren.

Wie aber stellt sich die Bibel konkret das Werden des Menschen vor? Ich möchte nur drei Stellen erwähnen, die uns eine recht deutliche Antwort darauf geben. »Deine Hände haben mich gemacht und geformt«, sagt der Beter zu seinem Gott (Ps 119,73). »Du hast mein Inneres geschaffen, mich gewoben im Schoß meiner Mutter. […] Als ich geformt wurde im Dunkeln, kunstvoll gewirkt in den Tiefen der Erde, waren meine Glieder dir nicht verborgen« (Ps 139,13.15). »Deine Hände haben mich gebildet, mich gemacht […] Denk daran, dass du wie Ton mich geschaffen hast […] Hast du mich nicht ausgegossen wie Milch, wie Käse gerinnen lassen?« (Ijob 10,8-11). In diesen Texten wird Wichtiges sichtbar. Zum einen wissen die biblischen Schriftsteller natürlich sehr wohl, dass der Mensch im Mutterschoß »gewoben« wird, dass er dort »wie Käse gerinnt«. Aber der Mutterschoß wird zugleich mit den Tiefen der Erde identifiziert, und so kann jeder biblische Beter von sich sagen: Deine Hände haben mich gebildet, wie Ton hast du mich geformt. Das Bild, mit dem die Entstehung Adams beschrieben wird, gilt für jeden Menschen in gleicher Weise. Jeder Mensch ist Adam – neuer Anfang; Adam ist jeder Mensch. Das physiologische Geschehen ist mehr als physiologisches Geschehen. Jeder Mensch ist mehr als neue Kombination von Informationen; jedes Menschen Entstehen ist Schöpfung. Ihr Wunder ist es, dass sie nicht neben, sondern gerade *in* den Prozessen des Lebendigen und seiner »invarianten Reproduktion« geschieht.

Fügen wir noch ein letztes, sehr rätselhaftes Wort hinzu, in dem sich dieses Bild rundet. Bei der ersten Geburt eines Menschen überhaupt bricht Eva nach dem biblischen Bericht in einen Jubelruf aus: »Ich habe einen Mann vom Herrn erworben« (Gen 4,1). Seltsam und viel umstritten ist hier das Wort »erwerben«, aber man darf mit guten Gründen sagen, dass es seltsam ist, weil es einen einzigartigen Sachverhalt auszudrücken hat. Die Vokabel bedeutet – wie ähnlich auch in anderen altorientalischen Sprachen – »Schöpfung durch Zeugung oder Geburt«.[14] Anders gesagt: Der Jubelruf drückt den ganzen Stolz, das ganze Glück der Mutter gewordenen Frau aus, aber er drückt auch das Wissen aus, dass jede menschliche Zeugung und Geburt unter einem besonderen »Mitsein« Gottes steht, Selbstübersteigung des Menschen ist, in der er mehr gibt, als er hat und ist: Durch das Menschliche von Zeugung und Geburt hindurch geschieht Schöpfung.

Die Aktualität dieser biblischen Aussagen ist offenkundig. Dem heutigen Menschen, dem die positivistische Begrenzung des Denkens als eine Art Pflicht der Redlichkeit erscheint, drängt sich gewiss die Frage auf: Muss hier eigentlich Gott ins Spiel gebracht werden? Ist das nicht eine Mythologisierung, die nichts erklärt, aber die Freiheit des Menschen im Umgang mit den Daten der Natur behindert? Wird so nicht Natur tabuisiert und umgekehrt Geist naturalisiert, indem man seine Bewegungsfreiheit an eine Naturordnung als vermeintlichen Ausdruck göttlichen Willens bindet?

Wer in einen solchen Disput eintritt, muss sich über eines klar sein: Das, was über Gott und über den Menschen als Person, als neuer Anfang gesagt wird, kann nicht in die gleiche Form von positiv überprüfbarem Wissen eingehen wie das, was man mit Apparaten über die Mechanismen der Reproduktion feststellen kann. Die Aussagen über Gott und den Menschen wollen ja gerade darauf hinweisen, dass der Mensch sich selbst leugnet, also unbestreitbare Wirklichkeit leugnet, wenn er sich weigert, mit seinem Denken über das Labor hinauszugehen. So kann man das Recht der biblischen Synthese am ehesten »beweisen«, indem man die Aporien ihrer Leugnung sichtbar macht. Goethe hat vorausgesagt, die gläserne Welt des Homunculus, des sich auf Reproduktion reduzierenden Menschen, werde irgendwann notwendig an der Wirklichkeit zerschellen. In der ökologischen Krise von heute wird wohl schon etwas von dem Klirren des Glases hörbar. Marx hatte noch mit Enthusiasmus den Kampf des Menschen um die Unterwerfung der Natur fordern können. »Kampf gegen die Natur« und »Befreiung des Menschen« sind für ihn fast Synonyme.[15] Heute beginnt uns vor dieser Befreiung bange zu werden. Der Gebrauch der Natur wird zu ihrem Verbrauch, und die Vorstellung, dass erst der technische Verstand die vernünftige Montage der unvernünftigen Wirklichkeit herbeiführe, hat sich längst als abenteuerlicher Mythos erwiesen: Die innere Vernunft der

Schöpfung ist größer als die Vernunft des machenden Menschen, den es noch dazu als reine Vernunft gar nicht gibt, sondern nur als Interessengruppe mit der ganzen Kurzsichtigkeit parteilich festgelegter Zwecke, die die Zeche von heute mit dem Leben von morgen bezahlt.

Damit berühren wir aber schon die tieferen Schichten der Aporie. Die Vorstellung, dass ein aus der Natur der Dinge selbst auf uns zukommendes Ethos in Wahrheit ein Mythos sei, ersetzt den Gedanken der Freiheit durch die Montage der Notwendigkeit. Dies aber ist in Wirklichkeit die Leugnung jeder Freiheit. Die Reduktion der Wirklichkeit, die mit einem solchen Standpunkt verbunden ist, bedeutet vor allem und zuerst die Leugnung des Menschen als Menschen. Hier steigt nun allerdings die Gefahr auf, dass das Glas des Homunculus nicht nur seinen Inwohner erschlägt, sondern auf den Menschen überhaupt fällt und ihn mitzerstört. Der logische Zusammenhang, um den es hier geht, ist unausweichlich. Es erscheint harmlos, den personalen Vorgang des Sich-Einens von Mann und Frau als mythische Divinisierung der Natur zu »enttabuisieren«. Es erscheint als Fortschritt, den biologischen Kernvorgang zu isolieren und im Labor nachzustellen. Es ist logisch, dass Menschwerdung dann nur Reproduktion ist. Es ist unvermeidlich, dann alles, was über Reproduktion hinausgeht, als mythischen Schein zu betrachten; der entmythisierte Mensch ist nur noch eine Kombination von Informationen, wobei man – die Evolution steuernd – auf die Suche nach neuen Kombinationen gehen kann.

Die vom Ethos sich emanzipierende Freiheit des Menschen und seiner Forschung setzt bereits in ihrem Ansatz die Leugnung der Freiheit voraus. Was bleibt, ist die Macht des »Weltaufsichtsrates«, eine technische Rationalität, die selbst nur im Dienst des Notwendigen steht, aber die Zufälle seiner Kombination durch die Logik der Planung ersetzen will.[16] Hier hat Huxley einfach Recht. Diese Rationalität und ihre Freiheit ist ein Widerspruch in sich selbst, eine absurde Anmaßung. Die Aporie der Reproduktionslogik ist der Mensch; an ihm zerbricht ihr Glas und erweist sich als die Hülle des Künstlichen. Die »Natur«, deren Respektierung der Glaube der Kirche bei der Zeugung eines Menschen verlangt, ist daher nicht ein zu Unrecht sakralisierter biologischer oder physiologischer Vorgang; diese »Natur« ist vielmehr die Würde der Person selbst bzw. der drei Personen, die dabei im Spiele sind. Diese Würde offenbart sich aber gerade auch in der Leiblichkeit, ihr muss jene Logik des Sich-Schenkens entsprechen, die in der Schöpfung und im Herzen des Menschen eingeschrieben steht, gemäß dem großartigen Wort des hl. Thomas von Aquin: »Die Liebe ist ihrem Wesen nach das Urgeschenk, aus dem alle anderen Geschenke von selbst folgen.«[17] Solche Überlegungen machen sichtbar, wo Gottes Schöpfertum in den scheinbar nur physiologischen, naturgesetzlichen Vorgang eintreten kann: Der naturgesetzliche Vorgang ist getragen und ermöglicht durch den personalen Vorgang der Liebe, in dem Menschen nicht weniger als sich selbst einander schenken. Solches Schenken ist der innere Ort, wo Gottes Schenken, wo die schöpferische Liebe als neuer Anfang wirksam wird.

Die Alternative, vor der wir heute stehen, lässt sich nun sehr präzis formulieren: Man kann entweder nur das Mechanische, das Naturgesetzliche als wirklich ansehen und alles Personale, die Liebe, das Schenken als schönen Schein betrachten, der psychologisch nützlich, aber letztlich irreal und unerheblich ist. Ich finde für diese Position keine andere Bezeichnung als: Leugnung des Menschen. Ordnet man sich dieser Logik unter, dann wird selbstverständlich auch der Gottesbegriff zur mythologischen Rede ohne Realitätsgehalt. Daneben steht aber – die andere Alternative – der genau umgekehrte Weg: Man kann das Personale als die eigentliche, stärkere und höhere Wirklichkeitsform betrachten, die das andere – das Biologische und das Mechanische – nicht zum Schein macht, aber es in sich aufnimmt und ihm so eine neue Dimension erschließt. Dann erhält nicht nur der Gottesbegriff Sinn und Bedeutung; dann erscheint auch der Naturbegriff in neuem Licht, weil Natur dann nicht nur eine zufällig sinnvoll funktionierende Anordnung von Buchstaben und Zahlen ist, sondern eine moralische Botschaft in sich trägt, die ihr vorausgeht und die auf den Menschen zugeht, um in ihm Antwort zu finden. Es liegt in der Natur der Sache, dass über das Recht der einen oder der anderen Grundentscheidung nicht im Labor entschieden werden kann. Über die Selbstbestreitung des Menschen kann der Mensch nur entscheiden, indem er sich entscheidet: sich anzunehmen oder sich abzuschaffen.

Ist es noch notwendig, diese Sicht der Wirklichkeit gegen den Vorwurf zu verteidigen, sie sei wissenschafts- und fortschrittsfeindlich? Ich denke, es sei hinlänglich sichtbar geworden, dass eine Betrachtung des Menschen, die seine Herkunft nicht auf Reproduktion reduzieren lässt, sondern sie als Prokreation versteht, keine Ebene der Wirklichkeit auf irgendeine Weise leugnet oder behindert. Das Plädoyer für den Vorrang des Personalen ist auch ein Plädoyer für die Freiheit, denn nur wenn es die Person gibt und wenn sie der versammelnde Ort aller menschlichen Wirklichkeit ist, gibt es überhaupt Freiheit. Die Ausklammerung des Menschen, die Ausklammerung des Ethos vermehrt Freiheit nicht, sondern hebt sie von ihrer Wurzel her auf. Deshalb ist auch der Gottesbegriff nicht ein Gegenpol zur menschlichen Freiheit, sondern deren Voraussetzung und Grund. Wir sprechen nicht mehr in genügender Weise über den Menschen, über seine Würde und seine Rechte, wenn wir die Rede von Gott als unwissenschaftlich aus der Sprache des Denkens ins bloß Subjektive und Erbauliche verbannen. Die Rede von Gott gehört in die Rede vom Menschen hinein, und sie gehört daher auch in die Universität hinein. Es ist kein Zufall, dass das Phänomen Universität sich dort gebildet hat, wo jeden Tag der Satz ertönte: Im Anfang war der Logos – der Sinn, die Vernunft, das vernunfterfüllte Wort. Der Logos hat den Logos geboren und ihm Raum geschaffen. Nur unter der Voraussetzung der uranfänglichen, inneren Vernünftigkeit der Welt, ihres Ursprungs aus der Vernunft, konnte die menschliche Vernunft darangehen, nach der Vernunft der Welt im einzelnen und im ganzen zu fragen. Wo Vernünftigkeit aber nur noch im einzelnen angenommen, im ganzen und als Grund aber verneint wird, löst sich zunächst die Universitas in ein Nebeneinander von Einzeldisziplinen auf. Sehr bald aber folgt für das Ganze menschlichen Lebens und Wirkens daraus, dass Vernunft nur noch für Teilbereiche unserer Existenz gilt, das Wirkliche als Ganzes aber unvernünftig ist. Die Folgen werden schon sichtbar. Daher ist es eine falsche Aporie, wenn man im Namen des Fortschritts und der Freiheit das Gesetz des Könnens, des Erfolgs, der Machbarkeit zum einzigen Gesetz der Wissenschaft erklären und in seinem Namen eine angebliche Tabuisierung der Natur abwehren will. An die Stelle solcher verfehlter Alternativen muss eine neue Synthese von Wissenschaft und Weisheit treten, in der die Frage nach dem einzelnen nicht den Blick nach dem Ganzen verdrängt, die Sorge um das Ganze nicht die Sorgfalt für das einzelne auflöst. Diese Synthese ist die große geistige Herausforderung, vor der wir heute stehen. An ihr wird sich entscheiden, ob es eine Zukunft der Menschheit, eine menschenwürdige Zukunft gibt oder ob wir dem Chaos und der Selbstzerstörung von Mensch und Schöpfung zusteuern.

1 Vgl. J. Monod, Zufall und Notwendigkeit. Philosophische Fragen der modernen Biologie. München [5]1973, 21.

2 Vgl. ebd., 27f., und besonders das 6. Kapitel: Invarianz und Störungen, 125–146.

3 J. Léjeune, Intervention au Synode des Evêques, abgedruckt in: Résurrection, Nouvelle Série 14 (1988), 15–23, hier 16. Vgl. auch den informativen Beitrag von A. Lizotte, Réflexions philosophiques sur l'âme et la personne de l'embryon, in: Anthropotes 3 (1987), 155–195.

4 Vgl. Die Unantastbarkeit des menschlichen Lebens. Zu ethischen Fragen der Biomedizin. Instruktion der Kongregation für die Glaubenslehre. Mit einem Kommentar von R. Spaemann. Freiburg 1987. Aus der umfänglichen Literatur zur Frage sei herausgehoben: M. Schooyans. Maîtrise de la vie domination des hommes. Paris / Namur 1986; R. Löw, Leben aus dem Labor. Gentechnologie und Verantwortung – Biologie und Moral. München 1985; D. Tettamanzi, Bambini fabbricati. Fertilizzazione in vitro, embryo transfer. Casale Monferrato 1985; R. Flöhr (Hg.), Genforschung – Fluch oder Segen? Interdisziplinäre Stellungnahmen. München 1985.

5 Vgl. K. Schubert, Art. Golem, in: LThK 4, 1046 (Lit.).

6 Vgl. G. Thielicke, Der evangelische Glaube. Grundzüge der Dogmatik 1. Tübingen 1968, 328–331; G. Scholem, Zur Kabbala und ihrer Symbolik. Zürich 1960.

7 A. Huxley, Brave New World. New York 1982; deutsch: Schöne neue Welt. Frankfurt 1987.

8 »Pyrrhonic aesthete« im Vorwort von 1949, VIII; Wahnsinn und Irrsinn: »Insanity [...] and lunacy«, ebd. In der deutschen Ausgabe, 10.

9 Brave New World revisited. London 1983. – Vgl. besonders das Vorwort und das Kapitel: Education for Freedom, 155–172; deutsch: Wiedersehen mit der schönen neuen Welt. München 1987 (Erstausgabe 1958).

10 2. Homilie zur Genesis I 26 (PG 44, 277ff.).

11 Vgl. Cl. Westermann, Genesis I, Kap. 1–11. Neunkirchen 1974, 318.

12 G. von Rad, Das erste Buch Mose (ATD 2-4). Göttingen 1964, 83.

13 Cl. Westermann, 393. Wertvolle Klärungen findet man in dem materialreichen Artikel jada' von J. Bergmann / G. J. Botterweck, in: ThWAT 3 (1982), 479–512.

14 Ebd., 395.

15 Darauf weist R. Spaemann, in: Unantastbarkeit, 81, hin.

16 Welche Thesen über den Umgang mit dem Menschen heute schon diskutiert werden, sieht man z.B. bei S. Z. Leiman, Therapeutic Homicide, in: Journ. Med. Phil. 8 (1983), 257–267; dazu R. Löw, Bioethik und Organtransplantation, in diesem Band, 125–152.

17 S.Th. I, 38, 2, resp.

IV.
Die Krise der modernen Kultur und der Glaube

Grundorientierung in der Krise der modernen Kultur

17. Abbruch und Aufbruch. Die Antwort des Glaubens auf die Krise der Werte

Vortrag vom 26. November 1987 an der Universität Eichstätt

In der modernen Literatur, in bildender Kunst, Film und Theater herrscht überwiegend ein düsteres Bild vom Menschen. Das Große und Edle ist von vornherein verdächtig; es muss vom Sockel gerissen und durchschaut werden. Moral gilt als Heuchelei, Glück als Selbstbetrug. Wer einfach dem Schönen und Guten traut, ist entweder von sträflicher Ahnungslosigkeit oder verfolgt böse Absichten. Der Verdacht ist die eigentliche moralische Haltung, die Entlarvung ihr größter Erfolg. Gesellschaftskritik ist Pflicht; die Gefahren, die uns bedrohen, können gar nicht grell und grausam genug gezeichnet werden. Allerdings ist diese Lust am Negativen nicht unbegrenzt. Gleichzeitig gibt es eine Pflicht zum Optimismus, die nicht ungestraft verletzt wird. Wer etwa die Meinung äußern sollte, nicht alles in der geistigen Entwicklung der Neuzeit sei richtig gewesen, in einigen wesentlichen Bereichen sei eine Rückbesinnung auf die gemeinsame Weisheit der großen Kulturen erforderlich, hat offensichtlich die falsche Art von Kritik gewählt. Er findet sich plötzlich einer entschlossenen Apologie der neuzeitlichen Grundentscheide gegenüber; dass die Grundlinie der geschichtlichen Entwicklung Fortschritt sei und dass das Gute daher in der Zukunft liege, nirgends sonst, darf bei aller Lust an der Negation im Ernst nicht bestritten werden.

Die sonderbare Zwiespältigkeit der heutigen Gesellschaftskritik wird handgreiflich deutlich an der radikal gegensätzlichen Reaktion, mit der die herrschende Meinung auf die zwei Ereignisse reagiert hat, die im vergangenen Jahr als die stärksten moralischen Herausforderungen an unsere Gesellschaft empfunden wurden. Das eine war das Unglück von Tschernobyl. Wer für aufgeklärt gelten wollte, konnte die Gefährlichkeit des Geschehenen gar nicht drastisch genug darstellen. Er musste eine ungeheuere Bedrohung über allem Lebendigen sehen, und nur der totale Abschied von der Atomenergie konnte die einzig genügende Antwort sein. Das andere Ereignis war das schnelle Vordringen der neuen Viruserkrankung Aids. Es besteht kein Zweifel, dass viel mehr Menschen an Aids erkranken und sterben werden bzw. schon gestorben sind als an den Folgen von Tschernobyl und dass die Gefährdung durch diese neue Geißel der Menschheit viel näher vor der Tür jedes einzelnen steht als diejenige durch Atomkraftwerke. Wer aber zu sagen wagt, die Menschheit solle sich von dem ordnungslosen sexuellen Libertinismus lösen, der Aids seine Durchschlagskraft gibt, wird von der öffentlichen Meinung als ein hoffnungsloser Obskurantist ins Abseits gestellt; ein solcher Gedanke kann von aufgeklärten Zeitgenossen nur bedauert und mit Schweigen übergangen werden. Aus alledem sieht man, dass es heute eine erlaubte und eine verbotene Gesellschaftskritik gibt; die erlaubte aber reicht nur bis an die Schwelle der Grundentscheide, die nicht in Frage gestellt werden dürfen.

Die moralischen Probleme unserer Zeit – Versuch einer Diagnose

Das gestellte Thema verlangt freilich eine Besinnung, die sich durch solche Verbote nicht einschüchtern lässt. Allerdings wäre es nun umgekehrt falsch, unsere Gesellschaft und ihre moralische Situation insgesamt nur grau in grau zu sehen. Wir dürfen uns nicht von dem oberflächlichen Pflichtoptimismus gewisser Strömungen beeindrucken lassen, aber ebensowenig dürfen wir uns der Versuchung ergeben, die positiven Elemente im Gefüge unserer Zeit zu übersehen. Natürlich kann es hier nicht darum gehen, eine erschöpfende Beschreibung der moralischen Physiognomie unserer Zeit zu geben. Unsere Besinnung zielt darauf, das Haltende und Heilende zu finden, jene Grundorientierung, mit der man die Gegenwart bestehen und so den Weg in die Zukunft öffnen kann. Nach charakteristischen Elementen *unserer* Zeit fragen wir, um zu erkennen, was den Zugang zum richtigen Weg hindert und was ihm dient. Wir handeln also in diesem ersten Teil unserer Analyse nicht von Defekten oder von Tugenden, die es immer gegeben hat und wohl auch immer geben wird, sondern von charakteristischen Zeichen dieser unserer Zeit. In negativer Hinsicht fallen hier zwei Elemente auf, die anderen Perioden so nicht zugehören: der Terrorismus und die Droge. Positiv macht sich ein starkes moralisches Bewusstsein geltend, das sich wesentlich auf Werte des sozialen Bereichs konzentriert: Freiheit für die Unterdrückten, Solidarität mit den Armen und Benachteiligten, Friede und Versöhnung.

a) Das Problem der Droge

Versuchen wir, diese Phänomene etwas mehr aus der Nähe zu betrachten. Ich erinnere mich eines Disputs, den ich zusammen mit einigen Freunden im Hause von Ernst Bloch geführt habe. Die Rede war zufällig auf das Problem der Droge gekommen, das sich damals – in den späten sechziger Jahren – eben erst zu stellen begann. Man fragte sich, wieso sich diese Versuchung jetzt plötzlich so ausbreiten könne und warum sie zum Beispiel im Mittelalter offensichtlich überhaupt nicht bestanden habe. Alle waren sich einig, dass die Antwort ungenügend sei, damals seien eben die Anbaugebiete zu weit entfernt gewesen. Phänomene wie das Auftreten der Droge sind nicht durch solche äußerlichen Bedingungen zu erklären; sie rühren aus tieferen Bedürfnissen oder Mängeln, an denen dann auch der Umgang mit den konkreten Problemen der Beschaffung hängt. So wagte ich die These, dass offenbar jene seelische Leere damals nicht bestanden habe, der man mit der Droge zu begegnen sucht; anders ausgedrückt: der Durst der Seele, des inneren Menschen, fand eine Antwort, die die Droge erübrigte. Ich erinnere mich noch der fassungslosen Empörung, mit der Frau Bloch auf diesen Lösungsvorschlag reagierte. Vom Geschichtsbild des dialektischen Materialismus her war ihr der Gedanke geradezu ein Frevel, vergangene Zeiten könnten in nicht ganz unwesentlichen Dingen der unsrigen überlegen gewesen sein; im Mittelalter als einer Zeit der Unterdrückung und der religiösen Vorurteile konnten unmöglich die entrechteten Massen glücklicher und innerlich ausgeglichener leben als in unserer Zeit, die auf dem Weg der Befreiung schon einiges fortgeschritten ist: Die ganze Logik der »Befreiung« würde dabei zusammenstürzen. Wie aber ist dann der Vorgang zu erklären? Die Frage blieb an jenem Abend unbeantwortet.

Da ich das materialistische Weltbild nicht teile, halte ich meine These von damals noch immer für richtig. Aber sie muss natürlich konkretisiert werden. Dafür könnte sogar das Denken von Ernst Bloch einen hilfreichen Ansatz bieten. Für Bloch ist die Welt der Tatsachen eine schlechte Welt. Das Prinzip Hoffnung bedeutet, dass der Mensch energisch den Tatsachen widerspricht; er weiß sich verpflichtet, die schlechte Welt der Tatsachen zu überwinden, um eine bessere zu schaffen. Ich würde sagen: Die Droge ist eine Form des Protestes gegen die Tatsachen. Der sie einnimmt, weigert sich, sich mit der Welt der Tatsachen abzufinden. Er sucht eine bessere Welt. Die Droge resultiert aus der Verzweiflung an einer Welt, die als der Kerker der Tatsachen empfunden wird, in dem der Mensch es auf Dauer nicht aushalten kann. Natürlich kommt viel anderes dazu: die Sucht nach dem Abenteuer; der Konformismus mitzumachen, was andere tun; die Geschäftstüchtigkeit der Händler und dergleichen. Aber der Kern ist doch der Protest gegen eine als Gefängnis empfundene Wirklichkeit. Die »große Reise«, die die Menschen in der Droge versuchen, ist die Pervertierungsform der Mystik, die Pervertierung des menschlichen Unendlichkeitsbedürfnisses, das Nein zur Unübersteiglichkeit der Immanenz und der Versuch, die Grenzen des eigenen Daseins ins Unendliche hinein zu entschränken. Das geduldige und demütige Abenteuer der Aszese, die sich in kleinen Schritten des Aufstiegs dem absteigenden Gott nähert, wird durch die magische Macht, den magischen Schlüssel der Droge ersetzt – der sittliche und religiöse Weg durch Technik. Die Droge ist die Pseudomystik einer Welt, die nicht glaubt, aber den Drang der Seele nach dem Paradies dennoch nicht abschütteln kann. So ist die Droge ein Warnzeichen, das sehr tief führt: Sie deckt nicht nur ein Vakuum in unserer Gesellschaft auf, dem ihre Instrumente nicht abhelfen können; sie verweist auf einen inneren Anspruch des menschlichen Wesens, der sich in pervertierter Form zur Geltung bringt, wenn er die rechte Antwort nicht findet.

b) Terrorismus als moralisches Problem

Der Ausgangspunkt des Terrorismus ist demjenigen der Droge nahe verwandt: Auch hier steht am Anfang der Protest gegen die Welt, wie sie ist, und das Verlangen nach einer besseren Welt. Der Terrorismus ist von seiner Wurzel her ein Moralismus, allerdings ein fehlgeleiteter, der zur grausamen Parodie auf die wahren Ziele und Wege des Moralischen wird. Es ist kein Zufall, dass der Terrorismus seinen Anfang an den Universitäten genommen hat und hier wieder im Umkreis moderner Theologie, bei ursprünglich stark vom Religiösen herkommenden jungen Menschen. Der Terrorismus der ersten Stunde war ein ins Irdische umgeleiteter religiöser Enthusiasmus, eine in politischen Fanatismus transponierte messianische Erwartung. Der Glaube ans Jenseits war zerbrochen oder jedenfalls belanglos geworden, aber der Maßstab der jenseitigen Erwartung wurde nicht preisgegeben, sondern nun an die gegenwärtige Welt angelegt. Gott wurde nicht mehr als wirklich Handelnder angesehen, aber die Erfüllung seiner Verheißungen nach wie vor und erst recht verlangt. »Gott hat keine anderen Arme als die unsrigen« – das hieß nun, dass die Einlösung dieser Verheißungen von uns selbst besorgt werden kann und muss. Der Ekel an der geistigen und seelischen Leere unserer Gesellschaft, das Verlangen nach dem Ganz-Anderen, der Anspruch auf das unbedingte Heil ohne Schranken und ohne Grenzen – das ist sozusagen die religiöse Komponente im Phänomen des Terrorismus, die ihm die Schwungkraft einer aufs Ganze gerichteten Leidenschaft, seine Kompromisslosigkeit und den Anspruch des Idealistischen gab. Dies alles wird so gefährlich aufgrund der entschiedenen Diesseitigkeit der messianischen Hoffnung: Vom Bedingten wird das Unbedingte, vom Endlichen das Unendliche verlangt. Dieser innere Widerspruch zeigt die eigentliche Tragik des Phänomens auf, in dem die große Berufung des Menschen zum Instrument der großen Lüge wird.

Das Unwahre an der Verheißung des Terrorismus wurde aber für den durchschnittlichen Teilnehmer überdeckt durch die Verbindung der religiösen Erwartung mit moderner Intellektualität. Die besteht zunächst darin, dass alle herkömmlichen moralischen Maßstäbe, vor das Tribunal der positivistischen Vernunft gezerrt, »hinterfragt« und als unbewiesen »durchschaut« werden. Die Moral liegt nicht im Sein, sondern in der Zukunft. Der Mensch muss sie selbst entwerfen. Der einzige moralische Wert, den es gibt, ist die zukünftige Gesellschaft, in der alles erfüllt sein wird, was es jetzt nicht gibt. Moral in der Gegenwart besteht daher darin, für diese künftige Gesellschaft zu arbeiten. Der neue moralische Maßstab lautet demgemäß: Moralisch ist, was der Herbeiführung der neuen Gesellschaft dient. Was ihr aber dient, kann mit den wissenschaftlichen Methoden der politischen Strategie, mit Psychologie und Soziologie ermittelt werden. Moral wird »wissenschaftlich«: Sie hat nicht mehr ein »Phantom« – den Himmel –, sondern ein machbares Phänomen, die neue Zeit, zum Ziel. So sind das Moralische und das Religiöse realistisch und »wissenschaftlich« geworden. Was will man mehr? Kann es wundernehmen, dass gerade idealistische junge Menschen sich durch diese Verheißungen herausgefordert fühlten?

Erst aus der Nähe gesehen wird der Teufelsfuß des Ganzen sichtbar, das Grinsen des Mephistopheles hörbar. »Moralisch ist, was Zukunft schafft«: Unter diesem Maßstab kann auch Mord »moralisch« sein; auf dem Weg zur Menschlichkeit muss auch das Unmenschliche dienen. Im Grunde ist das keine andere Logik als diejenige, welche sagt, dass für »wirklich hochrangige wissenschaftliche Ergebnisse« schon einmal Embryonen geopfert werden dürfen. Und es ist kein anderer Begriff von Freiheit als derjenige, der uns darüber belehrt, dass es zur Freiheit der Frau gehören müsse, ein Kind zu beseitigen, das ihrer Selbstverwirklichung entgegensteht. So geht der Terrorismus heute auf etwas sublimeren Schlachtfeldern mit dem vollen Segen der Wissenschaft und des aufgeklärten Geistes unvermindert weiter. Gewiss, der grobe Terrorismus der Gesellschaftsveränderer ist in den westlichen Gesellschaften eingedämmt worden: Zu sehr hat er die Lebensgewohnheiten dieser Gesellschaften bedroht; zu augenfällig ist das Unmoralische seiner Moral sichtbar geworden. Aber eine wirkliche Abwendung von seinen Grundlagen hat noch nicht stattgefunden; man sieht es auch daran, dass man ihn ungeniert weiterhin Ländern der dritten Welt empfiehlt, die weit genug von uns entfernt liegen. Nach wie vor gilt nahezu als unmoralisch, wer für die dritte Welt die Parolen nicht lobt, die er im eigenen Umkreis nicht gerne angewendet sehen möchte. Die Parteinahme für militante Befreiungsideologien erscheint als eine Art moralischer Ausgleich dafür, dass man es sich selber gutgehen lässt und darin nichts Wesentliches geändert sehen möchte. Die Praxis des Terrorismus ist in Europa gottlob wieder reduziert worden, aber seine geistigen Grundlagen sind nicht überwunden, und solange dies nicht der Fall ist, kann er auch jederzeit von neuem aufflammen.

c) Die neue Zuwendung zu Moral und Religion

So stellt sich jetzt ganz nachdrücklich die Frage: Was ist an diesen – hier nur kurz angedeuteten geistigen Grundlagen das eigentlich Verkehrte? Wo genau liegt der Fehler? Bevor wir dieser Frage auf den Grund gehen, müssen wir aber noch unsere Bestandsaufnahme der gegenwärtigen Gesellschaft vervollständigen. Wir hatten gesagt, es gebe als herausragende Negativ-Phänomene das Voranschreiten der Droge und die Drohung des Terrorismus; es gebe als positives Phänomen aber auch einen starken neuen Willen zu großen moralischen Werten wie Freiheit, Gerechtigkeit, Friede. Kann vielleicht von da die Antwort auf die Bedrohungen unserer Zeit kommen? Zunächst müssen wir feststellen, dass die vor allem im Blickfeld stehenden Werte weitgehend mit denjenigen identisch sind, die als Zielwerte auch von den Trägern gewalttätiger Bewegungen verkündet wurden und werden. Aber der Missbrauch diskreditiert nicht die Werte als solche. Das Neue in der Breite der jungen Generation von heute besteht darin, dass diese Ziele nun auf die Ebene konkreten politischen und sozialen Handelns projiziert und damit ihres arationalen, gewalttätigen Charakters entkleidet werden. Die Ideologien werden abgestreift, und so kann der Blick auf das Gute wieder rein werden. Dies darf man in der Tat als ein Element der Hoffnung ansprechen: Die tiefe göttliche Botschaft im Menschen kann verschüttet und entstellt werden, aber sie bricht auch immer wieder hervor und schafft sich ihren Weg. In denselben Zusammenhang gehört es auch, dass ein neues Verlangen nach Sammlung, nach Kontemplation, nach wahrer Sakralität, ja nach Berührung mit Gott spürbar wird.

Insofern drängen Kräfte hervor, die uns hoffen lassen. Aber wie die Quelle gefasst werden muss, damit sie nicht versickert, so bedürfen auch diese Impulse der Reinigung und der Ordnung, damit sie zu ihrer wahren Wirkung kommen. Der neue religiöse Wille kann sehr leicht ins Esoterische abgedrängt werden; er kann zu bloßer Romantik verdampfen. Zwei Hürden sind für ihn unendlich schwer zu überspringen: Schwer anzunehmen scheint die Kontinuität einer ständigen Zucht, eines geraden Weges, der sich nicht von der Ordnung des Willens und des Verstandes abdrängen lässt in schnelle Befriedigungen durch die Technik der Gefühle. Noch schwerer als dies scheint das Einmünden solchen Willens in den gemeinschaftlichen Lebenszusammenhang einer »Institution« des Glaubens, in der Religion als Glaube gemeinschaftliche Gestalt und Weg geworden ist. Wo aber diese doppelte Hürde nicht übersprungen wird, entartet Religion zum Genussmittel und entfaltet keine die Gemeinschaft wie den einzelnen bindende moralische Kraft. Verstand und Wille danken in ihr ab; es bleibt das bloße Gefühl, und das ist zu wenig.

In ähnlicher Weise sind auch die neuen moralischen Impulse gefährdet. Ihre ungedeckte Flanke ist das weitgehende Fehlen individual-ethischer Werte. Der Blick geht ins Große und Ganze, ins Gemeinschaftliche. Gewiss ist anzuerkennen, dass die Zuwendung zu den Randgruppen sich oft auch in persönlicher Hilfsbereitschaft äußert, die Motivation des Dienens und des Beistehens auf bewundernswerte Weise entbindet. Aber aufs Ganze gesehen ist doch eher eine Schwäche an persönlicher Motivationskraft zu beobachten. Es ist leichter, für Rechte und Freiheiten der eigenen Gruppe zu demonstrieren, als die Disziplin der Freiheit und die Geduld der Liebe für die Leidenden im Alltag zu praktizieren oder gar sich unter Verzicht auf einen Großteil der eigenen individuellen Freiheiten ein Leben lang zu solchem Dienst zu binden. Es fällt auf, dass die Motivationskraft zum Dienen auch in der Kirche offensichtlich entscheidend geschwächt ist: Orden, die sich der Pflege der Kranken und Alten widmen, finden kaum noch Nachwuchs. Man möchte lieber in »pastoral« anspruchsvolleren Diensten wirken. Aber was ist eigentlich »pastoraler« als das unprätentiöse Dasein für die Leidenden? So wichtig professionelle Qualifikation für diese Dienste ist – ohne einen tiefen moralischen und religiösen Grund erstarren sie zu bloßer Technik und leisten das menschlich Entscheidende nicht mehr.

Die schwache Seite des gegenwärtigen moralischen Aufbruchs liegt also zunächst in der Schwäche der individualethischen Motivationskraft. Dahinter aber liegt etwas Tieferes: Die moralischen Werte haben in der technisch bestimmten Gesellschaft ihre Evidenz und so auch ihren zwingenden Anspruch verloren. Sie sind Zielsetzungen fürs Ganze, für die man sich begeistert und ereifert; aber dass sie mich auch dann verpflichten, wenn es sich für mich negativ auswirkt, wenn meine eigene Freiheit und mein persönlicher Friede dabei gefährdet werden, ist nicht einsichtig. Damit aber sind diese Zielsetzungen weitgehend wirkungslos, und der öffentliche Elan, mit dem sie in Demonstrationen herausgestellt und in Reden unentwegt verfochten werden, ist wohl auch Kompensation für diesen Mangel an konkreter Wirksamkeit. So sind wir aber wieder bei der vorhin liegengelassenen Frage angelangt, wo eigentlich genau der Fehler an jener Art von Moralismus beginnt, der im Terrorismus endet. Denn dieser Fehler ist die eigentliche Wurzel auch fast aller anderen Probleme unserer Epoche; seine Auswirkungen reichen weit über das terroristische Umfeld hinaus.

Elemente einer Antwort

a) Das Wesen des Moralischen

Versuchen wir, uns langsam an den Sachverhalt heranzutasten. Ich sagte, das Moralische habe seine Evidenz verloren. Nur noch ein geringer Teil der Menschen in der modernen Gesellschaft glaubt an die Existenz göttlicher Gebote, und noch weniger sind überzeugt davon, dass uns diese Gebote – wenn es sie gibt – durch die Kirche, durch die religiöse Gemeinschaft fehlerfrei übermittelt werden. Dass ein anderer Wille, der Wille des Schöpfers, uns ruft, und dass im Einklang unseres Willens mit dem seinigen unser Wesen recht wird, das ist eine Vorstellung, der sich der Großteil der Menschen entfremdet hat. Für Gott bleibt allenfalls die Funktion übrig, den Urknall in Gang gesetzt zu haben; dass er handelnd in unserer Mitte sei und der Mensch unter seinem Willen stehe, erscheint den meisten als ein naiv-anthropomorpher Gottesgedanke, mit dem der Mensch sich selbst überschätze. Nun ist die Vorstellung einer persönlichen Beziehung zwischen dem Schöpfergott und jedem einzelnen Menschen in der Religions- und Sittengeschichte der Menschen zwar nicht ganz abwesend, aber in seiner reinen Gestalt auf den Umkreis der biblischen Religion beschränkt. Was aber nahezu der ganzen vormodernen Menschheit gemeinsam war, liegt sachlich auf derselben Linie: die Überzeugung, dass im Sein des Menschen ein Sollen liegt; die Überzeugung, dass er Moral nicht selbst aus Zweckmäßigkeitsberechnungen *er*findet, sondern im Wesen der Dinge *vor*findet. Der englische Schriftsteller und Philosoph C. S. Lewis hat lang vor dem Ausbruch des Terrorismus und vor dem Einbruch der Droge auf die tödliche Gefahr der Abschaffung des Menschen hingewiesen, die im Zusammenbruch der Grundlagen unserer Moral liegt, und dabei die menschheitliche Evidenz hervorgehoben, auf der das Bestehen des Menschen als Menschen beruht. Er zeigt in einem Blick durch alle großen Kulturen das Bestehen dieser Evidenz. Er verweist nicht nur auf das moralische Erbe der Griechen, wie es besonders von Platon, Aristoteles und der Stoa artikuliert wurde, die den Menschen zum Vernehmen der Vernunft des Seins hinführen wollen und von da aus eine Erziehung in »Wesensverwandtschaft mit der Vernunft« verlangen. Er erinnert an die Idee des Rita im frühen Hinduismus, das den Einklang der kosmischen Ordnung, der sittlichen Tugenden und des Tempelzeremoniells meint. Er unterstreicht besonders die chinesische Lehre vom Tao: »Es ist die Natur, es ist der Weg, die Bahn. Es ist die Art, wie das All sich bewegt … Es ist auch der Weg, auf dem jeder Mensch in Nachahmung dieser kosmischen und überkosmischen Bewegung schreiten sollte, indem er seine ganze Bewegung nach diesem großen Vorbild ausrichtet.«[1] Lewis verweist aber auch auf das Gesetz Israels, das Kosmos und Geschichte verbindet und Ausdruck der Wahrheit des Menschen wie der Wahrheit der Welt überhaupt sein will. Innerhalb dieses Wissens der großen Kulturen gibt es Unterschiede im Detail, aber viel stärker als die Unterschiede ist das große Gemeinsame, das sich als Urevidenz menschlichen Lebens darstellt: die Lehre von objektiven Werten, die sich im Sein der Welt aussagen; der Glaube, dass es Haltungen gibt, die der Botschaft des Alls entsprechend wahr und darum gut sind und dass ebenso andere Haltungen, weil dem Sein widersprechend, wirklich und immer falsch sind.

Der neuzeitlichen Menschheit ist eingeredet worden, dass die Moralen der Menschheit einander radikal widersprechen wie die Religionen auch. In beiden Fällen ist daraus die einfache Schlussfolgerung gezogen worden, dass all dies menschliche Erfindungen seien, deren Ungereimtheiten wir nun endlich durchschauen und durch vernünftige Erkenntnis ersetzen könnten. Aber diese Diagnose ist extrem oberflächlich. Sie klammert sich an eine Reihe von Details, die sie ordnungslos nebeneinander aufreiht und kommt so zu ihrer banalen Besserwisserei. Die Wirklichkeit ist, dass die Grundintuition über den moralischen Charakter des Seins selbst und über den notwendigen Zusammenklang des menschlichen Wesens mit der Botschaft der Natur allen großen Kulturen gemeinsam ist und dass daher auch die großen moralischen Imperative gemeinsam sind. C. S. Lewis hat dies mit Nachdruck so formuliert: »Was ich aus praktischen Gründen das Tao genannt habe und was andere das Naturgesetz oder die überlieferte Moral oder das erste Prinzip der praktischen Vernunft oder die Grundwahrheiten nennen mögen, ist nicht ein Wertsystem innerhalb einer Reihe von möglichen Wertsystemen. Es ist die einzige Quelle aller Werturteile. Wird es abgelehnt, wird jeglicher Wert verworfen. Wird irgendein Wert beibehalten, wird es auch beibehalten. Der Versuch, es abzulehnen und ein neues an seine Stelle zu setzen, ist ein Widerspruch in sich …«[2]

b) Falsifizierung des Szientismus: Die Abschaffung des Menschen

Das Problem der Moderne, das heißt das moralische Problem unserer Zeit, besteht darin, dass sie sich von dieser Urevidenz getrennt hat. Um den Vorgang wirklich zu verstehen, müssen wir ihn noch etwas genauer beschreiben. Für das naturwissenschaftlich geprägte Denken ist es kennzeichnend, dass es zwischen der Welt der Gefühle und der Welt der Tatsachen einen Abgrund errichtet. Gefühle sind subjektiv, Tatsachen sind objektiv. Die »Tatsachen«, das heißt das, was es feststellbar außerhalb unserer selbst gibt, sind nur noch »Tatsachen«, nackte Faktizität. Dem Atom über seine mathematischen Bestimmtheiten hinaus irgendwelche weiteren Qualitäten etwa moralischer oder ästhetischer Natur zuzulegen, wird als reine Fabelei betrachtet. Diese Reduktion der Natur auf durchschaubare und damit auch beherrschbare Fakten hat aber zur Folge, dass von außerhalb unserer selbst keine moralische Botschaft mehr auf uns zukommt. Das Moralische gehört nun ebenso wie das Religiöse dem Bereich des Subjektiven zu; es hat keinen Platz im Objektiven. Wenn es subjektiv ist, ist es Setzung des Menschen. Es geht uns nicht voraus, wir gehen ihm voraus und machen es. Diese Bewegung der »Objektivierung«, die die Dinge »durchschaut« und beherrschbar macht, kennt ihrem Wesen nach keine Grenze. Schon Auguste Comte hat eine Physik des Menschen gefordert: Nach und nach müsse auch der schwierigste Gegenstand der Natur wissenschaftlich fassbar, das heißt der naturwissenschaftlichen Erkenntnis unterworfen werden: der Mensch. Er werde dann genauso durchschaut sein, wie es die Materie schon ist.[3] Psychoanalyse und Soziologie sind die grundlegenden Weisen, dieses Postulat einzulösen. Man kann nun (so scheint es) die Mechanismen erklären, wie der Mensch zur Meinung kam, Natur drücke ein moralisches Gesetz aus. Freilich – der durchschaute Mensch ist gar kein Mensch mehr, auch er kann vom Wesen solchen Erkennens her nur noch pure Faktizität sein: »Wer alles durchschaut, sieht nichts mehr«, hat Lewis formuliert.[4] Die zur universalen Weltanschauung ausgebauten Theorien der Evolution besiegeln diese Optik und versuchen zugleich, sie zu kompensieren.[5] Natürlich (so sagen sie) ist alles ohne jede Logik oder richtiger: durch die bloße Logik der Tatsachen so geworden, wie es ist. Aber diesen rein mechanischen Hergang der Weltwerdung kann man nun rekonstruieren in den Theorien über Zufall und Notwendigkeit, in der perfekten Evolutionslehre. Die Schlussfolgerungen aus der »Evolution«, die Nachbildung ihrer Erfolge wären dann die neue Moral: Das Ziel der Evolution ist das Überleben und die Optimierung der Arten. Das optimale Überleben der Art »Mensch« wäre nun der moralische Grundwert; die Regeln, nach denen man es macht, wären die einzelnen moralischen Ordnungen. Nur scheinbar ist dies eine Wiederkehr des Lauschens auf die moralische Weisung der Natur. In Wirklichkeit herrscht nun der Gott Sinnlos, denn die Evolution aus sich selbst ist sinnlos. Es herrscht das Kalkül, und es herrscht die Macht. Die Moral ist abgetreten, und der Mensch als Mensch ist abgetreten. Warum man sich an das Überleben dieser Art klammern soll, ist nicht mehr einsichtig zu machen. Noch einmal möchte ich C. S. Lewis das Wort geben, der diesen Vorgang schon im Jahr 1943 mit schneidender Schärfe beschrieben hat. Er sieht darin den alten Pakt mit dem Magier: »Gib mir deine Seele, und du wirst dafür Macht erhalten. Aber haben wir unsere Seele, das heißt unser Selbst einmal aufgegeben, wird die so eingetauschte Macht nicht mehr uns gehören … Es liegt in des Menschen Macht, sich selbst als bloß ›natürliches Objekt‹ zu verstehen … Der eigentliche Einwand liegt darin, dass der Mensch, der sich selbst als Rohmaterial verstehen will, auch Rohmaterial wird …«[6] Lewis hat diese Warnungen während des Zweiten Weltkriegs formuliert, weil er durch die Zerstörung der Moral auch die Fähigkeit bedroht sah, das Vaterland gegen den Ansturm der Barbarei zu verteidigen. Aber er war objektiv genug, um hinzuzufügen: »Ich denke hier nicht einzig, vielleicht nicht einmal vor allem an jene, die im Augenblick unsere politischen Feinde sind. Der Prozess, der, falls man ihm nicht Einhalt gebietet, den Menschen zerstören wird, spielt sich unter Kommunisten und Demokraten ebenso augenfällig ab wie unter Faschisten …«[7] Dieser Hinweis scheint mir sehr wichtig zu sein: Die entgegengesetztesten modernen Weltanschauungen haben den Ausgangspunkt der Leugnung des natürlichen Sittengesetzes und der Reduktion der Welt auf »bloße« Tatsachen gemein. Das Maß dessen, was sie unlogischerweise aus den alten Werten festhalten, ist unterschiedlich, aber im Kernpunkt sind sie von der gleichen Gefahr bedroht.

Die eigentliche Unwahrheit jener Weltanschauung, für die Droge und Terrorismus nur Symptome sind, besteht in der Reduktion der Welt auf Tatsachen und in der Verengung der Vernunft auf die Wahrnehmung des Quantitativen. Das Eigentliche am Menschen wird ins Subjektive abgedrängt und so wirklichkeitslos. Die »Abschaffung des Menschen«, die aus der Absolutsetzung einer einzigen Weise des Erkennens folgt, ist zugleich die klare Falsifizierung dieser Weltsicht. Den Menschen gibt es, und wer ihn kraft seiner Theorie in den Bereich des durchschauten und montierbaren Apparats herabziehen muss, lebt in einer Verengung der Wahrnehmung, der gerade das Wesentliche entgeht. Wenn Wissenschaft auf möglichst umfassende und wirklichkeitsgerechte Erkenntnis abzielt, dann ist eine so verabsolutierte Form einer Methode das Gegenteil von Wissenschaft. Das heißt mit anderen Worten: Auch die praktische Vernunft, auf der die eigentlich sittliche Erkenntnis beruht, ist eine wirkliche Vernunft und nicht bloß Ausdruck subjektiver Gefühle ohne Erkenntniswert. Wir müssen wieder begreifen lernen, dass die großen sittlichen Erkenntnisse der Menschheit genauso vernünftig und genauso wahr, ja wahrer sind als die experimentellen Erkenntnisse des naturwissenschaftlichen und technischen Bereichs. Sie sind wahrer, weil sie tiefer an das Eigentliche des Seins rühren und entscheidungsvoller für das Menschsein des Menschen sind.

Daraus ergeben sich zwei Schlussfolgerungen. Die eine ist die, dass das moralische Sollen nicht die Gefangenschaft des Menschen ist, von der er sich freimachen muss, um endlich tun zu können, was er will. Das moralische Sollen macht seine Würde aus, und wenn er es abschüttelt, dann wird er nicht freier, sondern dann hat er sich auf die Ebene des Apparats, des bloßen Dings zurückgestuft. Wenn es kein Sollen mehr gibt, auf das er in Freiheit antworten kann und muss, dann gibt es den Bereich der Freiheit überhaupt nicht mehr. Das Erkennen des Moralischen ist der eigentliche Inhalt der Menschenwürde; man kann es aber nicht erkennen, ohne es zugleich als Verpflichtung der Freiheit zu erfahren. Moral ist nicht Kerker des Menschen, sondern das Göttliche an ihm.

Um die zweite Schlussfolgerung darzustellen, müssen wir nochmals an die vorhin erzielte Grundeinsicht erinnern: Die praktische (oder moralische) Vernunft ist Vernunft im höchsten Sinn, weil sie tiefer in das eigentliche Geheimnis des Wirklichen vordringt als die experimentelle Vernunft. Das aber bedeutet, dass der christliche Glaube nicht Begrenzung oder Lähmung der Vernunft ist, sondern sie erst zu ihrem eigenen Werk frei macht. Denn auch die praktische Vernunft braucht die Bürgnis des Experiments, aber eines größeren, als es in Laboratorien geleistet werden kann: Sie braucht das Experiment des bestandenen Menschseins, das nur aus der bestandenen Geschichte selbst kommen kann. Darum war die praktische Vernunft immer eingeordnet in den großen Erfahrungs- und Bewährungszusammenhang ethisch-religiöser Gesamtvisionen. Und wie Naturwissenschaft von den genialen Durchbrüchen großer Einzelner zehrt, so hängen auch diese Systematisierungen des ethischen Blicks zum einen an gelebter Gemeinschaft, zum anderen aber an der besonderen Sehfähigkeit einzelner, denen ein Blick ins Ganze gelungen war. Die großen ethischen Gestaltungen Griechenlands, des Nahen und des Fernen Ostens, von denen vorhin kurz die Rede war, haben im Kern ihrer Aussage nichts von ihrer Gültigkeit eingebüßt, aber wir können sie heute als Nebenflüsse ansehen, die letztlich auf den großen Strom der christlichen Deutung des Wirklichen zuführen.

Tatsächlich ist die ethische Vision des christlichen Glaubens nichts Partikulär-Christliches, sondern die Synthese der großen ethischen Intuitionen der Menschheit von einer neuen, sie alle zusammenhaltenden Mitte her. Diese Übereinstimmung der ethischen Weisheit wird heute vielfach als Argument gegen die Verbindlichkeit der in der Bibel verkündeten Gebote Gottes hingestellt. Man sehe daraus, so wird argumentiert, dass die Bibel gar keine ethische Weisung habe, sondern jeweils die moralischen Erkenntnisse der Umwelt sich zu eigen mache. Also gelte in der Moral nur das, was jeweils in einer Zeit als vernünftig erkannt wird, und damit ist man bereits bei der Abdrängung der Moral ins bloße Kalkül, das heißt bei der Abschaffung des im eigentlichen Sinn Moralischen angelangt. Das Gegenteil ist richtig: Der innere Einklang der moralischen Grundweisung, die freilich Schritt für Schritt entfaltet und gereinigt wurde, ist der beste Beweis für ihre Gültigkeit – der beste Beweis, dass sie nicht erfunden, sondern gefunden ist. Gefunden – wie? Hier greifen nun Offenbarungs- und Vernunftbereich ganz eng ineinander. Gefunden sind diese Erkenntnisse zum einen, wie wir sagten, durch solche, die tiefer zu schauen vermochten. Wir nennen solches Schauen, das über die eigene Erkenntnisleistung hinausgeht, Offenbarung. Aber was dabei gesehen wird, ist im ethischen Bereich wesentlich die moralische Botschaft, die in der Schöpfung selbst liegt. Denn die Natur ist nicht, wie ein totalisierter Szientismus behauptet, eine vom Zufall und seinen Spielregeln aufgebaute Montage, sondern sie ist Schöpfung. In ihr drückt sich der Creator Spiritus aus. Deshalb gibt es nicht nur Naturgesetze im Sinn physikalischer Funktionen, sondern das eigentliche Naturgesetz ist ein moralisches Gesetz. Die Schöpfung selbst lehrt uns, wie wir auf rechte Weise Menschen sein können. Der christliche Glaube, der uns hilft, die Schöpfung als Schöpfung zu erkennen, ist nicht eine Lähmung der Vernunft; er gibt der praktischen Vernunft den Lebensraum, in dem sie sich entfalten kann. Die Moral, die die Kirche lehrt, ist nicht eine Speziallast für Christen, sondern sie ist die Verteidigung des Menschen gegen den Versuch seiner Abschaffung. Wenn Moral – wie wir sahen – nicht Versklavung, sondern Befreiung des Menschen ist, dann ist der christliche Glaube Vorposten menschlicher Freiheit.

Noch eine letzte Überlegung möchte ich hinzufügen. Worum es mir hier geht, hat der römische Dichter Juvenal unübertrefflich so formuliert:

> Summum crede nefas animam praeferre pudori
> et propter vitam vivendi perdere causas –

Halte es für höchstes Unrecht, das eigene Überleben der Ehrfurcht vorzuziehen und um des Überlebens willen die Gründe des Lebens zu vertun. Das heißt: Es gibt Werte, die es wert sind, dass man für sie stirbt, weil ein um den Verrat dieser Werte erkauftes Leben auf dem Verrat der Lebensgründe beruht und daher von innen zerstörtes Leben ist. Wir könnten das Gemeinte auch so ausdrücken: Wo es nichts mehr gibt, wofür zu sterben sich lohnt, da lohnt sich auch das Leben nicht mehr; es hat sein Wofür verloren. Und dies gilt nicht nur für den einzelnen; auch ein Land, eine gemeinsame Kultur hat Werte, die den Einsatz des Lebens rechtfertigen; wenn es solche Werte nicht mehr gibt, dann entfallen auch die Gründe und die Kräfte, die den sozialen Zusammenhalt tragen und ein Land als Lebensgemeinschaft erhalten.

Damit sind wir wieder bei den Überlegungen angelangt, die wir zuerst beim Disput über die Droge berührt hatten. Der Mensch braucht die Transzendenz. Die Immanenz allein ist ihm zu eng. Er ist für mehr geschaffen. Die Bestreitung des Jenseits hat zunächst zu einer leidenschaftlichen Verherrlichung des Lebens, der Lebensbehauptung um jeden Preis geführt. Alles muss ja in diesem Leben erreicht werden, ein anderes gibt es nicht. Die Lebensgier, die Gier nach allen Arten von Erfüllungen, wurde aufs Äußerste gesteigert. Aber alsbald ist eine ungeheure Entwertung des Lebens daraus geworden: Es ist nicht mehr vom Siegel des Heiligen umgeben; man wirft es weg, wenn es nicht mehr gefällt. Die missgestalteten Drillinge: Abtreibung, Euthanasie, Selbstmord sind die natürlichen Abkömmlinge dieses Grundentscheids – der Leugnung der ewigen Verantwortung und der ewigen Hoffnung. Die Lebensgier schlägt in Ekel am Leben und in die Nichtigkeit seiner Erfüllungen um. Die Abschaffung des Menschen ist auch hier die Konsequenz.

Der Mensch braucht das Ethos, um er selbst zu sein. Das Ethos aber braucht den Schöpfungs- und den Unsterblichkeitsglauben, das heißt, es braucht die Objektivität des Sollens und die Endgültigkeit von Verantwortung und Erfüllung. Die Unmöglichkeit eines davon abgeschnittenen Menschseins ist der indirekte Beweis für die Wahrheit des christlichen Glaubens und seiner Hoffnung. Diese Hoffnung ist das Rettende für den Menschen, auch und gerade heute. Der Christ darf seines Glaubens froh sein. Ohne die frohe Botschaft des Glaubens besteht das Menschsein auf die Dauer nicht. Die Freude des Glaubens ist seine Verantwortung: Wir sollten sie mit neuem Mut in dieser Stunde unserer Geschichte ergreifen.

1 C. S. Lewis, Die Abschaffung des Menschen (deutsch von M. Gisi, Einsiedeln 1979) 27.

2 C. S. Lewis, a.a.O. 49.

3 Vgl. H. de Lubac, Über Gott hinaus. Tragödie des atheistischen Humanismus (Einsiedeln 1984) 95–184; H. U. von Balthasar, Die Gottesfrage des heutigen Menschen (Wien 1956).

4 A.a.O. 82.

5 Vgl. dazu R. Spaemann – R. Löw – P. Koslowski, Evolutionismus und Christentum. Acta humaniora VCH 1986; W. Bröker, Schöpfung als Auftrag, in: W. Baier u.a., Weisheit Gottes – Weisheit der Welt. Festschrift für J. Ratzinger (St. Ottilien 1987) 115–126.

6 A.a.O. 74.

7 A.a.O. 75.

18. Glaube, Religion und Kultur

Vortrag bei den Salzburger Hochschulwochen 1992

Das letzte Wort des auferstandenen Herrn an seine Jünger ist ein Wort der Sendung bis an die Enden der Erde: »Geht hinaus und macht alle Völker zu Jüngern; tauft sie … und lehrt sie alles halten, was ich euch geboten habe« (Mt 28,19f.; vgl. Apg 1,8). Das Christentum ist mit dem Bewusstsein eines universalen Auftrags in die Welt getreten. Die Gläubigen Jesu Christi wussten sich vom ersten Augenblick an unter der Pflicht, ihren Glauben an alle Menschen weiterzugeben; sie sahen im Glauben ein Gut, das ihnen nicht allein gehörte, auf das vielmehr alle einen Anspruch hatten. Es wäre Veruntreuung gewesen, das Empfangene nicht in die letzten Winkel der Erde zu tragen. Nicht Machttrieb war der Ausgangspunkt des christlichen Universalismus, sondern die Gewissheit, die rettende Erkenntnis und die erlösende Liebe empfangen zu haben, auf die alle Menschen Anspruch haben und auf die sie im Innersten ihres Wesens warten. Die Mission wurde nicht als Zugewinn von Menschen für den eigenen Machtbereich betrachtet, sondern als pflichtgemäßes Weitergeben dessen, was für alle bestimmt war und wessen alle bedurften.

Heute sind Zweifel an der Universalität des christlichen Glaubens aufgetaucht. Die Geschichte der weltweiten Mission wird von vielen nicht mehr als Geschichte der Ausbreitung befreiender Wahrheit und Liebe gesehen, sondern weithin als Geschichte einer Entfremdung und einer Vergewaltigung. Seinen wohl stärksten Ausdruck innerhalb der Kirche hat dieses neue Bewusstsein in dem Text für die »europäische Bußprozession '92« gefunden, in dem wir lesen: »1492–1992 sind Daten, die in der

Perspektive der eingeborenen und der schwarzen Lateinamerikaner einen Kreuzweg mit unzähligen Leidensstationen und einen Karfreitag bezeichnen, der nun seit 500 Jahren andauert. Die europäischen Christen … eroberten mit dem Schwert die Leiber und beherrschten mit dem Kreuz die Seelen … Das Christentum erschien für die Eingeborenen und für die versklavten Afrikaner als die Religion der Feinde, die unterwarfen und töteten. Das Evangelium konnte für sie nicht Botschaft der Freude sein, sondern war eine üble Nachricht, die Unglück brachte … Das Jahr 1992 könnte sich darstellen als die Wiederaufnahme ihrer Religionen, die rechtmäßig und würdig waren, dass Gott durch sie seinen Völkern entgegenkam und die Völker durch sie ihren Weg zu Gott nahmen …«[1] Der Protest, der in diesen Worten aufbricht, geht weit über das Problem Evangelium und Kultur hinaus; er beinhaltet auch weit mehr als die berechtigte Anklage gegen alle Sünden Europas im Zusammenhang mit der Entdeckung Amerikas: Er wirft letztlich die Frage nach der Wahrheit des christlichen Glaubens und nach der Rechtmäßigkeit der Mission überhaupt auf. Insofern verlangt das neue Bewusstsein, das sich darin ausdrückt, eine radikale Besinnung der Christen auf das, was sie sind oder nicht sind, was sie glauben oder nicht glauben, was sie zu geben und nicht zu geben haben. Nur ein kleiner Teilschritt dieser großen Besinnung kann in dem hier vorgegebenen Rahmen versucht werden. Jedenfalls geht es dabei nicht um die Beurteilung der historischen Vorgänge beim Aufeinandertreffen von Europa und Amerika in den Jahrhunderten seit 1492; nicht um eine Festrede »500 Jahre Amerika«, für die ich mich nicht zuständig weiß und um die ich auch nicht gebeten wurde.

Meine Absicht ist bescheidener und anspruchsvoller zugleich: eine Überlegung über Recht und Fähigkeit des christlichen Glaubens, sich anderen Kulturen mitzuteilen, sie in sich aufzunehmen und sich ihnen zu übereignen. Im Grunde sind darin alle Fragen der Grundlegung christlicher Existenz eingeschlossen: Warum eigentlich Glauben? Gibt es Wahrheit für den Menschen, Wahrheit, die als solche allen zugänglich ist und allen gehört, oder berühren wir immer nur in unterschiedlichen Symbolen das Geheimnis, das sich uns nie entschleiert? Ist das Reden von Wahrheit des Glaubens Anmaßung oder ist es Pflicht? Auch diese Fragen können an dieser Stelle nicht frontal angegangen und in ihrer ganzen Größe erörtert werden; in anderen Abschnitten dieses Buches werden wir uns ausführlicher damit auseinandersetzen müssen. Hier müssen sie nur als Hintergrund unserer Probleme mit Glaube und Kultur bewusst bleiben. In diesem Kapitel geht es unmittelbar nur darum, wie sich der eine Glaube zur Vielheit der Kulturen verhält und wie in dieser Vielheit der Kulturen wirkliche Universalität möglich ist, ohne dass eine Kultur sich als die allein gültige ausgibt und zur Unterdrückung der anderen wird. Es braucht wohl kaum eigens erwähnt zu werden, dass diese Frage sich auf die ganze Breite der Geschichte und die ganze Weite aller Kontinente bezieht. Seit der weltverändernden Fahrt des Kolumbus sind 500 Jahre vergangen, aber auch die erste nähere Begegnung zwischen Christentum und Schwarzafrika im damaligen Königreich Kongo, dem heutigen Angola, führt uns in die gleiche Periode und ebenso der Beginn der portugiesischen Mission in Indien, das freilich schon eine lange christliche Geschichte hinter sich hatte, die möglicherweise bis in die Zeit der Apostel zurückreicht. Amerika – Afrika – Asien sind die drei großen Kulturräume, die nun dem Wort von den Enden der Erde und von allen Völkern einen ganz neuen Sinn und dem Auftrag der Mission neue Dimensionen gaben.

Vielleicht aber ist das Bewusstsein des Ungenügens der bisherigen Versuche christlicher Universalität deshalb heute so drängend geworden, weil es inzwischen eine andere Universalität gibt, die wirklich in die letzten Winkel der Erde vorgedrungen ist: die Einheit der technischen Kultur, die sich durch die Macht ihres Könnens und ihrer Erfolge aufdrängt, zugleich aber durch ihre Weise der Zentrierung von Macht und durch ihre Vernutzung der Erde jene Teilung der Welt in Nord und Süd, in Arm und Reich geschaffen hat, die die eigentliche Not unserer Stunde bildet. Immer stärker wird daher heute betont, der Glaube müsse sich, um bestehen zu können, auch in die moderne technisch-rationale Kultur inkulturieren. Aber da steht natürlich die Frage auf: Kann man die technische Einheitszivilisation im gleichen Sinn als Kultur bezeichnen wie die großen Kulturgestalten, die in den verschiedenen Lebensräumen der Menschheit gewachsen sind? Kann sich der Glaube gleichzeitig in das eine und in das andere inkulturieren? Welche Identität soll er dann überhaupt noch behalten?

Kultur – Inkulturation – Begegnung der Kulturen

Wir werden auf diese Fragen noch einmal wenigstens indirekt zurückkommen; einstweilen sollte mit dem Gesagten nur die Größe des Problems angedeutet werden, dem wir uns jetzt endlich stellen müssen: Was ist das eigentlich – Kultur? Wie steht sie zur Religion, und auf welche Weise kann sie mit religiösen Gestalten in Verbindung treten, die ihr ursprünglich fremd waren? Darauf müssen wir zunächst sagen, dass erst das neuzeitliche Europa einen Begriff von Kultur entwickelt hat, der sie als einen von der Religion unterschiedenen oder gar ihr entgegengesetzten eigenen Bereich erscheinen lässt. In allen bekannten geschichtlichen Kulturen ist Religion wesentliches Element der Kultur, ja, ihre bestimmende Mitte; sie ist es, die das Wertgefüge und damit das innere Ordnungssystem der Kulturen bestimmt. Wenn es aber so steht, erscheint Inkulturation des christlichen Glaubens in andere Kulturen nur um so schwieriger. Denn es ist nicht zu sehen, wie die mit der Religion verflochtene, in ihr webende und lebende Kultur sozusagen in eine andere Religion transplantiert werden könne, ohne dass beide dabei zugrunde gehen. Nimmt man aus einer Kultur die ihr eigene, sie zeugende Religion heraus, so beraubt man sie ihres Herzens; pflanzt man ihr ein neues Herz – das christliche – ein, so scheint es unausweichlich, dass der ihm nicht zugeordnete Organismus das fremde Organ abstößt.

Ein positiver Ausgang der Operation scheint schwer vorstellbar. Sinnvoll kann sie eigentlich nur sein, wenn der christliche Glaube und die jeweilige andere Religion samt der aus ihr lebenden Kultur nicht in einem Verhältnis der schlechthinnigen Andersheit zueinander stehen, sondern eine innere Offenheit aufeinander hin in ihnen liegt, oder anders gesagt: wenn die Tendenz, aufeinander zuzugehen und sich zu vereinigen ohnedies in ihrem Wesen begründet ist. Inkulturation setzt also die potentielle Universalität jeder Kultur voraus. Sie setzt voraus, dass in allen das gleiche menschliche Wesen am Werk ist und dass in diesem eine gemeinsame Wahrheit des Menschseins lebt, die auf Vereinigung abzielt. Nochmals anders ausgedrückt: Das Vorhaben der Inkulturation ist nur dann sinnvoll, wenn einer Kultur nicht Unrecht dadurch geschieht, dass sie aus der gemeinsamen Hinordnung auf die Wahrheit des Menschen heraus durch eine neue kulturelle Kraft geöffnet und weiterentwickelt wird. Denn dasjenige an einer Kultur, was solche Öffnung und solchen Austausch ausschließt, ist zugleich das Unzulängliche an ihr, weil Ausschließung des anderen dem Menschen wesenswidrig ist. Die Höhe einer Kultur zeigt sich in ihrer Offenheit, in ihrer Fähigkeit, zu geben und zu empfangen, in ihrer Kraft, sich zu entwickeln, sich reinigen zu lassen und dadurch wahrheitsgemäßer, menschengemäßer zu werden.

An dieser Stelle können wir nun so etwas wie eine Definition von Kultur versuchen. Wir könnten sagen: Kultur ist die geschichtlich gewachsene gemeinschaftliche Ausdrucksgestalt der das Leben einer Gemeinschaft prägenden Erkenntnisse und Wertungen. Versuchen wir nun, die einzelnen Elemente dieser Definition etwas näher zu bedenken, um so auch den möglichen Austausch der Kulturen besser begreifen zu können, der unter dem Stichwort Inkulturation gemeint sein muss.

a) Kultur hat zunächst einmal mit Erkenntnis und mit Werten zu tun. Sie ist ein Versuch, die Welt und in ihr die Existenz des Menschen zu verstehen, aber ein Versuch nicht rein theoretischer Art, sondern vom fundamentalen Interesse unserer Existenz geleitet. Das Verstehen soll uns zeigen, wie man das macht, das Menschsein, wie der Mensch sich richtig in diese Welt einfügt und auf sie antwortet, um so sich selbst zu gewinnen, seine Existenz zum Gelingen, zum Glück zu führen. Diese Frage wiederum ist in den großen Kulturen nicht individualistisch gemeint, als könne der jeweils einzelne für sich ein Modell der Bewältigung von Welt und Leben erdenken. Er kann es nur mit den anderen; die Frage nach der rechten Erkenntnis ist also Frage auch nach der rechten Gestaltung der Gemeinschaft. Diese ist ihrerseits die Voraussetzung dafür, dass das Leben des einzelnen glücken kann. In der Kultur geht es um ein Verstehen, das Erkenntnis ist, die Praxis eröffnet, also um eine Erkenntnis, zu der die Dimension der Werte, des Moralischen, unabdingbar gehört. Noch eins müssen wir hinzufügen, was für die alte Welt selbstverständlich war: In der Frage nach dem Menschen und nach der Welt ist immer die Frage nach der Gottheit als die vorausgehende und eigentlich grundlegende Frage eingeschlossen. Man kann gar nicht die Welt verstehen, und man kann nicht richtig leben, wenn die Frage nach dem Göttlichen unbeantwortet bleibt. Ja, der Kern der großen Kulturen ist es, dass sie Welt interpretieren, indem sie die Beziehung zum Göttlichen ordnen.

b) Kultur im klassischen Sinn schließt also die Überschreitung des Sichtbaren, des Erscheinenden auf die eigentlichen Gründe hin ein und ist in ihrem Kern Öffnung der Tür zum Göttlichen. Damit ist (wie wir schon gesehen haben) das andere verbunden, dass in ihr der einzelne sich überschreitet und sich in einem größeren gemeinschaftlichen Subjekt mitgetragen findet, dessen Erkenntnisse er gleichsam zu leihen nehmen und dann freilich auch seinerseits forttragen und entfalten kann. Kultur ist immer gebunden an ein gemeinschaftliches Subjekt, das die Erfahrungen der einzelnen in sich aufnimmt und sie umgekehrt vorprägt. Das gemeinschaftliche Subjekt verwahrt und entfaltet Erkenntnisse, die über das Vermögen des einzelnen hinausgehen – Einsichten, die als vorrational und überrational gekennzeichnet werden können. Die Kulturen berufen sich dabei auf die Weisheit der »Alten«, die den Göttern näherstanden; auf anfängliche Überlieferungen, die Offenbarungscharakter haben, also nicht nur aus dem Fragen und Nachdenken des Menschen stammen, sondern aus einer ursprünglichen Berührung mit dem Grund aller Dinge, auf einer Mitteilung vom Göttlichen her.[2] Die Krise eines Kultursubjekts entsteht dann, wenn es ihm nicht mehr gelingt, diese überrationale Vorgabe mit kritischer neuer Erkenntnis in eine überzeugende Verbindung zu bringen. Dann wird der Wahrheitscharakter der Vorgabe zweifelhaft, sie wird aus Wahrheit zu bloßer Gewohnheit und verliert ihre Lebenskraft.

c) Damit ist ein Weiteres schon angedeutet: Gemeinschaft schreitet in der Zeit voran, und deshalb hat Kultur mit Geschichte zu tun. Kultur entfaltet sich auf ihrem Weg durch die Begegnung mit neuer Wirklichkeit und die Verarbeitung neuer Erkenntnis. Sie steht nicht abgeschlossen in sich selbst, sondern in der Dynamik des Zeitflusses, zu dem wesentlich das Zueinanderfließen der Ströme, Prozesse der Einigung gehören. Geschichtlichkeit der Kultur bedeutet ihre Fähigkeit weiterzugehen, und daran hängt ihre Fähigkeit, sich zu öffnen, durch Begegnung Verwandlung zu empfangen. Zwar unterscheidet man zwischen kosmisch-statischen und geschichtlichen Kulturen. Die alten vorschriftlichen Kulturen würden danach wesentlich das immer gleichbleibende Geheimnis des Kosmos abbilden, während besonders die jüdische und die christliche Kulturwelt den Weg mit Gott als Geschichte verstehe und daher von Geschichte als Grundkategorie geprägt sei. Das ist bis zu einem gewissen Grade richtig, sagt aber doch nicht alles, denn auch die kosmisch ausgerichteten Kulturen verweisen auf Tod und Wiedergeburt, auf das Menschsein als Weg. Als Christen würden wir sagen: Sie tragen eine adventliche Dynamik in sich, auf die wir noch näher zu sprechen kommen müssen.[3]

Dieser kleine Versuch, Grundkategorien des Begriffs Kultur zu klären, hilft uns nun bereits, die Frage nach der möglichen Weise ihrer Berührung und Verschmelzung besser zu verstehen. Wir können jetzt sagen, dass die Bindung von Kultur an eine kulturelle Individualität, an ein bestimmtes Kultursubjekt, die Vielheit der Kulturen und auch ihre jeweilige Besonderheit, ihre Partikularität begründet. Wir können umgekehrt feststellen, dass ihre Geschichtlichkeit, ihre Bewegung mit der Zeit und in der Zeit ihre Offenheit einschließt. Die einzelnen Kulturen leben nicht nur ihre eigene Erfahrung von Gott, Welt und Mensch, sondern sie treffen auf ihrem Weg notwendig mit den anderen Kultursubjekten zusammen und müssen sich deren andersgearteten Erfahrungen stellen. So kommt es je nach Verschlossenheit oder Öffnung, je nach der inneren Enge oder Weite eines Kultursubjekts zur Vertiefung und Reinigung der eigenen Erkenntnisse und Wertungen. Das kann zu einer tiefgehenden Umwandlung der bisherigen Kulturgestalt führen, die aber keineswegs Vergewaltigung oder Entfremdung sein muss. Im positiven Fall erklärt sie sich aus der potentiellen Universalität aller Kulturen, die sich in der Aufnahme des anderen und in der Veränderung des eigenen konkretisiert. Ein solcher Vorgang kann geradezu dazu führen, dass die stillen Entfremdungen des Menschen von der Wahrheit und von sich selbst aufgebrochen werden, die in einer Kultur liegen. Er kann das heilende Pascha einer Kultur sein, die im scheinbaren Sterben aufersteht und erst ganz sie selber wird.

Demnach sollten wir nun eigentlich nicht mehr von Inkulturation, sondern von Begegnung der Kulturen oder – wenn ein Fremdwort nötig sein sollte – von Interkulturalität sprechen. Denn Inkulturation setzt voraus, dass ein gleichsam kulturell nackter Glaube sich in eine religiös indifferente Kultur versetzt, wobei sich zwei bisher fremde Subjekte begegnen und nun eine Synthese miteinander eingehen. Aber diese Vorstellung ist zunächst einmal künstlich und irreal, weil es den kulturfreien Glauben nicht gibt und weil es die religionsfreie Kultur außerhalb der modernen technischen Zivilisation nicht gibt. Vor allem aber ist nicht zu sehen, wie zwei einander an sich völlig fremde Organismen in einer Transplantation, die zunächst beide verstümmelt, plötzlich ein lebensfähiges Ganzes werden sollten. Nur wenn die potentielle Universalität aller Kulturen und ihre innere Offenheit aufeinander hin gilt, kann Interkulturalität zu fruchtbaren neuen Gestalten führen.

Mit allem Bisherigen haben wir uns sozusagen im Phänomenologischen aufgehalten, das heißt, wir haben registriert, wie Kulturen wirken und sich entwickeln, und wir haben dabei als wesentlichen Grundgedanken für eine Geschichte, die auf Vereinigungen abzielt, die potentielle Universalität aller Kulturen festgestellt. Aber nun steht die Frage auf: Warum ist das so? Warum sind alle Kulturen einerseits nur partikulär und daher alle voneinander verschieden; warum sind sie aber zugleich alle aufeinander hin offen, zu gegenseitiger Reinigung und Verschmelzung befähigt? Ich möchte hier nicht auf die positivistischen Antworten eingehen, die es natürlich auch gibt. Mir scheint, dass gerade hier der Verweis auf das Metaphysische gar nicht abzubiegen ist. Begegnung der Kulturen ist möglich, weil der Mensch in allen Verschiedenheiten seiner Geschichte und seiner Gemeinschaftsbildungen ein einziger ist, ein und dasselbe Wesen. Dieses eine Wesen Mensch wird aber in der Tiefe seiner Existenz von der Wahrheit selber berührt. Nur aus dem verborgenen Angerührtsein unserer Seelen von der Wahrheit erklärt sich die grundsätzliche Offenheit aller aufeinander hin und erklären sich die wesentlichen Übereinstimmungen, die es auch zwischen den entferntesten Kulturen gibt. Die Verschiedenheit aber, die bis zur Verschlossenheit führen kann, rührt zunächst einmal aus der Endlichkeit des menschlichen Geistes: Keiner fasst das Ganze, aber in vielfältigen Erkenntnissen und Gestalten formen sie sich zu einer Art Mosaik zusammen, das die Komplementarität aller aufeinander hin anzeigt: Um zum Ganzen zu kommen, bedürfen alle aller. Nur im Zueinander aller großen kulturellen Schöpfungen nähert sich der Mensch der Einheit und Ganzheit seines Wesens.

Freilich kann es bei dieser optimistischen Diagnose allein nicht bleiben. Denn die potentielle Universalität der Kulturen findet sich immer wieder vor schier unübersteiglichen Hindernissen, wenn sie in eine faktische Universalität übergehen soll. Es gibt nicht nur die Dynamik des Gemeinsamen, es gibt auch durchaus das Trennende, die Sperre gegeneinander, den ausschließenden Widerspruch, die Unmöglichkeit des Übergangs, weil die trennenden Wasser viel zu tief sind. Wir haben vorhin von der Einheit des menschlichen Wesens und von seinem verborgenen Berührtsein durch die Wahrheit, durch Gott gesprochen. Wir sind nun zur Feststellung geführt, dass es demgegenüber auch einen Negativ-Faktor in der menschlichen Existenz geben muss: eine Entfremdung, die Erkenntnis hindert und die Menschen wenigstens partiell von der Wahrheit und damit auch voneinander abschneidet. In diesem unleugbaren Faktor der Entfremdung liegt die Not allen Ringens um Begegnung der Kulturen. Daraus ergibt sich auch, dass unrecht hat, wer in den Religionen der Erde nur tadelnswerten Götzendienst sieht, dass aber auch unrecht hat, wer die Religionen nur positiv werten möchte und plötzlich die Religionskritik vergisst, die uns bis vor kurzem nicht nur von Feuerbach und Marx, sondern von so großen Theologen wie Karl Barth und Dietrich Bonhoeffer in die Seele gebrannt war.

Glaube und Kultur

Mit alledem sind wir nun beim zweiten Teil unserer Überlegungen angelangt. Wir hatten bisher das Wesen von Kultur und von da aus die Bedingungen kultureller Begegnung und Verschmelzung in neuen Kulturgestalten erörtert. Nun müssen wir uns aus dem Bereich des Grundsätzlichen in den der Tatsachen vorwagen. Vorher müssen wir aber noch einmal das wesentliche Ergebnis unserer Überlegungen zusammenfassen und fragen: Was kann Kulturen miteinander so verbinden, dass sie nicht äußerlich aneinandergeheftet werden, sondern innere Befruchtung und Reinigung aus ihrem Begegnen wird? Das Medium, das sie beide zueinander bringt, kann nur die gemeinsame Wahrheit über den Menschen sein, bei der die Wahrheit über Gott und über die Wirklichkeit im Ganzen immer im Spiele ist. Je menschlicher eine

Kultur ist, je höher sie steht, desto mehr wird sie auf Wahrheit ansprechen, die ihr bisher verschlossen geblieben war; desto mehr wird sie fähig sein, solche Wahrheit sich zu assimilieren und sich ihr zu assimilieren. An dieser Stelle wird nun das besondere Selbstverständnis des christlichen Glaubens sichtbar. Er weiß, wenn er wach und unbestechlich ist, sehr wohl darum, dass in seinen einzelnen kulturellen Ausprägungen viel Menschliches am Werk ist, vieles, das der Reinigung und der Öffnung bedarf. Aber er ist auch gewiss, dass er in seinem Kern das Sich-Zeigen der Wahrheit selbst und darum Erlösung ist. Denn das Wahrheitsdunkel ist die eigentliche Not des Menschen. Es verfälscht unser Tun und bringt uns gegeneinander auf, weil wir mit uns selbst im Unreinen, uns selbst entfremdet sind, abgeschnitten vom Grund unseres Wesens, von Gott. Wenn Wahrheit sich schenkt, bedeutet dies Herausführung aus den Entfremdungen und damit aus dem Trennenden; Aufleuchten des gemeinsamen Maßstabs, der keiner Kultur Gewalt antut, sondern jede zu ihrer eigenen Mitte führt, weil jede letztlich Erwartung von Wahrheit ist. Das bedeutet nicht Uniformierung, im Gegenteil: nun erst, wenn dies geschieht, kann Gegensatz zu Komplementarität werden, weil alle, vom zentralen Maßstab geordnet, nun ihre je eigene Fruchtbarkeit entfalten können.

Das ist der hohe Anspruch, mit dem der christliche Glaube in die Welt getreten ist. Aus ihm folgt die innere Verpflichtung, alle Völker in die Schule Jesu zu schicken, weil er die Wahrheit in Person und damit der Weg des Menschseins ist. Wir wollen einstweilen nicht in den Streit um das Recht dieses Anspruchs eintreten, müssen aber darauf später selbstverständlich noch einmal zurückkommen. Zunächst fragen wir: Was folgt daraus für das konkrete Verhältnis des christlichen Glaubens zu den Kulturen der Welt?

Als erstes müssen wir feststellen: Der Glaube selbst ist Kultur. Es gibt ihn nicht nackt, als bloße Religion. Einfach indem er dem Menschen sagt, wer er ist und wie er das Menschsein anfangen soll, schafft Glaube Kultur, ist er Kultur. Dieses sein Wort ist nicht ein abstraktes Wort, es ist in einer langen Geschichte und in vielfältigen interkulturellen Verschmelzungen gereift, in denen es eine ganze Gestalt des Lebens, den Umgang des Menschen mit sich selbst, mit dem Nächsten, mit der Welt, mit Gott geformt hat. Der Glaube ist selbst Kultur. Das bedeutet dann auch, dass er ein eigenes Subjekt ist: eine Lebens- und Kulturgemeinschaft, die wir »Volk Gottes« nennen. In diesem Begriff kommt der geschichtliche Subjektcharakter des Glaubens wohl am deutlichsten zum Ausdruck. Steht nun deshalb der Glaube als *ein* Kultursubjekt unter anderen, so dass man wählen müsste, ob man ihm – diesem Volk als Kulturgemeinschaft – oder einem anderen Volk zugehören möchte? Nein. An dieser Stelle wird das ganz Besondere und Eigene der Kultur des Glaubens sichtbar. Von den klassischen Kultursubjekten, die stammlich, völkisch oder sonstwie durch die Grenzen eines gemeinsamen Lebensbereiches definiert sind, weicht das Subjekt Volk Gottes dadurch ab, dass es in verschiedenen Kultursubjekten besteht, die ihrerseits dabei nicht aufhören, auch für den einzelnen Christen erstes und unmittelbares Subjekt seiner Kultur zu sein. Auch als Christ bleibt man Franzose oder Deutscher, Amerikaner oder Inder usw. In der vorchristlichen Welt, auch in den Hochkulturen Indiens, Chinas, Japans gilt die Identität und Untrennbarkeit des Kultursubjekts. Doppelte Zugehörigkeit ist im allgemeinen unmöglich, wobei freilich der Buddhismus eine Ausnahme bildet, der sich mit anderen Kultursubjekten sozusagen als deren innere Dimension verbinden kann. Aber in aller Konsequenz tritt die Doppelung erst im Christlichen auf, so dass der Mensch nun in zwei Kultursubjekten lebt: in seinem historischen und in dem neuen des Glaubens, die sich in ihm begegnen und durchdringen. Dieses Miteinander wird nie eine ganz fertige Synthese sein; es schließt die Notwendigkeit fortwährender Versöhnungs- und Reinigungsarbeit ein. Immer wieder muss die Überschreitung ins Ganze, ins Universale eingeübt werden, das nicht empirisches Volk, sondern eben Volk Gottes und daher der Raum aller Menschen ist. Immer wieder muss umgekehrt dieses Gemeinsame ins Eigene hereingeholt und am konkreten Ort der Geschichte gelebt oder auch gelitten werden.

Aus dem Gesagten folgt etwas sehr Wichtiges. Man könnte meinen, dass die Kultur jeweils Sache des einzelnen Geschichtssubjektes (Deutschland, Frankreich, Amerika usw.) sei, während der Glaube erst auf der Suche nach kulturellem Ausdruck wäre. Die einzelnen Kulturen würden ihm sozusagen erst seinen kulturellen Körper zuteilen. Der Glaube müsste dann immer nur von Leihkulturen leben, die ihm aber auch irgendwie alle äußerlich blieben und wieder abgestreift werden könnten. Vor allem würde die eine Leihform von Kultur den anderen nichts angehen, der in einer anderen lebt. Die Universalität müsste dabei letztlich fiktiv werden. Solches Denken ist im Grunde manichäisch: Es erniedrigt die Kultur zu bloßem, austauschbarem Körper; es verflüchtigt den Glauben in bloßen und letztlich wirklichkeitslosen Geist. Freilich ist eine solche Auffassung typisch für die nachaufklärerische Geisteshaltung. Kultur wird ins bloß Formale, Religion ins Ausdruckslose des bloßen Gefühls oder des reinen Gedankens verwiesen. So entfällt die fruchtbare Spannung, die durch die Koexistenz zweier Subjekte an sich entstehen müsste. Wenn Kultur mehr ist als bloße Form oder bloße Ästhetik, wenn sie vielmehr Ordnung von Werten in einer geschichtlichen Lebensgestalt ist und von der Frage nach dem Göttlichen gar nicht absehen kann, dann ist nicht daran vorbeizukommen, dass Kirche für den Gläubigen ein eigenes Kultursubjekt ist. Dieses Kultursubjekt Kirche, Volk Gottes, fällt auch in Zeiten scheinbar völliger Verchristlichung einzelner Völker, wie man sie in Europa gegeben glaubte, mit keinem dieser historischen Einzelsubjekte zusammen, sondern behält seine eigene übergreifende Gestalt und ist gerade dadurch bedeutsam.

Wenn es so steht, dann kann es in der Begegnung zwischen dem Glauben und seiner Kultur mit einer ihm bisher fremden Kultur nicht darum gehen, diese Zweiheit der Kultursubjekte nach der einen oder nach der anderen Seite hin aufzulösen. Sowohl die Preisgabe des eigenen kulturellen Erbes zugunsten eines

Christentums ohne konkrete menschliche Färbung wie das Verschwinden der eigenen kulturellen Physiognomie des Glaubens in der neuen Kultur wäre verfehlt. Gerade die Spannung ist fruchtbar, erneuert den Glauben und heilt die Kultur. Demgemäß wäre es auch unsinnig, ein sozusagen vorkulturelles oder dekulturiertes Christentum anzubieten, das seiner eigenen geschichtlichen Kraft beraubt und zu einer leeren Sammlung von Ideen degradiert würde. Wir dürfen nicht vergessen, dass das Christentum bereits im Neuen Testament die Frucht einer ganzen Kulturgeschichte in sich trägt, eine Geschichte des Annehmens und Abstoßens, des Begegnens und des Veränderns. Die Glaubensgeschichte Israels, die in ihm aufgehoben ist, hat im Ringen mit der ägyptischen, der hethitischen, der sumerischen, der babylonischen, der persischen, der griechischen Kultur ihre Form gefunden. All diese Kulturen waren zugleich Religionen, umfassende geschichtliche Lebensformen, die im Ringen Gottes mit Israel, im Ringen seiner großen prophetischen Gestalten leidvoll aufgenommen und verwandelt wurden, um ein immer reineres Gefäß für das Neue der Offenbarung des einen Gottes bereitzustellen, aber gerade so fanden auch jene Kulturen zu ihrer bleibenden Erfüllung. Sie wären inzwischen alle in ferne Vergangenheit versunken, wenn sie nicht im Glauben der Bibel gereinigt und erhöht Gegenwart geblieben wären. Gewiss, die Glaubensgeschichte Israels beginnt mit dem Ruf an Abraham: »Zieh weg aus deinem Land, von deiner Verwandtschaft und aus deinem Vaterhaus« (Gen 12,1); sie beginnt mit einem Kulturbruch. Ein solcher Bruch mit der eigenen Vorgeschichte, ein solches Ausziehen wird immer am Beginn einer neuen Stunde der Glaubensgeschichte stehen. Aber dieser neue Anfang erweist sich dann als eine Kraft der Heilung, die eine neue Mitte schafft und alles wahrhaft Menschengemäße, wahrhaft Gottgemäße an sich zu ziehen vermag. »Wenn ich erhöht sein werde von der Erde, werde ich alle an mich ziehen« (Joh 12,31) – dieses Wort des erhöhten Herrn gehört auch in unseren Zusammenhang herein: Das Kreuz ist zuerst Bruch, Ausgestoßenwerden, von der Erde weg Erhöhtsein, aber gerade so wird es zum neuen, nach oben ziehenden Gravitationspunkt der Weltgeschichte, zur Sammlung des Getrennten.

Wer in die Kirche eintritt, muss sich bewusst sein, dass er in ein eigenes Kultursubjekt mit einer eigenen historisch gewachsenen und vielfältig geschichteten Interkulturalität eintritt. Ohne einen gewissen Exodus, einen Umbruch des Lebens in all seinen Bezügen kann man nicht Christ werden. Der Glaube ist ja nicht ein Privatweg zu Gott; er führt in das Volk Gottes und in seine Geschichte hinein. Gott hat sich selbst an eine Geschichte gebunden, die nun auch die seinige ist und die wir nicht abstreifen können. Christus bleibt Mensch in Ewigkeit, behält Leib in Ewigkeit; Menschsein und Leibsein schließen aber Geschichte und Kultur ein, diese ganz bestimmte Geschichte mit ihrer Kultur, ob es uns gefällt oder nicht. Wir können nicht den Vorgang der Inkarnation beliebig in dem Sinn wiederholen, dass wir sozusagen immer wieder Christus sein Fleisch wegnehmen und ihm ein anderes statt dessen anbieten. Christus bleibt er selbst, auch seinem Leibe nach. Aber er zieht uns an sich. Das bedeutet: Weil das Volk Gottes kein einzelnes Kulturgebilde ist, sondern aus allen Völkern versammelt wird, daher hat auch die erste Identität, auferstehend aus dem Bruch, in ihm Platz, und nicht nur das, sie ist notwendig, um die Menschwerdung Christi, des Logos, zu ihrer ganzen Fülle kommen zu lassen. Die Spannung der vielen Subjekte in dem einen Subjekt gehört wesentlich zum unabgeschlossenen Drama der Menschwerdung des Sohnes. Sie ist die eigentliche innere Dynamik der Geschichte und steht freilich auch immer unter dem Zeichen des Kreuzes, das heißt, sie hat immer auch mit dem entgegengesetzten Schwergewicht der Abschließung und der Verweigerung zu kämpfen.

Das alles trifft dann zu, wenn Jesus von Nazareth wirklich der menschgewordene Sinn der Geschichte, der Logos, das Sichzeigen der Wahrheit selber ist. Dann ist klar, dass diese Wahrheit der offene Raum ist, in dem alle zueinanderfinden können und nichts seinen eigenen Wert und seine eigene Würde verliert. An dieser Stelle setzt heute Kritik ein. Für die konkreten Glaubensaussagen einer Religion den Anspruch der Wahrheit zu erheben erscheint heute nicht nur als Anmaßung, sondern als Zeichen mangelnder Aufklärung. Hans Kelsen hat den Geist unserer Epoche ausgedrückt, wenn er den großen sittlichen und religiösen Problemen der Menschheit gegenüber für die Gestaltung der staatlichen Gemeinschaft die Pilatusfrage »Was ist Wahrheit?« als einzig angemessene Haltung darstellt. Die Wahrheit ist durch den Mehrheitsentscheid ersetzt, so sagt er, eben weil es Wahrheit als gemeinsam verbindlich zugängliche Größe für den Menschen nicht geben könne.[4] So wird die Vielheit der Kulturen zum Nachweis der Relativität aller. Kultur wird der Wahrheit entgegengestellt. Dieser Relativismus, der heute als Grundgefühl des aufgeklärten Menschen bis weit in die Theologie hineinreicht, ist das tiefste Problem unserer Zeit. Er ist auch der Grund dafür, dass nun Wahrheit durch Praxis ersetzt und damit die Achse der Religionen verschoben wird: Was wahr ist, wissen wir nicht, aber was wir machen müssen, wissen wir: eine bessere Gesellschaft heraufführen, das »Reich«, wie man mit einem der Bibel entnommenen und ins Profan-Utopische gewendeten Wort gerne sagt. Ekklesiozentrik, Christozentrik, Theozentrik – sie scheinen nun alle überholt durch die Regno-Zentrik, die Zentrierung auf das Reich als gemeinsame Aufgabe der Religionen, und nur unter diesem Gesichtspunkt und nach diesem Maßstab sollten sie sich begegnen.[5] So besteht nun kein Grund mehr, sie in ihrem Kern, in ihrer sittlichen und religiösen Weisung aufeinander zuzubewegen; wohl aber werden sie alle in ihrem tiefsten Wesen umgeformt, sofern sie als Instrumente einer Zukunftsgestaltung dienen sollen, die ihnen bisher als Aufgabe fremd war und die ihre Inhalte letztlich gegenstandslos werden lässt.

Das Relativismusdogma wirkt aber auch noch in eine andere Richtung: Der in der Mission konkret vollzogene christliche Universalismus ist nicht mehr pflichtgemäße Weitergabe eines Gutes, das für alle bestimmt ist, der Wahrheit und der Liebe nämlich; die Mission wird unter dieser Voraussetzung zur blanken Anmaßung einer sich überlegen dünkenden Kultur, die schändlicherweise eine Vielzahl religiöser Kulturen zertreten und so den Völkern ihr Bestes, ihr Eigenes genommen hätte. Von da kommt der Imperativ: Gebt uns unsere Religionen wieder als die rechtmäßigen Wege, wie die einzelnen Völker zu ihrem Gott kommen und Gott zu ihnen kommt; tastet die Religionen nicht an, wo sie noch bestehen! Ist diese Forderung angemessen? An ihr muss sich jedenfalls Sinn oder Unsinn des Relativismus-Dogmas im Bereich der Kulturen und Religionen erweisen.[6]

Zumindest müsste man bei solchen Forderungen sorgsam auf die einzelnen Religionen hinsehen, ob denn wirklich ihre Wiederherstellung wünschenswert sei. Wenn wir zum Beispiel daran denken, dass bei der Weihe des letzten Umbaus des Haupttempels der Azteken im Jahre 1487 »nach den geringsten Schätzungen in vier Tagen 20 000 Menschen auf den Altären Tenochtitlans« (der Hauptstadt der Azteken im Hochtal von Mexiko) als Menschenopfer für den Sonnengott verbluteten, so wird es schwerfallen, die Wiederherstellung dieser Religion zu fordern.[7] Solche Opferung geschah, weil die Sonne vom Blut menschlicher Herzen lebte und nur durch Menschenopfer der Untergang der Welt aufgehalten werden konnte. So waren denn auch die Kriege, in denen man die Gefangenen gewann, die als Opfer dienten, göttliches Gebot. Den Erd- und Vegetationsgöttern brachten die Azteken »Männer und Frauen dar, denen meist die Haut abgezogen wurde«; den zwerghaft gedachten Regengöttern opferte man kleine Kinder, die man in Quellen, Wasserlöchern und bestimmten Stellen des Sees von Tetzcoco ertränkte. Es gab Rituale, zu denen das

Menschenschinden gehörte. All dies rührte, wie W. Krickeberg feststellt, nicht aus einem angeborenen »Hang zur Grausamkeit«, sondern aus dem fanatischen Glauben an die Pflicht der Menschen, auf diese Weise für den Fortbestand der Welt zu sorgen.[8] Dies ist gewiss ein extremes Beispiel, aber es zeigt immerhin, dass man nicht ohne weiteres in allen Religionen Wege Gottes zu den Menschen und des Menschen zu Gott sehen kann.

Wir müssen aber die Frage grundsätzlicher anfassen. Kann man die Religionen überhaupt einfach so stehen lassen, sozusagen bei ihnen die Geschichte anhalten? Offenkundig ist, dass man nicht Menschen zu einer Art von religions- und kulturgeschichtlichem Naturschutzpark erklären kann, in den die Neuzeit nicht eindringen dürfe. Solche Versuche sind nicht nur unwürdig und im letzten menschenverachtend, sie sind auch völlig unrealistisch. Die Begegnung der Kulturen und das allmähliche Zusammenwachsen der einzelnen Geschichtsräume zu einer einzigen gemeinsamen Menschheitsgeschichte liegt im Wesen des Menschen selbst begründet. Man kann auch nicht selber die Möglichkeiten der technischen Zivilisation ausnutzen und zugleich den anderen seinen eigenen romantischen Traum von der vortechnischen Welt aufdrängen. In der Tat ist ja heute wohl unbestritten, dass die Ausbreitung der Zivilisation der Neuzeit nicht nur faktisch unaufhaltsam ist, sondern dass es eine Frage der Gerechtigkeit bedeutet, den von ihr nicht berührten Kulturen deren Instrumente anzubieten. Dass man dabei behutsamer verfahren und mehr Achtung vor den eigenen Überlieferungen dieser Menschen zeigen muss, als es bisher geschah, steht auf einem anderen Blatt. Nicht die Ausweitung der technischen Möglichkeiten als solche ist schlecht, wohl aber die aufklärerische Anmaßung, mit der man vielfach dabei gewachsene Strukturen zertreten hat und auf den Seelen der Menschen herumgetrampelt ist, deren religiöse und ethische Überlieferungen achtlos beiseite geschoben wurden. Die seelische Entwurzelung und die Zerstörungen des Gemeinschaftsgefüges, die dabei geschehen sind, sind sicher ein Hauptgrund, warum Entwicklungshilfe bisher nur in den seltensten

Fällen zu positiven Ergebnissen geführt hat. Man glaubte, es genüge, technisches Können zu entwickeln; dass der Mensch auch Überlieferung, von innen tragende Werte braucht, wurde und wird weithin ausgeklammert.

Aber nun könnte man fragen: Soll man also nicht doch so vorgehen, dass man die Technik behutsam weitergibt, aber die Religionen stehen lässt? Dieser auf den ersten Blick so einleuchtende Gedanke führt dennoch in die Irre. Denn man kann nicht in ganz anderen Situationen gewachsene Religionen als solche konservieren, in die Statik einer Art von religiösem Naturschutz einschließen, und gleichzeitig das technische Weltbild daraufsetzen. Die technische Zivilisation ist ja nicht einfach religiös und moralisch neutral, auch wenn sie glaubt, es zu sein. Sie verändert die Maßstäbe und die Verhaltensweisen. Sie ändert die Interpretation der Welt von ihrem Grunde her. Der religiöse Kosmos kommt durch sie unweigerlich in Bewegung. Das Ankommen dieser neuen Möglichkeiten der Existenz ist wie ein Erdbeben, das die geistige Landschaft in ihren Grundfesten erschüttert. Allerdings gibt es in zunehmendem Maß den Vorgang, dass der christliche Glaube als europäisches Kulturerbe der eigenen Authentizität willen abgeschüttelt und religiös die heidnischen Religionen wiederhergestellt werden, während man gleichzeitig die Technik, obgleich nicht weniger westlich, leidenschaftlich aufnimmt und ausnutzt. Diese Teilung des westlichen Erbes in das Nützliche, das man akzeptiert, und in das Fremde, das man fallen lässt, führt allerdings gerade nicht zur Rettung der alten Kulturen. Denn nun zeigt sich, dass das Große, Vorwärtsweisende, ich möchte sagen: die adventliche Dimension der alten Religionen dabei zu Fall kommt, weil sie mit den neuen Erkenntnissen über Welt und Mensch unvereinbar scheint und ihr Interesse verliert, während das Magische im weitesten Sinn des Wortes, alles, was Macht über die Welt verspricht, erhalten bleibt und erst vollends lebensbestimmend wird. Die Religionen verlieren so ihre Würde, weil das Beste von ihnen abgeschnitten wird und das, was ihre Gefährdung war, als einziges übrigbleibt. Das ließe sich sehr gut am Beispiel des Vodun zeigen. In seiner originären Form ist er letztlich von einem Vorgriff auf das Pascha-Mysterium, auf Tod und Auferstehung geprägt; die Frage der Initiation ins Menschsein, der Hochzeit der Geschlechter, der Sündenvergebung – all die großen sakramentalen Grundfiguren bestimmen ihn in seinem Wesensgefüge.[9] Aber diese mythologische Form bedarf einer neuen rationalen Vermittlung, einer neuen Mitte, die Vodun selber sich nicht geben kann. In seiner geschichtlichen Stunde streckte es sich aus nach dem noch Unbekannten hin. Wo aber einfach Technik und Vodun aufeinandergesetzt werden, zerbricht diese nach vorwärts weisende Gebärde, und übrig bleiben die magischen Potentiale, die sich nun als eine arationale Nebenwelt neben die technische und ihre einseitige Rationalität stellen. Immer mehr Europäer, denen der christliche Glaube zerbricht, nehmen diese irrationalen Kräfte auf, und so erst geschieht wirkliche Paganisierung: ein Abgeschnittenwerden des Menschen von Gott; der Mensch sucht nur noch nach verschiedenen Machtsystemen und zerstört dabei sich selbst und die Welt. Dies aber ist genau die falsche Art von Begegnung der Kulturen, im Grund eine Nicht-Begegnung, in der Rationalismus und Irrationalismus sich auf eine fatale Weise miteinander verbinden. Die Religionen können in der geschichtlich bewegten Welt gar nicht einfach stehen bleiben, wie sie waren oder sind. Aber der christliche Glaube, der das ganze große Erbe der Religionen in sich trägt und es zugleich auf den Logos, auf die wahre Vernunft hin öffnet, könnte ihrem tiefsten Wesen neuen Bestand geben und zugleich die wahre Synthese von technischer Rationalität und Religion ermöglichen, die nicht durch die Flucht ins Irrationale, sondern nur durch die Öffnung der Vernunft zu ihrer wahren Höhe und Weite geschehen kann.

An dieser Stelle liegen die großen Aufgaben des gegenwärtigen geschichtlichen Augenblicks. Zweifellos muss christliche Mission die Religionen in einer viel tieferen Weise verstehen und aufnehmen als bisher geschehen, aber umgekehrt bedürfen die Religionen, um in ihrem Besten weiterzuleben, der Anerkennung ihres eigenen adventlichen Charakters, der sie nach vorne, auf Christus verweist. Wenn wir in diesem Sinn auf eine interkulturelle Spurensuche nach der einen gemeinsamen Wahrheit gehen, dann wird sich Unerwartetes zeigen: Die Gemeinsamkeiten des Christentums mit den alten Kulturen der Menschheit sind größer als die Gemeinsamkeiten mit der relativistisch-rationalistischen Welt, die sich aus den tragenden Grunderkenntnissen der Menschheit gelöst hat und so den Menschen in ein Sinnvakuum verweist, das tödlich zu werden droht, wenn ihm nicht rechtzeitig Antwort wird. Denn quer durch die Kulturen geht das Wissen um die Verwiesenheit des Menschen auf Gott und auf das Ewige; das Wissen um Sünde, Buße und Vergebung; das Wissen um Gottesgemeinschaft und ewiges Leben und schließlich das Wissen um die sittlichen Grundordnungen, wie sie im Dekalog Gestalt gefunden haben. Nicht der Relativismus wird bestätigt, sondern die Einheit des Menschseins und sein gemeinsames Angerührtsein von einer Wahrheit, die größer ist als wir.

1 L. Boff, I cinquecento anni della conquista dell'America Latina: Un »venerdì santo« che dura ancora oggi; zitiert nach der von der Nachrichtenagentur Adista am 25. Januar 1992 verbreiteten italienischen Version des Textes.

2 Vgl. dazu J. Pieper, Überlieferung. Begriff und Anspruch (München 1970); ders., Über die platonischen Mythen (München 1965).

3 Den Begriff des Adventlichen im vorchristlichen »Heidentum« hat besonders Th. Haecker mit Nachdruck in den Raum gestellt; vgl. Th. Haecker, Vergil. Vater des Abendlandes (Leipzig 1931; Neudruck München 1947).

4 Vgl. V. Possenti, Le società liberali al bivio. Lineamenti di filosofia della società (Marietti, 1991) 315–345, bes. 345f.; W. Waldstein, Teoria generale del diritto (Pont. Univ. Lat., Roma 2001).

5 Vgl. die Hinweise bei J. Dupuis, The Kingdom of God and World Religions, in: Vidyajyoti, Journal of theological reflection 51 (1987) 530–544; ders., Verso una teologia cristiana del pluralismo religioso (Brescia 1997).

6 Von großer Bedeutung für diese Fragen ist der Beitrag von Chr. Gnilka, La conversione della cultura antica vista dai Padri della chiesa, in: Cristianesimo nella storia II (1990) 593–615, der die großen Einsichten der Väter zur Frage der Inkulturation im Ringen mit dem spätantiken Relativismus herausstellt. Hier wird sichtbar, dass der heutige Relativismus nur eine Rückkehr zur spätantiken Theorie der Religion darstellt. Sie spiegelt sich z.B. im Dialog *Oc-*

tavius des Minucius Felix (um 200), wo der heidnische Partner sagt, in der menschlichen Existenz sei alles unsicher, eher wahrscheinlich als wahr, und deshalb müsse man sich an die alten religiösen Traditionen halten. Die Christen werden ironisch als »Vorsteher der Wahrheit« (antistites veritatis) bezeichnet. Die klassische Formulierung dieses auf dem Wahrheitsdunkel gründenden Pluralismus der Religionen findet sich in der berühmten Denkschrift des Symmachus († 402): »uno itinere non potest perveniri ad tam grande secretum (man kann nicht auf nur einem Weg zu einem so großen Geheimnis gelangen)«. Julian der Apostat geht von der gleichen Philosophie aus und betont, dass man die Verschiedenheit der nationalen Kulturen und Lebensstile und demnach die Vielheit der Gottheiten und der Religionen achten müsse. Sein Hauptvorwurf gegen das Christentum und sein einziger Einwand gegen das Judentum liegt in seinem Nein zum ersten Gebot: Im Monotheismus, in der Absage an die Götter sieht er die Erbsünde der christlichen und jüdischen Religion. Die Christen stellen dieser Theorie von den vielen Wegen die Lehre von den zwei Wegen (Mt 7,13) entgegen: dem Weg zum Heil und dem Weg zum Verderben; die vielen Wege der heidnischen Religionen sind in Wirklichkeit nur ein Weg – die breite Straße, von der das Evangelium spricht. Gnilka zeigt dann, wie die Väter sehr bewusst von der Bekehrung der Kulturen sprechen; Bekehrung, so sagen sie, ist Umformung (Verwandlung), nicht Zerstörung. Sie schließt als Verwandlung immer auch Bewahrung mit ein – ein Gedanke, der dann auch konkret für den Umgang mit Tempeln und Götterbildern wie für Erneuerung und Kontinuität der Sprache und des Denkens ausgearbeitet wird. Ausführlicher und umfassender hat Chr. Gnilka die ganze Problematik dargestellt in seinem Buch Chrêsis. Die Methode der Kirchenväter im Umgang mit der antiken Kultur, Bd. 2. Kultur und Conversion (Basel 1993).

7 Vgl. W. Krickeberg – H. Trimborn – W. Müller – O. Zerries, Die Religionen des alten Amerika (Stuttgart 1961) 49.

8 A.a.O. 50f.

9 Vgl. dazu B. Adoukonou, Jalons pour une théologie africaine. Essai d'une herméneutique chrétienne du Vodun dahoméen. 2 Bände (Paris-Namur 1980); Y. K. Bamunoba – B. Adoukonou, La mort dans la vie africaine (Unesco Paris 1979).

19.
Warum ich noch in der Kirche bin

Vortrag vor der Katholischen Akademie in Bayern, München, den 4. Juni 1970

Gründe, nicht mehr in der Kirche zu sein, gibt es heute viele und gegensätzliche. Der Kirche den Rücken zu kehren, fühlen sich heute nicht mehr bloß Menschen gedrängt, denen der Glaube der Kirche fremd geworden ist, denen die Kirche zu rückständig, zu mittelalterlich, zu welt- und lebensfeindlich erscheint, sondern auch Menschen, die die geschichtliche Gestalt der Kirche, ihren Gottesdienst, ihre Unzeitgemäßheit, den Widerschein des Ewigen in ihr liebten. Ihnen scheint, dass die Kirche dabei ist, ihr Eigentliches zu verraten, dass sie dabei sei, sich an die Mode zu verkaufen und damit ihre Seele zu verlieren: Sie sind enttäuscht wie ein Liebender, der den Verrat einer großen Liebe erleben muss, und erwägen ernstlich, ihr den Rücken zu kehren.

Umgekehrt gibt es aber auch recht gegensätzliche Gründe, in der Kirche zu bleiben: In ihr bleiben nicht nur die, die unentwegt den Glauben an ihre Sendung festhalten, oder jene, die sich von einer lieben, alten Gewohnheit nicht lösen wollen (selbst wenn sie von dieser Gewohnheit wenig Gebrauch machen). In ihr bleiben heute mit größtem Nachdruck gerade auch diejenigen, die ihr ganzes geschichtliches Wesen ablehnen und den Inhalt, den ihre Amtsträger ihr zu geben oder festzuhalten versuchen, mit Leidenschaft bekämpfen. Obwohl sie das, was die Kirche war und ist, beseitigen wollen, sind sie entschlossen, sich nicht aus ihr hinausweisen zu lassen, um aus ihr das zu machen, was sie ihrer Meinung nach werden soll.

So ergibt sich aber eine wahrhaft babylonische Situation für die Kirche, in der nicht nur die Motive des In und Gegen aufs seltsamste verquert sind, sondern kaum noch eine Verständigung möglich scheint. Vor allem: Misstrauen zieht auf, weil das Sein-in-der-Kirche seine Eindeutigkeit verloren hat und keiner mehr der Aufrichtigkeit des andern zu trauen wagt. Das hoffnungsvolle Wort Romano Guardinis, 1921 gesprochen, scheint ins Gegenteil verkehrt: Ein Vorgang von großer Tragweite hat begonnen – die Kirche erwacht in den Seelen. Heute scheint das Wort umgekehrt lauten zu müssen: In der Tat, ein Vorgang von großer Tragweite spielt sich ab – die Kirche erlischt in den Seelen, und sie zerfällt in den Gemeinden. Inmitten einer Welt, die nach Einheit strebt, zerfällt die Kirche in nationalistisches Ressentiment, in die Verketzerung des Fremden, in die Glorifizierung des Eigenen. Zwischen den Managern der Weltlichkeit und einer Reaktion, die sich allzusehr ans Äußerliche und bloß Gewesene klammert, zwischen Missachtung der Überlieferung und positivistischem Bauen auf den Buchstaben scheint es keine Mitte zu geben – die öffentliche Meinung weist jedem unerbittlich seine Stelle zu; sie braucht klare Etikette und kann sich auf Nuancen nicht einlassen: Wer nicht für den Fortschritt ist, ist gegen ihn; man hat Konservativer oder Progressist zu sein. Die Wirklichkeit ist freilich, gottlob, doch anders: Im stillen und noch fast ohne Stimme gibt es dazwischen auch heute die einfach Glaubenden, die auch in dieser Stunde der Verwirrung den wahren Auftrag der Kirche verwirklichen: die Anbetung und die Geduld des täglichen Lebens vom Worte Gottes her. Aber in das Bild, das man haben will, passen sie nicht, und so bleiben sie weithin stumm – diese wahre Kirche ist zwar nicht unsichtbar, aber tief verborgen unter dem Gemächte der Menschen.

Damit ist eine erste Andeutung über den Hintergrund gewonnen, auf dem sich heute die Frage stellt: Warum bleibe ich noch in der Kirche? Wenn sie sinnvoll beantwortet werden soll, müssen wir zunächst die Analyse dieses Hintergrunds, der ja mit dem Wörtchen »heute« unmittelbar zu unserem Thema gehört, noch weiter vertiefen und jetzt über die Feststellung der Situation hinaus die Frage nach ihren Gründen aufnehmen.

Wie konnte es zu dieser merkwürdig babylonischen Situation kommen in dem Augenblick, in dem wir ein neues Pfingsten erhofft hatten? Wie war es möglich, dass gerade in dem Moment, in dem das Konzil die reife Ernte des Erwachens der letzten Jahrzehnte eingebracht zu haben schien, statt des Reichtums der Erfüllung sich plötzlich eine unheimliche Leere ergab? Wie konnte es geschehen, dass aus dem großen Aufbruch zur Einheit der Zerfall hervorkam? Ich möchte fürs erste versuchen, mit einem Vergleich zu antworten, der zugleich die Aufgabe aufdecken kann, die uns gestellt ist und damit schon andeutend die Gründe sichtbar macht, die in allem Nein auch weiterhin ein Ja ermöglichen. Es scheint, wir sind bei unserem Bemühen um das Verständnis der Kirche, das schließlich auf dem Konzil zu einem aktiven Ringen um sie, zu einer konkreten Arbeit an der Kirche geworden ist, so nahe an eben diese Kirche herangekommen, dass nun eine Wahrnehmung des Ganzen nicht mehr gelingt, dass wir vor Häusern nicht mehr die Stadt, vor Bäumen nicht mehr den Wald zu sehen vermögen – die Situation, in die uns die Wissenschaft dem Wirklichen gegenüber so vielfach geführt hat, scheint sich nun auch in bezug auf die Kirche ergeben zu haben. Wir sehen das Einzelne in einer so überzeichneten Genauigkeit, dass es uns unmöglich wird, das Ganze wahrzunehmen. Und wie dort bedeutet auch hier der Gewinn an Exaktheit Verlust an Wahrheit. So unbestreitbar richtig alles ist, was uns das Mikroskop zeigt, wenn wir ein Stück Baum in ihm betrachten, so kann es doch zugleich Wahrheit verdecken, wenn es uns vergessen lässt, dass das Einzelne nicht bloß das Einzelne ist, sondern dass es eine Existenz im Ganzen hat, die nicht mikroskopierbar und doch wahr, wahrer als die Isolierung des Einzelnen ist.

Sagen wir die Dinge nunmehr ohne Bild. Die Perspektive der Gegenwart hat unseren Blick auf die Kirche auch in dem Sinn umgeformt, dass wir Kirche praktisch nur noch unter dem Aspekt der Machbarkeit sehen, unter der Frage, was man daraus machen kann. Die intensive Bemühung um Reform in der Kirche hat schließlich alles andere vergessen lassen, sie ist uns heute nur noch ein Gebilde, das man verändern kann und das uns vor die Frage stellt, was man an ihr verändern soll, um sie für die jeweiligen Zwecke, die sich der einzelne dabei denkt, »effizienter« zu machen. In diese Fragestellung hinein ist der Reformgedanke im allgemeinen Bewusstsein weitgehend degeneriert und somit seines Kerns beraubt. Denn Reform im ursprünglichen Sinn ist ein geistlicher Vorgang, ganz nah mit Umkehr, Bekehrung verwandt und in diesem Sinn der Mitte des Christlichen zugehörig: Nur durch Bekehrung wird man Christ, das gilt für den einzelnen ein ganzes Leben lang, das gilt für die Kirche die ganze Geschichte hindurch. Auch sie lebt als Kirche davon, dass sie sich immer neu zum Herrn hin bekehrt, sich wegkehrt von der Verhärtung ins Eigene, in die bloße, liebe Gewohnheit, die so leicht gegen die Wahrheit steht. Wo aber Reform von diesem Zusammenhang, von der Mühsal der Bekehrung abgelöst und das Heil nur noch von der Veränderung der anderen, von immer neuen Formen und immer neuen Anpassungen an die Zeit erwartet wird, da mag noch manches Nützliche geschehen – im ganzen wird sie ein Zerrbild ihrer selbst. Solche Reform kann im Grund immer nur das Unwichtige, das Zweitrangige an der Kirche erreichen; kein Wunder, dass ihr zuletzt die Kirche selbst als zweitrangig erscheint. Wenn man das bedenkt, wird auch das Paradox verständlich, das sich scheinbar bei den Erneuerungsbemühungen der Gegenwart ergeben hat: Die Bemühung, verhärtete Strukturen aufzulockern, Formen des kirchlichen Amtes, die aus dem Mittelalter oder mehr noch aus den Zeiten des Absolutismus stammen, zu korrigieren und Kirche von solchen Überlagerungen zu befreien zu einem einfacheren Dienst aus dem Geist des Evangeliums heraus – diese Bemühung hat tatsächlich zu einer Überschätzung des amtlichen Elements in der Kirche geführt, die nahezu beispiellos in der Geschichte dasteht. Die Institutionen und Ämter in der

Kirche werden zwar heute radikaler kritisiert als irgendwann zuvor, aber sie absorbieren auch ausschließlicher die Aufmerksamkeit als ehedem: Für nicht wenige scheint die Kirche heute überhaupt nur noch daraus zu bestehen. Die Frage nach der Kirche erschöpft sich dann im Kampf um ihre Einrichtungen; man will einen so ausgebauten Apparat nicht ungenutzt lassen und findet ihn doch reichlich unpraktisch für die neuen Zwecke, die man ihm gibt.

Dahinter wird ein Nächstes, das Eigentliche sichtbar: die Krise des Glaubens, die der eigentliche Kern des Vorgangs ist. Kirche ragt ihrem soziologischen Radius nach noch immer weit über den Kreis der eigentlich Glaubenden hinaus und ist durch diese institutionalisierte Unwahrheit in ihrem wahren Wesen tief verfremdet. Die Publizitätswirkung des Konzils und die scheinbar möglich werdende Annäherung von Glaube und Nichtglaube, die die Berichterstattung fast zwangsläufig vortäuschte, hat diese Verfremdung aufs äußerste radikalisiert: Der Beifall für das Konzil kam zum Teil auch von denjenigen, die selbst gar nicht vorhatten, Gläubige im Sinn der christlichen Überlieferung zu werden, aber einen »Fortschritt« der Kirche in Richtung auf ihren eigenen Entscheid als Bestätigung ihres Weges begrüßten. Zugleich ist freilich auch in der Kirche selbst der Glaube in eine erregende Gärung geraten. Das Problem der geschichtlichen Vermittlung lässt das alte Credo in ein schwer deutbares Zwielicht treten, in dem die Umrisse der Dinge sich verwischen; der Einspruch der Naturwissenschaften oder mehr noch dessen, was man für modernes Weltbild hält, tut das Seinige, um diesen Prozess zu verschärfen. Die Grenzen zwischen Auslegung und Leugnung werden, gerade im Herzen des Ganzen, immer undeutlicher: Was heißt »Auferstanden von den Toten« eigentlich? Wer glaubt, wer legt aus, wer leugnet? Und hinter dem Streit um die Grenzen der Auslegung verschwindet zusehends das Antlitz Gottes. »Tod Gottes« ist ein ganz realer Prozess, der heute bis tief ins Innere der Kirche hineinreicht. Gott stirbt in der Christenheit, so scheint es. Denn wo Auferstehung zum Widerfahrnis eines in überholten Bildern empfundenen Auftrags wird, da handelt Gott nicht. Handelt er überhaupt? Das ist die Frage, die auf dem Fuße folgt. Aber wer will so reaktionär sein, auf einem realistischen »Er ist auferstanden« zu bestehen? So ist dem einen Fortschritt, was der andere für Unglaube halten muss, und das bislang Undenkliche wird normal, dass Menschen, die das Credo der Kirche längst verlassen haben, sich guten Gewissens als die wahrhaft fortgeschrittenen Christen ansehen. Für sie aber ist der einzige Maßstab, an dem die Kirche zu messen ist, die Zweckmäßigkeit, mit der sie funktioniert; freilich bleibt noch die Frage, was zweckmäßig ist und wozu das Ganze eigentlich funktionieren soll. Für Gesellschaftskritik, für Entwicklungshilfe, für Revolution? Oder für gemeindliche Feiern? In jedem Fall muss man von Grund auf neu anfangen, denn für all das war Kirche ursprünglich nicht gemacht, und in ihrer gegenwärtigen Form ist sie ja wohl auch wirklich nicht funktionstüchtig dafür. So steigt das Unbehagen bei Gläubigen und Ungläubigen. Das Hausrecht, das der Unglaube in der Kirche gewonnen hat, lässt beiden die Lage immer unerträglicher erscheinen; vor allem ist tragischerweise durch diese Vorgänge das Programm der Reform in eine merkwürdige und vielen kaum noch auflösbare Zweideutigkeit geraten.

Nun kann man natürlich sagen: Aber das ist doch nicht das Ganze unserer Situation. Es gibt ja auch soviel Positives, was in den letzten Jahren gewachsen ist und einfach nicht verschwiegen werden darf – die neue Zugänglichkeit der Liturgie, die Wachheit für das soziale Problem, das bessere Verstehen unter den getrennten Christen, den Abbau mancher Angst, die aus falschem Buchstabenglauben gewachsen war, und vieles andere. Das ist wahr, und man soll es nicht verkleinern. Aber kennzeichnend für die kirchliche »Großwetterlage« (wenn man so sagen darf) ist es nicht. Im Gegenteil, auch alles dies ist einstweilen in die Zwielichtigkeit hineingezogen, die sich aus der Verwischung der Grenzen von Glaube und Unglaube ergeben hat. Nur anfangs schien das Ergebnis dieser Verwischung Befreiung zu sein. Heute ist klar, dass trotz aller Zeichen der Hoffnung, die es gibt, aus diesem

Vorgang nicht eine moderne, sondern eine rundum fragwürdig gewordene und tief zerrissene Kirche hervorgekommen ist. Sagen wir es einmal ganz hart: Das Erste Vatikanum hatte die Kirche beschrieben als »signum levatum in nationes«, als das große eschatologische Banner, das weithin sichtbar die Menschen ruft und vereint. Sie sei (so meinte das Konzil von 1870) jenes von Jesaja (Jes 11,12) erhoffte, weithin sichtbare Zeichen, das jeder Mensch erkennen kann und das allen unzweideutig den Weg weist: Mit ihrer wunderbaren Ausbreitung, ihrer hohen Heiligkeit, ihrer Fruchtbarkeit in allem Guten und ihrer unerschütterlichen Stabilität sei sie das eigentliche Wunder des Christentums, seine ständige, alle anderen Zeichen und Wunder ersetzende Beglaubigung vor dem Angesicht der Geschichte. Heute scheint dies alles ins Gegenteil verkehrt: Nicht wunderbare Ausbreitung, sondern kleinkarierter, stagnierender Verein, der weder die Grenzen des europäischen noch die des mittelalterlichen Geistes ernsthaft zu überschreiten vermochte; nicht hohe Heiligkeit, sondern Ansammlung aller menschlichen Ärgernisse, beschmutzt und gedemütigt von einer Geschichte, die keinen Skandal schuldig geblieben ist, von Ketzerverfolgungen und Hexenwahn, von Judenverfolgung und Gewissensknechtung bis zur Selbstdogmatisierung und zum Widerstand gegen die wissenschaftliche Evidenz, so dass nur schamhaft sein Haupt verhüllen kann, wer dieser Geschichte zugehört; nicht Stabilität endlich, sondern Mitgerissensein von allen Strömungen der Geschichte, vom Kolonialismus, vom Nationalismus und eben auch schon im Begriff, sich mit dem Marxismus zu arrangieren und womöglich weitgehend zu identifizieren … Nicht Zeichen, das zum Glauben ruft, scheint so die Kirche, sondern eher das Haupthindernis, ihn anzunehmen.

Die wahre Theologie der Kirche scheint so nur noch darin bestehen zu können, ihr die theologischen Prädikate zu nehmen, sie rein politisch zu betrachten und zu behandeln. Sie scheint nicht mehr selbst eine Wirklichkeit des Glaubens, sondern die recht zufällige, wenn auch vielleicht unumgängliche Organisation der Glaubenden zu sein, die man möglichst schnell nach den modernsten Erkenntnissen der Soziologie umgestalten sollte. Vertrauen ist gut, Kontrolle ist besser – das ist nun nach allen Enttäuschungen dem kirchlichen Amt gegenüber die Parole. Das sakramentale Prinzip will nicht mehr einleuchten, verlässlich scheint nur noch die demokratische Kontrolle: schließlich ist ja auch der Heilige Geist gar zu ungreifbar. Wer den Blick in die Vergangenheit nicht scheut, weiß freilich, dass die Beschämungen der Geschichte gerade darauf beruhten, dass man diesen Weg ging: die Machtergreifung des Menschen durchführte – seine Leistungen für das einzig Reale hielt.

Ein Bild für das Wesen der Kirche

Eine Kirche, die nur politisch, gegen ihre ganze Geschichte und ihr eigenes Wesen betrachtet wird, hat keinen Sinn, und eine nur politische Entscheidung zum Bleiben in der Kirche ist unredlich, auch wenn sie unter dem Etikett der Redlichkeit auftritt. Aber wie kann dann angesichts der gegenwärtigen Situation das Bleiben in der Kirche gerechtfertigt werden? Anders ausgedrückt: Der Entscheid für die Kirche muss ein spiritueller Entscheid sein, wenn er Sinn haben soll – aber wie ist eine solche spirituelle Entscheidung zu begründen? Ich möchte wiederum eine erste Vorantwort in einem Vergleich geben und dafür auf die Aussage zurückgreifen, die sich zunächst für die Schilderung der Situation angeboten hatte. Wir hatten gesagt, dass wir bei unserem Hantieren an der Kirche so nahe an sie herangekommen sind, dass es keine Wahrnehmung des Ganzen mehr gibt. Dieser Gedanke lässt sich ausweiten, wenn man dafür ein Bild heranzieht, das die Kirchenväter bei ihrer symbolischen Betrachtung von Welt und Kirche gefunden haben. Sie erklärten, im Aufbau des Kosmos sei der Mond ein Bild für das, was die Kirche im Aufbau des Heils, im geistig-geistlichen Kosmos ist. Uralte Symbolik der Religionsgeschichte wird hier aufgenommen (die Väter haben von »Theologie der Religionen« zwar nicht geredet, aber sie vollzogen), in der

der Mond als Sinnbild der Fruchtbarkeit wie der Hinfälligkeit, als Symbol des Todes, des Vergehens ebenso wie als Symbol der Hoffnung auf Wiedergeburt und Auferstehung Bild der menschlichen Existenz war, »pathetisch und tröstend zugleich«. Lunare und tellurische Symbolik verschmelzen vielfach. Der Mond stellt in seiner Vergänglichkeit wie in seiner Wiedergeburt die Welt des Menschen dar, die irdische Welt, die Welt, die vom Empfangen und von der Bedürftigkeit gezeichnet ist, die ihre Fruchtbarkeit von anderswoher: von der Sonne, empfängt. So wird lunare Symbolik zugleich zum Symbol für den Menschen, für das Menschsein, wie es in der Frau sich darstellt: empfangend und fruchtbar aus der Kraft des Empfangenen.

Die Übertragung der Symbolik des Mondes auf die Kirche ergab sich für die Väter vor allem von zwei Ansatzpunkten her: von der Verbindung Mond – Frau (Mutter) und von dem Gesichtspunkt aus, dass das Licht des Mondes fremdes Licht ist, Licht des Helios, ohne den der Mond nur Dunkelheit wäre; er leuchtet, aber sein Licht ist nicht sein Licht, sondern Licht eines andern. Er ist Dunkel und Helligkeit zugleich. Er selbst ist Dunkelheit, aber er schenkt Helligkeit, von einem andern her, dessen Licht durch ihn weitergeht. Eben darin aber stellt er die Kirche dar, die leuchtet, auch wenn sie selber dunkel ist: Nicht von ihrem eigenen Licht her ist sie hell, sondern vom wahren Helios Christus her empfängt sie Licht, so dass sie, obgleich selber nur Erdengestein (wie der Mond, der ja auch nur eine andere Erde ist), dennoch in der Nacht unserer Gottesferne Licht geben kann – »der Mond erzählt vom Geheimnis Christi«.

Man soll Symbole nicht pressen; ihr Kostbares besteht gerade in einer Bildlichkeit, die sich logischen Schematismen entzieht. Dennoch drängt sich hier im Zeitalter der Mondfahrt eine Ausweitung des Vergleichs auf, in der mit dem Gegenüber von physikalischem und symbolischem Denken das Spezifische unserer Situation auch vor der Wirklichkeit Kirche sichtbar werden kann. Der Mondfahrer bzw. die Mondsonde entdeckt den Mond nur als Gestein, als Wüste, Sand, Gebirge, aber nicht als Licht. Und in der

Tat: Er ist an sich und für sich nur dies, nur Wüste, Sand, Gestein. Und dennoch ist er, nicht in sich, aber von anderswoher und auf anderswohin, auch Licht und bleibt es auch im Zeitalter der Raumfahrt. Er ist das, was er nicht selber ist. Das andere, Nicht-Seinige, ist doch auch seine Wirklichkeit – als Nicht-Seiniges. Es gibt eine Wahrheit der Physik und es gibt eine Wahrheit der Poesie, der Symbole, deren eine die andere nicht aufhebt. Und nun frage ich: Ist das nicht ein sehr genaues Bild der Kirche? Wer sie mit der Raumsonde beschaufelt und befährt, kann nur Wüste, Sand, Gestein entdecken, die Menschlichkeiten des Menschen und seine Geschichte mit ihren Wüsten, ihrem Staub und ihren Höhen. Das ist das Ihrige. Und es ist doch nicht das Eigentliche an ihr. Das Entscheidende ist, dass sie, obgleich selbst nur Sand und Stein, doch Licht ist vom Herrn her, von dem andern her: Das Nicht-Ihrige ist das wahrhaft Ihrige, ihr Eigentliches, ja, sie hat ihr Wesen darin, dass sie selbst nicht zählt, sondern dass das an ihr zählt, was sie nicht ist, dass sie nur besteht, um sich enteignet zu sein – dass sie ein Licht hat, das sie nicht ist und dessentwegen allein sie doch ist. Sie ist »Mond« – *mysterium lunae* – und so geht sie den Gläubigen an, denn so eben ist sie Ort einer bleibenden spirituellen Entscheidung.

Weil mir der hier im Bild berührte Sachverhalt entscheidend zu sein scheint, möchte ich ihn, bevor ich versuche, ihn aus der Sprache des Bildes in Sachaussagen zu übersetzen, noch an einer anderen Beobachtung verdeutlichen. Nach der Verdeutschung der Liturgie, vor der letzten Reform, ergab sich mir immer wieder eine sprachliche Hemmung an einem Text, die aus eben demselben Zusammenhang hervorkam und symptomatisch noch einmal das gleiche abbildet, worum es hier geht. In dem deutsch gebeteten Suscipiat heißt es: Der Herr möge das Opfer annehmen »zum Segen für uns und *Seine* ganze heilige Kirche«. Mir kam immer wieder auf die Zunge »und *unsere* ganze heilige Kirche«. In dieser Sprachhemmung liegt das ganze Problem zutage, um das es geht, und die ganze Verschiebung wird darin offenkundig, die uns widerfahren ist. An die Stelle seiner Kirche ist unsere Kirche und sind damit die vielen Kirchen getreten, jeder hat die seinige. Die Kirchen sind *unsere* Unternehmungen geworden, auf die wir stolz sind oder deren wir uns schämen, viele kleine Privateigentümer stehen nebeneinander, lauter »unsrige« Kirchen, die wir selber machen, die unser Werk und Eigentum sind, und die wir demgemäß umgestalten oder erhalten wollen. Hinter »unserer Kirche« oder auch »eurer Kirche« ist uns »Seine Kirche« entschwunden. Aber um sie allein geht es, und wenn es sie nicht mehr gibt, soll auch »unsere« Kirche abdanken. Kirche als bloß unsrige ist ein überflüssiges Sandkastenspiel.

Warum ich in der Kirche bleibe

Damit ist aber auch schon die prinzipielle Antwort auf die Frage des Themas gegeben: Ich bin in der Kirche, weil ich daran glaube, dass nach wie vor und unaufhebbar durch uns, hinter »unserer Kirche« »Seine Kirche« lebt und dass ich bei Ihm nicht anders stehen kann, als indem ich bei und in Seiner Kirche stehe. Ich bin in der Kirche, weil ich trotz allem daran glaube, dass sie zutiefst nicht unsere, sondern eben »Seine« Kirche ist.

Ganz konkret gesagt: Die Kirche ist es, die uns, trotz all der Menschlichkeit der Menschen in ihr, Jesus Christus gibt, und nur durch sie können wir ihn als eine lebendige, vollmächtige, mich jetzt und hier fordernde und beschenkende Wirklichkeit empfangen. Henri de Lubac hat diesen Sachverhalt folgendermaßen formuliert: »Wissen diejenigen, die Jesus noch annehmen, obwohl sie die Kirche leugnen, dass sie ihn letztlich ihr verdanken? … Jesus ist für uns lebendig. Doch unter welchem Flugsand wäre, zwar nicht sein Name und nicht sein Andenken, so doch sein lebendiger Einfluss, die Wirkung des Evangeliums und der Glaube an seine göttliche Person begraben ohne die sichtbare Kontinuität seiner Kirche? … ›Ohne die Kirche müsste Christus sich verflüchtigen, zerbröckeln, erlöschen.‹ Und was wäre die Menschheit, hätte man ihr Christus genommen?« Diese elementare Erkenntnis muss am Anfang stehen: Was immer es in der Kirche an Untreue gibt und geben mag, wie sehr es wahr ist, dass sie des ständig neuen Maßnehmens an Jesus Christus bedarf, so gibt es doch keine letzte Entgegensetzung von Christus und Kirche. Die Kirche ist es, durch die er über die Distanz der Geschichte hinweg lebendig bleibt, heute zu uns spricht, heute bei uns ist als unser Meister und Herr, als unser Bruder, der uns zu Geschwistern vereint. Und indem die Kirche, sie allein, uns Jesus Christus gibt, ihn in der Welt lebendig anwesend sein lässt, ihn im Glauben und Beten der Menschen allzeit neu gebiert, gibt sie der Menschheit ein Licht, einen Halt und einen Maßstab, ohne den sie nicht mehr vorstellbar wäre. Wer die Gegenwart Jesu Christi in der Menschheit will, kann sie nicht gegen die Kirche, sondern nur in ihr finden.

Damit ist auch schon das Nächste gesagt. Ich bin in der Kirche aus denselben Gründen, aus denen heraus ich überhaupt Christ bin. Denn glauben kann man nicht allein. Glauben kann man nur als Mitglaubender. Glaube ist seinem Wesen nach Kraft der Vereinigung. Sein Urbild ist die Geschichte von Pfingsten, das Wunder des Verstehens, das zwischen Menschen geschieht, die von Herkunft und Geschichte her einander fremd sind. Glaube ist kirchlich, oder er ist nicht. Dazu kommt ein Weiteres: Wie man nicht allein glauben kann, sondern nur als Mitglaubender, so kann man nicht aufgrund eigener Vollmacht und eigener Erfindung glauben, sondern nur wenn und weil es eine Ermächtigung zum Glauben gibt, die nicht in meiner eigenen Macht steht, nicht aus meiner Macht kommt, sondern mir vorausgeht. Ein selbsterfundener Glaube ist ein Widerspruch in sich. Denn ein selbsterfundener Glaube würde mir ja nur verbürgen und sagen können, was ich ohnedies selber bin und weiß, er könnte die Grenze meines Ich nicht überschreiten. Daher ist auch eine selbstgemachte Kirche, eine Gemeinde, die sich selbst erschafft, die nur von eigenen Gnaden ist, ein Widerspruch in sich. Wenn Glaube Gemeinschaft verlangt, dann eine solche, die Vollmacht hat und die mir vorausgeht, nicht eine solche, die meine eigene Schöpfung, das Instrument meiner eigenen Wünsche ist.

Das Ganze lässt sich auch von einem mehr historischen Aspekt aus formulieren: Entweder war dieser Jesus mehr als Mensch, so dass ihm eine Vollmacht innewohnte, die mehr war als Produkt eigener Willkür. Entweder also ging von ihm eine Vollmacht aus, die trägt und durch die Zeit hindurch hält, oder er hinterließ eine solche Vollmacht nicht. In diesem Fall bin ich auf meine eigenen Rekonstruktionen angewiesen, und dann ist er nicht mehr als irgendeine andere große Stiftergestalt, die man sich reflektierend vergegenwärtigt. Ist er aber mehr, dann hängt er nicht von meinen Rekonstruktionen ab, dann gilt die Vollmacht, die er hinterlassen hat, auch heute.

Kehren wir zurück: Christsein kann es nur in Kirche geben. Nicht daneben. Und scheuen wir uns nicht, noch einmal die pathetisch klingende Frage ganz nüchtern zu stellen: Was wäre denn die Welt ohne Christus? Ohne einen Gott, der redet und den Menschen kennt, und den daher der Mensch kennen kann? Wir wissen heute, wo der Versuch einer solchen Welt mit so verbissener Zähigkeit betrieben wird, sehr genau, wie die Antwort lautet: ein absurdes Experiment. Ein Experiment ohne Maßstab. Wie sehr auch das Christentum konkret in seiner Geschichte versagt haben mag (und es hat immer wieder in einer bestürzenden Weise versagt), die Maßstäbe der Gerechtigkeit und der Liebe sind, selbst wider ihren Willen, dennoch von der in ihr verwahrten Botschaft ausgegangen, oft gegen sie und doch niemals ohne die stille Macht dessen, was in ihr hinterlegt ist.

Mit anderen Worten: Ich bleibe in der Kirche, weil ich den nur in ihr und nicht letztlich gegen sie vollziehbaren Glauben als eine Notwendigkeit für den Menschen, ja, für die Welt ansehe, wovon sie lebt, auch wo sie ihn nicht teilt. Denn wo es Gott nicht mehr gibt – und ein schweigender Gott ist kein Gott –, da gibt es die der Welt und dem Menschen vorgängige Wahrheit nicht mehr. In einer Welt ohne Wahrheit aber kann man auf die Dauer nicht leben; wo der Verzicht auf Wahrheit gesetzt wird, zehrt man im stillen davon, dass ihr Erlöschen noch nicht wirklich angekommen ist, wie das Licht der Sonne nach ihrem Ende noch eine Zeitlang bliebe und täuschen könnte über die Weltennacht, die in Wahrheit angebrochen wäre.

Dasselbe lässt sich von einer anderen Seite her noch mal anders formulieren: Ich bleibe in der Kirche, weil nur der Glaube der Kirche den Menschen erlöst. Das klingt sehr traditionell und dogmatisch, unwirklich, ist aber ganz nüchtern und realistisch gemeint. Das Verlangen nach Erlösung ist in unserer Welt der Zwänge und der Frustrationen mit einer elementaren Wucht neu aufgewacht. Die Bemühungen von Freud und C. G. Jung sind nichts anderes als Versuche, Erlösung den Unerlösten zu geben. Marcuse, Adorno, Habermas fahren auf ihre Weise und von anderen Ansätzen her fort, Erlösung zu suchen und zu verkünden. Im Hintergrund steht Marx und auch seine Frage ist die der Erlösung. Je freier, je aufgeklärter, je mächtiger der Mensch wird, desto mehr bohrt das Verlangen nach Erlösung in ihm, desto unfreier findet er sich. Gemeinsam ist den Bemühungen von Marx über Freud zu Marcuse, dass sie Erlösung suchen, indem sie eine von Leid, Krankheit, Not geheilte Welt anstreben. Die herrschaftsfreie, leidfreie, unrechtsfreie Welt ist die große Parole unserer Generation geworden; die stürmischen Explosionen der Jugend gelten dieser Verheißung, und die Ressentiments der Alten wüten dagegen, dass sie noch immer nicht verwirklicht ist, noch immer Herrschaft, Unrecht, Leid existieren. Gegen Leid und Unrecht in der Welt anzukämpfen ist in der Tat ein durchaus christlicher Impuls. Aber die Vorstellung, als könne man durch soziale Reform, durch Aufhebung von Herrschaft und von Rechtsordnung die leidfreie Welt herstellen, und das Verlangen, es hier und jetzt zu erreichen, bedeuten eine Irrlehre, eine tiefe Verkennung des Wesens Mensch. Leid kommt in dieser Welt wahrlich nicht nur aus der Ungleichheit von Besitz und Macht. Und Leid ist nicht nur das Lästige, das der Mensch abschütteln sollte: Wer das will, muss in die Scheinwelt des Rauschgiftes fliehen, um so nur erst recht sich selbst zu zerstören und in den Widerspruch zur Wirklichkeit zu geraten. Nur im Durchleiden seiner selbst und im Sich-frei-Leiden von der Tyrannis des Egoismus findet sich der Mensch, findet er seine Wahrheit, seine Freude, sein Glück. Dass man uns vorgaukelt, man könne ohne das Bestehen seiner selbst, ohne die Geduld des Verzichts und die Mühsal der Überwindung Mensch werden, dass man uns vormacht, die Härte des Stehens zum Übernommenen und das geduldige Erleiden der Spannung zwischen dem Sollen des Menschen und seinem tatsächlichen Sein brauche es nicht, das macht ganz wesentlich die Krise unserer Stunde aus. Ein Mensch, dem die Mühsal genommen und der ins Schlaraffenland seiner Träume entführt wird, verliert sein Eigentliches, sich selbst. Der Mensch wird in der Tat nicht anders als durch das Kreuz erlöst, durch die Annahme der Passion seiner selbst und der Welt, die in der Passion Gottes zur Stätte des befreienden Sinnes geworden ist. Nur so, in dieser Annahme, wird der Mensch frei. Alle Angebote, die es billiger versprechen, werden scheitern, sich als trügerisch erweisen. Die Hoffnung des Christentums, die Chance des Glaubens beruht letztlich ganz einfach darauf, dass er die Wahrheit sagt. Die Chance des Glaubens ist die Chance der Wahrheit, die verdunkelt und getreten werden, aber nicht untergehen kann.

Kommen wir zu einem Letzten. Ein Mensch sieht immer nur soviel, soviel er liebt. Gewiss gibt es auch die Hellsichtigkeit der Verneinung und des Hasses. Aber sie können nur sehen, was ihnen gemäß ist: das Negative. Sie können damit die Liebe vor einer Blindheit bewahren, in der sie ihre eigenen Grenzen und Gefährdungen übersieht. Aber aufbauen können sie nicht. Ohne ein gewisses Maß an Liebe findet man nichts. Wer sich nicht ein Stück weit wenigstens in das Experiment des Glaubens, in das Experiment mit der Kirche einlässt, bejahend einlässt, es nicht riskiert, mit den Augen der Liebe zu schauen, ärgert sich nur. Das Wagnis der Liebe ist die Vorbedingung des Glaubens. Wird es gewagt, so braucht man sich nichts von den Dunkelheiten der Kirche zu verbergen. Aber man entdeckt, dass sie doch nicht das einzige sind. Man entdeckt, dass es neben der Kirchengeschichte der Skandale doch auch die andere Kirchengeschichte gibt, die der freimachenden Kraft des Glaubens, die sich in so großen Gestalten wie

Augustinus, Franz von Assisi, dem Dominikaner Las Casas mit seinem leidenschaftlichen Kampf für die Indios, Vinzenz von Paul, Johannes XXIII. alle Jahrhunderte hindurch fruchtbar bewährt hat. Er findet, dass die Kirche eine Lichtspur in die Geschichte getragen hat, die nicht wegzudenken ist. Und auch das Schöne, das unter dem Anruf ihrer Botschaft erwacht ist und sich uns in unvergleichlichen Werken noch heute zeigt, wird ihm zu einem Zeugnis der Wahrheit: Was so sich auszudrücken vermochte, kann nicht nur Finsternis sein. Die Schönheit der großen Kathedralen, die Schönheit der Musik, die im Umkreis des Glaubens gewachsen ist, die Würde der kirchlichen Liturgie, überhaupt die Wirklichkeit des Festes, das man nicht selber machen, sondern nur empfangen kann, die Durchformung des Jahres im Kirchenjahr, in dem sich das Damals und das Heute, Zeit und Ewigkeit durchdringen – das alles ist in meinen Augen keine belanglose Zufälligkeit. Die Schönheit ist der Glanz des Wahren, sagt Thomas von Aquin einmal, und die Verzerrung des Schönen ist die Selbstironie der verlorenen Wahrheit, könnte man hinzufügen. Der Ausdruck, den sich der Glaube in der Geschichte zu schaffen vermochte, zeugt für ihn, für die Wahrheit, die hinter ihm steht.

Ich möchte einen weiteren Hinweis nicht unterlassen, auch wenn er sehr ins Subjektive zu führen scheint. Man kann doch auch heute, wenn man die Augen offenhält, Menschen begegnen, die ein lebendiges Zeugnis der freimachenden Kraft christlichen Glaubens sind. Und es ist keine Schande, Christ auch zu sein und zu bleiben wegen der Menschen, die uns Christsein vorgelebt, es in ihrem Leben glaubens- und liebenswert gemacht haben. Schließlich ist es doch eine Illusion, wenn der Mensch sich zu einer Art von transzendentalem Subjekt machen will, in dem nur das Unzufällige gilt. Gewiss ist es dann eine Pflicht, auf solche Erfahrungen zu reflektieren, ihre Verantwortbarkeit zu prüfen, sie zu reinigen und neu zu erfüllen. Aber bleibt es nicht auch dann, in diesem notwendigen Prozess der Objektivierung, ein nicht zu verachtender Ausweis des Christlichen, dass es Menschen menschlich gemacht hat, indem es sie mit Gott verbunden hat? Ist nicht das Subjektivste hier zugleich ein ganz Objektives, dessen wir uns vor niemand zu schämen brauchen?

Noch eine Bemerkung zum Schluss. Wenn, wie es hier geschah, davon die Rede ist, dass man ohne Liebe nichts sehen kann, dass man also auch die Kirche lieben muss, um sie zu erkennen, werden viele heute unruhig. Ist Liebe nicht das Gegenteil zu Kritik? Und ist sie nicht am Ende der Vorwand der Herrschenden, die Kritik ausschalten und das Bestehende zu ihren Gunsten erhalten wollen? Dient man den Menschen, indem man sie beruhigt und das beschönigt, was ist, oder dient man ihnen, indem man immerfort gegen die sich festfahrende Ungerechtigkeit und gegen das Schwergewicht der Strukturen für den Menschen auftritt? Das sind sehr weitreichende Fragen, die hier im einzelnen nicht untersucht werden können. Aber eins sollte doch klar sein: Wirkliche Liebe ist weder statisch noch unkritisch. Wenn es überhaupt eine Möglichkeit gibt, einen anderen Menschen positiv zu verändern, dann doch nur, indem man ihn liebt und so ihn langsam wandeln hilft, von dem, was er ist, zu dem hin, was er sein kann. Sollte es bei der Kirche anders sein? Blicken wir auf die jüngste Geschichte: In der liturgischen und theologischen Erneuerung der ersten Hälfte dieses Jahrhunderts ist wirkliche Reform gewachsen, die positive Veränderung bewirkte; das war nur möglich, weil es Menschen gab, die die Kirche wach, mit der Gabe der Unterscheidung, »kritisch« liebten und um sie zu leiden bereit waren. Wenn heute nichts mehr gelingen will, so doch wohl deshalb, weil wir alle allzusehr nur uns selbst bestätigen möchten. In einer Kirche zu bleiben, die wir eigentlich erst machen müssen, damit sie bleibenswert werde, lohnt sich nicht; es ist ein Widerspruch in sich selbst. In der Kirche zu bleiben, weil sie es wert ist, dass sie bleibt; weil sie es wert ist, dass sie geliebt und durch Liebe allzeit neu über sich hinaus zu sich selbst verwandelt wird – das ist der Weg, auf den die Verantwortung des Glaubens auch heute weist.

Wahres Menschsein

20.
Das Heil des Menschen – innerweltlich und christlich

Vortrag vor der Katholischen Akademie in Bayern, München, am 26. September 1976

Heil – Glück – Zukunft

Das Wort »Heil« hat sich im Lauf der Entwicklung immer mehr aus der allgemeinen Sprache ins Haus der Theologie zurückgezogen und im selben Maß hat es an Bedeutung und Gewicht für das durchschnittliche Empfinden verloren. Seine Nachfolge hat fürs erste das Wort »Glück« angetreten. Aber es konnte nur einen Teil dessen auffangen, was einst Heil gesagt hatte: Es benennt nur das Wohlsein des Subjekts, des Einzelnen und klammert die Welt aus, die beim Begriff Heil im Blickfeld stand. Es verläuft dem Gefälle seines Sinnes nach nahezu umgekehrt als Heil: Bei »Heil« wird vorgestellt, dass die Welt »erlöst« ist und damit auch ich; bei dem Wort Glück denke ich daran, dass ich mit meiner »Lebensqualität« einverstanden bin und mit der Welt insofern, als sie es mit mir jedenfalls gut gemeint hat. Immerhin war in dem Wort »Glück« zuviel ausgefallen, als dass es auf Dauer ein vollgültiger Ersatz für »Heil« hätte sein können, und so hat sich zusehends ein zweites Wort in den Vordergrund geschoben, das sich mit »Glück« die alten Rechte von »Heil« teilt und dabei das Wörtchen »Glück« zusehends als einen kleinen Spießbürger belächelt oder auch beschimpft. Gemeint sind die Wörter »Hoffnung« und »Zukunft«, deren Faszination immer mächtiger wird, weil sie Größeres versprechen, als »Glück« je bedeuten konnte.

Damit ist in gewisser Hinsicht die Intention rehabilitiert, die hinter dem Wort »Heil« stand, aber sein theologischer Inhalt ist womöglich noch weiter zurückgewiesen als zuvor. Schon für das »Glück« waren die Aussagen des Glaubens eher hinderlich gewesen; noch vor wenigen Jahren las ich in der Anklage eines ehemaligen Priesters gegen die Kirche den Satz, mit ihren Verboten habe sie uns das »bisschen Glück« auch noch streitig gemacht, das ohnedies bescheiden genug vom Leben gewährt wird. Zunächst einmal konnte das Heil einigermaßen geschrumpft in der Form des »Seelenheils« noch in einem Nebenzimmer des Daseins weiterexistieren, aber auch in diesem Fall wurden »Seelenheil« und »Glück« meistens als Gegensätze empfunden, und wieviel man auch von seinem »Glück« zugunsten des »Seelenheils« abziehen mochte, so blieb doch das Verhältnis beider meist einigermaßen gespannt. Nun aber hat sich in dem Maß, in dem das Seelenheil sozusagen auf Hungerration gesetzt wurde, eine unerwartete Entwicklung zugetragen. Je mehr das »Glück« gegen die »Seele« verstanden und damit freier zu sich selber wurde, desto gefräßiger und desto blasser wurde es zugleich. Da er nichts mehr vor sich hatte, musste der glückshungrige Mensch um so mehr darauf bestehen, jetzt unumschränkt haben und sein zu können, was er wollte; aber je mehr Schranken er niederlegte, um so fühlbarer wurden ihm diejenigen, die bestehen blieben. Der Vergleich mit dem größeren Glück des anderen, der es doch auch nicht besser verdient hatte, wurde mehr und mehr zum düsteren Schatten, der auch das Erreichte verdunkelte; nur die völlige Gleichheit konnte als Hoffnung erscheinen, und sie dürfte freilich ihr Maß nur an den höchsten Möglichkeiten nehmen, denn nur dort konnte gegeben sein, was man selbst so sehr vermisste. Um dies zu erreichen, erschien das Bündnis aller Benachteiligten der einzige Weg, und damit trat zugleich auch wieder eine sittliche Aufgabe von erregender Größe hervor: Die Sittlichkeit, zuerst ins Individuelle des Seelenheils abgedrängt, privatisiert, verquält, ein ewiger Gegner des Glücks, erschien nun in neuer Gestalt als Auftrag für das Ganze: im Bund mit allen Entrechteten das Heil der Welt zu schaffen, vor dem das persönliche Glück nur als schaler Ersatz oder als spießiges Krämertum erscheinen konnte. Die machbare Zukunft – die Zeit der völligen Freiheit und Gleichheit zog nun alle Bedeutungs- und Gefühlsgehalte von »Heil« und »Glück« in einem auf sich.

Theologische Auskünfte von ehedem erscheinen in diesem Licht noch fataler, noch unbrauchbarer als unter der bescheidenen Ampel des bürgerlichen Glücks. Was vorher noch als letzte Rechtfertigung der von der Theologie vertretenen Sache des Glaubens hatte gelten können, wird nun zur Hauptanklage: dass sie nämlich ein Faktor der Stabilisierung in Welt und Gesellschaft war, der die Ordnung der Dinge und Menschen leidlich zusammenhielt. Denn eben damit, so muss man nun sagen, hat sie das Heraufkommen einer besseren Welt verhindert und verteidigt, was man nicht verteidigen, sondern zerstören sollte. Indem sie die Menschen mit der Hoffnung des Seelenheils tröstete, hat sie die Widersprüche der gegenwärtigen Welt abgestumpft, ihnen ihre Schärfe genommen und so die Menschen dahin gebracht, sich mit der Welt abzufinden, wie sie nun einmal ist, anstatt sie aufzurütteln zum Kampf für das Bessere. Indem sie den Menschen die Welt erträglich erscheinen ließ oder sie vielleicht durch die ein und andere gute Tat auch wirklich einigermaßen erträglich machte, hat sie nicht gut getan, sondern den Aufbruch ins Bessere hinausgeschoben und damit diejenigen begünstigt, die von diesem Aufbruch zu fürchten haben. So muss nun in allem genau das Gegenteil dessen getan werden, was die Christen gewollt und getan haben: Statt sich der guten Taten Gottes zu erinnern, muss das Potential des »gefährlichen Gedächtnisses« geweckt, müssen alle bösen Erinnerungen der Geschichte wachgerufen, eingehämmert werden, damit der gewaltige Stau solchen Bewusstseins des Bösen die Dämme wegreiße, die die gegenwärtige Welt schützen. Statt zur Liebe anzuhalten, die die Wunden verbindet, im Kleinen hilft und damit die großen Nöte verschmerzen lässt, muss man das Bewusstsein der Ungleichheit bis aufs Äußerste schärfen. »Bewusstmachen« tritt an die Stelle der Liebe: Die nackte, unbeschönigte Erkenntnis – die Gnosis – der Grausamkeit der Welt, sie muss den Sprengstoff geben, der ausreicht, die trennenden Mauern niederzulegen und das Neue heraufzuführen. Von diesem Programm vermag sich heute kaum noch jemand auszuschließen. Gewiss gibt es Stimmen der Resignation, gerade von denen, die zuerst Vorkämpfer des Neuen waren – der späte Horkheimer etwa, der zuletzt die Grausamkeit der technischen Gesellschaft nicht geringer fand als das Elend der religiösen Gesellschaft und so das Geschick des Menschen überhaupt nur noch in der Perspektive des Tragischen zu fassen vermochte. Aber Resignation mag Altersweisheit sein, eine Haltung, das Leben aufzubauen, ist sie nicht. Es kann nicht verwundern, dass auch die Theologie sich mit unterschiedlichem Eifer am Werk der neuen Welt zu beteiligen versucht, denn wenn endlich die Aussicht besteht, dass die Welt aufhört, ein Tal der Tränen zu sein – wer könnte da beiseite stehen? Die Frage ist heute eigentlich gar nicht mehr, ob man sich am Programm der machbaren Zukunft beteiligt und Hoffnung (nach einem Wort von Ernst Bloch) im Laboratorium handhabt oder nicht; die Frage geht eigentlich nur noch dahin, mit welchen Instrumenten und von welchen Richtungen her man das Ziel anvisiert. Ein Mensch aber, der auf die Frage nach Heil nicht von der Zukunft redet und keine Strategie angibt, mit der die Welt gründlich verändert werden kann, hat nach Ansicht der meisten Zeitgenossen überhaupt nichts irgendwie Erhebliches gesagt, wenn man ihn nicht gar der Reaktion zurechnen muss, die die Welt in ihrem gegenwärtigen Zustand konservieren will.

Der Vernunft aber ist es eigen, zu widersprechen, genauer nachzufragen, zu kritisieren. Zu ihr gehört es, sich der herrschenden Meinung entgegenzustellen. Die empirischen Fakten, die die Ideologen und Techniker der Zukunft vorzuweisen haben, verstärken den Zwang zur Frage. Aber auch die Grundfigur des Denkens, die hier waltet, muss Widerspruch hervorrufen. Sammeln wir nun ganz beiläufig ein paar Fragen, die da auftauchen, wo man die Betäubung der Vernunft überwindet, die von dem faszinierenden Traum der künftigen Welt ausgeht. Kann das empörte Bewusstsein, kann der durch böses Erinnern geschürte Hass die Gleichheit der Menschen hervorbringen? Oder muss er nicht als Neid auch weiterhin allgegenwärtig bleiben und die Menschen vergiften? Kann die Zerstörung der Gegenwart wirklich die bessere Zukunft heraufführen? Kann man überhaupt das Glück, das »Heil« durch Umverteilung der Güter dieser Welt produzieren? Worauf beruhen denn eigentlich Glück und Unglück? Welche Begriffe von Heil und Unheil verwendet der, der die Gebärde der Liebe und die von ihr kommende Erträglichkeit des Lebens wegwirft, weil ihm nur die Welt genügen würde, in der er diese Gebärde nicht mehr braucht? Versteht derjenige den Menschen recht, der das Glück kollektiv sichern will und der der Schlechtigkeit der Vergangenheit sicher ist, weil er ihr gesellschaftliches Muster fehlerhaft findet? Kann man das Schicksal der Menschen vor uns, Wert und Unwert dessen, was sie glaubten, hofften, liebten, an den ökonomischen Parametern der Industriegesellschaft messen? Kann man deren Widersprüche, die eindeutig das Produkt der von der Aufklärung freigesetzten technisch-ökonomischen Vernunft sind, schlicht als das Endprodukt der vorigen Geschichte hinstellen? Kann man so tun, als ob es den Völkern der Dritten Welt zwar noch immer unermesslich schlecht, aber auf Grund der Arbeit der Sendboten der technischen Vernunft des Westens und der revolutionären Vernunft des Ostens langsam etwas besser gehe, während doch gerade diese beiden Formen einer neuen »Mission« erst die spezifische Gestalt des Elends produzieren, das uns zu Recht erschüttert?

Aber fragen wir besser nicht im allgemeinen, sondern einmal ganz konkret nach uns selber. Wie steht es da – was macht eigentlich für einen Menschen heute das Leben lebenswert? Etwa die Aussicht, dass es in 50 Jahren eine gerechtere Welt geben wird? Sie mag eine Leidenschaft sein, die einen Inhalt gibt, die fordert und in Bewegung hält. Aber reicht das aus? Ist es nicht in Wirklichkeit gerade die Meinung, dass irgendwann einmal die Welt in

Ordnung sein könnte, die heute das Leben unerträglich und hoffnungslos macht? Schafft sie nicht einen Fanatismus, der das Leben verwüstet? Wird nicht in der Extrapolation des Heils in die Zukunft das Leben glanzlos und düster; wird nicht in der Verketzerung der Liebe und des Humors die eigentliche Voraussetzung der Zukunft zerstört? In diesen Zusammenhang gehören einige merkwürdige, aber doch höchst charakteristische Beobachtungen über die Verfassung des Menschen von heute: Woher rührt es eigentlich, dass immer weniger Raum ist für Kinder – für die Zukunft des Menschen – in unserer Gesellschaft? Wie soll man es erklären, dass man von Amts wegen dazu übergehen will, das Kind – die Zukunft – als Krankheit zu behandeln und als Krankheit »kurieren« (d.h. töten) zu lassen? Welch merkwürdige Umkehrung des Willens zur Zukunft liegt darin, dass alle Kräfte auf die Frage konzentriert scheinen, wie man am lautlosesten und sichersten der »Gefahr« neuen Lebens begegnen kann? Dafür gibt es gewiss viele Gründe – zunächst eine Art Platzangst angesichts der Berechnungen über die Grenzen des Wachstums, die dazu führen, den eigenen Platz in der Welt verteidigen zu wollen, die Zukunft als Feind des Heute zu fürchten. Aber vielleicht muss man doch tiefer gehen. Steht nicht letztlich dahinter die Sorge, ob menschliches Leben überhaupt zumutbar ist, ob es ein sinnvolles Geschenk ist, das man getrost auch ungefragt weitergeben darf, oder ob es nicht eigentlich eine unerträgliche Last ist, so dass es besser wäre, nicht geboren zu sein? Wer antwortet auf diese Frage, die mitten in der Apotheose der Zukunft den Menschen immer tiefer verunsichert? Etwa die Strategien für eine neue Welt? Gewiss nicht. Denn die Frage, ob es sich morgen lohnen wird, ein Mensch zu sein, die hängt nicht ab von der Form der Güterverteilung, sondern von tieferen Fragen, die im Menschen umgehen, auch wenn sie öffentlich nicht genannt werden.

Die erste Aufgabe, auf die es heute für den verantwortungsbewussten Menschen (und so auch für den Theologen) ankommt, muss es sein, die schlafende Vernunft zu wecken. Die Antwort des Glaubens ist nicht ob der Schärfe der Vernunft unverständlich geworden, sondern ob ihrer Müdigkeit. Wer mit seinem Denken bei der Statistik endet, kann im Glauben der Christen wenig Brauchbares finden. Das Elend der heutigen Theologie scheint mir in einem nicht geringen Maß darin zu gründen, dass es ihr an Mut fehlt, die ganze Vernunft wachzurufen. Wo aber dies versäumt wird, bleibt nur die Alternative, entweder das völlig Unverständliche zu proklamieren oder sich der herrschenden Stimmungslage anzupassen. Dann aber wird aus einer Auskunft über das Christliche unter der Hand eine Ausrede, die zwar nicht den christlichen Glauben rechtfertigt, aber doch wenigstens den betreffenden Theologen als einen vernünftigen Zeitgenossen erscheinen lässt, mit dem man reden kann. Langfristig wird man freilich auf diesem Weg nicht weiterkommen, bei dem Theologen ihre Haut um den Preis des Anathems über die ganze Kirchengeschichte zu retten versuchen. Denn was ist schon die »Vernünftigkeit« eines einzelnen Theologen wert, wenn die Sache, für die er spricht, bisher nur unvernünftig verlaufen ist? Wenn Theologie über die Selbstbestätigung des Theologen hinaus Sinn haben soll, dann muss zunächst nicht die private Vernünftigkeit ihrer Vertreter herausgekehrt werden, sondern dann hat der Theologe zuallererst schlicht, gleichsam handwerklich Auskunft zu geben über das, was der Glaube lehrt, ohne den es Theologie nicht gäbe. Das widerspricht keineswegs dem vorhin Gesagten: Der Glaube braucht die Vernunft, um verstanden und vollzogen zu werden. Aber er braucht dabei vor allem eine Vernunft, die nicht nur produktiv sein will, sondern vernehmen kann, was auf sie zukommt. Er braucht die hörende Vernunft. Und deswegen ist es der Anfang aller Theologie, zuerst das Hören in sein Recht zu setzen und das Datum so aufzunehmen, wie es gegeben ist, selbst wenn es unserer augenblicklichen Erwartungslage zuwiderläuft: Die großen Chancen der Vernunft kommen immer aus dem, was wir nicht vorhergesehen haben.

Nehmen wir also doch die vom Geist der Neuzeit weitgehend zurückgelassene Frage auf, von welchem Heil eigentlich der Glaube redet. Um unsere Erörterung nicht ins Uferlose treiben zu müssen, wird es gut sein, sie möglichst präzis zu umgrenzen und zu beschränken, auch wenn dabei von der Weite der Sache notwendig manches verlorengehen wird. Unsere Fragestellung zielt im ganzen auf das Gegenüber von innerweltlicher und christlicher Heilserwartung. So legt es sich nahe, im Gegenüber zur säkularen Zukunftshoffnung, von der bislang die Rede war, nun zu fragen, welche Hoffnung eigentlich der Glaube anzubieten hat. Was hat der Mensch nach der Botschaft des Neuen Testaments zu hoffen? Unserer vorigen Überlegung entsprechend, wollen wir dabei zunächst möglichst unkommentiert, sozusagen möglichst buchstäblich die Auskunft der Dokumente selbst zu hören versuchen. Natürlich wird dagegen sofort der Einwand aufsteigen, ein solcher Versuch könne nur auf eine hermeneutische Naivität hinauslaufen, denn was man aus einem Text heraushöre, das hänge ja schon davon ab, wie man ihn befrage und aus welcher Weise des Verstehens man komme. Das ist richtig. Und trotzdem kann es nicht sein, dass die Identität des Glaubens vollständig in den Wolken der Hermeneutik verborgen ist. Er selber erhebt den Anspruch, einfach und eine Kunde gerade für die Einfachen zu sein. Er selber verwahrt sich dagegen, dass nur die »Gnosis«, die gelehrte Erkenntnis, ihn vermitteln könne und dass der Nicht-Hermeneutiker ewig auf der Stufe des »Psychikers«, des letztlich Ahnungslosen verbleiben müsse. Er selbst hat gegen seine Verschlüsselung ins Spezialistische, die schon im ersten Jahrhundert begann, das Bekenntnis als die einfache Kennmarke (»Symbolum«) seiner Identität gestellt. Nur weil er einfach ist, kann er das Tiefste treffen und daher immer neu kommentiert und nie völlig ausgemessen werden. Nur das Einfache ist das Unermessliche; aus dem Komplizierten führt der Weg nicht mehr weiter, es sei denn durch die immer neue Rückkehr ins Einfache. So dürfen wir, ohne die Unausmessbarkeit des Glaubens zu leugnen, durchaus mit dem einfachen Hören beginnen. Ich wähle einen Text aus, mit dem Paulus gegen die »Sophia«, die Gelehrtheit der Korinther das alte palästinensische Bekenntnis in seinem unverkürzten und unverminderten Wirklichkeitsanspruch verteidigt, um genau dieser Frage zu begegnen, worauf eigentlich der Christ zugeht, von wo aus er sein Leben baut:

»Wenn Christus nicht auferstanden ist, dann ist leer unsere Verkündigung, leer auch euer Glaube. Dann werden wir erfunden als Falschzeugen Gottes, denn wir hätten gegen Gott bezeugt, dass Christus auferstanden ist, den er nicht auferweckt hätte, wenn die Toten nicht auferstehen. Wenn die Toten nicht auferstehen, ist auch Christus nicht auferstanden. Wenn aber Christus nicht auferstanden ist, dann ist euer Glaube nichtig … Dann sind auch die in Christus Entschlafenen verloren. Wenn wir nur in diesem Leben unsere Hoffnung auf Christus gesetzt haben, dann sind wir die Erbärmlichsten unter allen Menschen … Wenn Tote nicht auferweckt werden, dann ›lasst uns essen und trinken, denn morgen werden wir sterben‹. Täuscht euch nicht: Böser Umgang verdirbt auch das Gute. Werdet richtig nüchtern und sündigt nicht, denn es sind da welche, die Gott nicht kennen – zu euerer Beschämung sage ich es« (1 Kor 15,14–19.32–34).

Die hier gegebene Antwort ist eindeutig: Der Christ hofft auf die Auferstehung der Toten. Dies muss zunächst unzweideutig gesagt werden, auch wenn es heute naiv-mythisch klingen mag und alles dazu drängt, die Aussage interpretatorisch zu schwächen und umzuwandeln, noch ehe sie formuliert ist. Wo sie nicht gemacht wird, hat man bereits den Weg der Ausflüchte beschritten. Für Paulus hängt der Sinn der christlichen Verkündigung an *dieser* Erwartung; ohne sie sind ihm Glaube und Verkündigung nichtig, christliches Leben sinnlos. In der Geschichte des Dogmas ist diese Aussage in zweifacher Weise entfaltet worden:

a) In der Überzeugung von der Auferstehung der Toten eingeschlossen ist die Erwartung eines neuen Himmels und einer neuen Erde, d.h. die Gewissheit einer positiven Sinnerfüllung von

Kosmos und Geschichte, die Gewissheit, dass beides nicht als Müllhaufen endet, der zuletzt Blut und Tränen dieser Zeit als leere Illusionen gleichmütig begräbt. Das Bild vom »neuen Himmel und der neuen Erde« sieht vielmehr am Ende einen gesamthaften Sinn, in den alle Teilsinne eingehen. Sie sind in ihm aufgehoben, gehören zu ihm, aber er ist nicht die Summe oder das Produkt daraus. Gerade die Reduktion der Wirklichkeit auf das Gegenüber von Material und Produkt, die sich in der Philosophie der Neuzeit zutrug und sich in die Praxis des technischen Zeitalters übersetzte, ist zum Verhängnis des Menschen geworden, der darin erst vollends den Widerspruch zwischen Wollen und Werk erfährt. Unter der universalen Herrschaft dieses Denk- und Lebensschemas erscheint uns etwas, was nicht Produkt und daher nicht durch berechnete Leistung hervorzubringen ist, überhaupt als nichtig. Und doch tritt Hoffnung in ihrem wahren Sinn erst da wieder auf, wo wir etwas über unsere Produktion hinaus zu erwarten haben. Insofern ist der Verweis auf den neuen Himmel und die neue Erde ein Bekenntnis dazu, dass der Mensch überhaupt hoffen darf, und erst dies gibt dann auch seinen Produktionen Sinn.

b) Immer deutlicher ist in der Dogmengeschichte ein zweiter Aspekt ausgesprochen worden, dass nämlich in die christliche Verheißung auch die individuelle Erfüllung jedes Einzelnen eingeschlossen ist, in die das Leben nach dem Tod übergeht. Ausdrücklich hat dies im Jahre 1336 Papst Benedikt XII. in seiner Bulle Benedictus Deus formuliert: »Die Seelen … der verstorbenen Gläubigen, … die keiner weiteren Reinigung bedürfen, … sind noch vor der Auferstehung und dem Allgemeinen Gericht … im Himmel … und schauen Gottes Wesenheit von Angesicht …« Man muss es ganz klar sagen: Der Christ erwartet den Himmel – auch heute noch. In einer Welt, die das Gesetz der Erhaltung der Energie kennt, wundert es ihn nicht, dass auch jene geheimnisvolle Energie, die wir »Geist«, »Seele« nennen, unverloren bleibt und schließlich durch alle Verschattungen hindurch ihren Grund sieht, mit ihm und gerade dadurch mit dem Ganzen der Schöpfung kommuniziert.

In diesem Zusammenhang ist noch eine Zwischenbemerkung vonnöten. Wir haben beim Verweis auf die Frage, die der Tod für jede menschliche Hoffnung ist, den »Himmel« genannt, nicht aber von der Hölle gesprochen, die keine »Hoffnung«, sondern das Ende der Hoffnung und insofern die Radikalisierung des Todesphänomens ist. Immerhin ist es der Erwähnung wert, dass der bekannte Soziologe P. L. Berger auf der Suche nach einer neuen, induktiven Rechtfertigung für den Glauben an die Transzendenz – an Gott – das »Argument der Verdammnis« ins Spiel bringt: »Es handelt sich dabei um Erfahrungen, die unseren Sinn für das Menschenmögliche derartig überfordern, dass die einzige angemessene Reaktion nur ein Fluch von übernatürlichem Ausmaß sein kann ... Was mich beschäftigt, ist nicht die Frage, wie Eichmann zu erklären sei oder wie man mit ihm hätte verfahren sollen ... Denn hier liegt ... ein Fall vor, in dem Verdammung eine absolute, zwingende Notwendigkeit ist ... Die Weigerung, in diesem Falle zu verdammen, und zwar absolut, wäre nicht nur ein Prima-facie-Beweis für falsch verstandene Gerechtigkeit, sondern etwas viel Schlimmeres: eine verhängnisvolle Verletzung der Humanitas.« Noch einmal: Die christliche Hoffnung heißt Himmel; wenn die christliche Lehre auch das Wort Hölle kennt, so besagt dies, dass christliche Hoffnung Gewissheit wahrer Gerechtigkeit ist, die auch Fluch sein kann, wo Menschenleben bis in die Wurzel hinab Ungerechtigkeit ist.

Solchen Auskünften gegenüber, die sich aus den Urkunden des Glaubens ergeben, ist die Frage unvermeidlich: Aber ist denn für diese Welt, für diese Zeit nichts verheißen? Das führt uns zu einer dritten Feststellung:

c) Nirgendwo gehört zur christlichen Erwartung die Hoffnung auf einen definitiven Fortschritt in der Geschichte und auf eine definitiv heile innergeschichtliche Gesellschaft. Die Fortschrittsidee hat sich zwar aus dem Christlichen entwickelt, ist aber als Vorstellung eines kollektivierbaren und fixierbaren innerweltlichen Heilszuwachses selbst nicht christlich. Ihr Entstehungsdatum lässt sich ziemlich deutlich fixieren: Es liegt im Werk des kalabresischen Abtes Joachim von Fiore (ca. 1130–1202), der den christlichen Trinitätsglauben in die Geschichte projizierte und demgemäß eine aufsteigende Geschichtslinie von der Zeit des Vaters (Altes Testament) über die Zeit des Sohnes (Neues Testament) zur Zeit des Heiligen Geistes erwartete. Der fromme Mönch, der selbst Ordensgründer war und als Seliger verehrt wird, sah diese Zukunft noch ganz in der Perspektive des Glaubens, ja, des Mönchtums: Die Zeit des Geistes sollte endlich die volle Einhaltung der Bergpredigt bringen, die Versöhnung von Lateinern und Griechen, von Juden und Christen; es sollte eine Zeit der Mönche sein, in der alle das leben würden, was Benedikt und die großen Ordensgründer in der Zeit des Sohnes beispielhaft vorweggenommen hatten. Ernst Benz hat die Stufen nachgezeichnet, auf denen dieser Gedanke von frommer Erwartung zu säkularem politischem Programm wurde; über Hegel ist die Perspektive des einfachen Abtes zu einer Geschichtsmacht bis in unsere Stunde herein geworden. Übrigens war auch Joachim der Gedanke nicht fremd gewesen, dass es möglich sei, dem Kommen der Zukunft in die Hände zu arbeiten, sie vorzubereiten und sie heraufführen zu helfen; seine eigene Ordensgründung verstand sich als ein Versuch solcher Vorwegnahme der Zukunft.

Man kann diese Umwandlung des Trinitätsbekenntnisses in eine Stufenlogik der Geschichte sehr wohl begreifen: Das Ungenügen an der bestehenden Welt hat immer schon das Verlangen nach dem Goldenen Zeitalter geweckt; die Differenz zwischen den prophetischen Verheißungen des Alten Bundes und der tatsächlichen Wirklichkeit Kirche musste nach dem Erlahmen der Erwartung baldiger Widerkunft Christi folglich solche Entwürfe einer wahren Kirche und einer endgültig erlösten Welt hervorrufen. Die Kirche hat sie dennoch als ein Missverständnis ihres Bekenntnisses in dem dramatischen Streit des 13. und 14. Jahrhunderts verworfen, und dies mit vollem Recht. Die christliche Erwartung für diese Welt ist von der Bibel und von den tragenden Bekenntnissen her ganz anders zu beschreiben. Für sie wird diese Welt immer eine Welt der Drangsal und der Mühe sein. Man braucht, um diese Aussage zu belegen, nicht auf die Apokalypse zurückzugreifen, denn diese Überzeugung zählt zu den konstanten Aussagen des ganzen Neuen Testaments. Vielleicht am eindringlichsten ist sie formuliert in den Abschiedsreden Jesu im Johannesevangelium. Der letzte Satz vor dem sogenannten Hohepriesterlichen Gebet lautet: »Dies habe ich euch gesagt, damit ihr *in mir* Frieden habt; *in der Welt* habt ihr Drangsal, aber seid getrost, ich habe die Welt überwunden« (16,33).

Von einem kollektiv fixierten oder fixierbaren Fortschritt ist nirgends die Rede. Dennoch gibt es auch eine irdische Verheißung für den Glauben, die freilich ganz anders aussieht, als die von Joachim her datierenden Zukunftserwartungen. Das Markusevangelium berichtet uns von der Frage des Petrus, was denn der Lohn für den Totalverzicht der Jünger sei, die um Jesu willen alles aufgegeben hatten. Darauf antwortet Jesus mit einem rätselhaften Wort, das nun doch in einer erstaunlichen Weise das Ineinander von Glaubenshoffnung und irdischem Glück, die Verbindung von »dieser« und »jener« Welt ausdrückt: »Wahrlich ich sage euch: Da ist keiner, der Haus oder Brüder oder Schwestern oder Mutter oder Vater oder Kinder oder Äcker um meinetwillen und um des Evangeliums willen verlassen hätte, ohne dass er Hundertfaches jetzt, in dieser Welt – Häuser, Brüder, Schwestern, Mütter, Kinder, Äcker – empfinge, mitten unter Verfolgungen, und im zukünftigen Äon ewiges Leben« (Mk 10,28–30). Was soll das bedeuten? Nun, unmittelbar ist hier offensichtlich vom Missionar die Rede, der in der Verkündigung des Wortes, im Aufbau der Kirche, hundertfach wieder erhält, was er preisgab: Alles ist sein, weil nichts sein ist; mitten unter Verfolgung, Anfeindung und Bedrängnis ist er doch reich und beschenkt über alles menschliche Erwarten hinaus. Die Logik, die im Alten Testament auf den Stamm Levi, auf die Priester angewandt war, wird hier auf den Missionar Jesu Christi übertragen. Der Stamm Levi erhält kein Land, sein Losanteil ist »nur« Gott, das Priesterrecht ist dem Armenrecht nachgebildet. Aber gerade so ist er reich: Weil ihm nichts Einzelnes gehört, gehört ihm alles. Demgemäß ist zwar hier von der spezifischen Situation dessen die Rede, der für das Wort auszieht und in der Armut des Wortes den Reichtum der Antwort erfährt. Dennoch darf man wohl sagen, dass damit ein Grundzusammenhang zwischen dem Verzicht des Glaubens und einer auch in diese Welt hereinreichenden Erfüllung ausgesprochen ist, die freilich klar in den Kontext der Verfolgung gestellt wird. Die irdische Mühsal wird nicht aufgehoben und dennoch gibt es auch weltlich, diesseitig, eine Bestätigung der Verheißung, die im Glauben wohnt.

Der Einwand: Vertröstung?

Die Auskunft der Urkunden, die damit innerhalb der gesetzten Beschränkung in großen Zügen umrissen ist, drängt an dieser Stelle von selbst über sich hinaus zur Frage: Was bedeutet dies alles? Was bedeutet es für uns, hier und heute? Nun, die Antwort auf die Ausgangsfrage nach der Hoffnung des Christen lautet zunächst ganz klar: Der Christ hofft auf das ewige Leben. Wer dies verschweigt oder bestreitet, redet nicht mehr vom Christentum des neuen Testaments, sondern von eigenen Erfindungen ohne Vollmacht und ohne Belang. Also doch, summa summarum, Vertröstung aufs Jenseits, wird man uns jetzt sogleich entgegenhalten. Ich denke, man müsse hier zuerst einmal vor weiteren Erwägungen und sie erst ermöglichend einfach das Wort »Vertröstung« zurückweisen, und dies aus verschiedenen Gründen:

a) Zunächst muss hier eine Gegenfrage gestattet sein: Wer vertröstet eigentlich? Was ist denn das, »Vertröstung«? Man wird antworten: Der vertröstet, der nichts ändert. Der Gegensatz zu Vertröstung ist die Tat, die Veränderung, die den Trost überflüssig macht. Aber stimmt das eigentlich? Vertröstet denn der nicht, der zwar zu ändern beginnt, aber bestenfalls in 50 Jahren einen Erfolg versprechen kann? Wem kommt denn seine Änderung zugute? Selbst angenommen, dass sie Erfolg hat (wogegen alles spricht), hilft sie etwa dem, der jetzt leidet? Und was kostet eigentlich die

Veränderung? Welche Opfer werden in Kauf genommen, welche Zerstörungen, nicht nur äußerlich, sondern im und am Menschen selbst? Kasimir Edschmid hat in seinem Bolivar-Roman in erregenden Bildern das ungeheuere Ausmaß der seelischen, körperlichen und wirtschaftlichen Zerstörungen geschildert, das der Befreiungskampf Südamerikas von den Spaniern hervorbrachte bis hin zu dem tragischen Ende, dass Bolivar, von seiner eigenen Regierung verfolgt, im Haus eines Spaniers stirbt. Vermutlich war jener Kampf unumgänglich. Aber waren die, die ihn erleben mussten, nicht schändlichst betrogen und »vertröstet«, wenn die Frucht ihres Kampfes nach allen Verwüstungen nur die zerrissenen Nationalstaaten des Subkontinents waren, deren Not uns heute erregt? Indes – wir brauchen nicht hundertfünfzig Jahre zurückzugehen. Alexander Solschenizyn hat in seinem »August vierzehn« in dem kurzen Dialog zwischen Militärarzt und aufgeklärtem Fähnrich angesichts der ersten Verwundeten des Krieges mit geradezu fotographischer Genauigkeit das Credo des Zukunftsgläubigen festgehalten. »Einzelne Fälle sogenannter Barmherzigkeit – so sagt der Fähnrich zu dem erstaunten Arzt – verdunkeln bloß die Frage nach der Gesamtlösung und tragen zu deren Verzögerung bei im Falle dieses Krieges und überhaupt in Russland – je schlechter, desto besser!« Auf den Einwand »Wie soll denn das aussehen? Verwundet – gut. Man lässt ihn im Fieber, im Schüttelfrost, im Delirium, mit Infektionsgefahr liegen? ... Man lässt unsere Soldaten einfach leiden und zugrunde gehen – und das soll dann besser sein?« – auf diesen Einwand hin wird der Arzt belehrt: »Wir brauchen einen *integrierenden* Standpunkt, um nicht auf den Leim zu gehen. Wer hat nicht alles in Russland gelitten und leidet auch heute noch! Zu den Leiden der Arbeiter und Bauern sollen die Leiden der Verwundeten ruhig dazukommen. Missstände im Sanitätswesen sind auch gut. Dann ist das Ende näher. Je schlechter, desto besser!« (Luchterhand Verlag 1972, S. 181f.) Jeder, der mit den Zukunftsgläubigen je gesprochen hat, weiß, dass dieser Dialog nicht erfunden ist. In ihm ist der wahre geistige Hintergrund des »Archipel Gulag«

aufgedeckt: Wer ihn liest, spürt, welches Leiden es kostete, langsam zu erkennen, dass dieses Zeichen des Schreckens nicht trotz des Kampfes um die bessere Zukunft, gegen die Vertröstungen, entstanden ist, sondern ihr genaues Produkt, ihren exakten Ausdruck bildet.

Wer solchen Zusammenhängen nachgeht, für den wird sich die Gegenüberstellung von Vertröstung und Veränderung notwendig auflösen. Ihm wird die machbare Zukunft aufhören, der wahre Begriff des Heils zu sein. Sehr präzis hat kürzlich Helmut Kuhn das Faszinierende und Zerstörerische des Credo an die machbare Welt beschrieben: »... Im übrigen aber heißt ›gut‹ für den Zukunftsgläubigen das Zeitgemäße und jeweils Spätere, denn Geschichte ist Fortschritt, Gut-Sein heißt Fortschrittlich-Sein und das Böse ist Rückschrittlichkeit. Die Vertikale wird durch die Horizontale ersetzt. Nicht mehr Sursum corda! lautet der Imperativ, sondern: seid Avantgardisten! Die Vergangenheit – das, wovon du dich emanzipieren musst; die Gegenwart – das Objekt der Gesellschaftskritik; die Zukunft – das, was nicht oder noch nicht ist – ist alles. Sie ist das aktivierte Nichts – die parasitische Spinne, die, solange sie noch Appetit hat, die Wirklichkeit mit ideologischen Gespinsten und Fangnetzen überzieht.«

b) Der Verweis auf das ewige Leben ist gewiss mit dem Realismus gekoppelt, der einen kollektiv fixierten Humanitätsfortschritt als Fata Morgana entlarvt und ihr die Tatsächlichkeit einer Welt gegenüberstellt, in der um die Humanität immer neu gekämpft werden muss, in der es immer schwer sein wird, ein Mensch zu sein. Aber zu diesem Realismus gehört, von der Überzeugung der Realität des Ewigen her, auch die Überzeugung, dass es dennoch immer *möglich* sein wird, Mensch zu sein, eben weil der Himmel existiert, der keineswegs nur Zukunft, sondern eine Realität von höchster gegenwärtiger Bedeutung ist. Insofern wird hier gerade nicht vertröstet, sondern die Vertröstung weggenommen und zum Bestehen in der Realität geführt.

c) Eine Vertröstung ist der Verweis auf den »Himmel« dann nicht, wenn es sich beim ewigen Leben um eine Wirklichkeit handelt. Dann darf nicht davon geschwiegen werden. Dann ist wirklich alles anders, die Bedeutung jedes einzelnen Schrittes menschlichen Lebens ist dann geändert. Die Frage, um die es geht, ist so wichtig, dass man sie nicht ausklammern kann, um einstweilen Dringlicheres zu tun. Zumindest die *Frage* duldet keine Verdrängung. Und wenn die Praxis ein Kriterium der Wahrheit ist, dann gibt sie gerade hier eine gewichtige Antwort. Je mehr die Leidenschaft für das ewige Leben in Menschen wach geworden ist, desto »humaner« und humanisierender wurden sie. Der Dynamismus der Heiligen ist nur aus dem neuen Gewicht zu verstehen, das in ihr Leben eingebrochen war und seine Maße von Grund auf veränderte. Bei allem Furchtbaren, das die Kirchengeschichte aufzuweisen hat, ist eines klar: Zerstörung und Gleichgültigkeit kamen nicht von denen, die wirklich vom Glauben an das ewige Leben erfüllt waren. Von Benedikt über Franz von Assisi zu Bartholomé de las Casas, Petrus Claver und Vinzenz von Paul sind die wirklich Glaubenden die Lichtblicke, die die Menschheit gelehrt haben, was Menschsein sein könnte; sie sind die großen Tröster, die nicht vertröstet, sondern geheilt haben. Vielleicht ist es nützlich, neben den Verweis auf die Großen, die über der Erde den Himmel sichtbar und so die Erde wohnlich gemacht haben, ein vielleicht eher abstruses, aber doch durchaus bezeichnendes Beispiel dafür zu stellen, wie das Auftauchen des Ewigen am Rande des Lebens auch da noch ein wenig Trost eröffnen konnte, wo Gesellschaftskritik mit Recht ansetzen durfte. Als Herzog Ludwig der Bärtige von Bayern-Ingolstadt im Jahre 1434 den Tod in seine Nähe kommen spürte, wurde ihm bewusst, »dass er in seinem Leben viel gefehlt hatte; dass unrechtes Gut an seinen Händen klebte; dass seine Mittel nicht immer die erlaubten gewesen waren und die rechten. Nur beständiges Gebet, so dachte er, könne ihn noch retten – Gebet, das von den Armen kommen musste, denen das Himmelreich verheißen ist. So stiftete er ein Pfründehaus für fünfzehn Arme, die, solange die Welt stünde, dort von seinem Erbe leben und für ihn beten sollten.« Man hat oft über die Jenseitsangst des Mittelalters gelacht, die in solchen Testamenten zum Ausdruck kommt. Aber wäre es nicht gut gewesen, sie wäre nicht erst am Ende des Lebens, sondern in seiner Mitte aufgetaucht? Die Angst der einen – die Angst davor, dass Gerechtigkeit Realität, Macht ist – war die Hoffnung der anderen, und dass in ihnen Angst zu Hoffnung wurde, konnte auch die Angst der zu Recht Fürchtenden verwandeln.

Ewigkeit als Gegenwart

In solchen Überlegungen bahnt sich eine Antwort an auf die Frage: Was heißt das eigentlich, »das ewige Leben erwarten«? Was ist das, wenn ein Mensch das ewige Leben glaubt und erhofft? Dies ist ja nicht irgendein Inhalt in seinem Bewusstsein, so wie darin allerlei Kenntnisse enthalten sind und auch wieder verschwinden, sondern es prägt den Ansatz der geistigen Existenz vom Grund her, und es prägt ihn damit auch auf die anderen hin. Ich möchte hier die These wagen: Von der Existenz ewigen Lebens hängt es ab, ob es überhaupt Glück (in *diesem* Leben!) für den Menschen gibt. Die Hoffnung ewigen Lebens ist so weit davon entfernt, bloße Verschiebung des Heils ins viel Spätere zu sein, dass sie umgekehrt die Bedingung der Möglichkeit dafür ist, dass es überhaupt »Heil« – so etwas wie Glück – geben kann. Wieso eigentlich? Nun, wenn es Ewigkeit nicht gibt, wenn Geist nicht das Vorgängig-Schöpferische, sondern das Nachträglich-Zufällige ist, dann hat das Wirkliche *an sich* keinen Sinn. Daran kann dann auch der Mensch nichts Grundsätzliches ändern. Denn auch er selber ist dann an sich ein Gebilde ohne Sinn. Er vermag zwar für begrenzte Zusammenhänge sozusagen Sinnkreise herzustellen, ohne damit jedoch die Qualität des Ganzen ändern zu können. Denn das Sein als solches, die Wirklichkeit als ganze, wird durch solche Produktionen nicht verändert. Der produzierte partikuläre Sinn ist dann doch ein Spiel im und am Unsinnigen. Das ist aber auch für das menschliche Leben nicht gleichgültig. Es kann sich zwar streckenweise in die partikulären Sinngestalten flüchten, die es hervorbringt. Aber da es in seinem Grund ins Sinnlose hinabreicht, wird in der Tiefe alles Denkens, Seins und Tuns die Macht der Sinnlosigkeit das Bestimmende bleiben. Robert Spaemann hat überzeugend dargestellt, wie solche Trennung von Sinn und Sein dem Menschen nur zwei Alternativen offenlässt: Fanatiker oder Zyniker zu werden. »Der Fanatiker findet sich in einer sinnlosen Faktizität vor und ergreift die Partei des Sinnes, die Partei der Liebe, der Kommunikation und Vernunft gegen die Wirklichkeit. Ob es überhaupt Sinn gibt, hängt von seinem Handeln ab. Und ihm sind deshalb bei der Verfolgung seines Zieles keinerlei moralische Maßstäbe gesetzt, da ja sein Ziel allererst Moral überhaupt konstituiert. Sein Scheitern wäre das schlimmste aller Übel, weil die Welt, wie sie ist, die schlechteste aller möglichen Welten ist. Der Antipode des Fanatikers ist der Zyniker. Sinn, Vernunft, Glück sind ihm Epiphänomene über einer sinnlosen Faktizität. Er hält es, aktiv handelnd oder mit Genugtuung zuschauend, mit dieser Faktizität, mit der Macht gegen den Sinn, der nur eine Illusion ist. Auch ihm ist, wie dem Fanatiker, alles erlaubt, nur dass er dazu keiner moralischen oder geschichtsphilosophischen Rechtfertigung bedarf. Fanatismus und Zynismus sind einander entgegengesetzt, aber sie berühren sich, wie alle Extreme. Der Zyniker ist häufig der enttäuschte Fanatiker, der den Glauben an die Realisierbarkeit seines Zieles verloren hat und nun nur mehr die Macht, nicht mehr den Sinn sucht.«

Aber wie sieht es auf der politischen Ebene aus? Haben wir uns nicht doch ins Persönlich-Private geflüchtet und durch diesen Verzicht in Wirklichkeit die Position derer begünstigt, die jetzt Macht haben, also still ihre Partei ergriffen? Nun, die von Spaemann geschilderte Alternative reicht schon tief in die politischen Entscheidungen hinein, die von dem Grundentscheid über Sinn und Unsinn der Welt nicht abzutrennen sind. So stehen wir im politischen Raum vor einer Alternative, die das Gegenüber von Zynismus und Fanatismus spiegelt und weiterführt. Der Streit der letzten Jahre hat hier ein sehr deutliches Gegenüber ausgebildet. Auf der einen Seite meldet sich die wertfreie positivistische

Rationalität zu Wort, die allein nach der immanenten Sachlichkeit des jeweiligen Bereiches urteilen und handeln will. Auf der anderen Seite steht jene Kritik alles Bestehenden, die die Welt an dem Maßstab einer herrschaftsfreien Gesellschaft völliger Freiheit und Gleichheit misst, von da aus die vermeinte Sachlichkeit als verschleierte Interessenvertretung verurteilt und zu einer so radikalen Kritik des Gegebenen kommt, dass sie Reformen als »Reformismus« verurteilen muss und nur die Mobilisierung aller Kräfte für die totale Veränderung als Weg zum Heil ansehen kann. Wenn die Leidenschaft für »Gerechtigkeit« und »Freiheit« besticht, so muss doch der Dogmatismus, der die Gegenwart an illusionären Zukunftsbildern misst und sie ihretwegen zerstört, abschrecken. Die Zuflucht zur reinen Sachlichkeit, zur reinen Rationalität liegt nahe, aber die kritische Frage, woher die Sachlichkeit ihre Maße nimmt, an welcher »Sache« sie sie misst, verlangt zuvor nach Antwort. Wie ungenügend hier die Verkapselung in den Positivismus ist, hat Helmut Kuhn anschaulich herausgestellt. Der homo faber (so sagt er) »versteht dies und das zu machen, und das jeweils Gemachte ist ›gut‹, das heißt, es erfüllt in vortrefflicher Weise den ihm zugewiesenen besonderen Zweck. Er produziert Beförderungsmaschinen, und diese Maschinen sind gut, denn sie befördern ein Maximum von Personen mit einem Maximum von Geschwindigkeit durch ein Maximum räumlicher Entfernung. Oder er produziert Waffen, die wiederum gut sind, denn sie sind imstande, ein Maximum von Personen … in einem Minimum von Zeit zu vernichten. Aber die Frage, ob es gut für den Menschen ist, so rasch wie möglich in möglichst großer Zahl im Frieden befördert und im Krieg umgebracht zu werden – diese Frage liegt außerhalb seiner Zuständigkeit.« Das ganze Elend des Positivismus liegt in diesen Sätzen offen zutage. Was die Politik braucht, ist ein Maximum an sachlicher Rationalität, die ohne dogmatistischen Fanatismus welcher Prägung auch immer nach dem möglichst Guten sucht. Aber um dies tun zu können, braucht die Vernunft einen Begriff des Guten, ohne den ihre Sachlichkeit zum Spielball der Interessen wird. Christlicher Glaube steht gegen die irrationale Theologisierung der Politik; er will sie vernünftig, weil er diese Welt diese Welt sein lässt. Er hebt die Vernunft nicht auf, er fordert sie heraus, und er gibt ihr Halt, indem er sie an den Maßstab des Ewigen bindet, der die Vernunft erst zu sich selbst befreit.

Was also sollen wir tun? Schauen wir vor einer Antwort noch einmal in die Vergangenheit und in die Gegenwart hinein; noch einmal mag eine Bemerkung von Helmut Kuhn hier weiterhelfen. »Die Völker Europas haben sich durch die Jahrhunderte mit wechselndem Erfolg um eine politische Weisheit bemüht, die den Gemeinnutzen mit persönlicher Freiheit, Herrschaft mit Gleichheit, Staatlichkeit mit überstaatlicher Bestimmung versöhnen soll. Nun, unter dem Regime seiner blutdürstigen Zukunft scheint all dies Bemühen vergeblich, als eine Beschönigung der Schmach der Unterdrückung …« Was der Christ tun soll, ist dies: Unter dem Maßstab des Ewigen seine Vernunft anwenden, so dass sie vor dem Gericht des Ewigen bestehen kann. Der Glaube ist ein Auftrag an die Vernunft, sie selbst zu sein. Was er ihr verbietet, ist allein die Unvernunft, die sich weigert, die Dinge so zu sehen, wie sie sind; die nicht nach der Erkenntnis und der Verwirklichung des Möglichen trachtet, sondern unter der Herrschaft unwirklicher Leitbilder das Mögliche durch das Unmögliche verdirbt. Der Auftrag des Glaubens heißt: verantwortete Vernünftigkeit; Verantwortung gibt es freilich nur, wo ein »Wort« da ist, an dem wir zuletzt gemessen werden.

Wozu also ist der Glaube gut? Er ist gut, um dem Menschen leben, sich freuen und leiden zu helfen. Die Empörung gegen das Leid, die wir heute gelehrt werden und die sich als Erlösung gibt, endet das Leid nicht, sondern macht es nur unerträglich. Auch der Glaube endet das Leid nicht, aber er macht Menschen fähig, es zu tragen und es mitzutragen. Der Mensch braucht nicht Lehrmeister der Empörung (die kann er selbst), sondern Lehrmeister der Verwandlung, die in der Tiefe des Leides die Freude aufdecken und da, wo das Wohlbehagen endet, das wahre Glück aufschließen. Wer den Sonnengesang des heiligen Franziskus liest, wer diesen Menschen verstehen lernt, der im Zusammenbruch seiner Erwartungen, physisch und psychisch in die dunkelste Nacht gestoßen, Gott um des Bruders Tod willen zu preisen vermochte, der weiß, wie hell der »Himmel« – er allein – die Erde machen kann.

So rundet sich das Ganze zu der am Ende nochmals wiederholten Frage: Welches Heil bietet der Glaube an? Worauf hofft er? Noch einmal müssen wir zuerst sagen: Er erwartet nicht ein politisch-ökonomisches Paradies – für ihn ist solche Erwartung eine Farce des Bösen, mit der er die Menschen betrügt und versklavt; wir alle können wissen, wie wahr das ist. Irdisch gesehen erwartet der Glaube eine Welt, die immer voller Drangsale sein wird; eine Welt, in der es immer fast unerträglich schwer sein wird, ein Mensch zu sein; eine Welt, die nie die Humanität fest fixiert in Händen hält, sondern stets neu dessen bedarf, dass Menschen Menschen werden. Aber weil der Glaube gleichzeitig die kommende Welt glaubt und erwartet, weiß er, dass es dennoch lohnend und schön ist, sich in dieser Welt für Gerechtigkeit und Wahrheit abzumühen. Weil er die andere Welt erwartet, kann er den Menschen auch jetzt glücklich machen im Ringen um das, was er als das Bleibende erkennt. Das Reich, das »nicht von dieser Welt ist«, es allein, macht auch diese Welt lebbar und lebenswert. Der Glaube ersetzt nicht die Politik, aber er schafft etwas Entscheidendes, ohne das sie in all ihren Sicherungen und Überlegungen ins Leere stößt: das Gewissen, das den Menschen vertrauenswert macht. Der Glaube wirkt, dass es immer wieder, dem Schein zum Trotz, Menschen gibt, denen man vertrauen kann und die selbst aus dem Vertrauen leben. Insofern ist gerade der Glaube an die jenseitige Welt die Voraussetzung dafür, dass man in dieser Welt wohnen kann. Weil er jenseitig ist, eben darum ist der Glaube auch diesseitig, und wo er seine Jenseitigkeit verliert, da wird er nicht nur selbst zu einem leeren Gespenst; da wird das Diesseits insgesamt zu einem Gespensterhaus, in dem die Geister des Zynismus und des Fanatismus aus und ein gehen. Wo das Jenseits zur Vertröstung erklärt wird, da wird das Diesseits trostlos. Der wahre Trost aber umgreift Himmel und Erde zugleich. Weil er wahr ist, kann er sich die Vernunft leisten, die die Dinge so nimmt, wie sie sind: ohne die Illusion eines irdischen Paradieses, die die Vernunft betäubt und die Freiheit zerstört.

21.
Wozu noch Christentum?

Vortrag auf dem Tag der Pfarrgemeinderäte im Erzbistum Köln am 9. Juni 1972

Die Ohren dröhnen uns von der allmählich zur Selbstverständlichkeit werdenden Behauptung, mit dem Glauben der Kirche sei heute nichts mehr anzufangen. Eine Sache als traditionell zu bezeichnen ist inzwischen schon vielfach gleichbedeutend damit, sie als überholt und belanglos hinzustellen. Die Kirche aber lebt von der Tradition dessen, was sie von Anfang an empfangen hat, und scheint damit, jedenfalls in ihrer bisherigen Form, keinerlei Chance mehr zu haben. Solche Worte und Gedanken würden keine derartige Macht ausüben, wenn ihnen nicht eine Erfahrung zugrunde läge, der sich kaum jemand entziehen kann: einerseits das Erlebnis, dass alles anders wird in der Welt; sie scheint sich immer schneller so grundstürzend zu ändern, dass keiner der vertrauten Maßstäbe hält und nur völlig neue Wege einer völlig veränderten Menschheit helfen können; daneben tritt andererseits die Erfahrung der Wirkungslosigkeit des Christlichen, das den Menschen seinem Elend nicht entreißen kann und so für viele auf eine bloße Vertröstung hinausläuft, auf eine Schein-Erlösung, die an der Wirklichkeit vorbeigeht.

In der Tat, wer an der christlichen Erfahrung nicht teilhat, kann kaum anders urteilen; das aber hat zur Folge, dass man anfängt, sich der christlichen Botschaft zu schämen, und dass man mit greifbareren Erfolgen aufwarten will: mit sozialen und ökonomischen Leistungen, die niemand bestreiten kann, die fassbar Menschen befreien, aus ihrem Elend erlösen. Indes, die Not wächst schneller als die Hilfen, die ihr entgegengehalten werden, und mit dem Ausweichen ins Greifbare, das schamhaft Tradition vergessen machen und Christentum als Teil moderner Humanisierungsarbeit erklären will, nimmt zugleich die Zerrissenheit in der Kirche zu, die so nur für alle um so freudloser, um so hoffnungsloser, um so problematischer wird. Von Frohbotschaft scheint wenig geblieben, statt dessen Streit und Verlegenheit. Kardinal Döpfner hat schon vor längerer Zeit die Kirche von heute mit einer Baustelle verglichen, um das Unbehagen zu erklären, das sich in ihr breitmacht; ein kritischer Geist fügte hinzu, es scheine eine Baustelle zu sein, bei der der Bauplan verlorengegangen ist und jeder nach eigenem Gusto weitermauert und -zimmert: Das Ergebnis sieht danach aus.

Wozu noch Christentum? An die Stelle der christlichen Erlösung aus dem Glauben sind heute zwei neue Wege getreten, wie Menschen sich zu erlösen versuchen: der politisch-ökonomisch-soziale und der psychologische. Auf der einen Seite sucht die Wohlstandsgesellschaft immer mehr nach jenen profanen Beichtvätern, deren wissenschaftliche Erkenntnis der menschlichen Seele ihr zerrüttetes und leergewordenes Dasein wieder ordnen soll: Was Liebe ist, was Wort ist, all das Ursprüngliche des Menschen will erst wieder entdeckt sein. Aber helfen diese Ärzte wirklich? Sie können wohl sagen, *wie* die einzelnen Kräfte der menschlichen Seele funktionieren, aber nicht *wozu*. Der Zerfall der menschlichen Seele beruht indes gerade darauf, dass ihre Kräfte sich leer bewegen. Man kann eigentlich im Blick auf diese Bemühungen recht deutlich sehen, dass die menschliche Seele so gebaut ist, dass sie sich nicht aus sich selbst erklärt. Sie ist nicht wie eine Uhr zusammenzusetzen, ein geschlossenes Ganzes, das funktioniert, wenn man weiß, an welchen Ort jedes einzelne Stück gehört. Sondern sie lebt in einem offenen Kreislauf, besser in einer offenen Parabel und ist ohne den Bezugspunkt, der außerhalb ihrer selbst liegt, nicht zu heilen. Ein Bild Augustins drängt sich auf: Er hatte gesagt, die menschliche Existenz sei so gebaut, dass Gott ihren Konstruktionspunkt bildet, an dem sie festgemacht ist; stimmt diese obere Verklammerung, dann halten auch die übrigen Teile in einem sinnvollen Gefüge zusammen;

löst sie sich aber, so fällt auch alles übrige auseinander, und nur noch Stücke bleiben übrig.

Aber greifen wir nicht vor. Neben der psychologischen Erlösung steht die sozio-ökonomische, der Weg der totalen Politik. Alles ist politisch, hören wir heute; darum kann nur die bewusste Politisierung von Kirche, Glaube, Liturgie den Weg in die Zukunft öffnen und den Menschen »erlösen«. Wer die ungeheuere Not der Menschen in Indien und Indochina, in den Slums der Großstädte von Nord- und Südamerika sieht, wer wahrnimmt, wie der Prozess der Industrialisierung wachsend den Menschen programmiert, ihm seine Seele zu nehmen droht, der wird gewiss die Bedeutung der Politik für das Heil des Menschen nicht unterschätzen. Er wird verstehen, warum die Kirche von Anfang an – darin eins mit der Synagoge – durch ihr Gebet für die Lenker der Welt den politischen Bereich als einen Teilbereich des menschlichen Heils anerkannt hat. Insofern gibt es eine politische Verpflichtung des Christen, ohne deren Einlösung er den Wirklichkeitscharakter des Glaubens entleert. Die Redlichkeit und Ernsthaftigkeit des Glaubens erweist sich gerade auch in seiner Fähigkeit zum positiven politischen Handeln wie zum politischen Widerstand dort, wo er geboten ist.

Die politische Sorge gehört zum Heil des Menschen. Aber die *totale* Politik wäre das sichere Unheil des Menschen. Der Mensch braucht zwar Brot zu seinem Heil, aber er wird durch Brot allein nicht erlöst; die gerechte Verteilung der Macht hat mit seinem Heil zu tun, aber ihre Neuverteilung kann nicht seine Erlösung sein. Es gibt eine politisch-ökonomische Auslegung des Alten Testaments, wonach das Heil in der Errichtung von Wohlfahrt und Sicherheit bestehe. Die Geschichte von der Versuchung Jesu kennzeichnet diesen Erlösungsbegriff als das Erlösungskonzept des Satans. Hinter dem Bericht, der Satan habe Jesus vorgeschlagen, Steine in Brot zu verwandeln, und er habe ihm die Herrschaft über alle Reiche der Welt angeboten, stecken sehr reale Strömungen seiner Zeit: Der Messias müsse sich dadurch ausweisen, dass er allen Brot in Fülle gebe und dass er ein Weltreich des Friedens unter dem Zeichen seiner politischen Macht aufrichte. Jesus, der weder den Hunger der Welt geendigt noch die Machtverhältnisse verändert habe, könne ebendarum der Messias nicht sein ... Nur wer den Menschen politisch-sozial erlöse, habe ihn erlöst. Alles andere besage nichts. Demgegenüber erklärt das Evangelium: Eine solche Erlösung würde den Menschen dem Satan übergeben, d.h. ihn vollends versklaven.

Das scheint sehr hart geurteilt. Aber vielleicht kann gerade die Erfahrung unserer Generation uns diese Behauptung neu verstehen lassen. In Solschenizyns großem Roman »Der erste Kreis der Hölle« gibt es zu dieser biblischen Aussage eine merkwürdige Parallele. Eine Parallele zunächst schon insofern, als dieses ganze Buch in der Hölle spielt, und diese Hölle ist eben dort, wo die totale Politik ihr Paradies errichtet hat: Dieses Paradies *ist* die Hölle, in der der Mensch den Menschen zerstört – erschreckend dargestellt in der Schlussszene, in der zur Tarnung vor der Öffentlichkeit die Gefangenen in Lebensmittelwagen verstaut werden, die die Aufschrift tragen: Fleisch. Der Korrespondent der französischen Zeitung Libération – Befreiung – sieht immer wieder solche Lieferwagen und notiert in sein Notizbuch: »Die Versorgung der Hauptstadt kann nur als vorzüglich bezeichnet werden.«

Es gibt *eine* Szene in dem Buch, in der mir gerade dieser Zusammenhang zu äußerster Deutlichkeit gesteigert scheint. Der Verfasser legt dem alten idealistischen Marxisten Rubin eine erregende Deutung von Goethes Faust in den Mund. Goethes Tragödie schließt bekanntlich nicht tragisch, sondern in einem Optimismus, der freilich auf einem merkwürdigen Widerspruch beruht. Faust sollte verloren sein, wenn er zu einem Augenblicke seines Lebens sagt: Verweile doch, du bist so schön. In allen Verführungen, mit denen Satan ihn zu bezaubern versucht, entschlüpft ihm dieses Wort nicht. Am Ende seines Lebens organisiert er Scharen von Arbeitern, die dem Meer neues Land abringen, und jetzt, beim Geklirr der Spaten, die tätig eine neue Erde zu schaffen scheinen, spricht er die Worte:

»Das ist der Weisheit letzter Schluss:
Nur der verdient sich Freiheit wie das Leben,
Der täglich sie erobern muss.
Und so verbringt, umrungen von Gefahr,
Hier Kindheit, Mann und Greis sein tüchtig Jahr.
Solch ein Gewimmel möcht ich sehn,
Auf freiem Grund mit freiem Volke stehn.
Zum Augenblicke dürft' ich sagen:
Verweile doch, du bist so schön!«

Faust kehrt zu seinem Beginn zurück: Er hatte den Johannesprolog übersetzt »Im Anfang war die Tat«, Wort durch Tat ersetzt, die Erlösung der Welt nicht in dem Sinn gesehen, der sie im voraus trägt, und der Wort an jeden einzelnen ist, sondern in der Tat, in der der Mensch sich selbst seinen Sinn erschafft. Er stirbt in der Hoffnung der Erlösung, die seine Tat ihm leisten wird: Die politisch-soziale Aktion, die freies Volk auf freiem Grund erschafft – sie ist das Bleibende, das Heil. Dazu Rubin bei Solschenizyn: »Wenn man das aber etwas genauer bedenkt, so müssen wir uns fragen, ob Goethe nicht hier über das menschliche Glücksempfinden gespottet hat? Denn letzten Endes bringt es keinen Nutzen … Faust spricht den lang ersehnten erlösenden Satz, einen Schritt vom Grab entfernt, betrogen und vielleicht auch schon geistig umnachtet; die Lemuren stoßen ihn in die Grube hinab …« In der Tat, wenn man näher nachdenkt, erscheint das Ganze wie pure Ironie. Die Spaten, deren Geklirr Faust zu seinem Ausruf veranlasst, gehören den Bedienten des Teufels, die damit nicht eine neue Welt, sondern sein Grab schaufeln, und nur der Blinde, Blindgewordene kann darin die Musik der Erlösung hören, nicht ahnend, wie er sich selbst verhöhnt. Vom Kontext des Buches her scheint mir ganz deutlich zu sein, dass Solschenizyn damit seine Interpretation des Stalinismus (und in der Sache die des Marxismus überhaupt) gibt: Verweile doch, du bist so schön, sagt er nun zu einer Welt der Arbeit, zu einer selbst gebauten und selbst zu bauenden Welt, die in Wahrheit eine Welt der Lemuren ist, in der das Grab des Menschen geschaufelt wird – ein Spott des Teufels auf den Menschen, der, blind, erblindet, vergreist, nicht mehr merkt, dass er die Hölle als seine Erlösung preist.

Versuchen wir, das Gemeinte ohne Bild zu sagen: Der Mensch braucht Politik, das soziale und ökonomische Planen und Handeln. Aber wo es total wird, wo Politik sich als die Erlösung des Menschen ausgibt, da versucht sie die Rolle der Theologie bzw. des Glaubens zu spielen, und dann wird sie zur totalen Versklavung des Menschen. Ohne einen Sinn, der tiefer reicht als die Ordnung des Ökonomischen, geht der Mensch zugrunde. Vielleicht gab es in der Geschichte der Selbstemanzipation des Menschen in den letzten 150 Jahren wirklich Augenblicke, in denen der Eindruck sich aufdrängte, der Mensch könne von der Gottesfrage weggehen, ohne Schaden zu erleiden. Er könne sie als entbehrlich beiseite lassen. Vielleicht konnte es sogar scheinen, als hindere ihn die Gottesfrage wirklich, sich von Gewordenem zu lösen und sich nachdrücklich für seine eigene Sache einzusetzen. Aber wer auf die heutige Konstellation der Geschichte hinsieht, wird zumindest wieder sehr nachdenklich werden müssen. Die Situation von heute ist bestimmt durch das Gegenüber von Positivismus (als der neuen Form des Liberalismus) und Marxismus als politischer Heilsprophetie: Zwischen beiden geht der Streit um den Menschen, philosophisch etwa als Streit zwischen dem Neopositivismus Poppers und der Frankfurter Schule. Wenn der Positivismus allen marxistischen Philosophien nachweisen kann, dass sie geheime Theologien seien, die sich an den Tatsachen nicht verifizieren lassen, so kann der Marxismus dem Positivismus beweisen, dass seine Sachlichkeit ohne Maßstab und ohne Ziel ist. Die eigentliche Schwelle aber, in der der Mensch nach sich selbst fragt, nach seinem Warum und nach seinem Weg, wird weder da noch dort überschritten. Zuletzt haben beide über Macht und Konsum hinaus nichts zu sagen. Damit aber bleibt gerade das Eigentliche des Menschen leer. Das Bedrückende an manchen Formen modernen Christentums besteht darin, dass auch sie für alles, was nicht Macht oder Konsum ist, blind geworden zu sein scheinen. Dass auch sie Kirche nur unter dem Aspekt der Macht oder der Genussbefriedigung verstehen können.

Damit kann man das Christentum gewiss nicht retten. Seine Größe liegt darin, dass es dem Menschen sich selber gibt. Einen Weg zunächst. Eine Richtung, wie er handeln und leben soll. Vielleicht erschien uns das noch vor 10 Jahren als bloßer Moralismus, den wir lieber entbehren würden. Heute wissen wir, dass der Mensch, der wesenlos ist (im Sinne Sartres), der immer erst sich selbst erfinden muss, genau daran physisch und psychisch zugrunde geht, und wir vermögen das Geschenk des Weges neu zu schätzen. Freilich: ein Weg ist nur Sinn und ist daher nur zu leisten, wenn er Hoffnung auf ein Ziel gibt. Wenn er vorwärts führt. Hoffnung aber ist letztlich für den Menschen nur die Liebe. Sie aber ist als Grund der Welt dem Glaubenden in Jesus Christus anschaulich und gewiss geworden. Und auf ihn geht der christliche Weg zu. Ja, er selbst ist dieser Weg. So könnte man, ein bisschen zu theoretisch vielleicht, die christliche Grundformel so benennen: Die geglaubte und in Jesus Christus anschaulich gewordene Liebe ist als Weg die Hoffnung des Menschen.

Lassen Sie mich mit einer mehr praktischen Bemerkung schließen. Bonhoeffer hat in seinen Aufzeichnungen in der Gefangenschaft einmal bemerkt, heute müsse auch der Christ leben, quasi Deus non daretur – als ob es Gott nicht gäbe. Er müsse Gott aus den Verstrickungen des Alltags heraushalten und sein irdisches Leben auf eigene Verantwortung gestalten. Ich würde demgegenüber lieber genau umgekehrt formulieren: Heute sollte auch derjenige, dem die Existenz Gottes, die Welt des Glaubens dunkel geworden ist, praktisch leben, quasi Deus esset – leben, als ob es Gott wirklich gäbe. Leben unter der Wirklichkeit der Wahrheit, die nicht unser Produkt, sondern unsere Herrin ist. Leben unter dem Richtmaß der Gerechtigkeit, die wir nicht bloß denken, sondern die Macht ist und uns selber misst. Leben unter der Verantwortung vor der Liebe, die auf uns wartet und uns selber liebt. Leben unter dem Anspruch des Ewigen. Denn wer wach die Entwicklung lebt, wird einsehen, dass dies die einzige Weise ist, wie der Mensch gerettet werden kann. Gott – nur Er – ist die Rettung des Menschen; diese unerhörte Wahrheit, die uns solang eine kaum erreichbare Theorie schien, ist die praktischste Formel unserer Geschichtsstunde geworden. Und wer sich, wenn auch vielleicht zuerst nur zögernd, diesem mühsamen und doch unausweichlichen Als-ob anvertraut – leben, als gäbe es Gott –, der wird immer mehr gewahr werden, dass dieses Als-ob die eigentliche Wirklichkeit ist. Er wird mit ihrer Verantwortung ihrer erlösenden Kraft innewerden. Und er wird tief und unaustilgbar wissen, warum auch heute noch Christentum nötig ist als die wahrhaft frohe Botschaft, die den Menschen erlöst.

22. Wurzeln der europäischen Kultur

Begegnung mit Vertretern aus der Welt der Kultur, Paris, Collège des Bernardins, am 12. September 2008

Herr Kardinal, Frau Kulturminister, Herr Bürgermeister, Herr Kanzler des Institut de France, liebe Freunde!

Danke, Herr Kardinal, für Ihre freundlichen Worte. Wir befinden uns hier an einem historischen Ort, der von den Söhnen des heiligen Bernhard von Clervaux erbaut wurde und den Ihr Vorgänger, der verstorbene Kardinal Jean-Marie Lustiger, als Zentrum des Dialogs zwischen dem christlichen Denken und den intellektuellen und künstlerischen Strömungen der heutigen Gesellschaft wollte. Ich begrüße im Besonderen die Frau Kulturminister, die die Regierung vertritt, sowie die Herren Giscard d'Estaing und Chirac. Desgleichen grüße ich die anwesenden Minister, die Vertreter der UNESCO, den Herrn Bürgermeister von Paris und alle anderen Amtsträger. Ich möchte nicht meine Kollegen des Institut de France vergessen, die um meine Wertschätzung ihnen gegenüber wissen, und danke Prinz de Broglie für seine herzlichen Worte. Wir werden uns morgen Vormittag wiedersehen. Ich danke den Vertretern der muslimischen Gemeinde Frankreichs, dass sie die Einladung zur Teilnahme an dieser Begegnung angenommen haben. Ihnen entbiete ich meine besten Wünsche in dieser Zeit des Ramadan. Mein warmherziger Gruß gilt nun natürlich der gesamten vielfältigen Welt der Kultur, die Sie, liebe Gäste, so würdig vertreten.

Heute Abend möchte ich zu Ihnen über die Ursprünge der abendländischen Theologie und die Wurzeln der europäischen Kultur sprechen. Eingangs habe ich erwähnt, dass wir uns an einem emblematischen Ort befinden. Er ist an die Mönchskultur gebunden. Junge Mönche haben hier gelebt, um ihre Berufung tiefer verstehen und ihren Auftrag besser leben zu lernen. Dies ist ein Ort, der mit der Kultur des Mönchtums zu tun hat. Geht uns das heute noch etwas an, oder begegnen wir dabei bloß einer vergangenen Welt? Um darauf antworten zu können, müssen wir uns einen Augenblick auf das Wesen des abendländischen Mönchtums selbst besinnen. Worum ging es da? Von der Wirkungsgeschichte des Mönchtums her können wir sagen, dass im großen Kulturbruch der Völkerwanderung und der sich bildenden neuen staatlichen Ordnungen die Mönchsklöster der Ort waren, an dem die Schätze der alten Kultur überlebten und zugleich von ihnen her eine neue Kultur langsam geformt wurde. Aber wie ging das zu? Was hat die Menschen bewegt, die sich an diesen Orten zusammenfanden? Was wollten sie? Wie haben sie gelebt?

Da ist zunächst und als erstes ganz nüchtern zu sagen, dass es nicht ihre Absicht war, Kultur zu schaffen oder auch eine vergangene Kultur zu erhalten. Ihr Antrieb war viel elementarer. Ihr Ziel hieß: *quaerere Deum*. In der Wirrnis der Zeiten, in der nichts standzuhalten schien, wollten sie das Wesentliche tun – sich bemühen, das immer Gültige und Bleibende, das Leben selber zu finden. Sie waren auf der Suche nach Gott. Sie wollten aus dem Unwesentlichen zum Wesentlichen, zum allein wirklich Wichtigen und Verlässlichen kommen. Man sagt darüber, dass sie »eschatologisch« ausgerichtet waren. Aber das ist nicht in einem zeitlichen Sinn zu verstehen, als ob sie auf das Ende der Welt oder auf ihren eigenen Tod hingeschaut hätten, sondern in einem existentiellen Sinn: Sie suchten das Endgültige hinter dem Vorläufigen. *Quaerere Deum:* Weil sie Christen waren, war dies nicht eine Expedition in eine weglose Wüste, eine Suche ins völlige Dunkel hinein. Gott hatte selbst Wegzeichen ausgesteckt, ja, einen Weg gebahnt, den zu finden und zu gehen die Aufgabe war. Dieser Weg war sein Wort, das in den Büchern der heiligen Schriften vor den Menschen aufgeschlagen war. Die Suche nach Gott verlangt so von innen her eine Kultur des Wortes oder – wie

Jean Leclercq es ausgedrückt hat: Eschatologie und Grammatik sind im abendländischen Mönchtum inwendig miteinander verbunden (vgl. *L'amour des lettres et le désir de Dieu,* S. 14). Das Verlangen nach Gott, der *désir de Dieu,* schließt den *amour des lettres,* die Liebe zum Wort, mit ein, das Eindringen in alle seine Dimensionen. Weil im biblischen Wort Gott unterwegs ist zu uns und wir zu ihm, darum muss man lernen, in das Geheimnis der Sprache einzudringen, sie in ihrem Aufbau und in der Weise ihres Ausdrucks zu begreifen. So werden gerade durch die Gottsuche die profanen Wissenschaften wichtig, die uns den Weg zur Sprache zeigen. Weil die Suche nach Gott die Kultur des Wortes verlangte, daher gehört zum Kloster die Bibliothek, die die Wege zum Wort aufzeigt. Daher gehört zu ihm auch die Schule, in der die Wege konkret geöffnet werden. Benedikt nennt das Kloster eine *dominici servitii schola.* Das Kloster dient der *eruditio,* der Formung und Bildung des Menschen – Formung letztlich darauf hin, dass der Mensch Gott zu dienen lerne. Aber dies schließt gerade auch die Formung des Verstandes, die Bildung ein, durch die der Mensch in den Wörtern das eigentliche Wort wahrzunehmen lernt.

Wir müssen noch einen Schritt weitergehen, um der Kultur des Wortes ganz ansichtig zu werden, die zum Wesen der Suche nach Gott gehört. Das Wort, das den Weg der Gottsuche öffnet und selbst dieser Weg ist, ist ein gemeinsames Wort. Gewiss, es trifft jeden einzelnen mitten ins Herz (vgl. Apg 2,37). Gregor der Große beschreibt dies wie einen jähen Stich, der unsere schläfrige Seele aufreißt und uns wach macht für Gott (vgl. Leclercq, ebd., S. 35). Aber es macht uns so auch wach füreinander. Es führt nicht auf einen bloß individuellen Weg mystischer Versenkung, sondern in die Weggemeinschaft des Glaubens hinein. Und darum muss dieses Wort nicht nur bedacht, sondern auch recht gelesen werden. Wie in der Rabbinenschule, so ist auch bei den Mönchen das Lesen selbst des einzelnen ein zugleich körperlicher Vorgang. »Wenn aber *legere* und *lectio* ohne ein erläuterndes Beiwort gebraucht werden, dann bezeichnen sie meistens eine Tätigkeit, die wie Singen und Schreiben den ganzen Körper und den ganzen Geist ergreift«, sagt Jean Leclercq dazu (ebd., S. 21).

Und noch einmal ist ein weiterer Schritt zu tun. Das Wort Gottes bringt uns selber ins Gespräch mit Gott. Der Gott, der in der Bibel spricht, lehrt uns, wie wir selber mit ihm reden können. Besonders im *Buch der Psalmen* gibt er uns die Worte, mit denen wir ihn anreden können, unser Leben mit seinen Höhen und Tiefen ins Gespräch mit ihm zu bringen vermögen, so dass dabei das Leben selbst Bewegung auf ihn hin wird. Die Psalmen enthalten immer wieder Anweisungen auch dafür, wie sie gesungen und mit Instrumenten begleitet werden sollen. Für das Beten vom Wort Gottes her reicht das Sprechen nicht aus, es verlangt Musik. Zwei Gesänge der christlichen Liturgie stammen von biblischen Texten, in denen sie im Mund der Engel erscheinen: das Gloria, das zuerst bei der Geburt Jesu von den Engeln gesungen wurde, und das *Sanctus*, das nach *Jesaja 6* der Ruf der Seraphine ist, die Gott unmittelbar nahestehen. Der christliche Gottesdienst bedeutet von daher die Einladung, mit den Engeln mitzusingen und so das Wort zu seiner höchsten Bestimmung zu führen. Noch einmal Jean Leclercq zu diesem Thema: »Die Mönche mussten Melodien finden, die die Zustimmung des erlösten Menschen zu den Geheimnissen, die er feiert, in Töne übersetzen. Die wenigen uns erhalten gebliebenen Kapitelle von Cluny zeigen so die christologischen Symbole der einzelnen Tonarten« (vgl. ebd., S. 229).

Bei Benedikt steht als maßgebende Regel über dem Gebet und Gesang der Mönche das Psalmwort: *Coram angelis psallam Tibi, Domine* – im Angesicht der Engel psalliere ich vor dir (vgl. 138,1). Hier drückt sich das Bewusstsein aus, beim gemeinsamen Gebet in der Anwesenheit des ganzen himmlischen Hofes zu singen und damit dem höchsten Maßstab ausgesetzt zu sein: so zu beten und zu singen, dass man in die Musik der erhabenen Geister einstimmen kann, die als die Urheber der Harmonie des Kosmos, der Musik der Sphären galten. Von da aus kann man den Ernst einer Betrachtung des heiligen Bernhard von Clairvaux verstehen, der ein von Augustinus überliefertes Wort platonischer Tradition gebraucht, um über den schlechten Gesang von Mönchen zu urteilen, der für ihn offenbar keineswegs ein letztlich nebensächliches kleines Unglück war. Das Durcheinander eines schlecht durchgeführten Gesanges bezeichnet er als Absturz in die »Zone der Unähnlichkeit« – die *regio dissimilitudinis*. Augustinus hatte dieses Wort der platonischen Philosophie entnommen, um seinen Zustand vor der Bekehrung zu bezeichnen (vgl. *Bekenntnisse* VII, 10,16): Der Mensch, der zur Ähnlichkeit Gottes geschaffen ist, fällt in seiner Gottverlassenheit in die »Zone der Unähnlichkeit« hinunter – in eine Entfernung von Gott, in der er diesen nicht mehr widerspiegelt und so nicht nur Gott, sondern sich selber, dem wahren Menschsein unähnlich geworden ist. Es ist gewiss drastisch, wenn Bernhard dieses Wort, das auf den Abfall des Menschen von sich selbst weg verweist, zur Bezeichnung schlechter Mönchsgesänge verwendet. Aber es zeigt auch, wie ernst ihm die Sache ist. Es zeigt, dass die Kultur des Singens auch Kultur des Seins ist und dass die Mönche mit ihrem Beten und Singen der Größe des ihnen übergebenen Wortes, seinem Anspruch auf wahre Schönheit entsprechen müssen. Aus diesem inneren Anspruch des Redens mit Gott und des Singens von Gott mit den von ihm selbst geschenkten Worten ist die große abendländische Musik entstanden. Es ging nicht um private »Kreativität«, in der das Individuum sich selbst ein Denkmal setzt und als Maßstab wesentlich die Darstellung des eigenen Ich nimmt. Es ging vielmehr darum, wachsam mit den »Ohren des Herzens« die inneren Gesetze der Musik der Schöpfung selbst, die vom Schöpfer in seine Welt und in den Menschen gelegten Wesensformen der Musik zu erkennen und so die gotteswürdige Musik zu finden, die zugleich dann wahrhaft des Menschen würdig ist und seine Würde rein ertönen lässt.

Um die Kultur des Wortes einigermaßen zu verstehen, die sich im abendländischen Mönchtum aus der Suche nach Gott von innen her entwickelte, ist schließlich noch ein wenigstens kurzer Hinweis auf die Eigenart des Buches oder der Bücher nötig, in denen dieses Wort den Mönchen entgegenkam. Die Bibel ist rein historisch und literarisch betrachtet nicht einfach ein Buch, sondern eine Sammlung von Literatur, deren Entstehung sich über mehr als ein Jahrtausend hin erstreckt und deren einzelne Bücher man nicht ohne weiteres als eine innere Einheit erkennen kann; sie stehen vielmehr in erkennbaren Spannungen zueinander. Das gilt schon innerhalb der Bibel Israels, die wir Christen als Altes Testament benennen. Es gilt erst recht, wenn wir als Christen das Neue Testament mit seinen Schriften sozusagen als hermeneutischen Schlüssel mit der Bibel Israels verbinden und diese so als Weg auf Christus hin verstehen. Die Bibel wird im Neuen Testament im allgemeinen zu Recht nicht als »die Schrift«, sondern als »die Schriften« bezeichnet, die freilich zusammen dann doch als das eine Wort Gottes an uns angesehen werden. Aber schon dieser Plural macht sichtbar, dass Gottes Wort hier nur durch Menschenwort und Menschenwörter hindurch zu uns kommt, dass Gott nur durch Menschen hindurch, durch deren Worte und deren Geschichte zu uns redet. Dies wieder bedeutet, dass das Göttliche an dem Wort und an den Wörtern nicht einfach zutage liegt. Modern ausgedrückt: Die Einheit der biblischen Bücher und der göttliche Charakter ihrer Worte sind nicht rein historisch greifbar. Das Historische ist die Vielfalt und die Menschlichkeit. Von da aus versteht man die zunächst befremdlich erscheinende Formulierung eines mittelalterlichen Distichons: *Littera gesta docet – quid credas allegoria …* (vgl. Augustinus von Dänemark, *Rotulus pugillaris,* I). Der Buchstabe zeigt die Fakten an; was du zu glauben hast, sagt die Allegorie, das heißt die christologische und pneumatische Auslegung.

Wir können es auch einfacher ausdrücken: Die Schrift bedarf der Auslegung, und sie bedarf der Gemeinschaft, in der sie geworden ist und in der sie gelebt wird. In ihr hat sie ihre Einheit, und in ihr öffnet sich der das Ganze zusammenhaltende Sinn. Noch einmal anders gewendet: Es gibt Dimensionen der Bedeutung des Wortes und der Wörter, die sich nur in der gelebten Gemeinschaft dieses Geschichte stiftenden Wortes öffnen. Durch das zunehmende Wahrnehmen der verschiedenen Sinndimensionen wird das Wort nicht entwertet, sondern erscheint erst in seiner ganzen Größe und Würde. Deswegen kann der »*Katechismus der katholischen Kirche*« mit Recht sagen, dass das Christentum nicht einfach eine Buchreligion im klassischen Sinn darstellt (vgl. Nr. 108). Es vernimmt in den Wörtern *das* Wort, den *Logos* selbst, der sein Geheimnis durch diese Vielfalt hindurch ausbreitet. Diese eigentümliche Struktur der Bibel ist eine immer neue Herausforderung an jede Generation. Sie schließt von ihrem Wesen her all das aus, was man heute Fundamentalismus nennt. Denn das Wort Gottes selber ist nie einfach schon in der reinen Wörtlichkeit des Textes da. Zu ihm zu gelangen verlangt eine Transzendierung und einen Prozess des Verstehens, der sich von der inneren Bewegung des Ganzen leiten lässt und daher auch ein Prozess des Lebens werden muss. Immer nur in der dynamischen Einheit des Ganzen sind die vielen Bücher *ein* Buch, zeigt sich im Menschenwort und in der menschlichen Geschichte Gottes Wort und Gottes Handeln in der Welt.

Die ganze Dramatik dieses Themas ist in den Schriften des heiligen Paulus ausgeleuchtet. Was die Überschreitung des Buchstabens und sein Verstehen allein vom Ganzen her bedeutet, hat er drastisch ausgedrückt in dem Satz: »Der Buchstabe tötet, der Geist aber macht lebendig« (2 Kor 3,6). Und weiter: »Wo der Geist … da ist Freiheit« (2 Kor 3,17). Man kann aber das Große und Weite dieser Sicht des biblischen Wortes nur verstehen, wenn man Paulus ganz zuhört und dann erfährt, dass dieser freimachende Geist einen Namen hat und so die Freiheit ein inneres Maß: »Der Herr ist der Geist. Wo aber der Geist des Herrn ist, da ist Freiheit« (2 Kor 3,17). Der befreiende Geist ist nicht einfach die eigene Idee, die eigene Ansicht des Auslegers. Der Geist ist Christus, und Christus ist Herr, der uns den Weg zeigt. Mit dem Wort von Geist und Freiheit ist ein weiter Horizont eröffnet, aber zugleich der Willkür der Subjektivität eine klare Grenze gesetzt, die den einzelnen wie die Gemeinschaft klar in die Pflicht nimmt und eine neue, höhere Bindung als die des Buchstabens, nämlich die Bindung von Einsicht und Liebe erschafft. Diese Spannung von Bindung und Freiheit, die weit über das literarische Problem der Schriftauslegung hinausreicht, hat auch Denken und Wirken des Mönchtums bestimmt und die abendländische Kultur zutiefst geprägt. Sie ist als Aufgabe auch unserer Generation gegenüber den Polen von subjektiver Willkür und fundamentalistischem Fanatismus neu gestellt. Es wäre ein Verhängnis, wenn die europäische Kultur von heute Freiheit nur noch als Bindungslosigkeit auffassen könnte und damit unvermeidlich dem Fanatismus und der Willkür in die Hand spielen würde. Bindungslosigkeit und Willkür sind nicht Freiheit, sondern deren Zerstörung.

Wir haben bisher beim Bedenken der »Schule des göttlichen Dienstes«, als die Benedikt das Mönchtum bezeichnet, nur auf ihre Orientierung auf das Wort – auf das »*ora*« – geachtet. In der Tat wird von da aus die Richtung des Ganzen des mönchischen Lebens bestimmt. Aber unsere Betrachtung bliebe doch unvollständig, wenn wir nicht auch die mit »*labora*« umschriebene zweite Komponente des Mönchtums wenigstens kurz ins Auge fassen würden. In der griechischen Welt galt die körperliche Arbeit als Sache der Unfreien. Der Weise, der wirklich Freie ist allein den geistigen Dingen hingegeben; er überlässt die körperliche Arbeit als etwas Niedriges den Menschen, die zu diesem höheren Dasein in der Welt des Geistes nicht fähig sind. Ganz anders die jüdische Tradition: Alle die großen Rabbinen übten zugleich auch einen handwerklichen Beruf aus. Paulus, der als *Rabbi* und dann als Verkünder des Evangeliums an die Völkerwelt auch Zeltmacher war und sich den Unterhalt mit der eigenen Arbeit seiner Hände verdiente, ist hier keine Ausnahme, sondern steht in der gemeinsamen Tradition des Rabbinentums. Das Mönchtum hat diese Überlieferung aufgenommen; der Hände Arbeit gehört konstitutiv zum christlichen Mönchtum. Benedikt spricht in seiner *Regula* nicht eigens über die Schule, obwohl Unterricht und Lernen praktisch darin vorausgesetzt sind, wie wir sahen. Aber er spricht ausdrücklich über die Arbeit (vgl. Kap. 48). Und genauso Augustinus, der der Mönchsarbeit ein eigenes Buch gewidmet hat. Die Christen, die damit in der vom Judentum vorgegebenen

Tradition fortfuhren, mussten sich dazu noch zusätzlich angesprochen sehen durch das Wort Jesu im *Johannesevangelium,* mit dem er sein Wirken am Sabbat verteidigte: »Mein Vater arbeitet bis jetzt, und auch ich arbeite« (5,17). Die griechisch-römische Welt kannte keinen Schöpfergott; die höchste Gottheit konnte sich ihrer Vision nach nicht mit der Erschaffung der Materie gleichsam die Hände schmutzig machen. Das »Machen« der Welt war dem Demiurgen, einer untergeordneten Gottheit, vorbehalten. Anders der christliche Gott: Er, der eine, der wirkliche und einzige Gott ist auch Schöpfer. Gott arbeitet; er arbeitet weiter in und an der Geschichte der Menschen. In Christus tritt er als Person in die mühselige Arbeit der Geschichte ein. »Mein Vater arbeitet bis jetzt, und auch ich arbeite.« Gott selbst ist der Weltschöpfer, und die Schöpfung ist nicht zu Ende. Gott arbeitet. So musste nun das Arbeiten der Menschen als besondere Weise der Gottebenbildlichkeit des Menschen erscheinen, der sich damit am weltschöpferischen Handeln Gottes beteiligen kann und darf. Zum Mönchtum gehört mit der Kultur des Wortes eine Kultur der Arbeit, ohne die das Werden Europas, sein Ethos und seine Weltgestaltung nicht zu denken sind. Zu diesem Ethos müsste freilich gehören, dass Arbeit und Geschichtsgestaltung des Menschen Mit-Arbeiten mit dem Schöpfer sein will und von diesem Mit her ihr Maß nimmt. Wo dieses Maß fehlt und der Mensch sich selber zum gottartigen Schöpfer erhebt, kann Weltgestaltung schnell zur Weltzerstörung werden.

Wir sind davon ausgegangen, dass die Grundhaltung der Mönche im Zusammenbruch alter Ordnungen und Gewissheiten das *quaerere Deum* war – sich auf die Suche machen nach Gott. Wir könnten sagen, dass dies die eigentlich philosophische Haltung ist: Über das Vorletzte hinauszuschauen und sich auf die Suche nach dem Letzten und Eigentlichen zu machen. Wer Mönch wurde, machte sich auf einen weiten und hohen Weg, aber er hatte doch schon die Richtung gefunden: das Wort der Bibel, in dem er Gott selbst sprechen hörte. Er musste nun versuchen, ihn zu verstehen, um auf ihn zugehen zu können. So ist der Weg der Mönche doch schon Weg im Inneren des angenommenen Wortes, auch wenn die Wegstrecke unermesslich bleibt. Das Suchen der Mönche trägt in gewisser Hinsicht schon ein Finden in sich. Deshalb muss es vorher schon, damit dieses Suchen möglich werde, eine erste Bewegung geben, die nicht nur den Willen zum Suchen weckt, sondern auch glaubhaft macht, dass in diesem Wort der Weg verborgen ist oder besser: dass in diesem Wort Gott sich selbst auf den Weg zu den Menschen begeben hat und daher Menschen auf ihm zu Gott kommen können. Mit anderen Worten: Es muss Verkündigung geben, die den Menschen anredet und so Überzeugung schafft, die Leben werden kann. Damit sich ein Weg ins Innere des biblischen Wortes als Gotteswort öffne, muss dieses Wort selbst zunächst nach außen gesprochen werden. Klassischer Ausdruck für diese Notwendigkeit des christlichen Glaubens, sich für die anderen mitteilbar zu machen, ist ein Satz aus dem *Ersten Petrusbrief*, der in der mittelalterlichen Theologie als biblische Begründung für die Arbeit der Theologen gewertet wurde: »Seid stets bereit, jedem, der euch nach der Vernunft (dem *Logos*) eurer Hoffnung fragt, Antwort zu geben« (3,15). (*Logos* muss *Apo-logie*, Wort muss Antwort werden.) In der Tat haben die Christen der werdenden Kirche ihre missionarische Verkündigung nicht als Propaganda aufgefasst, die dazu dienen sollte, ihre eigene Gruppe zu vergrößern, sondern als eine innere Notwendigkeit, die aus dem Wesen ihres Glaubens folgte: Der Gott, dem sie glaubten, war der Gott aller, der eine, wirkliche Gott, der sich in der Geschichte Israels und schließlich in seinem Sohn gezeigt und damit die Antwort gegeben hatte, die alle betraf und auf die alle Menschen im Innersten warten. Die Universalität Gottes und die Universalität der auf ihn hin offenen Vernunft sind für sie der Grund der Verkündigung und zugleich die Verpflichtung dazu. Für sie gehörte ihr Glaube nicht der kulturellen Gewohnheit zu, die je nach Völkern verschieden ist, sondern dem Bereich der Wahrheit, die alle gleichermaßen angeht.

Das grundlegende Schema der christlichen Verkündigung »nach außen« – an die suchenden und fragenden Menschen – findet sich in der Rede des heiligen Paulus auf dem Areopag. Halten wir dabei gegenwärtig, dass der Areopag nicht eine Art Akademie war, auf der sich die erlauchtesten Geister zur Diskussion über die höchsten Dinge trafen, sondern ein Gerichtshof, der in Sachen Religion zuständig war und dem Import fremder Religionen entgegentreten sollte. Genau dies wird Paulus vorgeworfen: »Es scheint ein Verkünder fremder Gottheiten zu sein« (Apg 17,18). Dem hält Paulus entgegen: Ich habe bei euch einen Altar gefunden mit der Aufschrift: Einem unbekannten Gott. Was ihr verehrt, ohne es zu kennen, das verkünde ich euch (17,23). Paulus verkündet keine unbekannten Götter. Er verkündet den, den die Menschen nicht kennen und doch kennen – den Unbekannt-Bekannten; den, nach dem sie suchen, um den sie letztlich wissen und der doch wieder der Unbekannte und Unerkennbare ist. Das Tiefste menschlichen Denkens und Empfindens weiß irgendwie, dass es Ihn geben muss. Dass am Anfang aller Dinge nicht die Unvernunft, sondern die schöpferische Vernunft stehen muss; nicht der blinde Zufall, sondern die Freiheit. Aber obwohl alle Menschen dies irgendwie wissen, wie Paulus im *Römerbrief* ausdrücklich sagt (1,21), bleibt dieses Wissen unwirklich: Ein nur gedachter und erdachter Gott ist kein Gott. Wenn er sich nicht zeigt, dann reichen wir doch nicht bis zu ihm hin. Das Neue der christlichen Verkündigung ist, dass sie nun allen Völkern sagen darf: Er hat sich gezeigt. Er selbst. Und nun ist der Weg zu ihm offen. Die Neuheit der christlichen Verkündigung besteht in einem Faktum: Er hat sich gezeigt. Aber dies ist kein blindes Faktum, sondern ein Faktum, das selbst *Logos* – Gegenwart der ewigen Vernunft in unserem Fleisch ist. *Verbum caro factum est* (Joh 1,14). Gerade so ist im Faktum nun *Logos*, ist *Logos* unter uns. Das Faktum ist vernünftig. Freilich bedarf es immer der Demut der Vernunft, um es annehmen zu können; der Demut des Menschen, die der Demut Gottes antwortet.

Unsere heutige Situation ist von derjenigen in vieler Hinsicht verschieden, die Paulus in Athen vorfand, aber durch die Verschiedenheit hindurch ihr doch auch in vielem sehr verwandt.

Unsere Städte sind nicht mehr mit Altären und mit Bildern vielfältiger Gottheiten angefüllt. Gott ist wirklich für viele der große Unbekannte geworden. Aber wie damals hinter den vielen Götterbildern die Frage nach dem unbekannten Gott verborgen und gegenwärtig war, so ist auch die gegenwärtige Abwesenheit Gottes im stillen von der Frage nach ihm bedrängt. *Quaerere Deum* – Gott suchen und sich von ihm finden lassen, das ist heute nicht weniger notwendig denn in vergangenen Zeiten. Eine bloß positivistische Kultur, die die Frage nach Gott als unwissenschaftlich ins Subjektive abdrängen würde, wäre die Kapitulation der Vernunft, der Verzicht auf ihre höchsten Möglichkeiten und damit ein Absturz der Humanität, dessen Folgen nur schwerwiegend sein könnten. Das, was die Kultur Europas gegründet hat, die Suche nach Gott und die Bereitschaft, ihm zuzuhören, bleibt auch heute Grundlage wahrer Kultur.

V.

Das Christentum und die Welt der Religionen

Absolutheitsanspruch, Mission und Evangelisierung

23. Das Christentum – die wahre Religion?

Vortrag vom 27. November 1999 anlässlich eines Kolloquiums der Pariser Sorbonne zum Thema: »2000 ans après quoi?«

Am Anfang des dritten christlichen Jahrtausends befindet sich das Christentum gerade im Raum seiner ursprünglichen Ausdehnung, in Europa, in einer tiefgehenden Krise, die auf der Krise seines Wahrheitsanspruches beruht. Diese Krise hat eine doppelte Dimension: Zunächst stellt sich immer mehr die Frage, ob der Begriff Wahrheit sinnvollerweise überhaupt auf die Religion angewandt werden könne, mit anderen Worten, ob es dem Menschen gegeben ist, die eigentliche Wahrheit über Gott und die göttlichen Dinge zu erkennen. Der Mensch von heute findet sich viel eher in dem buddhistischen Gleichnis vom Elefanten und den Blinden wieder: Ein König in Nordindien habe einmal alle blinden Bewohner der Stadt an einem Ort versammelt. Darauf ließ er den Versammelten einen Elefanten vorführen. Die einen ließ er den Kopf betasten. Er sagte dabei: So ist ein Elefant. Andere durften das Ohr betasten oder den Stoßzahn, den Rüssel, den Rumpf, den Fuß, das Hinterteil, die Schwanzhaare. Darauf fragte der König die einzelnen: Wie ist ein Elefant? Und je nachdem, welchen Teil sie betastet hatten, antworteten sie: Er ist wie ein geflochtener Korb … Er ist wie ein Topf … Er ist wie eine Pflugstange … Er ist wie ein Speicher … Er ist wie ein Pfeiler … Er ist wie ein Mörser … Er ist wie ein Besen. Daraufhin – so sagt das Gleichnis – kamen sie in Streit, und mit dem Ruf »Der Elefant ist so und so« stürzten sie aufeinander und schlugen sich mit den Fäusten zum Ergötzen des Königs.[1] Der Streit der Religionen erscheint den Menschen von heute wie dieser Streit der Blindgeborenen. Denn blindgeboren sind wir den Geheimnissen des Göttlichen gegenüber, so scheint es. Das Christentum befindet sich für das heutige Denken keineswegs in einer positiveren Perspektive als die anderen – im Gegenteil: Mit seinem Wahrheitsanspruch scheint es besonders blind zu sein gegenüber der Grenze all unserer Erkenntnis des Göttlichen, durch einen besonders törichten Fanatismus gekennzeichnet, der das in eigener Erfahrung betastete Stück unbelehrbar für das Ganze erklärt.

Diese ganz generelle Skepsis gegenüber dem Wahrheitsanspruch in Sachen Religion ist dann zusätzlich untermauert durch die Fragen, die die moderne Wissenschaft den Ursprüngen und Inhalten des Christlichen gegenüber aufgerichtet hat: Durch die Evolutionstheorie scheint die Schöpfungslehre überholt, durch die Erkenntnisse über den Ursprung des Menschen die Erbsündenlehre; die kritische Exegese relativiert die Gestalt Jesu und setzt Fragezeichen gegenüber seinem Sohnesbewusstsein; der Ursprung der Kirche in Jesus erscheint zweifelhaft und so fort. Die philosophische Grundlage des Christentums ist durch das »Ende der Metaphysik« problematisch geworden, seine historischen Grundlagen stehen infolge der modernen historischen Methoden im Zwielicht. So liegt es auch von daher nahe, die christlichen Inhalte ins Symbolische zurückzunehmen, ihnen keine höhere Wahrheit zuzusprechen als den Mythen der Religionsgeschichte – sie als Weise der religiösen Erfahrung anzusehen, die sich demütig neben andere zu stellen hätte. In diesem Sinn kann man dann – wie es scheint – fortfahren, ein Christ zu bleiben; man bedient sich weiterhin der Ausdrucksformen des Christentums, deren Anspruch freilich von Grund auf verändert ist: Was als Wahrheit verpflichtende Kraft und verlässige Verheißung für den Menschen gewesen war, wird nun zu einer kulturellen Ausdrucksform des allgemeinen religiösen Empfindens, die uns durch die Zufälle unserer europäischen Herkunft nahegelegt ist.

Ernst Troeltsch hat zu Beginn des 20. Jahrhunderts diesen inneren Rückzug des Christentums aus seinem ursprünglich universalen Anspruch, der nur auf dem Anspruch der Wahrheit gründen konnte, philosophisch und theologisch formuliert. Er war zur Überzeugung von der Unübersteiglichkeit der Kulturen und von der Bindung der Religion an die Kulturen gekommen. Das Christentum ist dann nur die Europa zugewandte Seite des Antlitzes Gottes. Die »individuellen Besonderheiten der Kultur- und Rassenkreise« und die »Besonderheiten ihrer großen zusammenfassenden Religionsbildungen« bekommen den Rang einer letzten Instanz: »Wer also will hier wagen, wirklich entscheidende Wertvergleichungen zu machen. Das könnte nur Gott selbst, der diese Verschiedenheiten aus sich entlassen hat.«[2]

Ein Blindgeborener weiß, dass er nicht zum Blindsein geboren ist, und wird daher nicht aufhören, nach dem Warum seiner Blindheit und nach einem Weg aus ihr heraus zu fragen. Nur scheinbar hat sich der Mensch mit dem Verdikt abgefunden, dem Eigentlichen gegenüber, auf das es letztlich in unserem Leben ankommt, blindgeboren zu sein. Der titanische Versuch, die ganze Welt in Besitz zu nehmen, aus unserem Leben und für unser Leben herauszuholen, was nur möglich ist, zeigt ebenso wie die Ausbrüche eines Kultes der Ekstase, der Selbstüberschreitung und der Selbstzerstörung, dass der Mensch sich bei diesem Urteil nicht bescheidet. Denn wenn er nicht weiß, woher er kommt und wozu er da ist, ist er dann nicht in seinem ganzen Sein ein fehlgeschlagenes Geschöpf? Der scheinbar gleichgültige Abschied von der Wahrheit über Gott und über das Wesentliche unseres Selbst, die scheinbare Zufriedenheit, sich damit nicht mehr befassen zu müssen, täuscht. Der Mensch kann sich nicht damit abfinden, für das Wesentliche ein Blindgeborener zu sein und zu bleiben. Der Abschied von der Wahrheit kann nie endgültig sein.

Weil es so steht, muss die altmodische Frage nach der Wahrheit des Christentums neu gestellt werden, so überflüssig und unbeantwortbar sie vielen erscheinen mag. Aber wie? Zweifellos wird die christliche Theologie die einzelnen Instanzen, die gegen den Wahrheitsanspruch des Christentums im Bereich der Philosophie, der Naturwissenschaften, der Geschichte aufgerichtet worden sind, sorgsam überprüfen, sich ihnen aussetzen müssen. Zum anderen aber muss sie auch versuchen, eine Gesamtvision der Frage nach dem wahren Wesen des Christentums, nach seiner Stellung in der Geschichte der Religionen und nach seinem Ort in der menschlichen Existenz zu gewinnen. Ich möchte einen Schritt in diese Richtung tun, indem ich die Frage beleuchte, wie in den Ursprungszeiten des Christentums dieses selbst seinen Anspruch im Kosmos der Religionen gesehen hat.

Mir ist kein Text der alten Christenheit bekannt, der für diese Frage ähnlich erhellend wäre wie Augustins Auseinandersetzung mit der Religionsphilosophie des »gelehrtesten der Römer« Marcus Terrentius Varro (116–27 v. Chr.).[3] Varro teilte das stoische Bild von Gott und Welt; er definiert Gott als »animam motu ac ratione mundum gubernantem« (als »Seele, die durch Bewegung und Vernunft die Welt lenkt«),[4] anders gesagt: als Weltseele, die die Griechen Kosmos nennen: hunc ipsum mundum esse deum.[5] Diese Weltseele freilich empfängt keinen Kult. Sie ist nicht Gegenstand von religio. Anders gesagt: Wahrheit und Religion, vernünftige Einsicht und kultische Ordnung liegen auf zwei völlig verschiedenen Ebenen. Die kultische Ordnung, die konkrete Welt der Religion gehört nicht der Ordnung der »res«, der Wirklichkeit als solcher, sondern derjenigen der »mores« – der Gewohnheiten – zu. Nicht die Götter haben den Staat geschaffen, sondern der Staat hat die Götter eingerichtet, deren Verehrung für die Ordnung des Staates und das rechte Verhalten der Bürger wesentlich ist. Religion ist ihrem Wesen nach ein politisches Phänomen. Varro unterscheidet demgemäß drei Arten von »Theologie«, wobei er unter Theologie die ratio versteht, quae de diis explicatur – das Verstehen und Erklären des Göttlichen, könnten wir übersetzen. Es sind dies die *theologia mythica,* die *theologia civilis* (πολιτική) und die *theologia naturalis* (φυσική).[6] Mit vier Bestimmungen klärt er dann näher, was unter diesen »Theologien« zu verstehen sei. Die erste Bestimmung bezieht sich auf die den drei Theologien zugeordneten Theologen: Die Theologen der mythischen Theologie sind die Dichter, weil sie Gesänge über die Götter verfasst haben und so Gottessänger sind. Die Theologen der physischen (natürlichen) Theologie sind die Philosophen, das heißt die Gelehrten, die Denker, die über die Gewohnheit hinaus nach der Wirklichkeit, der Wahrheit fragen; die Theologen der Ziviltheologie sind die »Völker«, die sich bei ihrer Wahl nicht den Philosophen (nicht der Wahrheit), sondern den Dichtern angeschlossen hatten, ihren poetischen Visionen, ihren Bildern und Gestalten. Die zweite Bestimmung gilt dem Ort in der Wirklichkeit, dem die betreffende Theologie zugeordnet ist. Da entspricht der mythischen Theologie das Theater, das durchaus einen religiösen, kultischen Rang hatte; die Schauspiele sind nach der herrschenden Meinung auf Weisung der Götter in Rom eingerichtet worden.[7] Der politischen Theologie entspricht die urbs, der Raum der natürlichen Theologie aber sei der Kosmos. Die dritte Bestimmung nennt den Inhalt der drei Theologien: Die mythische Theologie habe als Inhalt die von den Poeten geschaffenen Götterfabeln; die staatliche Theologie den Kult; die natürliche Theologie antworte auf die Frage, wer die Götter seien. Hier lohnt es sich, genauer zuzuhören: »Ob sie – mit Heraklit – aus Feuer sind oder – mit Pythagoras – aus Zahlen oder – mit Epikur – aus Atomen, und so noch anderes, was die Ohren leichter innerhalb der Schulwände ertragen können als draußen auf dem Marktplatz.«[8] Hier wird ganz deutlich sichtbar, dass diese natürliche Theologie Entmythologisierung, oder besser gesagt: Aufklärung ist, die kritisch hinter den mythischen Schein blickt und ihn naturwissenschaftlich auflöst. Kult und Erkenntnis fallen auseinander. Der Kult bleibt als Sache der politischen Zweckmäßigkeit notwendig; die Erkenntnis wirkt religionszerstörend und sollte daher nicht auf den Marktplatz getragen werden. Schließlich ist da noch die vierte Bestimmung: Welche Art von Wirklichkeit ist Inhalt der einzelnen Theologien? Varros Antwort lautet: Die natürliche Theologie hat es mit der »Natur der Götter« zu tun (die es gar nicht gibt), die beiden anderen Theologien handeln von den divina instituta hominum – von den göttlichen Einrichtungen der Menschen.[9] Damit aber ist letztlich der ganze Unterschied reduziert auf den von Physik im antiken Sinn und von Kultreligion andererseits. »Die civilische Theologie hat letztlich keinen Gott, nur ›Religion‹; die ›natürliche Theologie‹ hat keine Religion, sondern nur eine Gottheit.«[10] Ja, sie kann gar keine Religion haben, denn ihr Gott ist religiös nicht ansprechbar: Feuer, Zahlen, Atome. So stehen religio (womit wesentlich Kult gemeint ist) und Wirklichkeit, die rationale Erkenntnis der Realität, als zwei getrennte Sphären nebeneinander. Die religio empfängt ihre Rechtfertigung nicht aus der Realität des Göttlichen, sondern aus ihrer politischen Funktion. Sie ist eine Einrichtung, deren der Staat für seine Existenz bedarf. Zweifellos stehen wir hier vor einer Spätphase von Religion, in der die Naivität des Religiösen zerbrochen und damit seine Auflösung eingeleitet ist. Aber die wesentliche Bindung der Religion an die staatliche Gemeinschaft reicht doch viel tiefer. Der Kult ist letztlich eine positive Ordnung, die nicht als solche an der Wahrheitsfrage gemessen werden darf. Während Varro in seiner Zeit, in der der politische Zweck der Religion noch stark genug war, um sie als solche zu rechtfertigen, noch eine eher krude Auffassung von Aufklärung und von Wahrheitslosigkeit des politisch motivierten Kultes vertreten konnte, wird recht bald der Neuplatonismus einen anderen Ausweg aus der Krise suchen, auf den dann Kaiser Julian bei seinem Versuch der Wiederherstellung der römischen Staatsreligion aufbaute: Was die Dichter sagen, sind Bilder, die man nicht physikalisch fassen darf; aber es sind doch Bilder, die das Unaussprechliche für alle jene Menschen ausdrücken, denen der Königsweg der mystischen Einung versagt ist. Obwohl die Bilder als solche nicht wahr sind, werden sie nun doch gerechtfertigt als Annäherungen an das, was immer unaussprechlich bleiben muss.[11]

Damit haben wir vorgegriffen. Denn die neuplatonische Position ist ihrerseits schon eine Reaktion auf die christliche Stellungnahme zur Frage nach der christlichen Kultbegründung und der ihr zugrunde liegenden Ortsbestimmung des Glaubens in der Typologie der Religionen. Kehren wir also zu Augustinus zurück. Wo siedelt er das Christentum in der varronischen Trias der Religionen an? Das Erstaunliche ist, dass er ohne jedes Zögern dem Christentum seinen Platz im Bereich der »physischen Theologie«, im Bereich der philosophischen Aufklärung zuweist.[12] Er steht damit in vollkommener Kontinuität mit den frühesten Theologen des Christentums, den Apologeten des zweiten Jahrhunderts, ja mit der Ortsbestimmung des Christlichen durch Paulus im ersten Kapitel des Römerbriefs, die ihrerseits auf der alttestamentlichen Weisheitstheologie beruht und über sie zurückreicht bis in die Verspottung der Götter in den Psalmen. Das Christentum hat nach dieser Sicht seine Vorläufer und seine innere Vorbereitung in der philosophischen Aufklärung, nicht in den Religionen. Das Christentum beruht nach Augustin und nach der für ihn maßgebenden biblischen Tradition nicht auf mythischen Bildern und Ahnungen, deren Rechtfertigung schließlich in ihrer politischen Nützlichkeit liegt, sondern es bezieht sich auf jenes Göttliche, das die vernünftige Analyse der Wirklichkeit wahrnehmen kann. Anders gesagt: Augustinus identifiziert den biblischen Monotheismus mit den philosophischen Einsichten über den Grund der Welt, die sich in verschiedenen Variationen in der antiken Philosophie herausgebildet haben. Dies ist gemeint, wenn das Christentum seit der Areopagrede des heiligen Paulus mit dem Anspruch auftritt, die *religio vera* zu sein. Das will sagen: Der christliche Glaube beruht nicht auf Poesie und Politik, diesen beiden großen Quellen der Religion; er beruht auf Erkenntnis. Er verehrt jenes Sein, das allem Existierenden zugrunde liegt, den »wirklichen Gott«. Im Christentum ist Aufklärung Religion geworden und nicht mehr ihr Gegenspieler. Weil es so ist, weil das Christentum sich als Sieg der Entmythologisierung, als Sieg der Erkenntnis und mit ihr der Wahrheit verstand, deswegen musste es sich als universal ansehen und zu allen Völkern gebracht werden: nicht als eine spezifische Religion, die andere verdrängt, nicht aus einer Art von religiösem Imperialismus heraus, sondern als Wahrheit, die den Schein überflüssig macht. Und eben deshalb muss es in der weiträumigen Toleranz der Polytheismen als unverträglich, ja als religionsfeindlich, als »Atheismus« erscheinen: Es hielt sich nicht an die Relativität und Austauschbarkeit der Bilder, es störte damit vor allem den politischen Nutzen der Religionen und gefährdete so die Grundlagen des Staates, indem es nicht Religion unter Religionen, sondern Sieg der Einsicht über die Welt der Religionen sein wollte.

Andererseits hängt mit dieser Ortsbestimmung des Christlichen im Kosmos von Religion und Philosophie auch die Durchschlagskraft des Christentums zusammen. Schon vor dem Auftreten der christlichen Mission hatten gebildete Kreise der Antike in der Figur der »Gottesfürchtigen« den Anschluss an den jüdischen Glauben gesucht, der ihnen als religiöse Gestalt des philosophischen Monotheismus erschien und so zugleich den Forderungen der Vernunft wie dem religiösen Bedürfnis des Menschen entsprach, auf das die Philosophie allein nicht antworten konnte: Zu einem bloß gedachten Gott betet man nicht. Wenn aber der Gott, den das Denken findet, nun im Innern einer Religion als sprechender und handelnder Gott begegnet, dann sind Denken und Glauben versöhnt.[13] Bei diesem Anschluss an die Synagoge blieb ein unbefriedigender Rest: Der Nichtjude konnte doch immer nur ein Außenstehender sein und nie ganz zugehörig werden. Diese Fessel war im Christentum durch die Gestalt Christi, wie Paulus sie auslegte, gesprengt. Nun erst war der religiöse Monotheismus des Judentums universal geworden und damit die Einheit von Denken und Glauben, die *religio vera,* allen zugänglich. Justin der Philosoph, Justin der Märtyrer († 167) kann als symptomatische Figur für diesen Zugang zum Christentum gelten: Er hatte alle Philosophien studiert und schließlich im Christentum die *vera philosophia* erkannt. Mit seiner Christwerdung hatte er seiner eigenen Überzeugung nach die Philosophie nicht abgelegt, sondern war erst ganz Philosoph geworden.[14] Die Überzeugung, dass das Christentum Philosophie sei, die vollkommene, das heißt zur Wahrheit durchgestoßene Philosophie, blieb noch weit über die Väterzeit hinaus in Geltung. Sie ist im 14. Jahrhundert in der byzantinischen Theologie bei Nikolaus Kabasilas noch ganz selbstverständlich gegenwärtig.[15] Freilich war Philosophie dabei nicht als akademische Disziplin rein theoretischer Natur verstanden, sondern vor allem auch praktisch als die Kunst des rechten Lebens und Sterbens, die jedoch nur im Licht der Wahrheit gelingen kann.

Die Verschmelzung von Aufklärung und Glaube, die sich in der Entwicklung der christlichen Mission und im Aufbau der christlichen Theologie vollzog, brachte freilich auch einschneidende Korrekturen am philosophischen Gottesbild hervor, deren vor allem zwei zu nennen sind. Die erste besteht darin, dass der Gott, dem die Christen glauben und den sie verehren, im Unterschied zu den mythischen und politischen Göttern wirklich natura Deus (»von Natur aus«) ist; darin liegt die Deckung mit der philosophischen Aufklärung. Aber gleichzeitig gilt nun: non tamen omnis natura est Deus – nicht alles, was Natur ist, ist Gott.[16] Gott ist seiner Natur nach Gott, aber nicht die Natur als solche ist Gott. Es geschieht eine Trennung zwischen der allumfassenden Natur und dem sie begründenden, ihr Ursprung gebenden Sein. So erst treten nun Physik und Metaphysik deutlich auseinander. Nur der wirkliche Gott, den wir denkend in der Natur erkennen können, wird angebetet. Aber er ist mehr als Natur. Er geht ihr voraus, und sie ist sein Geschöpf. Dieser Trennung von Natur und Gott tritt eine zweite, noch einschneidendere Erkenntnis zur Seite: Zu dem Gott, der Natur, Weltseele oder was auch immer war, hatte man nicht beten können; er war kein »religiöser Gott«, hatten wir festgestellt. Nun aber, so sagt schon der Glaube des Alten Testaments und erst recht der des Neuen Testaments, hat dieser Gott, der der Natur vorausgeht, sich den Menschen zugewandt. Eben weil er nicht bloß Natur ist, ist er kein schweigender Gott. Er ist in die Geschichte eingetreten, dem Menschen entgegengegangen, und so kann der Mensch nun ihm entgegengehen. Er kann sich Gott verbinden, weil Gott sich dem Menschen verbunden hat. Die beiden immer auseinanderfallenden Seiten der Religion, die ewig waltende Natur und die Heilsbedürftigkeit des leidenden und ringenden Menschen, sind einander verbunden. Die Aufklärung kann Religion werden, weil der Gott der Aufklärung selbst in die Religion eingetreten ist. Das eigentlich Glauben heischende Element, das geschichtliche Reden Gottes, ist doch die Voraussetzung dafür, dass die Religion sich nun dem philosophischen Gott zuwenden kann, der kein bloß philosophischer Gott mehr ist und doch die Erkenntnis der Philosophie nicht abstößt, sondern aufnimmt. Hier zeigt sich etwas Erstaunliches: Die beiden scheinbar konträren Grundprinzipien des Christentums: Bindung an die Metaphysik und Bindung an die Geschichte, bedingen sich gegenseitig und gehören zusammen; sie bilden zusammen die Apologie des Christentums als *religio vera*.[17]

Wenn man demgemäß sagen darf, dass der Sieg des Christentums über die heidnischen Religionen nicht zuletzt durch den Anspruch seiner Vernünftigkeit ermöglicht wurde, so ist dem hinzuzufügen, dass ein zweites Motiv gleichbedeutend damit verbunden ist. Es besteht zunächst, ganz allgemein gesagt, im moralischen Ernst des Christentums, den freilich wiederum schon Paulus in Zusammenhang gebracht hatte mit der Vernünftigkeit des christlichen Glaubens: Das, was das Gesetz eigentlich meint, die vom christlichen Glauben ins Licht gestellten wesentlichen Forderungen des einen Gottes an das Leben des Menschen, deckt sich mit dem, was dem Menschen, jedem Menschen, ins Herz eingeschrieben ist, so dass er es als das Gute einsieht, wenn es vor ihn hintritt. Es deckt sich mit dem, was »von Natur gut ist« (Röm 2,14f.). Die Anspielung auf die stoische Moral, auf ihre ethische Interpretation der Natur, ist hier ebenso offenkundig wie in anderen paulinischen Texten, etwa im Philipperbrief: »Was immer wahrhaft, edel, recht, was lauter, liebenswert, ansprechend ist, was Tugend heißt und lobenswert ist, darauf seid bedacht!« (4,8). Die grundsätzliche (wenngleich kritische) Einheit mit der philosophischen Aufklärung im Gottesbegriff bestätigt und konkretisiert sich nun in der gleichfalls kritischen Einheit mit der philosophischen Moral. Wie im Bereich des Religiösen das Christentum gerade dadurch die Grenzen philosophischer Schulweisheit überschritt, dass der gedachte Gott als lebendiger Gott begegnete, so gab es auch hier den Überschritt über die ethische Theorie zu gemeinschaftlich gelebter und konkretisierter moralischer Praxis, in der die philosophische Sicht vor allem durch die Konzentrierung aller Moral auf das Doppelgebot von Gottes- und Nächstenliebe überboten und in reales Handeln übersetzt wurde. Das Christentum, könnten wir vereinfachend sagen, überzeugte durch die Verbindung des Glaubens mit der Vernunft und durch die Ausrichtung des Handelns auf die Caritas, auf die liebende Fürsorge für die Leidenden, Armen und Schwachen, über alle Standesgrenzen hinweg. Dass dies die innere Kraft des Christentums war, kann man wohl am deutlichsten an der Art und Weise sehen, wie Kaiser Julian das Heidentum in erneuerter Form wiederherzustellen versuchte. Er, der Pontifex maximus der wiederhergestellten Religion der alten Götter, richtete nun, was es bisher nicht gegeben hatte, eine heidnische Hierarchie mit Priestern und Metropoliten ein. Die Priester mussten moralische Vorbilder sein; sie sollten Liebe zu Gott (der höchsten Gottheit über den Göttern) und den Nächsten pflegen. Sie waren verpflichtet, Taten der Liebe gegenüber den Armen zu setzen, durften die lasziven Komödien und die erotischen Romane nicht mehr lesen und sollten an den Festtagen über ein philosophisches Argument predigen, um das Volk zu belehren und zu bilden. Teresio Bosco sagt dazu mit Recht, dass der Kaiser auf diese Weise in Wirklichkeit nicht das Heidentum wiederherzustellen, sondern es zu verchristlichen suchte – in einer nun auf den Götterkult umgebogenen Synthese von Aufklärung und Religion.[18]

Rückschauend können wir sagen, dass die Kraft des Christentums, die es zur Weltreligion werden ließ, in seiner Synthese von Vernunft, Glaube und Leben bestand; genau diese Synthese ist in dem Wort von der *religio vera* zusammenfassend ausgedrückt.

Um so mehr drängt sich die Frage auf: Warum überzeugt diese Synthese heute nicht mehr? Warum gelten heute im Gegenteil Aufklärung und Christentum als einander widersprechend, ja, ausschließend? Was hat sich an der Aufklärung, was am Christentum geändert, dass es so ist? Damals hatte der Neuplatonismus, besonders Porphyrius, der christlichen Synthese eine andere Interpretation des Verhältnisses von Philosophie und Religion entgegengestellt, die sich als philosophische Neubegründung der Religion der Götter verstand. Auf ihr hatte Julian aufgebaut und war gescheitert. Aber heute scheint sich gerade diese andere Form, Religion und Aufklärung in Ausgleich zu bringen, als die dem modernen Bewusstsein angemessenere Weise von Religiosität durchzusetzen. Ihr erster Grundgedanke ist bei Porphyrius so formuliert: Latet omne verum – die Wahrheit ist verborgen.[19] Erinnern wir uns an das Elefantengleichnis, das genau von diesem Gedanken bestimmt ist, in dem sich Buddhismus und Neuplatonismus begegnen. Demgemäß gibt es über die Wahrheit, über Gott nur Meinungen, keine Gewissheit. In der Krise Roms im späten vierten Jahrhundert hat der Senator Symmachus – Gegenbild nun zu Varros Religionstheorie – die neuplatonische Auffassung auf einfache und pragmatische Formeln gebracht, die wir in seiner 384 vor Kaiser Valentinian II. gehaltenen Rede zur Verteidigung des Heidentums und für die Wiederaufstellung der Göttin Victoria im römischen Senat finden können. Ich zitiere nur den entscheidenden und berühmt gewordenen Satz: »Das Gleiche ist es, was alle verehren, eines, das wir denken, dieselben Sterne schauen wir, der Himmel über uns ist eins, dieselbe Welt umfängt uns; was macht es aus, auf welche Art von Klugheit der einzelne die Wahrheit sucht? Man kann nicht auf einem einzigen Weg zu einem so großen Geheimnis gelangen.«[20] Genau dies sagt heute die Aufklärung: Die Wahrheit als solche kennen wir nicht; in unterschiedlichen Bildern meinen wir doch dasselbe. Ein so großes Geheimnis, das Göttliche kann nicht auf *eine* Gestalt festgelegt werden, die alle anderen ausschlösse – auf *einen* Weg, der alle verpflichtete. Der Wege sind viele, der Bilder viele, alle spiegeln etwas vom Ganzen, und keines ist selbst das Ganze. Dem gehört das Ethos der Toleranz zu, das in jedem ein Stück Wahrheit erkennt, das Eigene nicht höher stellt als das Fremde und sich friedvoll in die vielgestaltige Symphonie des ewig Unzugänglichen einfügt, das sich in Symbolen verhüllt, die doch unsere einzige Möglichkeit zu sein scheinen, irgendwie nach dem Göttlichen zu greifen.

Ist demnach der Anspruch des Christentums, *religio vera* zu sein, durch den Fortgang der Aufklärung überholt? Muss es von seinem Anspruch heruntersteigen und sich in die neuplatonische oder buddhistische oder hinduistische Sicht von Wahrheit und Symbol einfügen, sich – wie Troeltsch es vorgeschlagen hatte – damit bescheiden, die den Europäern zugewandte Seite des Antlitzes Gottes zu zeigen? Muss es vielleicht sogar einen Schritt weiter gehen als Troeltsch, der noch meinte, das Christentum sei die für Europa angemessene Religion, während doch heute gerade Europa an dieser Angemessenheit zweifelt? Dies ist die eigentliche Frage, der sich heute Kirche und Theologie zu stellen haben. Alle Krisen im Inneren des Christentums, die wir gegenwärtig beobachten, beruhen nur ganz sekundär auf institutionellen Problemen. Die Probleme der Institutionen wie der Personen in der Kirche rühren letztlich von der gewaltigen Wucht dieser Frage her. Niemand wird erwarten, dass diese grundsätzliche Herausforderung beim Übergang vom zweiten zum dritten christlichen Jahrtausend an dieser Stelle auch nur von ferne abschließend beantwortet wird. Sie kann überhaupt nicht rein theoretisch beantwortet werden, wie denn Religion als das Letztverhalten des Menschen nie nur Theorie ist. Sie verlangt jenes Zusammenspiel von Einsicht und Tun, das die Überzeugungskraft des Christentums der Väter begründete.

Dies bedeutet beileibe nicht, dass man sich dem intellektuellen Anspruch des Problems mit dem Verweis auf den notwendigen Praxisbezug entziehen dürfte. Ich versuche zum Schluss nur einen Ausblick, der die Richtung zeigen könnte. Wir hatten gesehen, dass die ursprüngliche, freilich nie ganz unbestrittene Beziehungseinheit zwischen Aufklärung und Glaube, die schließlich bei Thomas von Aquin auf eine systematische Form gebracht worden war, weniger durch die Entwicklung des Glaubens als vielmehr durch die neuen Schritte der Aufklärung zerrissen worden ist. Als Stationen dieses Auseinandertretens könnte man Descartes, Spinoza, Kant nennen. Der Versuch einer umfassenden neuen Synthese bei Hegel gibt nicht dem Glauben seinen philosophischen Ort zurück, sondern versucht, ihn ganz in Vernunft umzusetzen und als Glauben aufzuheben. Dieser Absolutheit des Geistes stellt Marx die Einzigkeit der Materie entgegen; Philosophie soll nun ganz auf exakte Wissenschaft zurückgeführt werden. Nur noch exakte wissenschaftliche Erkenntnis ist überhaupt Erkenntnis. Der Gedanke an das Göttliche hat damit abgedankt. Die Ankündigung von Auguste Comte, eines Tages werde es eine Physik des Menschen geben und die bisher der Metaphysik überlassenen großen Fragen würden in Zukunft genauso »positiv« zu behandeln sein wie alles, was jetzt schon positive Wissenschaft ist, hat im 20. Jahrhundert in den Humanwissenschaften ein beeindruckendes Echo hinterlassen. Die durch das christliche Denken vollzogene Trennung von Physik und Metaphysik wird immer mehr zurückgenommen. Alles soll wieder »Physik« werden.[21] Immer mehr hat sich die Evolutionstheorie als der Weg herauskristallisiert, um Metaphysik endlich verschwinden, die »Hypothese Gott« (Laplace) überflüssig werden zu lassen und eine streng »wissenschaftliche« Erklärung der Welt zu formulieren. Eine umfassend das Ganze alles Wirklichen erklärende Evolutionstheorie ist zu einer Art »erster Philosophie« geworden, die sozusagen die eigentliche Grundlage für das aufgeklärte Verständnis der Welt darstellt.[22] Jeder Versuch, andere als die in einer solchen »positiven« Theorie erarbeiteten Ursachen ins Spiel zu bringen, jeder Versuch von »Metaphysik« muss als Rückfall hinter die Aufklärung, als Ausstieg aus dem Universalanspruch der Wissenschaft erscheinen. Damit muss der christliche Gottesgedanke als unwissenschaftlich gelten. Ihm entspricht keine *theologia physica* (θεολογία φυσική) mehr: Die einzige *theologia natu-*

ralis ist in solcher Sicht die Evolutionslehre, und die kennt eben keinen Gott, weder einen Schöpfer im Sinn des Christentums (des Judentums und des Islam), noch auch eine Weltseele oder innere Triebkraft im Sinn der Stoa. Allenfalls könnte man im Sinn des Buddhismus diese ganze Welt als Schein und das Nichts als das eigentlich Wirkliche betrachten und in diesem Sinn mystische Religionsformen rechtfertigen, die wenigstens mit der Aufklärung nicht direkt konkurrieren.

Ist damit das letzte Wort gesprochen, sind Vernunft und Christentum demnach definitiv voneinander getrennt? Jedenfalls führt an dem Disput über die Reichweite der Evolutionslehre als erster Philosophie und über die Ausschließlichkeit positiver Methode als einziger Weise von Wissenschaft und von Rationalität kein Weg vorbei. Dieser Disput muss daher von beiden Seiten sachlich und hörbereit in Angriff genommen werden, was bisher nur in geringem Maß geschehen ist. Niemand wird die wissenschaftlichen Beweise für die mikroevolutiven Prozesse ernstlich in Zweifel ziehen können. R. Junker und S. Scherer sagen dazu in ihrem »kritischen Lesebuch« über die Evolution: »Solche Vorgänge (mikroevolutive Prozesse) sind vielfach aus natürlichen Variations- und Ausbildungsprozessen bekannt. Ihre Erforschung durch die Evolutionsbiologie ergab bedeutende Einsichten in die genial erscheinende Anpassungsfähigkeit lebender Systeme.«[23] Sie sagen dementsprechend, man könne Ursprungsforschung mit Fug und Recht als die Königsdisziplin der Biologie bezeichnen. Nicht darauf bezieht sich daher die Frage, die ein Gläubiger der modernen Vernunft gegenüber stellen wird, sondern auf die Ausdehnung zu einer *philosophia universalis*, die zur Gesamterklärung des Wirklichen werden will und keine andere Ebene des Denkens mehr übriglassen möchte. Innerhalb der Evolutionslehre selbst deutet sich das Problem an beim Übergang von der Mikro- zur Makroevolution, zu dem Szathmáry und Maynard Smith, beide überzeugte Anhänger einer umfassenden Evolutionstheorie, immerhin erklären: »Es gibt keinen theoretischen Grund, der erwarten lassen würde, dass evolutionäre Linien mit der Zeit an

Komplexität zunehmen; es gibt auch keine empirischen Belege, dass dies geschieht.«[24]

Die Frage, die hier zu stellen ist, reicht freilich tiefer: Es geht darum, ob die Evolutionslehre als Universaltheorie alles Wirklichen auftreten darf, über die hinaus weitere Fragen nach Ursprung und Wesen der Dinge nicht mehr zulässig und auch nicht mehr nötig sind, oder ob solche Letztfragen nicht doch den Bereich des rein naturwissenschaftlich Erforschbaren überschreiten. Ich möchte die Frage noch konkreter stellen. Ist alles gesagt mit einem Typus von Antworten, wie wir ihn etwa bei Popper in folgender Formulierung finden: »Das Leben, so wie wir es kennen, besteht aus physikalischen ›Körpern‹ (besser aus Prozessen und Strukturen), die Probleme lösen. Das haben die verschiedenen Arten durch die natürliche Auslese ›gelernt‹, das heißt, durch die Methode von Reproduktion plus Variation; eine Methode, die ihrerseits nach der gleichen Methode erlernt wurde. Das ist ein Regress, aber er ist nicht unendlich ...«?[25] Ich glaube nicht. Letzten Endes geht es um eine Alternative, die sich bloß naturwissenschaftlich und im Grunde auch philosophisch nicht mehr auflösen lässt. Es geht um die Frage, ob die Vernunft bzw. das Vernünftige am Anfang aller Dinge und auf ihrem Grunde steht oder nicht. Es geht um die Frage, ob das Wirkliche aufgrund von Zufall und Notwendigkeit (oder mit Popper im Anschluss an Butler aus Luck und Cunning[26] [glücklicher Zufall und Voraussicht]), also aus dem Vernunftlosen entstanden ist, ob also die Vernunft ein zufälliges Nebenprodukt des Unvernünftigen und im Ozean des Unvernünftigen letztlich auch bedeutungslos ist oder ob wahr bleibt, was die Grundüberzeugung des christlichen Glaubens und seiner Philosophie bildet: In principio erat Verbum – am Anfang aller Dinge steht die schöpferische Kraft der Vernunft. Der christliche Glaube ist heute wie damals die Option für die Priorität der Vernunft und des Vernünftigen. Diese Letztfrage kann nicht mehr, wie schon gesagt, durch naturwissenschaftliche Argumente entschieden werden, und auch das philosophische Denken stößt hier an seine Grenzen. In diesem Sinn gibt es eine letzte Beweisbarkeit der christlichen Grundoption nicht. Aber kann eigentlich die Vernunft auf die Priorität des Vernünftigen vor dem Unvernünftigen, auf die Uranfänglichkeit des Logos verzichten, ohne sich selbst aufzuheben? Das von Popper vorgeführte Erklärungsmodell, das in anderen Darstellungen der »ersten Philosophie« in verschiedenen Variationen wiederkehrt, zeigt, dass die Vernunft gar nicht anders kann, als auch das Unvernünftige nach ihrem Maß, also vernünftig zu denken (Probleme lösen, Methode erlernen!), womit sie implizit doch wieder den eben geleugneten Primat der Vernunft aufrichtet. Durch seine Option für den Primat der Vernunft bleibt das Christentum auch heute »Aufklärung«, und ich denke, dass eine Aufklärung, die diese Option abstreift, allem Anschein zuwider nicht eine Evolution, sondern eine Involution der Aufklärung bedeuten müsste.

Wir hatten gesehen, dass in der Konzeption der frühen Christenheit die Begriffe von Natur, Mensch, Gott, Ethos und Religion unlösbar ineinander verknotet waren und dass zur Einsichtigkeit des Christentums in der Krise der Götter und in der Krise der antiken Aufklärung gerade diese Verknüpfung beigetragen hatte. Die Orientierung der Religion an einer vernünftigen Sicht der Wirklichkeit überhaupt, das Ethos als Teil dieser Vision und seine konkrete Anwendung unter dem Primat der Liebe verbanden sich miteinander. Primat des Logos und Primat der Liebe erwiesen sich als identisch. Der Logos erschien nicht nur als mathematische Vernunft auf dem Grund aller Dinge, sondern als schöpferische Liebe bis zu dem Punkt hin, dass er Mit-Leiden mit dem Geschöpf wird. Der kosmische Aspekt der Religion, die den Schöpfer in der Macht des Seins verehrt, und ihr existentieller Aspekt, die Erlösungsfrage, traten ineinander und wurden ein Einziges. Tatsächlich muss jede Erklärung des Wirklichen ungenügend bleiben, die nicht auch ein Ethos sinnvoll und einsichtig begründen kann. Nun hat in der Tat die Evolutionstheorie, wo sie sich zur *philosophia universalis* auszuweiten anschickt, auch das Ethos evolutionär neu zu begründen versucht. Aber dieses evolutionäre Ethos, das seinen Schlüsselbegriff unausweichlich im

Modell der Selektion, also im Kampf ums Überleben, im Sieg des Stärkeren, in der erfolgreichen Anpassung findet, hat wenig Tröstliches zu bieten. Auch wo man es auf mancherlei Weise zu verschönern strebt, bleibt es letztlich ein grausames Ethos. Das Bemühen, aus dem an sich Vernunftlosen das Vernünftige zu destillieren, scheitert hier recht augenfällig. Zu einer Ethik des universalen Friedens, der praktischen Nächstenliebe und der nötigen Überwindung des Eigenen, die wir brauchen, ist dies alles wenig tauglich.

Der Versuch, in dieser Krise der Menschheit dem Begriff des Christentums als *religio vera* wieder einen einsichtigen Sinn zu geben, muss sozusagen auf Orthopraxie und Orthodoxie gleichermaßen setzen. Sein Inhalt wird heute – letztlich wie damals – im Tiefsten darin bestehen müssen, dass Liebe und Vernunft als die eigentlichen Grundpfeiler des Wirklichen in eins gehen: Die wahre Vernunft ist die Liebe, und die Liebe ist die wahre Vernunft. In ihrer Einheit sind sie der wahre Grund und das Ziel alles Wirklichen.

1 Vgl. H. von Glasenapp, Die fünf großen Religionen Bd. II (Düsseldorf 1957) 505; dort auch Quellenangabe (Udana 6,4) und Literaturhinweise.

2 Vgl. H. Bürkle, Der Mensch auf der Suche nach Gott – die Frage der Religionen. Amateca Bd. III (Paderborn 1996) 64–67. Das Zitat bei Troeltsch, Die Absolutheit des Christentums und die Religionsgeschichte (Tübingen [3]1929) 79.

3 Doctissimus Romanorum heißt er bei Seneca (Helv. 8,1); vgl. Augustinus, De civitate Dei VI 2 (CCL XLVII 167, fortan abgekürzt DcD), der Cicero, Acad. III zitiert, der über Varro als »homine omnium facile acutissimo et sine nullo dubio doctissimo« spricht. Zu Varro P.L. Schmidt, in: Der kleine Pauly. Lexikon der Antike V 1131–1140. Mit den folgenden Ausführungen greife ich die Analyse von Augustins Auseinandersetzung mit Varro wieder auf, die ich vor fast 50 Jahren in meiner Dissertation »Volk und Haus Gottes in Augustins Lehre von der Kirche« (München 1954, St. Ottilien [2]1997) versucht hatte (fortan zitiert: Ratzinger, Volk).

4 DcD IV 31,2, a.a.O. 125,24ff.; Ratzinger, Volk 267, Anm. 5.

5 DcD VII 6, a.a.O. 191,4f.

6 DcD VI 5, a.a.O. 170f.
7 Vgl. Ratzinger, Volk 269, Anm. 12.
8 DcD VI 5, a.a.O. 171,23–29.
9 DcD VI 5, a.a.O. 172,55f.
10 Ratzinger, Volk 270.
11 Kurzer Überblick über die Entwicklung des Platonismus bei Plotin und in seinen Schulen bei C. Reale – D. Antiseri, Il pensiero occidentale dalle origini ad oggi I. Antichità e Medioevo (Brescia 1985) 242–268.
12 Ratzinger, Volk 271–276.
13 Zum Phänomen der »Gottesfürchtigen« vgl. M. Simon, Gottesfürchtiger, in: Reallexikon für Antike und Christentum XI 1060-1070; L.H. Feldmann, Jews and Gentiles in the Ancient World (1993) 342–382.
14 Zu Justin H. Bürkle, a.a.O. (s. Anm. 106) 45f.; C.P. Vetten, Justin der Märtyrer in: S. Döpp – W. Geerlings, Lexikon der antiken christlichen Literatur (Freiburg 1998) 365–369; Justin Martyr, Oeuvres complètes. Bibliothèque Migne (Turnhout 1994).
15 In dem »Buch vom Leben in Christus« ist das Verständnis des Christentums als wahre Philosophie ein durchgängiges Motiv.
16 DcD VI 8, a.a.O. 176,6; Ratzinger, Volk 272.
17 Näher ausgeführt in Ratzinger, Volk 274f.
18 T. Bosco, Eusebio di Vercelli nel suo tempo pagano e cristiano (Torino 1995) 206ff.
19 Zitiert bei Macrobius, somn. 1,3,18; 1,12,9. Vgl. Ch. Gnilka, Chrêsis. Die Methode der Kirchenväter im Umgang mit der antiken Kultur II. Kultur und Conversion (Basel 1993) 23.
20 Zitiert nach Ch. Gnilka, a.a.O. Ch. Gnilka bietet 19–26 eine gründliche Analyse des Textes.
21 Zu Comte vgl. H. de Lubac, Le drame de l'humanisme athée (Paris ^{7}1983); deutsch: Über Gott hinaus. Tragödie des humanistischen Atheismus (Einsiedeln 1984).
22 Klassisch für diesen Versuch bleibt J. Monod, Le hasard et la nécessité (Paris ^{5}1970); dt.: Zufall und Notwendigkeit (München ^{5}1973). Zur Auseinandersetzung mit dem ganzen Fragenkreis R. Chandebois, Pour en finir avec le Darwinisme. Une nouvelle logique du vivant (Montpellier 1993).
23 R. Junker – S. Scherer, Evolution. Ein kritisches Lesebuch (Gießen ^{4}1998) 5.
24 E. Szathmáry – J. Maynard Smith, The major evolutionary transitions. Nature 374, 227–232; zitiert nach Junker-Scherer, a.a.O. 5.
25 K. Popper, Ausgangspunkte. Meine intellektuelle Entwicklung (aus dem Englischen: Hamburg 1979) 260.
26 Popper, ebd. 262.

24.
Glaube zwischen Vernunft und Gefühl

Veranstaltung der Katholischen Akademie Hamburg, am 3. Februar 1998

Die Krise des Glaubens in der Gegenwart

In seinen Gesprächen »im Umkreis der Atomphysik« berichtet Werner Heisenberg von einem im Jahr 1927 zu Brüssel stattgefundenen Dialog mit einigen jüngeren Physikern, an dem außer Heisenberg selbst auch Wolfgang Pauli und Paul Dirac teilnahmen. Man kam darauf zu sprechen, dass Einstein häufig von Gott rede und dass Max Planck die Ansicht vertrete, es gebe keinen Widerspruch zwischen Naturwissenschaft und Religion; beide seien – was damals ein eher überraschender Gedanke war – sehr wohl miteinander vereinbar. Heisenberg interpretierte diese neue Offenheit des Naturwissenschaftlers auf Religion von den Erfahrungen des eigenen Elternhauses her. Ihr liege die Auffassung zugrunde, dass es sich in Naturwissenschaft und Religion um zwei völlig verschiedene, nicht miteinander konkurrierende Sphären handle: In der Naturwissenschaft gehe es um richtig oder falsch; in der Religion um gut und böse, um wertvoll oder wertlos. Beide Bereiche werden getrennt der objektiven und der subjektiven Seite der Welt zugeordnet. »Die Naturwissenschaft ist gewissermaßen die Art, wie wir der objektiven Seite der Wirklichkeit gegenübertreten … Der religiöse Glaube ist umgekehrt der Ausdruck einer subjektiven Entscheidung, mit der wir für uns die Werte setzen, nach denen wir uns im Leben richten.«[1] Diese Entscheidung habe natürlich verschiedene Vorbedingungen in Geschichte und Kultur, in Erziehung und Umwelt, sei aber – Heisenberg schildert immer noch das Weltbild seiner Eltern und dasjenige von Max Planck – letzten Endes subjektiv und daher dem Kriterium »richtig oder falsch« nicht ausgesetzt. Planck habe sich in dieser Weise subjektiv für die christliche Wertewelt entschieden; die beiden Bereiche – objektive und subjektive Seite der Welt – blieben dabei aber fein säuberlich getrennt. An dieser Stelle fügt Heisenberg an: »Ich muss gestehen, dass mir bei dieser Trennung nicht wohl ist. Ich bezweifle, ob menschliche Gemeinschaften auf die Dauer mit dieser scharfen Spaltung zwischen Wissen und Glauben leben können.«[2] Nun nimmt Wolfgang Pauli den Faden des Gesprächs auf und verstärkt Heisenbergs Zweifel, erhebt sie geradezu zur Gewissheit: »Die vollständige Trennung zwischen Wissen und Glauben ist sicher nur ein Notbehelf für eine sehr begrenzte Zeit. Im westlichen Kulturkreis zum Beispiel könnte in nicht zu ferner Zukunft der Zeitpunkt kommen, zu dem die Gleichnisse und Bilder der bisherigen Religion auch für das einfache Volk keine Überzeugungskraft mehr besitzen; dann wird, so fürchte ich, auch die bisherige Ethik in kürzester Zeit zusammenbrechen und es werden Dinge geschehen von einer Schrecklichkeit, von der wir uns jetzt noch gar keine Vorstellung machen können.«[3] Die Teilnehmer des Dialogs konnten damals, 1927, höchstens ahnen, dass schon kurze Zeit darauf jene unseligen zwölf Jahre beginnen würden, in denen sich tatsächlich Dinge »von einer Schrecklichkeit« abspielten, die vorher noch als unmöglich erscheinen mussten. Gewiss, es gab eine nicht ganz geringe Anzahl von Christen, solche mit bekannten Namen und namenlos Gebliebene, die sich von der Kraft ihres christlichen Gewissens her der dämonischen Gewalt widersetzten. Aber in der Breite war die Macht der Verführung stärker, das Mitläufertum gab dem Bösen den Weg frei.

Im neuen Aufbruch nach dem Krieg war die Zuversicht lebendig, dass solches nie mehr geschehen könne. Das damals in der »Verantwortung vor Gott« beschlossene Grundgesetz der Bundesrepublik Deutschland wollte Ausdruck sein für die Bindung des Rechts und der Politik an die großen moralischen Imperative des biblischen Glaubens. Die Zuversicht von damals verblasst heute in der moralischen Krise der Menschheit, die neue, bedrängende Formen annimmt. Der Zusammenbruch alter religiöser Gewissheiten, der vor 70 Jahren noch aufzuhalten schien, ist inzwischen weithin Wirklichkeit geworden. So wird die Furcht vor einem damit unausweichlich verknüpften Zusammenbruch der Menschlichkeit überhaupt stärker und allgemeiner. Ich erinnere nur an die Warnungen von Joachim Fest, der mit der schwierigen Dialektik von Freiheit und Wahrheit, von Vernunft und Glaube ringt: »Wenn alle utopischen Modelle ... ins Ausweglose führen, zugleich aber die christlichen Gewissheiten ohne Kraft ... im Absturz begriffen sind, muss man sich damit abfinden, dass es für das Verlangen nach Transzendenz keine Antworten mehr gibt.«[4] Aber keiner der Appelle, die an den Menschen in dieser Situation gerichtet werden, »weiß zu sagen, wie er ohne Jenseits leben kann und ohne Furcht vor dem Jüngsten Tag, und doch Mal um Mal wider die eigenen Interessen und Begierden zu handeln vermag.«[5] Fest erinnert in diesem Zusammenhang an ein Wort Spinozas, das genau noch einmal die letztlich nicht zu ertragende Dialektik zwischen subjektiv und objektiv, zwischen Wahrheitsverzicht und Wertewillen bestätigt, die uns vorhin in der von Planck repräsentierten nachchristlich-bürgerlichen Welt begegnet war: »Wenn ich schon Atheist bin, möchte ich wenigstens wie ein Heiliger leben.«

Ich möchte hier nicht weiter schildern, wie Heisenberg mit seinen Freunden sowohl in dem Gespräch von 1927 wie in einem ähnlich gearteten von 1952, nun schon im Angesicht der nationalsozialistischen Schrecknisse geführten Dialog den Weg aus dieser Schizophrenie der Moderne zu bahnen versucht, sich müht, von einem nach seinen eigenen Gründen fragenden naturwissenschaftlichen Denken her zu einer zentralen Ordnung vorzustoßen, die Kompass unseres Handelns wird und gleichermaßen zum subjektiven wie zum objektiven Bereich gehört.[6] Ich möchte hier auf einem anderen Weg versuchen, in dieselbe Richtung vorzustoßen.

Versuchen wir aber zunächst einmal, zusammenzufassen und

zu präzisieren, was bis jetzt zutage getreten ist. Die Aufklärung hatte das Ideal der »Religion innerhalb der Grenzen der bloßen Vernunft« auf den Schild gehoben. Aber diese reine Vernunftreligion zerbröckelte schnell, vor allem aber hatte sie keine das Leben tragende Kraft: Religion, die tragende Kraft für das ganze Leben werden soll, braucht zweifellos eine gewisse Einsichtigkeit. Der Zerfall der antiken Religionen wie die Krise des Christentums in der Neuzeit zeigen dies: Wenn Religion mit elementaren Gewissheiten einer Weltansicht nicht mehr in Einklang zu bringen ist, löst sie sich auf. Aber umgekehrt braucht Religion auch eine Ermächtigung, die über das selbst Erdachte hinausreicht, denn nur so ist die unbedingte Forderung annehmbar, die sie an den Menschen erhebt. So hat man nach dem Ende der Aufklärung aus dem Bewusstsein der Unverzichtbarkeit des Religiösen heraus nach einem neuen Raum für die Religion gesucht, in dem sie unangefochten von den weitergehenden Erkenntnissen der Vernunft sozusagen auf einem nicht mehr erreichbaren, von ihr nicht bedrohten Gestirn sollte leben können. Deshalb hatte man ihr das »Gefühl« als den ihr eigenen Sektor menschlicher Existenz zugewiesen. Schleiermacher war der große Theoretiker dieses neuen Religionsbegriffs: »Praxis ist Kunst, Spekulation ist Wissenschaft, Religion ist Sinn und Geschmack fürs Unendliche«,[7] definiert er. Klassisch geworden ist Fausts Antwort auf Gretchens Frage nach der Religion: »Gefühl ist alles. Name ist Schall und Rauch ...« Aber Religion, so nötig ihre Unterscheidung von der Ebene der Wissenschaft auch ist, lässt sich doch nicht sektorial einengen. Sie ist gerade dazu da, den Menschen zu seiner Ganzheit zu integrieren, Gefühl, Verstand und Wille aneinander zu binden und ineinander zu vermitteln und eine Antwort auf die Herausforderung des Ganzen, auf die Herausforderung von Leben und Sterben, von Gemeinschaft und Ich, von Gegenwart und Zukunft zu geben. Sie darf sich nicht anmaßen wollen, Probleme zu lösen, die ihre eigene Gesetzlichkeit haben, aber sie muss zu letzten Entscheidungen befähigen, in denen immer die Ganzheit des Menschen und der Welt im Spiele ist. Und gerade das ist doch unsere Not, dass wir heute die Welt sektorial aufteilen und dabei in einer bisher kaum abzusehenden Weise über sie denkend und handelnd verfügen können, dass aber die nicht abzuweisenden Fragen nach Wahrheit und Wert, nach Leben und Tod damit nur immer unbeantwortbarer werden.

Die Krise der Gegenwart beruht eben darauf, dass die Vermittlung zwischen dem subjektiven und dem objektiven Bereich ausfällt, dass Vernunft und Gefühl auseinanderdriften und dabei beide krank werden. Denn die sektorial spezialisierte Vernunft ist zwar ungeheuer stark und leistungsfähig, aber ob der Standardisierung eines einzigen Typs von Gewissheit und von Vernünftigkeit gestattet sie den Durchblick auf die grundlegenden Fragen des Menschen nicht mehr. Daraus folgt eine Hypertrophie im Bereich technisch-pragmatischen Erkennens, der eine Schrumpfung im Grundlagenbereich entgegensteht und so eine Störung des Gleichgewichts, die für das Humanum tödlich werden kann. Umgekehrt hat Religion heute keineswegs abgedankt. Es gibt in mehrfacher Hinsicht geradezu eine Hochkonjunktur des Religiösen, das aber ins Partikuläre zerfällt, sich nicht selten aus seinen großen geistigen Zusammenhängen löst und, anstatt den Menschen aufzurichten, ihm Machtsteigerung und Bedürfnisbefriedigung verheißt. Das Irrationale, das Abergläubische, das Magische wird gesucht; der Rückfall in anarchisch-zerstörerische Formen des Umgangs mit den verborgenen Mächten und Gewalten droht. Man könnte versucht sein zu sagen, es gebe heute keine Krise der Religion, wohl aber eine Krise des Christentums. Ich würde dem nicht zustimmen. Denn die bloße Ausbreitung religiöser oder religionsartiger Phänomene ist noch keine Blüte der Religion. Wenn Erkrankungsformen des Religiösen Hochkonjunktur haben, so bestätigt dies zwar, dass Religion nicht untergeht, aber es zeigt sie doch in einem Zustand ernster Krise. Auch der Anschein, anstelle des ermüdeten Christentums seien nun die asiatischen Religionen oder der Islam im Aufstieg begriffen, trügt. Dass in China und Japan die großen traditionellen Religionen dem Druck der neuzeitlichen Ideologien nicht oder nur ungenügend standzuhalten vermochten, ist offenkundig. Aber auch die religiöse Vitalität Indiens ändert nichts daran, dass auch dort ein geglücktes Miteinander zwischen den neuen Fragen und den alten Überlieferungen bisher nicht gelungen ist. Wieweit der neue Aufbruch der islamischen Welt von wirklich religiösen Kräften gespeist wird, bleibt gleichfalls zu fragen. Vielerorts – wir sehen es – droht auch hier eine pathologische Verselbständigung des Gefühls, die die Drohung des Schrecklichen nur verstärkt, von der Pauli, Heisenberg und Fest uns gesprochen haben.

Es geht nicht anders: Vernunft und Religion müssen wieder zueinanderkommen, ohne sich ineinander aufzulösen. Es geht nicht um Interessenwahrung alter religiöser Körperschaften. Es geht um den Menschen, um die Welt. Und beide sind offenbar nicht zu retten, wenn Gott nicht auf eine überzeugende Weise in Sicht kommt. Niemand kann sich anmaßen, fertig den Weg zu wissen, wie diese Not gelöst werden kann. Das ist schon deshalb nicht möglich, weil in einer freien Gesellschaft die Wahrheit keine anderen Mittel zu ihrer Durchsetzung suchen kann und darf als eben die Kraft der Überzeugung, Überzeugung aber in der Vielfalt der den Menschen bedrängenden Eindrücke und Forderungen sich nur schwer formt. Aber ein Versuch, den Weg zu finden, muss gewagt werden, um durch Konvergenzen, die sich zeigen, auch wieder Plausibilität zu schaffen für das, was meist weit außerhalb des Horizonts unserer Interessen liegt.

Der Gott Abrahams

Ich möchte hier nicht den Versuch Heisenbergs aufnehmen, von der eigenen Logik des naturwissenschaftlichen Denkens aus die Selbstüberschreitung der Wissenschaft und den Zugang zur »zentralen Ordnung« zu finden, so lohnend und so unentbehrlich solches Mühen ist. Mein Versuch in diesem Vortrag zielt darauf, sozusagen die innere Rationalität des Christlichen freizulegen. Dies soll in der Weise geschehen, dass wir fragen, was eigentlich dem Christentum im Verfall der Religionen der alten Welt jene Überzeugungskraft gegeben hat, durch die es einerseits den Untergang jener Welt auffangen und zugleich den auf die Bühne der Weltgeschichte hereintretenden neuen Kräften, den Germanen und den Slawen, seine Antworten so weiterzugeben vermochte, dass daraus unbeschadet mancher Umbrüche und Zerbrüche eine über eineinhalb Jahrtausende hin tragende Form des Wirklichkeitsverständnisses entstand, in der alte und neue Welt sich verschmelzen konnten. Hier stoßen wir auf eine Schwierigkeit. Der christliche Glaube ist kein System. Er kann nicht wie ein geschlossenes Denkgebäude dargestellt werden. Er ist ein Weg, und dem Weg ist es eigen, dass er nur durch das Eintreten in ihn, das Gehen darauf erkennbar wird. Dies gilt in einem doppelten Sinn: Jedem einzelnen erschließt sich das Christliche nicht anders als im Experiment des Mitgehens; in seiner Ganzheit lässt es sich nur erfassen als geschichtlicher Weg, dessen wesentlichen Verlauf ich in großen Zügen andeuten möchte.

Der Weg beginnt mit Abraham. Bei der Skizze, die ich versuche, kann und will ich selbstverständlich nicht in das Gestrüpp der vielfältigen Hypothesen darüber eintreten, was in den alten Berichten als historisch betrachtet werden darf und was nicht. Hier geht es nur darum zu fragen, wie die schließlich geschichtstragend gewordenen Texte selbst jenen Weg sehen. Da ist dann als erstes zu sagen, dass Abraham ein Mensch war, der sich von einem Gott angeredet wusste und sein Leben aus diesem Gespräch gestaltete. Man könnte als Vergleich an Sokrates denken, dem ein »Daimonion«, eine merkwürdige Art der Eingebung, zwar nichts Positives offenbarte, aber den Weg verlegte, wenn er sich nur seinen eigenen Ideen hingeben oder der allgemeinen Meinung anschließen wollte.[8] Was können wir über diesen Gott Abrahams ausmachen? Er tritt noch keineswegs mit dem monotheistischen Anspruch des einzigen Gottes aller Menschen und der ganzen Welt auf, aber er hat doch eine sehr spezifische Physiognomie. Er ist nicht der Gott einer bestimmten Nation, eines bestimmten Landes; nicht der Gott eines bestimmten Bereiches, etwa der Luft oder des Wassers usw., was im religiösen Kontext von damals einige der wichtigsten Erscheinungsformen des Göttlichen waren. Er ist der Gott einer Person, eben Abrahams. Diese Besonderheit, dass er nicht einem Land, einem Volk, einem Lebensbereich zugehörte, sondern einer Person sich zuordnete, hat zwei bemerkenswerte Folgen.

Die erste Folge war, dass dieser Gott für den ihm zugehörigen, von ihm gewählten Menschen überall Macht hat. Seine Macht ist nicht an bestimmte geographische oder sonstige Grenzen gebunden, sondern er kann die Person begleiten, schützen, führen, wo immer er will und wo immer diese Person hingeht. Auch die Landverheißung macht ihn nicht zum Gott eines Landes, das dann das allein Seinige wäre. Sie zeigt vielmehr, dass er Länder vergeben kann, wie er will. Wir können also sagen: Der Person-Gott wirkt translokal. Dazu kommt als Zweites, dass er auch transtemporal wirkt, ja, seine Sprech- und Handlungsweise ist wesentlich das Futur. Seine Dimension scheint – vorerst jedenfalls – hauptsächlich die Zukunft zu sein, denn an Gegenwart gibt er recht wenig. Alles Wesentliche ist in der Kategorie der Verheißung des Kommenden gegeben – der Segen, das Land. Das bedeutet, dass er offenkundig über die Zukunft, über die Zeit verfügen kann. Für den betreffenden Menschen bringt dies eine Haltung ganz eigener Art mit sich. Er muss immer über das Gegenwärtige hinaus leben, leben im Ausgestrecktsein auf ein anderes, Größeres. Die Gegenwart wird relativiert. Wenn man schließlich – das könnte ein drittes Element sein – die besondere Eigenart eines Gottes, sein Anderssein gegenüber anderen und anderem mit dem Begriff »Heiligkeit« benennt, so wird sichtbar, dass diese seine Heiligkeit, sein Selbstsein etwas mit der Würde des Menschen, mit seiner moralischen Integrität zu tun hat, wie die Geschichte von Sodom und Gomorrha zeigt. In ihr kommt einerseits die Nachsicht, die Güte dieses Gottes zum Vorschein, der um einiger Guter willen auch die Bösen zu schonen bereit ist; aber es kommt zugleich das Nein zur Störung der Menschenwürde zum Vorschein, das sich gerade im Gericht über die beiden Städte auswirkt.

In der folgenden Entwicklung zum Zwölf-Stämme-Bund, mit der Landnahme, dem Entstehen des Königtums, dem Tempelbau und einer weit ausgefächerten kultischen Gesetzgebung scheint die Religion Israels weitgehend in den Religionstyp des Vorderen Orients einzutauchen. Der Gott der Väter, der Gott des Sinai, ist nun der Gott eines Volkes, eines Landes, einer bestimmten Lebensordnung geworden. Dass das nicht alles ist, dass etwas Besonderes bleibt und in allem Auf und Ab des religiösen Lebens in Israel sich das Eigene, Andere seines Gottesglaubens durchhält, ja weiter ausformt, zeigt sich im Augenblick des Exils. Normalerweise ist ein Gott, der sein Land verliert, sein Volk geschlagen zurücklässt und sein Heiligtum nicht zu schützen vermag, ein gestürzter Gott. Er hat nichts mehr zu sagen. Er verschwindet aus der Geschichte. Beim Exil Israels geschieht erstaunlicherweise das Gegenteil. Die Größe dieses Gottes, seine völlige Andersheit gegenüber den Gottheiten der Weltreligionen tritt hervor, der Glaube Israels gewinnt nun erst seine große Gestalt. Dieser Gott kann es sich leisten, sein Land anderen zu überlassen, weil er an kein Land gebunden ist. Er kann sein Volk besiegen lassen, um es gerade so aus seinen falschen religiösen Träumen aufzuwecken. Er ist nicht auf dieses Volk angewiesen, aber er lässt es in der Niederlage dennoch nicht fallen. Er ist auch auf den Tempel und den darin gefeierten Kult nicht angewiesen, wie es die gemeine Vorstellung ist: Die Menschen ernähren die Götter, und die Götter erhalten die Welt. Nein, er braucht diesen Kult nicht, der in gewisser Hinsicht sein Wesen verdeckte. So erwächst mit einem vertieften Gottesbild auch eine neue Kultidee. Wohl schon seit salomonischer Zeit hatte sich nämlich die Gleichsetzung des Persongottes der Väter mit dem Allgott, dem Schöpfer, vollzogen, den alle Religionen kennen, aber als den für die eigenen Anliegen nicht zuständigen Gott im allgemeinen aus der Verehrung ausgrenzen. Diese im Prinzip vollzogene, wenn auch wahrscheinlich im Bewusstsein bis dahin wenig wirksame Identifizierung wird nun zur Kraft des Überlebens: Israel hat gar keinen Sondergott, sondern es verehrt nur den einen Gott überhaupt. Dieser Gott hat zu Abraham gesprochen und Israel erwählt, aber er ist in Wirklichkeit doch der Gott aller Völker, der gemeinsame Gott, der alle Geschichte lenkt. Dazu gehört die Reinigung der Kultidee. Gott braucht keine Opfer, er muss nicht von den Menschen erhalten werden, weil alles ihm gehört. Das eigentliche Opfer ist der gottgemäß gewordene Mensch. 300 Jahre nach dem Exil, in der ähnlich schweren Krise der hellenistischen Unterdrückung des Tempelkultes, formuliert das Danielbuch: »Wir haben in dieser Zeit weder Vorsteher noch Propheten … weder Brandopfer noch Schlachtopfer … noch einen Ort, um dir die Erstlingsgaben darzubringen und um Erbarmen zu finden bei dir. Du aber nimm uns an! Wir kommen mit zerknirschtem Herzen und demütigem Sinn« (Dan 3,38f.). Gleichzeitig tritt mit dem Fehlen einer der Macht und Güte Gottes entsprechenden Gegenwart auch das futurische Element im Glauben Israels wieder stärker hervor, oder sagen wir vielleicht besser: die Relativierung der Gegenwart, die nur in einem größeren, den Augenblick, ja die ganze Welt überschreitenden Horizont recht bewältigt und verstanden werden kann.

Der Weg zur Universalreligion nach dem Exil

Die 500 Jahre nach dem Exil bis zum Auftreten Christi sind vor allem durch zwei neue Faktoren gekennzeichnet. Da ist zunächst das Aufstehen der sogenannten Weisheitsliteratur und die ihr zugrundeliegende geistige Bewegung. Neben Gesetz und Propheten, aus deren Büchern sich langsam ein Schriftkanon als Maßstab der Religion Israels zu bilden begann, erscheint ein dritter Pfeiler – eben die Weisheit.[9] Sie wird zunächst vor allem von den ägyptischen Weisheitstraditionen beeinflusst, lässt aber dann immer mehr auch die Berührung mit dem griechischen Geist erkennen. Hier wird vor allem der Ein-Gott-Glaube vertieft und die

Kritik der Götter, die sich schon bei den Propheten zeigt, radikalisiert. Der Monotheismus wird weiter geklärt und gewinnt an rationaler Kraft durch die Verbindung mit dem Versuch eines vernünftigen Verstehens der Welt. Die Klammer zwischen Gottesgedanke und Weltdeutung wird eben im Begriff der Weisheit gefunden. Die Rationalität, die sich in der Struktur der Welt zeigt, wird als ein Reflex der schöpferischen Weisheit begriffen, aus der sie stammt. Die Wirklichkeitsansicht, die sich nun ausbildet, entspricht etwa der Frage, die Heisenberg in den weiter oben berührten Gesprächen formuliert, wenn er sagt: »Ist es völlig sinnlos, sich hinter den ordnenden Strukturen der Welt im Großen ein ›Bewusstsein‹ zu denken, dessen ›Absicht‹ sie sind?«[10] In den gegenwärtigen Diskussionen über das Zusammenspiel von Natur und Geist, etwa im Menschen, wird die Frage der Reduktion erörtert: Lässt sich das Phänomen Geist auf Materie reduzieren oder bleibt da ein unerklärbarer Überhang?[11] Hier würde man eher von der umgekehrten Sicht sprechen können: Geist ist imstande, Materie hervorzubringen, und ist als der eigentliche Ausgangspunkt der Wirklichkeit anzusehen, von der her sich das Ganze erklärt; bleibt die Frage: ob es nicht einen dunklen Überhang gibt, der sich nicht mehr darauf zurückführen lässt. Die Frage muss gestellt werden, ob eine solche Sicht weniger Wahrscheinlichkeit für sich hat als die von Monod formulierte und in gewisser Hinsicht für das gegenwärtige Denken durchaus repräsentative Meinung, das ganze Konzert der Natur steige aus störenden Geräuschen auf,[12] d.h., die Rationalität wäre abkünftig aus dem Irrationalen. Die Sicht der Weisheitsbücher, die Gott und Welt durch den Gedanken der Weisheit verknüpft, die Welt als Reflex der Rationalität des Schöpfers auffasst, gestattet dann zugleich die Verknüpfung von Kosmologie und Anthropologie, von Verstehen der Welt und Moralität, weil die Weisheit, die die Materie und die Welt aufbaut, zugleich eine moralische Weisheit ist, die wesentliche Richtungen der Existenz ansagt. Die ganze Thora, das Lebensgesetz Israels, wird nun als Selbstdarstellung der Weisheit, als ihre Übersetzung in menschliche Rede und Weisung aufgefasst. Aus alldem ergibt sich von selbst eine Nähe zum griechischen Geist, einerseits zu Motiven des Platonismus, andererseits zu der stoischen Verknüpfung von göttlicher Deutung der Welt und Moral.

Die Frage nach dem Überhang des Ungöttlichen, des Irrationalen in der Welt, die wir vorhin berührt haben, nimmt in der Weisheitsliteratur die Form eines dramatischen Ringens mit der Theodizee-Frage an: Die Erfahrung des Leidens in der Welt wird zum großen Thema – einer Welt, in der das Recht, das Gute, die Wahrheit immer wieder verlieren gegenüber der Skrupellosigkeit der Mächtigen. Dies bringt nun von einem ganz anderen Ausgangspunkt her eine Vertiefung der Moral mit sich, die sich von der Frage des Erfolgs ablöst und gerade im Leiden, im Unterliegen der Gerechtigkeit Sinn sucht. Schließlich erscheint in Ijob die Gestalt des exemplarisch Frommen und zugleich exemplarisch Leidenden außerhalb der Grenzen Israels.[13]

Der inneren Annäherung an die griechische Geisteswelt, an ihre Aufklärung und Philosophie entspricht dann logischerweise ein zweiter wichtiger Schritt: der Übergang des Judentums in die griechische Welt, der sich vor allem in Alexandrien als dem zentralen Ort der Begegnung der Kulturen vollzogen hat. Der wichtigste Vorgang in diesem Prozess war die Übersetzung des Alten Testaments ins Griechische, deren Grundstock – die fünf Bücher Mose – bereits im dritten Jahrhundert vor Christus gefertigt wurde. Bis zum ersten Jahrhundert hin bildete sich dann ein griechischer Kanon der heiligen Bücher aus, der von den Christen als ihr Kanon des Alten Testaments übernommen wurde.[14] Die Bezeichnung dieser griechischen Übersetzung der alttestamentlichen Bibel als »Septuaginta« (Buch der 70) beruht auf der alten Legende, die Übersetzung sei das Werk von 70 Gelehrten gewesen. 70 war nach Dtn 32,8 die Zahl der Weltvölker. So mag diese Legende bedeuten, dass in dieser Übersetzung das Alte Testament aus Israel heraustritt und zu den Völkern der Erde kommt. Das war in der Tat die Wirkung dieses Buches, das in seiner Übersetzung in vieler Hinsicht den universalistischen Zug in der Religion Israels weiter akzentuierte – nicht zuletzt im Gottesbild, wenn nun der Gottesname JHWH nicht als solcher erscheint, sondern durch das Wort Kyrios – Herr – ersetzt wird. So wird der geistige Gottesbegriff des Alten Testaments weiter vorangetrieben, was der Sache nach durchaus dem inneren Gefälle der angedeuteten Entwicklung gemäß war.

Der ins Griechische übersetzte Glaube Israels, wie er sich in seinen heiligen Büchern spiegelte, wurde alsbald zu einer Faszination für den aufgeklärten Geist der Antike, deren Religionen seit der sokratischen Kritik immer mehr ihre Glaubwürdigkeit eingebüßt hatten. Im sokratischen Denken war aber – im Gegensatz zu den sophistischen Strömungen – nicht der Skeptizismus oder gar der Zynismus oder der bloße Pragmatismus bestimmend; mit ihm war zugleich die Sehnsucht nach der angemessenen und doch das eigene Vermögen der Vernunft überschreitenden Religion aufgebrochen. So geht man einerseits auf die Suche nach den Verheißungen der Mysterienkulte, die aus dem Osten vordringen, andererseits erscheint der jüdische Glaube als die rettende Antwort. Da ist nun eine Verbindung zwischen Gott und Welt, zwischen Rationalität und Offenbarung, die genau den Postulaten der Vernunft und der tieferen religiösen Sehnsucht antwortete. Da ist der Monotheismus, der nicht aus philosophischer Spekulation kommt und darum religiös kraftlos bleibt, weil man nicht die eigenen Denkgebilde, die eigenen philosophischen Hypothesen anbeten kann. Dieser Monotheismus kommt aus ursprünglicher religiöser Erfahrung und bestätigt nun sozusagen von oben her, was das Denken tastend gesucht hatte. Die Religion Israels muss für die besten Kreise der späten Antike eine ähnliche Faszination gehabt haben, wie die Welt Chinas in der Zeit der Aufklärung für Westeuropa, wo man meinte (zu Unrecht, wie wir heute wissen), endlich eine Gesellschaft ohne Offenbarung und Mysterien, eine Religion der reinen Moral und Vernunft gefunden zu haben. So hat sich über die antike Welt hin ein Netz von sogenannten Gottesfürchtigen gebildet, die sich an die Synagoge und ihren reinen Kult des Wortes anlehnten, in der Anlehnung an den Glauben Israels sich mit dem einen Gott in Berührung wussten. Dieses Netz von Gottesfürchtigen gemäß dem griechisch gewordenen Glauben Israels war die Voraussetzung der christlichen Mission: Das Christentum war jene ins Universale geweitete Gestalt des Judentums, in der nun das vollends geschenkt wurde, was das Alte Testament bis dahin noch nicht zu geben vermochte.

Christentum als Synthese von Glaube und Vernunft

Der in der Septuaginta dargestellte Glaube Israels zeigte den Zusammenklang von Gott und Welt, von Vernunft und Geheimnis. Er gab moralische Weisung, aber etwas fehlte doch: Der Universalgott war dennoch an ein bestimmtes Volk gebunden; die universale Moral war mit sehr partikulären Lebensformen verknüpft, die außerhalb Israels gar nicht gelebt werden konnten; der geistige Kult war immer noch an Rituale des Tempels geknüpft, die man symbolisch auslegen mochte, aber die doch im Grunde von der prophetischen Kritik überholt und für den fragenden Geist nicht mehr aneignungsfähig waren. Ein Nichtjude konnte immer nur in einem äußeren Ring dieser Religion stehen. Er blieb »Proselyt«, weil die volle Zugehörigkeit an die blutsmäßige Abstammung von Abraham, an eine völkische Gemeinschaft gebunden war. Auch blieb das Dilemma, wieweit nun doch das spezifisch Jüdische notwendig war, um diesem Gott recht dienen zu können, und wem es zustand, da die Grenze zwischen dem Unverzichtbaren und dem geschichtlich Zufälligen oder Überholten zu ziehen. Volle Universalität war nicht möglich, weil volle Zugehörigkeit nicht möglich war. Hier hat erst das Christentum den Durchbruch gebracht, die »Mauer niedergerissen« (Eph 2,14), und dies in einem dreifachen Sinn: Die Blutsbande mit dem Stammvater sind nicht mehr nötig, weil der Anschluss an Jesus die völlige Zugehörigkeit, die wahre Verwandtschaft bewirkt. Jeder kann nun ganz zu diesem Gott gehören, alle Menschen sollen sein Volk werden dürfen und können. Die partikulären Rechts- und Moralordnungen verpflichten nicht mehr; sie sind zu einem geschichtlichen Vorspiel geworden, weil in der Person Jesu Christi alles zusammengefasst ist und wer ihm nachfolgt, das ganze Wesen des Gesetzes in sich trägt und erfüllt. Der alte Kult ist hinfällig und aufgehoben in der Selbsthingabe Jesu an Gott und die Menschen, die nun als das wahre Opfer erscheint, als der geistige Kult, in dem Gott und Mensch sich umarmen und versöhnt werden, wofür das Herrenmahl, die Eucharistie, als reale und jederzeit gegenwärtige Gewissheit steht. Vielleicht der schönste und bündigste Ausdruck dieser neuen christlichen Synthese findet sich in einem Bekenntniswort des ersten Johannesbriefs: »Wir haben der Liebe geglaubt« (1 Joh 4,16). Christus war für diese Menschen zur Entdeckung der schöpferischen Liebe geworden; die Vernunft des Weltalls hatte sich als Liebe offenbart – als jene größere Rationalität, die auch das Dunkle und Irrationale in sich aufnimmt und heilt.

So war die geistige Bewegung, die im Weg Israels erkennbar war, an ihr Ziel gekommen, die ungebrochene Universalität nun praktische Möglichkeit. Vernunft und Geheimnis trafen sich; gerade das Zusammenziehen des Ganzen in einem hatte die Türen für alle geöffnet: Alle Menschen können Brüder, Geschwister werden von dem einen Gott her. Und auch das Thema Hoffnung und Gegenwart erhält neue Form: Die Gegenwart läuft auf den Auferstandenen zu, auf eine Welt, in der Gott alles in allem sein wird. Aber gerade von daher wird sie auch als Gegenwart bedeutsam und wertvoll, weil sie jetzt schon von der Nähe des Auferstandenen durchtränkt ist und der Tod nicht mehr das letzte Wort hat.

Kann diese Evidenz, die damals die antike Welt zuinnerst traf und verwandelte, wiederhergestellt werden? Oder ist sie unwiderruflich verloren? Was steht ihr im Wege? Für ihren gegenwärtigen Verfall gibt es viele Ursachen, aber ich würde sagen, die wichtigste bestehe in der Selbstbeschränkung der Vernunft, die paradoxerweise auf ihren Erfolgen beruht: Die methodischen Gesetze, die ihren Erfolg gebracht haben, sind durch ihre Verallgemeinerung zu einem Gefängnis geworden. Die Naturwissenschaft, die die neue Welt gebildet hat, beruht auf einer philosophischen Grundlage, die letztlich bei Platon zu suchen ist.[15] Kopernikus, Galilei, auch Newton waren Platoniker. Ihre Grundvoraussetzung war, dass die Welt mathematisch, geistig strukturiert ist und dass man sie von dieser Voraussetzung her enträtseln und im Experiment begreiflich wie nutzbar machen kann. Das Neue besteht in der Verbindung von Platonismus und Empirie, von Idee und Experiment. Das Experiment beruht auf einer ihm vorangehenden Deutungsidee, die dann im praktischen Versuch abgetastet, korrigiert und für weitere Fragen eröffnet wird. Nur dieser mathematische Vorgriff gestattet dann Verallgemeinerungen, die Erkenntnis von Gesetzen, die zweckmäßiges Handeln ermöglichen. Alles naturwissenschaftliche Denken und alle technische Anwendung beruht auf der Voraussetzung, dass die Welt nach geistigen Gesetzen geordnet ist, Geist in sich trägt, der von unserem Geist nachgezeichnet werden kann. Aber zugleich ist seine Wahrnehmung an die Überprüfung durch die Erfahrung geknüpft. Jeder Gedanke, der über die Verknüpfung hinausgehen, Geist in sich selbst oder als der gegenwärtigen Welt vorausgehend ansehen würde, widerspricht der methodischen Zucht der Wissenschaft und ist daher als vorwissenschaftliche, unwissenschaftliche Denkweise in den Bann getan. Der Logos, die Weisheit, wovon die Griechen einerseits, Israel andererseits geredet haben, ist in die materielle Welt zurückgenommen und außerhalb ihrer nicht mehr diskutabel.

Innerhalb des spezifischen Weges der Naturwissenschaft ist diese Beschränkung richtig und notwendig. Wenn sie aber zur unüberschreitbaren Form menschlichen Denkens erklärt wird, wird die Grundlage der Wissenschaft selbst widersprüchlich. Denn sie behauptet und leugnet den Geist zugleich. Vor allem aber ist eine so sich beschränkende Vernunft eine amputierte Vernunft. Wenn der Mensch nach den wesentlichen Dingen seines Lebens, nach seinem Woher und Wohin, nach seinem Sollen und Dürfen, nach Leben und Sterben nicht mehr vernünftig fragen kann, sondern diese entscheidenden Probleme einem von der Vernunft abgetrennten Gefühl überlassen muss, dann erhebt er die Vernunft nicht, sondern entehrt sie. Die Desintegration des Menschen, die damit gesetzt ist, ruft die Pathologie der Religion und die Pathologie der Wissenschaft gleichermaßen hervor. Dass es heute in der Lösung der Religion aus der Verantwortung vor der Vernunft in wachsendem Maß pathologische Religionsformen gibt, ist offenkundig. Aber wenn wir an menschenverachtende wissenschaftliche Projekte wie Klonierung von Menschen, die Produktion von Föten – das heißt von Menschen – zum Zweck der Ausnutzung von Organen für die Herstellung von pharmazeutischen Produkten oder auch überhaupt zu wirtschaftlicher Verwertung denken oder auch wenn wir uns an die Instrumentalisierung der Wissenschaft zur Herstellung immer schrecklicherer Mittel der Zerstörung des Menschen und der Welt erinnern, dann ist offenkundig, dass es auch pathologisch gewordene Wissenschaft gibt: Wissenschaft wird pathologisch und lebensgefährlich, wo sie sich aus dem Zusammenhang der sittlichen Ordnung des Menschseins verabschiedet und nur noch autonom ihre eigenen Möglichkeiten als ihren einzig zulässigen Maßstab anerkennt.

Das bedeutet: Der Radius der Vernunft muss sich wieder weiten. Wir müssen aus dem selbstgebauten Gefängnis wieder herauskommen und andere Formen der Vergewisserung wieder erkennen, in denen der ganze Mensch im Spiel ist. Was wir brauchen, ist etwas Ähnliches wie das, was wir bei Sokrates finden: eine wartende Bereitschaft, die sich offenhält und ausschaut über sich hinaus. Diese Bereitschaft hat damals die beiden geistigen Welten – Athen und Jerusalem – zusammengeführt und eine neue Geschichtsstunde ermöglicht. Wir brauchen eine neue Bereitschaft des Suchens und auch die Demut, die sich finden lässt. Die Strenge der methodischen Disziplin darf nicht nur Wille zum Erfolg, sie muss Wille zur Wahrheit sein, Bereitschaft für sie. Die methodische Strenge, die sich immer wieder nötigen lässt, sich dem Gefundenen zu unterwerfen und nicht die eigenen Wünsche durchzusetzen, kann eine große Schule des Menschseins bilden und den Menschen wahrheitsfähig machen. Die Demut, die sich dem Gefundenen beugt und es nicht manipuliert, darf aber nicht zur falschen Bescheidenheit werden, die den Mut zur Wahrheit nimmt. Um so mehr muss sie sich der Sucht nach Macht entgegenstellen, die die Welt nur noch beherrschen und nicht mehr ihre eigene innere Logik wahrnehmen will, die unserem Herrschaftswillen Grenzen setzt. Die ökologischen Katastrophen könnten da zu einer Warnung werden, um zu sehen, wo Wissenschaft nicht mehr Dienst an der Wahrheit, sondern Zerstörung der Welt und des Menschen wird. Die Hörfähigkeit für solche Warnungen, der Wille, sich selbst reinigen zu lassen von der Wahrheit, ist unerlässlich. Ich würde hinzufügen: Die mystische Fähigkeit des menschlichen Geistes müsste wieder gestärkt werden. Die Fähigkeit, sich selbst zurückzunehmen, eine größere innere Offenheit, eine Zucht, die sich dem Lauten und Aufdringlichen entzieht, müssen uns wieder als Ziele erscheinen, die zu unseren Prioritäten gehören. Bei Paulus steht die Mahnung, der innere Mensch müsse stärker werden (Eph 3,16). Seien wir ehrlich: Es gibt heute eine Hypertrophie des äußeren Menschen und eine bedenkliche Schwächung seiner inneren Kraft.

Um nicht allzu abstrakt zu bleiben, möchte ich das Gemeinte zum Schluss mit einem Bild verdeutlichen, das einer geschichtlichen Erfahrung entnommen ist. Papst Gregor der Große († 604) erzählt in seinen *Dialogen* von den letzten Lebenswochen des heiligen Benedikt. Der Ordensgründer hatte sich im oberen

Stockwerk eines Turmes zum Schlafen gelegt, zu dem von unten her »eine gerade Stiege« hinaufführte. Er habe sich dann vor der Zeit des nächtlichen Gebetes erhoben, um Nachtwache zu halten. »Er stand am Fenster und flehte zum allmächtigen Gott. Während er mitten in die dunkle Nacht hinausschaute, sah er plötzlich ein Licht, das sich von oben her ergoss und alle Finsternis der Nacht vertrieb ... Etwas ganz Wunderbares ereignete sich in dieser Schau, wie er später selbst erzählte: Die ganze Welt wurde ihm vor Augen geführt, wie in einem einzigen Sonnenstrahl gesammelt.«[16] Gegen diesen Bericht erhebt der Gesprächspartner Gregors Einspruch, mit derselben Frage, wie sie sich auch dem heutigen Hörer aufdrängt: »Was du gesagt hast, dass Benedikt die ganze Welt in einem einzigen Sonnenstrahl gesammelt vor Augen sehen durfte, das habe ich noch nie erlebt und kann es mir auch nicht vorstellen. Wie könnte denn jemals ein Mensch die Welt als ganze schauen?« Der wesentliche Satz in der Antwort des Papstes lautet: »Wenn er ... die ganze Welt als Einheit vor sich sah, so wurde nicht Himmel und Erde eng, sondern die Seele des Schauenden weit ...«[17]

In dieser Darstellung sind alle Details bedeutsam: die Nacht, der Turm, die Stiege, das Obergemach, das Stehen, das Fenster. All das hat über die topographische und biographische Schilderung hinaus eine große symbolische Tiefe: Dieser Mensch ist in einem langen und mühsamen Weg, der in einer Höhle bei Subiaco begann, auf den Berg und schließlich auf den Turm gestiegen. Sein Leben war ein inneres Aufsteigen, Stufe um Stufe auf der »geraden Leiter«. Er ist im Turm angelangt, und da noch einmal im »Obergemach«, das von der Apostelgeschichte an als Symbol der Sammlung nach oben, des Heraussteigens aus der Welt des Werkens und des Machens gilt. Er steht am Fenster – er hat den Ort des Ausblicks gesucht und gefunden, an dem die Mauer der Welt aufgeschlagen ist und der Blick ins Freie hinaus sich öffnet. Er steht. Das Stehen ist in der Mönchstradition Sinnbild des Menschen, der sich aus seiner Verkrümmung aufgerichtet hat, nicht mehr in sich verklemmt nur noch zur Erde schauen kann, sondern die aufrechte Haltung und so den freien Blick nach oben wiedergewonnen hat.[18] So wird er zu einem Sehenden. Nicht die Welt wird eng, sondern seine Seele weit, da er nicht mehr vom einzelnen absorbiert ist, von den Bäumen, die den Wald nicht erkennen lassen, sondern den Blick aufs Ganze gewonnen hat. Besser: er kann das Ganze sehen, weil er aus der Höhe sieht, und die kann er finden, weil er innerlich weit geworden ist. Die alte Tradition vom Menschen als Mikrokosmos, der die ganze Welt umspannt, mag nachklingen. Aber das Wesentliche ist eben dies: Der Mensch muss aufsteigen lernen, er muss weit werden. Er muss am Fenster stehen. Er muss Ausschau halten. Und dann kann das Licht Gottes ihn anrühren, er kann ihn erkennen und von ihm her den wahren Über-Blick gewinnen. Die Fixierung auf die Erde darf nicht so ausschließlich werden, dass wir des Aufstiegs, der aufrechten Haltung unfähig werden. Die großen Menschen, die im geduldigen Aufsteigen und in den erlittenen Reinigungen ihres Lebens Sehende und darum Wegweiser der Jahrhunderte geworden sind, gehen uns auch heute an. Sie zeigen uns, wie auch in der Nacht Licht zu finden ist und wie wir den aus den Abgründen menschlicher Existenz aufsteigenden Drohungen begegnen und der Zukunft als Hoffende entgegengehen können.

1 W. Heisenberg, Der Teil und das Ganze. Gespräche im Umkreis der Atomphysik (München 1969) 117.
2 Ebd. 117.
3 Ebd. 118, vgl. 295.
4 J. Fest, Die schwierige Freiheit. Über die offene Flanke der offenen Gesellschaft (Berlin 1993) 75.
5 Ebd. 79.
6 A.a.O. 288ff.
7 F. Schleiermacher, Über die Religion. Reden an die Gebildeten unter ihren Verächtern, Philosophische Bibliothek Bd. 225 (Hamburg 1958) 30.
8 Der negative Charakter dieser »Stimme« wird z.B. deutlich herausgestellt in: Apologia 31 d: φωνή τις γενομένη … άεὶ ἀποτρέπει … προστρέπει δὲ οὐδέποτε. Vgl. über die Gestalt dieser Stimme R. Guardini, Der Tod des Sokrates (Mainz-Paderborn [5]1987) 87ff.

9 Nach wie vor grundlegend für das Verständnis der Weisheitsliteratur des Alten Testaments ist G. v. Rad, Weisheit in Israel (Neukirchen-Vluyn 1970); vgl. auch L. Bouyer, Cosmos (Paris 1982) 99–128.

10 A.a.O. 290.

11 Eine gute Information über die gegenwärtige Diskussion dieses Themas bietet G. Brüntrup, Das Leib-Seele-Problem. Eine Einführung (Stuttgart 1996). Vgl. auch O. B. Linke – M. Kurthen, Parallelität von Gehirn und Seele. Neurowissenschaft und Leib-Seele-Problem (Stuttgart 1988).

12 J. Monod, Zufall und Notwendigkeit. Philosophische Fragen der modernen Biologie (München [5]1973) 149; vgl. 141f.: »... so folgt daraus mit Notwendigkeit, dass einzig und allein der Zufall jeglicher Neuerung, jeglicher Schöpfung in der belebten Natur zugrunde liegt. Der reine Zufall, nichts als der Zufall, die absolute, blinde Freiheit als Grundlage des wunderbaren Gebäudes der Evolution – diese zentrale Erkenntnis der modernen Biologie ist heute nicht mehr nur eine unter möglichen oder wenigstens denkbaren Hypothesen; sie ist die einzig vorstellbare, da sie allein sich mit den Beobachtungs- und Erfahrungstatsachen deckt.« Vgl. J. Ratzinger, Im Anfang schuf Gott. Einsiedeln-Freiburg [2]1996, 53–59.

13 Zu Ijob ist vor allem der große, auch auf die modernen philosophischen und theologischen Deutungen der Gestalt eingehende Kommentar von G. Ravasi zu vergleichen: Giobbe. Traduzione e commento (Roma [3]1991).

14 Zur Frage nach dem Verhältnis von hebräischem und griechischem Kanon und nach dem Alten Testament der Christen vgl. Chr. Dohmen, Der Biblische Kanon in der Diskussion, in: Theologische Revue 91 (1995) 451–460; A. Schenker, Septuaginta und christliche Bibel, ebd. 459–464.

15 Zum platonischen Ursprung der modernen Naturwissenschaft vgl. N. Schiffers, Fragen der Physik an die Theologie (Düsseldorf 1968); W. Heisenberg, Das Naturbild der heutigen Physik (Reinbek [7]1959). Vgl. auch Monod, a.a.O., z.B. 133, wo er ausdrücklich die moderne Biologie als dem Platonismus verdankt darstellt: Durch die modernen Erkenntnisse, so sagt er, wurden die »Hoffnungen der überzeugtesten ›Platoniker‹ mehr als erfüllt«. Eine gewisse Nähe der modernen Physik zu den Intuitionen von Platon und Plotin räumt auch B. d'Espagnat, La physique actuelle et la philosophie ein, in: Revue des sciences morales et politiques 1997 n. 3, 29–45.

16 Gregor der Große, Dialogi II 35,1–3. Ich benutze die lateinisch-deutsche Ausgabe der Salzburger Äbtekonferenz: Gregor d. Gr., Der hl. Benedikt. Buch II der Dialoge (St. Ottilien 1995). Meine Interpretation stützt sich weitgehend auf die ausgezeichnete Einführung, die sich dort findet, bes. 53–64.

17 Dialogi II 35,5 und 7.

18 Vgl. die Interpretation in der in Anm. 16 zitierten Ausgabe (dort S. 60–63).

Interkultureller und interreligiöser Dialog

25. Glaube, Wahrheit und Kultur – Reflexionen im Anschluss an die Enzyklika »Fides et ratio«

Vortrag in Paderborn zur 1200-Jahr-Feier des Erzbistums Paderborn am 2. Januar 1999

Worum geht es eigentlich in der Enzyklika *Fides et ratio?* Ist sie ein Dokument allein für Spezialisten, ein Versuch, eine in Krise geratene Disziplin, Philosophie, aus christlicher Perspektive wiederherzustellen und somit nur für Philosophen interessant, oder stellt sie eine Frage, die uns alle angeht? Man kann auch anders formulieren: Braucht der Glaube eigentlich Philosophie, oder ist der Glaube, der nach einem Wort des heiligen Ambrosius Fischern und nicht Dialektikern übergeben wurde, ganz unabhängig von der Existenz oder Nichtexistenz einer dem Glauben gegenüber offenen Philosophie? Wenn man Philosophie nur als eine akademische Disziplin unter anderen betrachtet, dann ist der Glaube davon in der Tat unabhängig. Aber Papst Johannes Paul II. versteht Philosophie in einem viel weiträumigeren und viel mehr ihrem Ursprung gemäßen Sinn. Ihre Frage ist es, ob der Mensch Wahrheit, die grundlegenden Wahrheiten über sich selbst, über seine Herkunft und seine Zukunft erkennen kann oder ob er in einem nicht aufzuhellenden Zwielicht lebt und sich letztlich auf die Frage nach dem Nützlichen zurückziehen muss. Es ist die Eigenart des christlichen Glaubens in der Welt der Religionen, dass er behauptet, uns die Wahrheit über Gott, Welt und Mensch zu sagen, und dass er beansprucht, die *religio vera*, die Religion der Wahrheit, zu sein. »Ich bin der Weg, die Wahrheit und das Leben«, in diesem Wort Christi aus dem Johannesevangelium (14,6) ist der grundlegende Anspruch des christlichen Glaubens ausgedrückt. Auf diesem Anspruch gründet die missionarische Tendenz des Glaubens: Nur wenn der christliche Glaube Wahrheit ist, geht er alle Menschen an; wenn er bloß eine kulturelle Variante der symbolisch verschlüsselten und niemals zu entschlüsselnden religiösen Erfahrungen des Menschen ist, dann muss er in seiner Kultur bleiben und die anderen in der ihren belassen.

Das aber bedeutet: Die Frage nach der Wahrheit ist die wesentliche Frage des christlichen Glaubens überhaupt, und in diesem Sinn hat er unausweichlich mit Philosophie zu tun. Wenn ich die bestimmende Absicht der Enzyklika kurz charakterisieren müsste, würde ich sagen: Sie möchte die Frage nach der Wahrheit in einer vom Relativismus gezeichneten Welt rehabilitieren; sie möchte sie in der Situation der heutigen Wissenschaft, die zwar Wahrheiten sucht, aber die Frage nach der Wahrheit weithin als unwissenschaftlich abqualifiziert, auch wieder als rationale und als wissenschaftliche Aufgabe zur Geltung bringen, weil sonst der Glaube seine Atemluft verliert. Die Enzyklika möchte ganz einfach wieder den Mut zum Abenteuer der Wahrheit geben. Damit spricht sie weit über den Raum des Glaubens hinaus, aber auch mitten in die Welt des Glaubens hinein.

Die Wörter, das Wort und die Wahrheit

Wie unmodern es heute ist, nach der Wahrheit zu fragen, hat der englische Schriftsteller und Philosoph C. S. Lewis geistreich in einem zuerst in den 1940er Jahren erschienenen Erfolgsbuch »The Screwtape Letters« dargestellt. Das Buch besteht aus fiktiven

Briefen eines höheren Teufels namens Screwtape, der einem Anfänger im Werk der Verführung des Menschen darüber Anweisungen erteilt, wie er recht zu verfahren habe. Der kleine Dämon hatte seinem Vorgesetzten gegenüber Sorge darüber geäußert, dass gerade besonders intelligente Menschen die Weisheitsbücher der Alten läsen und damit auf die Spur der Wahrheit kommen könnten. Screwtape beruhigt ihn mit dem Hinweis, der historische Standpunkt, zu welchem die Gelehrten der westlichen Welt durch die höllischen Geister glücklicherweise überredet worden seien, bedeute eben dies, »dass die einzige Frage, die man mit Sicherheit niemals stellen werde, die nach der Wahrheit des Gelesenen sei; stattdessen frage man nach Beeinflussungen und Abhängigkeiten, nach der Entwicklung des betreffenden Schriftstellers, nach seiner Wirkungsgeschichte und so fort.«[1] Josef Pieper, der in seinem Traktat über die Interpretation diese Passage aus C. S. Lewis aufgenommen hat, weist in diesem Zusammenhang darauf hin, dass die in kommunistisch beherrschten Ländern veranstalteten Ausgaben etwa von Platon oder Dante den abgedruckten Werken jeweils eine Einleitung voranstellten, die dem Leser ein »historisches« Verständnis vermitteln und so die Wahrheitsfrage ausschließen will.[2] Eine solcherart betriebene Wissenschaftlichkeit wird zur Immunisierung gegenüber der Wahrheit. Die Frage, ob und wie weit das vom Autor Ausgesprochene wahr sei, wäre eine unwissenschaftliche Frage; sie würde ja aus dem Bereich des Belegbaren und Nachweisbaren herausführen, zurückfallen in die Naivität der vorkritischen Welt. Auf diese Weise wird auch die Lektüre der Bibel neutralisiert: Wir können erklären, wann und unter welchen Bedingungen eine Aussage entstanden ist, und haben sie so ins Historische eingeordnet, das uns letztlich nicht betrifft. Hinter dieser Art »historischer Interpretation« steht eine Philosophie, eine grundsätzliche Haltung gegenüber der Wirklichkeit, die uns sagt: Es ist sinnlos, nach dem zu fragen, was ist; wir können nur fragen nach dem, was wir mit den Dingen zu tun vermögen. Es geht nicht um Wahrheit, sondern um Praxis, um die Beherrschung der Dinge zu unserem Nutzen. Solcher scheinbar einleuchtender Beschränkung des menschlichen Denkens gegenüber erhebt sich freilich die Frage: Was nützt uns eigentlich? Und wozu nützt es uns? Wozu sind wir selber da? Dem tiefer Blickenden wird in dieser modernen Grundhaltung eine falsche Demut und ein falscher Hochmut zugleich sichtbar: die falsche Demut, die dem Menschen die Wahrheitsfähigkeit abspricht, und der falsche Hochmut, mit dem er sich über die Dinge, über die Wahrheit selber stellt, indem er die Ausweitung seiner Macht, die Herrschaft über die Dinge zum Ziel all seines Denkens erhebt.

Was bei Lewis in der Form der Ironie erscheint, können wir heute in der Literaturwissenschaft wissenschaftlich dargestellt finden. In ihr wird ganz offen die Frage nach der Wahrheit als unwissenschaftlich ausgeschieden. Der deutsche Exeget Marius Reiser hat kürzlich auf das Wort von Umberto Eco in seinem Erfolgsroman »Der Name der Rose« verwiesen, wo er sagt: »… Die einzige Wahrheit heißt: lernen, sich von der krankhaften Leidenschaft für die Wahrheit zu befreien.«[3] Die wesentliche Grundlage für diese unmissverständliche Absage an Wahrheit besteht in dem, was man heute die »linguistische Wende« nennt: Hinter die Sprache und ihre Bilder könne man nicht zurückgehen, die Vernunft sei sprachlich bedingt und sprachlich gebunden.[4] Schon im Jahr 1901 hatte F. Mauthner den Satz geprägt: »Was man aber das Denken nennt, das ist nur eitel Sprache.«[5] M. Reiser spricht in diesem Zusammenhang von der »Preisgabe der Überzeugung«, man könne sich »mit sprachlichen Mitteln auf Außersprachliches« beziehen.[6] Der bedeutende protestantische Exeget U. Luz stellt – ganz im Sinn dessen, was wir eingangs von Screwtape gehört hatten – fest, dass die historische Kritik in der Moderne der Wahrheitsfrage gegenüber abgedankt habe. Er glaubt sich verpflichtet, diese Kapitulation anzunehmen und zuzugeben, dass heute Wahrheit jenseits der Texte nicht mehr aufzufinden sei, sondern nur konkurrierende Wahrheitssetzungen, Wahrheitsangebote, die man auf dem Marktplatz der Weltanschauungen in öffentlichem Diskurs zu vertreten habe.[7]

Wer diese Anschauungen bedenkt, wird sich fast unweigerlich

an einen tiefgründigen Passus aus Platons Phaidros erinnert fühlen. Sokrates erzählt da dem Phaidros eine Geschichte, die er von den Alten vernommen habe, die um das Wahre wussten. Zu dem ägyptischen König Thamus von Theben sei einmal Thot gekommen, der »Vater der Buchstaben« und der »Gott der Zeit«. Er habe den Herrscher über verschiedene von ihm erfundene Künste und so besonders auch über die von ihm erdachte Kunst des Schreibens belehrt. Seine Erfindung rühmend, habe er dem König gesagt: »Diese Kenntnis, o König, wird die Ägypter weiser und erinnerungsfähiger machen; denn als ein Hilfsmittel für das Erinnern sowohl als für die Weisheit ist sie erfunden.« Aber der König lässt sich nicht beeindrucken. Er sieht das Gegenteil als Folge der Schriftkunde voraus: »Vergessenheit wird dieses in den Seelen … herbeiführen durch Vernachlässigung des Erinnerns, sofern sie nun im Vertrauen auf die Schrift von außen … nicht von innen her, aus sich selbst, das Erinnern schöpfen. Nicht also für das Erinnern, sondern für das Merken hast Du ein Mittel erfunden, und von der Weisheit bringst Du Deinen Lehrlingen nur den Schein bei, nicht die Sache selbst. Denn Vielhörer sind sie nun ohne Belehrung, und so werden sie Vielwisser zu sein meinen, da sie doch insgemein Nichtwisser sind und Leute, mit denen schwer umzugehen ist, indem sie scheinweise sind, nicht weise.«[8] Wer heute daran denkt, wie Fernsehprogramme aus aller Welt den Menschen mit Informationen überfluten und ihn so scheinwissend machen; wer an die weiten Möglichkeiten von Computer und Internet denkt, die dem Fragenden zum Beispiel gestatten, sofort alle Texte eines Kirchenvaters zu einem Wort zu Händen zu haben, ohne doch in sein Denken eingedrungen zu sein, der wird diese Warnungen nicht für übertrieben halten. Platon lehnt nicht die Schrift als solche ab, so wie wir die neuen Möglichkeiten der Information nicht ablehnen, sondern von ihnen dankbar Gebrauch machen; aber er stellt eine Warntafel auf, deren Ernst durch die Folgen der linguistischen Wende wie durch viele uns allen geläufige Umstände täglich belegt wird. H. Schade zeigt den Kern dessen auf, was Platon uns mit diesem Text heute zu sagen hat:

»Es ist das Überhandnehmen einer philologischen Methode und der damit einhergehende Realitätsverlust, wovor Platon warnt.«[9]

Wo die Schrift, das Geschriebene, zur Barriere gegenüber dem Inhalt wird, ist sie selbst zur Antikunst geworden, die den Menschen nicht weiser macht, sondern ihn in eine kranke Scheinweisheit verbannt. A. Kreiner bemerkt daher der linguistischen Wende gegenüber mit Recht: »… die Preisgabe der Überzeugung, sich mit sprachlichen Mitteln auf außersprachliche Inhalte zu beziehen, kommt der Preisgabe eines irgendwie noch sinnvollen Diskurses gleich.«[10] Zur selben Frage bemerkt der Papst in der Enzyklika folgendes: »Die Auslegung dieses Wortes (= des Wortes Gottes) darf uns nicht nur von einer Interpretation auf die andere verweisen, ohne uns je dahin zu bringen, in ihm eine schlichtweg wahre Aussage zu entnehmen.«[11] Der Mensch ist nicht im Spiegelkabinett der Interpretationen gefangen; er kann und muss den Durchbruch zum Wirklichen suchen, das hinter den Wörtern steht und sich ihm in den Wörtern und durch sie zeigt.

Hier sind wir am Kernpunkt der Auseinandersetzung des christlichen Glaubens mit einem bestimmten Typus von moderner Kultur angelangt, die sich gern als die moderne Kultur überhaupt ausgeben möchte, aber – gottlob – doch nur eine Spielart davon ist. Das wird zum Beispiel sehr augenfällig in der Kritik, die der italienische Philosoph Paolo Flores d'Arcais gegenüber der Enzyklika geübt hat. Eben weil die Enzyklika auf der Notwendigkeit der Wahrheitsfrage besteht, erklärt er, »die offizielle katholische Kultur (eben die der Enzyklika) habe der ›Kultur tout court‹ nichts mehr zu sagen …«[12] Das heißt aber auch: Die Wahrheitsfrage steht außerhalb der »Kultur tout court«. Und ist diese »Kultur tout court« dann nicht eher eine Antikultur? Und ist ihre Anmaßung, die Kultur überhaupt zu sein, dann nicht eine arrogante, menschenverachtende Anmaßung?

Dass es genau um diesen Punkt geht, wird sichtbar, wenn Flores d'Arcais der Enzyklika des Papstes »mörderische Konsequenzen für die Demokratie« vorwirft und seine Lehre mit dem »fundamentalistischen« Typus von Islam identifiziert. Grund dafür ist ihm der Hinweis darauf, dass der Papst Gesetze, die Abtreibung und Euthanasie erlauben, als bar authentischer Rechtsgeltung bezeichnet hat.[13] Wer sich so gegen ein gewähltes Parlament stelle und mit kirchlichen Ansprüchen weltliche Macht auszuüben versuche, zeige, dass seinem Denken das Wasserzeichen eines katholischen Dogmatismus wesentlich eingeprägt bleibe. Solche Behauptungen setzen voraus, dass es über die Entscheidungen einer Mehrheit hinaus keine andere Instanz mehr geben könne. Die zufällige Mehrheit wird zum Absolutum. Denn das Absolute, Unhintergehbare gibt es nun doch wieder. Wir sind der Herrschaft des Positivismus und der Verabsolutierung des Zufälligen, ja Manipulierbaren ausgesetzt. Wenn der Mensch von der Wahrheit ausgeschlossen wird, dann kann nur noch das Zufällige, das Willkürliche über ihn herrschen. Deswegen ist es nicht »fundamentalistisch«, sondern eine Pflicht der Menschlichkeit, den Menschen gegen die Diktatur des absolut gewordenen Zufälligen zu schützen und ihm seine Würde zurückzugeben, die gerade darin besteht, dass keine menschliche Instanz letztlich über ihn herrschen kann, weil er auf die Wahrheit selbst hin geöffnet ist. Die Enzyklika ist gerade durch ihr Insistieren auf der Wahrheitsfähigkeit eine höchst notwendige Apologie der Größe des Menschen gegen das, was sich als »die Kultur tout court« ausgeben möchte.

Natürlich ist es schwer, bei dem Methodenkanon, der sich heute als »Wasserzeichen der Wissenschaftlichkeit« durchgesetzt hat, der Wahrheitsfrage wieder Eintritt zu verschaffen in die öffentliche Debatte. Ein grundlegender Streit über das Wesen von Wissenschaft, über Wahrheit und Methode, über den Auftrag der Philosophie und ihre möglichen Wege ist daher notwendig. Der Papst hat es nicht als seine Aufgabe angesehen, in der Enzyklika die ganz praktische Frage anzugehen, ob und wie Wahrheit wieder »wissenschaftlich« werden kann. Aber er zeigt, warum wir uns dieser Aufgabe stellen müssen. Er wollte nicht selbst die Aufgabe der Philosophen leisten, aber er hat die Aufgabe des warnenden Einspruches wahrgenommen, der sich einer selbstzerstörerischen Tendenz der »Kultur tout court« entgegenstellt. Gerade dieser warnende Einspruch ist ein echt philosophischer Akt, setzt den sokratischen Ursprung der Philosophie gegenwärtig und beweist damit die philosophische Potenz, die im biblischen Glauben liegt. Dem Wesen der Philosophie widerspricht ein Typus von Wissenschaftlichkeit, der ihr die Wahrheitsfrage verbietet oder sie unmöglich macht. Solche Selbstverschließung, solche Verkleinerung der Vernunft kann nicht der Maßstab der Philosophie sein, und die Wissenschaft als ganze darf nicht mit der Verunmöglichung der eigentlichen Fragen des Menschen enden, ohne die sie selbst eine leere und letztlich gefährliche Geschäftigkeit bleiben würde. Aufgabe der Philosophie kann es nicht sein, sich einem Methodenkanon zu unterwerfen, der in einzelnen Sektoren des Denkens sein Recht hat. Ihre Aufgabe muss es gerade sein, Wissenschaftlichkeit als ganze zu bedenken, kritisch ihr Wesen zu erfassen und sie zugleich in einer rational verantwortbaren Weise zu überschreiten auf das, was ihr überhaupt Sinn gibt. Die Philosophie muss immer nach dem Menschen selbst fragen, und sie muss daher immer nach Leben und Tod, nach Gott und Ewigkeit suchen. Sie wird sich dazu heute wohl zuallererst einer Aporie jener Art von Wissenschaftlichkeit bedienen müssen, die den Menschen von solchen Fragen abschneidet und von diesen Aporien her, die unsere Gesellschaft uns genau vor Augen führt, den Weg auf das Notwendige und Not Wendende wieder zu öffnen versuchen. In der Geschichte der neuzeitlichen Philosophie hat es an solchen Versuchen nie gefehlt, und auch gegenwärtig gibt es genug ermutigende Ansätze, um die Tür zur Frage nach der Wahrheit, die Tür über die in sich selbst kreisende Sprache hinaus, wieder aufzutun.[14] In diesem Sinn ist der Anruf der Enzyklika zweifellos kulturkritisch unserer gegenwärtigen kulturellen Verfassung gegenüber, aber zugleich in einer tiefen Einheit mit wesentlichen Elementen des geistigen Ringens der Neuzeit. Anachronistisch ist die Zuversicht, Wahrheit zu suchen und zu finden, nie: Sie ist gerade das, was den Menschen in seiner Würde erhält, die Partikularismen aufbricht und Menschen über Kulturgrenzen hinaus von ihrer gemeinsamen Würde her zueinanderführt.

Kultur und Wahrheit

a) Zum Wesen der Kultur

Was wir bisher bedacht haben, könnte man das Streitgespräch zwischen dem in der Enzyklika zu Wort kommenden christlichen Glauben und einem bestimmten Typus moderner Kultur bezeichnen, wobei die naturwissenschaftlich-technische Seite der Kultur in unseren Überlegungen ausgeklammert blieb. Unser Augenmerk war auf die geisteswissenschaftlichen Aspekte unserer Kultur gerichtet. Es wäre nicht schwer zu zeigen, dass deren Ratlosigkeit gegenüber der Wahrheitsfrage, die inzwischen geradezu zum Zorn ihr gegenüber geworden ist, letzten Endes darauf beruht, dass sie den gleichen Methodenkanon und die gleiche Art von Sicherheit erreichen möchte, wie sie im empirischen Bereich gegeben ist. Die methodische Beschränkung der Naturwissenschaft auf das experimentell Überprüfbare wird geradezu zum Ausweis der Wissenschaftlichkeit, ja, der Rationalität überhaupt. Der methodische Verzicht, der im Rahmen empirischer Wissenschaft sinnvoll, ja nötig ist, wird so zur Mauer gegenüber der Wahrheitsfrage: Im Grunde geht es um das Problem Wahrheit und Methode, um die Universalität eines streng empirischen Methodenkanons. Ihr gegenüber verteidigt der Papst die Vielfalt der Wege des menschlichen Geistes, die Weite auch der Rationalität, die je nach der Weise des Gegenstandes auch unterschiedliche Methoden kennen muss. Das nicht Materielle kann nicht mit Methoden angegangen werden, die dem Materiellen gemäß sind; so könnte man etwas grob den Einspruch des Papstes gegenüber einer einseitigen Form von Rationalität zusammenfassen.

Der Disput mit der modernen Kultur, der Disput um Wahrheit und Methode, ist der eine grundlegende Strang im Gewebe unserer Enzyklika. Aber die Frage Wahrheit und Kultur bietet sich auch noch unter einem anderen Aspekt dar, der wesentlich auf den eigentlich religiösen Bereich verweist. Dem Universalitätsanspruch des Christlichen, der sich auf die Universalität der Wahrheit gründet, wird heute gern die Relativität der Kulturen entgegengehalten. Das Thema klingt schon an im 18. Jahrhundert bei Gotthold Ephraim Lessing, der die drei großen Religionen in der Parabel von den drei Ringen darstellt, deren einer der echte und wahre sein soll, aber die Echtheit ist nicht mehr feststellbar: Die Wahrheitsfrage ist unlösbar und wird ersetzt durch die Frage nach der heilenden und reinigenden Wirkung der Religion. Zu Beginn des 20. Jahrhunderts hat – wie wir in anderen Zusammenhängen schon angesprochen haben – Ernst Troeltsch dann die Frage nach Religion und Kultur, Wahrheit und Kultur ausdrücklich thematisiert. Wenn er anfangs noch das Christentum als die »gesammeltste Offenbarung der personalistischen Religiosität, als den einzig vollkommenen Bruch mit den Grenzen und Bedingungen der Naturreligion« hinstellte, so hat ihm im Lauf seines Denkweges die kulturelle Bestimmung der Religion immer mehr den Blick auf die Wahrheit überlagert und alle Religionen einer Relativität der Kulturen unterworfen. Die Gültigkeit des Christentums wird ihm schließlich zu einer »europäischen Angelegenheit«: Das Christentum ist ihm die für Europa angemessene Art der Religion, während er nun Buddhismus und Brahmanismus »absolute Selbständigkeit« zuerkennt. Die Wahrheitsfrage hat praktisch abgedankt, die Grenze der Kulturen ist unüberschreitbar geworden.[15]

Eine Enzyklika, die ganz dem Abenteuer der Wahrheit zugeordnet ist, musste daher auch die Frage nach Wahrheit und Kultur stellen. Sie musste fragen, ob es überhaupt eine Kommunion der Kulturen in der einen Wahrheit geben kann – ob Wahrheit sich über ihre kulturellen Gestalten hinweg für alle Menschen auszusagen vermag oder ob sie letztlich immer nur asymptotisch hinter unterschiedlichen oder gar gegensätzlichen kulturellen Formen zu ahnen ist.

Einem statischen Begriff von Kultur, der feste Kulturgestalten voraussetzt, die letztlich konstant bleiben und nur nebeneinanderstehen, nicht ineinander übergehen können, hat der Papst in der Enzyklika ein dynamisches und kommunikatives Verständnis von Kultur entgegengestellt. Er unterstreicht, dass die Kulturen, wenn sie »tief im Humanen verwurzelt sind ..., das Zeugnis der typischen Öffnung des Menschen für das Universale und für die Transzendenz in sich«[16] tragen. Deswegen sind Kulturen als Ausdruck des einen Wesens Mensch gezeichnet von der Dynamik des Menschen, die alle Grenzen überschreitet. Deshalb sind Kulturen nicht ein für alle Mal auf eine Gestalt fixiert; zu ihnen gehört die Fähigkeit zum Voranschreiten und zur Umformung, freilich auch die Gefahr des Verfalls. Sie sind auf Begegnung und gegenseitige Befruchtung hin angelegt. Weil die innere Offenheit des Menschen für Gott sie um so mehr prägt, je größer und je reiner sie sind, deshalb ist ihnen die innere Bereitschaft für die Offenbarung Gottes eingeschrieben. Die Offenbarung ist ihnen nichts Fremdes, sondern sie antwortet auf eine innere Erwartung in den Kulturen selbst. Theodor Haecker hat in diesem Zusammenhang vom adventlichen Charakter der vorchristlichen Kulturen gesprochen,[17] und inzwischen haben vielfältige religionsgeschichtliche Untersuchungen dieses Zugehen der Kulturen auf den Logos Gottes, der in Jesus Christus Fleisch geworden ist, auch ganz anschaulich zeigen können.[18]

Der Papst greift in diesem Zusammenhang die Völkertafel des Pfingstberichtes der Apostelgeschichte (2,7–11) auf, die uns davon erzählt, wie durch alle Sprachen hindurch und in allen Sprachen, das heißt in allen Kulturen, die sich in der Sprache darstellen, das Zeugnis für Jesus Christus vernehmbar wird. In ihnen allen wird Menschenwort Träger von Gottes eigenem Sprechen, von seinem eigenen Logos. Die Enzyklika sagt dazu: »Die Verkündigung des Evangeliums in den verschiedenen Kulturen verlangt von den einzelnen Empfängern das Festhalten am Glauben; sie hindert die Empfänger aber nicht daran, ihre kulturelle Identität zu bewahren. Das erzeugt keine Spaltung, weil sich das Volk der Getauften durch eine Universalität auszeichnet, die jede Kultur aufnehmen kann …«[19]

Der Papst entwickelt von da aus exemplarisch für das generelle Verhältnis des christlichen Glaubens zu vorchristlichen Kulturen am Beispiel der indischen Kultur Maßstäbe, die bei der Begegnung dieser Kulturen mit dem Glauben zu beachten sind. Er verweist zunächst ganz kurz auf den großen geistigen Aufschwung des indischen Denkens, das um die Freiheit des Geistes von den raumzeitlichen Bedingungen ringt und so die metaphysische Öffnung des Menschen praktiziert, die in bedeutenden philosophischen Systemen dann auch denkerisch gestaltet worden ist.[20] Mit diesen Hinweisen wird die universale Tendenz großer Kulturen, ihr Übersteigen von Raum und Zeit und so auch ihr Vorstoßen auf das Sein des Menschen und auf seine höchsten Möglichkeiten deutlich. Darin besteht die Dialogfähigkeit der Kulturen untereinander, in diesem Fall zwischen indischer Kultur und Kulturen, die auf dem Boden des christlichen Glaubens gewachsen sind. So ergibt sich gleichsam aus der inneren Berührung mit der indischen Kultur das erste Kriterium von selbst: Es besteht in der »Universalität des menschlichen Geistes, dessen Grundbedürfnisse in den verschiedenen Kulturen identisch sind«.[21] Daraus folgt zugleich ein zweites Kriterium: »Wenn die Kirche mit großen Kulturen in Kontakt tritt, mit denen sie vorher noch nicht in Berührung gekommen war, darf sie sich nicht von dem trennen, was sie sich durch die Inkulturation ins griechisch-lateinische Denken angeeignet hat. Der Verzicht auf ein solches Erbe würde dem Vorsehungsplan Gottes zuwiderlaufen …«[22] Schließlich nennt die Enzyklika einen dritten Maßstab, der aus den bisherigen Überlegungen über das Wesen von Kultur folgt: Man muss sich davor hüten, »den legitimen Anspruch des indischen Denkens auf Besonderheit und Originalität mit der Vorstellung zu verwechseln, eine kulturelle Tradition müsse sich in ihr Verschiedensein einkapseln und sich in ihrer Gegensätzlichkeit zu den anderen Traditionen behaupten; dies würde dem Wesen des menschlichen Geistes widersprechen.«[23]

b) Die Überschreitung der Kulturen in der Bibel und in der Geschichte des Glaubens

Wenn der Papst auf der Unverzichtbarkeit des einmal errungenen kulturellen Erbes insistiert, das zu einem Vehikel für die gemeinsame Wahrheit Gottes und des Menschen selbst geworden ist, dann erhebt sich natürlich doch die Frage, ob damit nicht ein Eurozentrismus des Glaubens kanonisiert wird, der auch dadurch nicht aufgehoben scheint, dass ja in der weitergehenden Geschichte des Glaubens auch neues Erbe in die beständige und alle angehende Identität des Glaubens eintreten kann und schon eingetreten ist. Die Frage bleibt unausweichlich: Wie griechisch und wie lateinisch ist der Glaube eigentlich, der im übrigen nicht in der griechischen und lateinischen, sondern in der semitischen Welt des Vorderen Orients entstanden ist, in der sich immer schon Asien, Afrika und Europa berührt haben und berühren? Die Enzyklika nimmt besonders in ihrem zweiten Kapitel über die Entfaltung philosophischen Denkens im Inneren der Bibel und im vierten Kapitel bei der Darstellung der schicksalhaften Begegnung dieser im Glauben gewachsenen Weisheit der Vernunft mit der griechischen Weisheit der Philosophie Stellung zu diesem Problem. Dies ist eine Frage, die uns in diesem Buch von verschiedenen Seiten her immer wieder begegnet, an dieser Stelle mögen die folgenden Hinweise dienlich sein.

Schon in der Bibel selbst wird vielfältiges religiöses und philosophisches Gedankengut aus verschiedenen kulturellen Welten verarbeitet. Das Wort Gottes entfaltet sich in einem Prozess der Begegnungen mit der Suche des Menschen nach Antwort auf seine letzten Fragen. Es ist nicht einfach steil vom Himmel herabgefallen, sondern es ist geradezu eine Synthese der Kulturen. Es lässt uns aber tiefer gesehen einen Prozess erkennen, in dem Gott mit dem Menschen ringt und ihn langsam für sein tiefstes Wort, für sich selbst öffnet: den Sohn, der der Logos ist. Die Bibel ist nicht einfach Ausdruck der Kultur des Volkes Israel, sondern sie liegt ständig im Streit mit dem ganz natürlichen Versuch dieses

Volkes, einfach es selbst zu sein, sich in seiner eigenen Kultur einzuhausen. Der Glaube an Gott und das Ja zum Willen Gottes wird ihm ständig gegen seine eigenen Vorstellungen und Wünsche abgerungen. Er tritt der eigenen Religiosität Israels und seiner eigenen religiösen Kultur, die sich im Höhenkult, im Kult der Himmelskönigin, im Machtanspruch des eigenen Königtums ausdrücken möchte, fortwährend entgegen. Vom Zorn Gottes und des Mose gegen den Kult des goldenen Jungstiers am Sinai angefangen bis hin zu den späten nachexilischen Propheten geht es immerfort darum, dass Israel aus seiner eigenen kulturellen Identität und seinen religiösen Wünschen herausgerissen wird, dass es sozusagen den Kult der eigenen Nationalität, den Kult von »Blut und Boden« lassen muss, um sich dem ganz anderen, dem nichteigenen Gott zu beugen, der Himmel und Erde geschaffen hat und der Gott aller Völker ist. Der Glaube Israels bedeutet eine fortwährende Selbstüberschreitung der eigenen Kultur ins Offene und Weite der gemeinsamen Wahrheit hinein. Die Bücher des Alten Testaments mögen in vieler Hinsicht weniger fromm, weniger poetisch, weniger inspiriert erscheinen als bedeutende Stellen der heiligen Bücher anderer Völker. Aber sie haben doch ihre Einzigartigkeit in diesem Streitcharakter des Glaubens gegen das Eigene, in diesem Aufbruch aus dem Eigenen heraus, der mit Abrahams Wanderschaft beginnt. Der Ausbruch aus dem Gesetz, den Paulus aufgrund seiner Begegnung mit dem auferstandenen Jesus Christus erkämpft, führt diese Grundrichtung des Alten Testaments zu ihrem logischen Ziel: Er bedeutet vollends die Universalisierung dieses Glaubens, der vom Eigenen einer völkischen Ordnung gelöst wird. Nun sind alle Völker eingeladen, in diesen Prozess der Überschreitung des Eigenen einzutreten, der zuerst in Israel begonnen hat; sie sind eingeladen, sich zu dem Gott hinzukehren, der sich in Jesus Christus seinerseits selbst überschritten, die »Mauer der Feindschaft« zwischen uns aufgerissen hat (Eph 2,14) und uns in der Selbstenteignung des Kreuzes zueinanderführt. Glaube an Jesus Christus ist also seinem Wesen nach fortwährendes Sichöffnen, Einbruch Gottes in die menschliche Welt und darauf antwortender Aufbruch des Menschen zu Gott hin, der zugleich die Menschen zueinanderführt. Alles Eigene gehört nun allen, und alles andere wird zugleich auch unser Eigen, dies Ganze umgriffen von dem Wort des Vaters an den älteren Sohn: »All das Meinige ist dein« (Lk 15,31), das im hohepriesterlichen Gebet Jesu als Anrede des Sohnes an den Vater wiederkehrt: »All das Meinige ist dein, und all das Deinige ist mein« (Joh 17,10).

Dieses Grundmuster bestimmt auch die Begegnung der christlichen Botschaft mit der griechischen Kultur, die freilich nicht erst in der christlichen Mission beginnt, sondern sich schon im Inneren der Schriften des Alten Testaments, besonders durch seine Übersetzung ins Griechische und von dieser her im Frühjudentum entwickelt hatte. Diese Begegnung war möglich, weil sich in der griechischen Welt inzwischen ein ähnlicher Vorgang der Selbstüberschreitung angebahnt hatte. Die Väter haben nicht einfach eine in sich stehende und sich selbst gehörende griechische Kultur ins Evangelium eingeschmolzen. Sie konnten den Dialog mit der griechischen Philosophie aufnehmen und sie zum Instrument des Evangeliums dort machen, wo in der griechischen Welt durch die Suche nach Gott eine Selbstkritik der eigenen Kultur und des eigenen Denkens in Gang gekommen war. Der Glaube bindet die verschiedenen Völker – beginnend mit den Germanen und Slawen, die in der Zeit der Völkerwanderung mit der christlichen Botschaft in Berührung kamen, bis hin zu den Völkern Asiens, Afrikas, Amerikas – nicht an die griechische Kultur als solche, sondern an deren Selbstüberschreitung, die der wahre Anknüpfungspunkt für die Auslegung der christlichen Botschaft war. Er zieht sie von da aus in die Dynamik der Selbstüberschreitung hinein. Richard Schäffler hat dazu treffend gesagt, dass die christliche Predigt von Anfang an von den Völkern Europas (das übrigens vor der christlichen Mission als solches nicht existierte) »den Abschied … von jedem autochthonen Gott der Europäer verlangt [hat], längst ehe außereuropäische Kulturen in ihr Blickfeld traten«.[24] Von da aus ist es zu verstehen, warum die christliche Verkündigung an die Philosophie anknüpfte, nicht an die

Religionen. Wo letzteres versucht wurde, wo man zum Beispiel Christus als den wahren Dionysos, Asklepios oder Herakles interpretieren wollte, sind solche Versuche schnell überholt gewesen.[25] Dass man nicht an die Religionen, sondern an die Philosophie anknüpfte, hängt eben damit zusammen, dass man nicht eine Kultur kanonisiert hat, sondern dort in sie eintreten konnte, wo sie selbst begonnen hatte, aus sich herauszutreten, wo sie sich auf den Weg ins Offene der gemeinsamen Wahrheit begeben und die Einhausung im bloß Eigenen hinter sich gelassen hatte. Das ist für die Frage der Anknüpfungen und des Übergangs zu anderen Völkern und Kulturen auch heute ein grundlegender Hinweis. Sicher kann der Glaube nicht an Philosophien anknüpfen, die die Wahrheitsfrage ausschließen, wohl aber an Bewegungen, die aus dem relativistischen Kerker auszubrechen sich mühen. Sicher kann er nicht unmittelbar die alten Religionen übernehmen. Wohl aber können die Religionen Formen und Gestaltungen bereitstellen, besonders aber Haltungen – der Ehrfurcht, der Demut, der Opferbereitschaft, der Güte, der Nächstenliebe, der Hoffnung auf das ewige Leben.[26] Dies scheint mir – nebenbei bemerkt – auch für die Frage nach der Heilsbedeutung der Religionen wichtig zu sein. Sie retten nicht sozusagen als geschlossene Systeme und durch Systemtreue, sondern sie tragen zur Rettung bei, wo sie den Menschen dahin bringen, »nach Gott zu fragen« (wie das Alte Testament es ausdrückt), »sein Angesicht zu suchen«, »das Reich Gottes und seine Gerechtigkeit zu suchen«.

Religion, Wahrheit und Heil

Lassen Sie mich an diesem Punkt noch einen Augenblick innehalten, weil er eine Grundfrage menschlicher Existenz berührt, die mit Recht auch eine Hauptfrage in der gegenwärtigen theologischen Debatte darstellt. Denn es geht ja um den eigentlichen Impuls, von dem Philosophie ausgegangen ist und zu dem sie immer zurückkehren muss; an ihm berühren sich Philosophie und Theologie notwendig, wenn sie ihrer Aufgabe treu bleiben. Es ist die Frage: Wie wird der Mensch heil? Wie wird er recht? Die alte Zeit hat dabei vornehmlich an den Tod und an das gedacht, was nach dem Tod kommt; die Gegenwart, die das Jenseits als unsicher ansieht und daher aus ihrem Fragen weitgehend ausklammert, muss immerhin nach dem Rechtsein in der Zeit suchen und kann dabei das Problem nicht beiseite lassen, wie der Tod zu bewältigen ist. In der Debatte um das Verhältnis von Christentum und Weltreligionen ist freilich merkwürdigerweise doch der eigentliche Diskussionspunkt geblieben, wie sich die Religionen und das ewige Heil verhalten. Die Frage, wie der Mensch gerettet werden kann, wird eher noch im klassischen Sinn gestellt. Und da hat sich nun ziemlich allgemein die These durchgesetzt: Die Religionen alle sind Heilswege. Vielleicht nicht der ordentliche Heilsweg, aber – wenn schon, dann eben »außerordentliche Heilswege«: durch die Religionen alle kommt man zum Heil, das ist zur gängigen Anschauung geworden.

Diese Antwort entspricht nicht nur der Idee von Toleranz und Achtung des anderen, die sich uns heute aufdrängt. Sie entspricht auch dem modernen Gottesbild: Gott kann nicht Menschen verwerfen, nur weil sie das Christentum nicht kennen und eben in einer anderen Religion aufgewachsen sind. Er wird ihre Frömmigkeit genauso annehmen wie die unsere. So einsichtig diese – inzwischen mit vielen weiteren Argumenten untermauerte – These auf den ersten Blick auch ist, sie ruft doch Fragen hervor. Denn die einzelnen Religionen fordern nicht nur Unterschiedliches, sondern auch Gegensätzliches. Angesichts des Anwachsens der Zahl von religiös nicht gebundenen Menschen wird inzwischen diese universale Heilstheorie auch auf konsequent gelebte nicht-religiöse Existenzformen ausgedehnt. Dann gilt erst recht, dass Widersprüchliches als zum gleichen Ziel führend angesehen wird – mit einem Wort: Wir stehen wieder vor der Frage des Relativismus. Man setzt stillschweigend voraus, dass im Grund alle Inhalte gleich gültig sind. Was eigentlich gilt, kennen wir nicht. Jeder muss eben seinen Weg gehen – auf seine Façon selig werden, wie Friedrich II. von Preußen sagte. So steigt über die Heilstheorien der Relativismus unweigerlich durch die Hintertür wieder herein: Die Frage nach der Wahrheit wird aus der Frage der Religionen und aus der Heilsfrage ausgeschieden. Die Wahrheit wird durch die gute Absicht ersetzt; Religion bleibt im Subjektiven, weil das objektiv Gute und Wahre nicht zu erkennen ist.

a) Die Ungleichheit der Religionen und ihre Gefährdungen

Müssen wir uns damit abfinden? Ist die Alternative zwischen dogmatischem Rigorismus und menschenfreundlichem Relativismus unausweichlich? Ich denke, dass man bei den eben besprochenen Theorien drei Dinge nicht genau genug bedacht hat. Zunächst einmal werden die Religionen (und inzwischen auch Agnostizismus und Atheismus) alle als gleichartig angesehen. Aber gerade das ist nicht der Fall. Tatsächlich gibt es degenerierte und kranke Religionsformen, die den Menschen nicht aufbauen, sondern entfremden: Die marxistische Religionskritik war nicht ganz und gar aus der Luft gegriffen. Und auch Religionen, denen man sittliche Größe und das Unterwegssein zur Wahrheit zuerkennen muss, können streckenweise erkranken. Im Hinduismus (der eigentlich ein Sammelname für vielfältige Religionen ist) gibt es großartige Elemente, aber auch negative Aspekte – die Verflechtung mit dem Kastensystem; die Witwenverbrennung, die sich aus anfangs symbolischen Vorstellungen herausgebildet hatte; Auswüchse des Śaktismus wären zu nennen, um nur ein paar Hinweise zu geben. Aber auch der Islam mit allem Großen, das er darstellt, ist immer wieder in Gefahr, die Balance zu verlieren, der Gewalt Raum zu geben und die Religion ins Äußerliche und Ritualistische abgleiten zu lassen. Und natürlich gibt es auch, wie wir alle nur zu gut wissen, Erkrankungsformen des Christlichen – etwa wenn Kreuzritter bei der Eroberung der Heiligen Stadt Jerusalem, in der Christus für alle Menschen gestorben ist, ihrerseits ein Blutbad unter Moslems und Juden anrichteten. Das bedeutet: Religion verlangt Unterscheidung, Unterscheidung zwischen Gestalten der Religionen und Unterscheidung im Inneren der Religion selbst, auf ihre eigentliche Höhe hin. Mit der Vergleichgültigung der Inhalte und der Idee, dass alle Religionen unterschiedlich und eigentlich doch gleich seien, kommt man nicht weiter. Der Relativismus ist gefährlich, ganz konkret – für die Gestalt des Menschseins im einzelnen und in der Gemeinschaft. Die Absage an die Wahrheit heilt den Menschen nicht. Wieviel Böses in der Geschichte im Namen guter Meinungen und Absichten geschehen ist, kann niemand übersehen.

b) Die Heilsfrage

Damit berühren wir schon den zweiten Punkt, der gemeinhin vernachlässigt wird. Wenn man von der Heilsbedeutung der Religionen spricht, denkt man erstaunlicherweise meistens nur daran, dass alle das ewige Leben ermöglichen, womit freilich zugleich der Gedanke an das ewige Leben neutralisiert wird, denn man kommt ohnedies dorthin. Aber damit ist die Heilsfrage in einer unangemessenen Weise verkürzt. Der Himmel beginnt auf der Erde. Das Heil im Jenseits setzt das rechte Leben im Diesseits voraus. Also kann man gar nicht einfach fragen, wer in den Himmel kommt, und sich damit zugleich der Frage nach dem Himmel entledigen. Man muss fragen, was der Himmel ist und wie er auf die Erde kommt. Die jenseitige Rettung muss sich abzeichnen in einer Lebensform, die den Menschen hier »menschlich« und damit gottgemäß macht. Das bedeutet wiederum, dass man bei der Heilsfrage über die Religionen selbst hinausblicken muss und dass dazu Maßstäbe rechten Lebens gehören, die nicht beliebig relativiert werden können. Ich würde also sagen: Das Heil beginnt im Rechtwerden des Menschen in dieser Welt, das immer die beiden Pole des einzelnen und der Gemeinschaft umfasst. Es gibt Verhaltensformen, die niemals dem Rechtwerden des Menschen dienen können, und solche, die immer zum Rechtsein des Menschen gehören. Das bedeutet: Das Heil liegt nicht in den Religionen als solchen, sondern es hängt mit ihnen zusammen, sofern und soweit sie den Menschen auf das eine Gute, auf die Suche nach Gott, nach Wahrheit und Liebe bringen. Deshalb trägt die Heilsfrage immer ein religionskritisches Element in sich, wie sie umgekehrt mit den Religionen positiv verknüpft sein kann. In jedem Fall hat sie mit der Einheit des Guten, mit der Einheit des Wahren – mit der Einheit Gottes und des Menschen zu tun.

c) Das Gewissen und die Wahrheitsfähigkeit des Menschen

Diese Aussage führt zu dem dritten Punkt, den ich hier ansprechen wollte. Die Einheit des Menschen hat ein Organ: das Gewissen. Es war die Kühnheit des heiligen Paulus, die Hörfähigkeit auf das Gewissen bei allen Menschen zu behaupten, die Heilsfrage so von der Erkenntnis und dem Einhalten der Thora zu lösen und sie auf den gemeinsamen Anspruch des Gewissens zu stellen, in dem der eine Gott spricht, der das wahrhaft Wesentliche der Thora einem jeden sagt: »Wenn die Heiden, die das Gesetz nicht haben, von Natur aus das tun, was im Gesetz gefordert ist, so sind sie, die das Gesetz nicht haben, sich selbst Gesetz. Sie zeigen damit, dass ihnen die Forderung des Gesetzes ins Herz geschrieben ist; ihr Gewissen legt Zeugnis davon ab …« (Röm 2,14f.). Paulus sagt nicht: Wenn Heiden sich an ihre Religion halten, ist es gut vor dem Gericht Gottes. Im Gegenteil, er verurteilt den Großteil der religiösen Praktiken jener Zeit. Er verweist auf eine andere Quelle – auf das, was allen ins Herz geschrieben ist, das eine Gute des einen Gottes. Hier stehen sich allerdings heute zwei konträre Gewissensbegriffe gegenüber, die freilich meist einfach ineinandergeschoben werden. Für Paulus ist das Gewissen das Organ der Transparenz des einen Gottes in allen Menschen, die *ein* Mensch sind. In der Gegenwart hingegen erscheint das Gewissen als Ausdruck für die Absolutheit des Subjekts, über das hinaus es im Sittlichen keine Instanz mehr geben kann. Das Gute als solches ist nicht wahrnehmbar. Der eine Gott ist nicht vernehmbar. Was Moral und Religion angeht, ist das Subjekt die letzte Instanz. Das ist logisch, wenn die Wahrheit als solche unzugänglich ist. So ist im neuzeitlichen Gewissensbegriff das Gewissen die Kanonisierung des Relativismus, der Unmöglichkeit gemeinsamer sittlicher und religiöser Maßstäbe, wie es umgekehrt für Paulus und die christliche Tradition die Gewähr für die Einheit des Menschen und die Vernehmbarkeit Gottes, für die gemeinsame Verbindlichkeit des einen und gleichen Guten gewesen war.[27] Dass es zu allen Zeiten »heilige Heiden« gegeben hat und gibt, liegt daran, dass überall und in allen Zeiten – wenn auch oft nur mühsam und stückweise – der Spruch des »Herzens« vernehmbar war, dass uns Gottes Thora in uns selber, in unserem geschöpflichen Wesen als Verpflichtung hörbar wird und uns so möglich ist, das bloß Subjektive zu überschreiten, aufeinander und auf Gott hin. Und das ist Heil. Im übrigen bleibt, was Gott mit den armseligen Bruchstücken unseres Anlaufs auf das Gute, auf ihn selber hin tut, sein Geheimnis, das nachrechnen zu wollen wir uns nicht anmaßen sollten.

Abschliessende Überlegungen

Ich möchte noch aufmerksam machen auf einen methodischen Hinweis, den der Papst für das Verhältnis von Theologie und Philosophie, von Glaube und Vernunft gibt, weil damit die praktische Frage angesprochen ist, wie eine Erneuerung des philosophischen und theologischen Denkens im Sinn der Enzyklika in Gang kommen könnte. Die Enzyklika spricht von einer »Kreisbewegung« zwischen Theologie und Philosophie und versteht sie in dem Sinn, dass die Theologie immer zuerst vom Wort Gottes ausgehen muss, aber da dieses Wort Wahrheit ist, wird sie es in Beziehung setzen zur menschlichen Wahrheitssuche, zum Ringen der Vernunft um Wahrheit und es so in den Dialog mit der Philosophie hineinstellen. Die Wahrheitssuche des Gläubigen vollzieht sich demgemäß in einer Bewegung, in der Hören auf das ergangene Wort und Suchen der Vernunft sich immer neu begegnen. Dadurch wird einerseits der Glaube tiefer und reiner, andererseits aber empfängt auch das Denken Bereicherung, weil ihm neue

Horizonte aufgehen. Mir scheint, man könne diese Idee der Zirkularität noch ein Stück weiter ausdehnen: Auch die Philosophie als solche sollte sich nicht in das bloß Eigene und selbst Erdachte einschließen. So wie sie auf die empirischen Erkenntnisse hören muss, die in den verschiedenen Wissenschaften reifen, so sollte sie auch die heilige Überlieferung der Religionen und besonders die Botschaft der Bibel als eine Quelle des Erkennens ansehen, von der sie sich befruchten lässt. Tatsächlich gibt es keine große Philosophie, die nicht von der religiösen Überlieferung her Erhellungen und Wegweisungen empfangen hätte, ob wir an die Philosophien Griechenlands und Indiens denken oder an die Philosophie, die im Inneren des Christentums sich entfaltet hat, oder auch an neuzeitliche Philosophien, die von der Autonomie der Vernunft überzeugt waren und diese Autonomie der Vernunft als letzten Maßstab des Denkens einschätzten, aber doch Schuldner der großen Motive des Denkens blieben, die der biblische Glaube der Philosophie auf den Weg gegeben hat: Kant, Fichte, Hegel, Schelling wären ohne die Vorgaben des Glaubens nicht denkbar, und selbst Marx lebt, mitten in seiner radikalen Umdeutung, dennoch von den Horizonten der Hoffnung, die er aus der jüdischen Überlieferung aufgenommen hatte. Wo Philosophie diesen Dialog mit dem Denken des Glaubens ganz ausblendet, endet sie – wie Jaspers einmal formuliert hat – in einem »leer werdenden Ernst«.[28] Am Ende sieht sie sich dann genötigt, auf die Wahrheitsfrage zu verzichten, das heißt, sich selbst aufzugeben. Denn eine Philosophie, die nicht mehr danach fragt, wer wir sind, wozu wir sind, ob Gott ist und ewiges Leben, hat als Philosophie abgedankt.

Zuletzt mag noch ein Hinweis auf einen Kommentar zur Enzyklika nützlich sein, der in der sonst eher kirchenfernen deutschen Wochenzeitung »Die Zeit« erschienen ist.[29] Der Kommentator, Jan Ross, erfasst den Kern des päpstlichen Lehrschreibens sehr genau, wenn er sagt, die Entthronung von Theologie und Metaphysik habe das Denken »nicht bloß freier, sondern auch enger gemacht«, ja, er scheut sich nicht, von der »Verdummung durch Unglauben« zu sprechen. »Indem die Vernunft sich von den letzten Fragen abwandte, hat sie sich vergleichgültigt und verlangweilt, ist unzuständig geworden für die Lebensrätsel von gut und böse, von Tod und Unsterblichkeit.« Die Stimme des Papstes habe »vielen Menschen und ganzen Völkern Mut gemacht, sie hat vielen auch hart und schneidend im Ohr geklungen und sogar Hass erregt, aber wenn sie verstummt, wird es ein Augenblick schrecklicher Stille sein.« In der Tat, wenn nicht mehr von Gott und Mensch, von Sünde und Gnade, von Tod und ewigem Leben gesprochen wird, dann wird alles Geschrei und aller Lärm, den es gibt, nur ein vergeblicher Versuch sein, sich über das Verstummen des eigentlich Menschlichen hinwegzutäuschen. Der Papst hat sich der Gefahr solchen Schweigens mit seiner Parrhesia, mit dem furchtlosen Freimut des Glaubens entgegengestellt, und er erfüllt so einen Dienst nicht nur für die Kirche, sondern für die Menschheit. Dafür sollten wir ihm dankbar sein.

1 C. S. Lewis, The Screwtape Letters (London ^{15}1965 [dt.: Dienstanweisung für einen Unterteufel, Freiburg ^{9}1999]) 139f. Hier zitiert nach J. Pieper, Was heißt Interpretation? in: ders., Schriften zum Philosophiebegriff (Werke Bd. 3, hg. v. B. Wald, Hamburg 1995) 226f.

2 Ebd. 227.

3 M. Reiser, Bibel und Kirche. Eine Antwort an U. Luz, in: Trierer Theologische Zeitschrift 108 (1999) 62–81, hierzu 72; U. Eco, Der Name der Rose (München 1982) 624.

4 M. Reiser, a.a.O. 63 mit Hinweis auf O. Tracy, Theologie als Gespräch. Eine postmoderne Hermeneutik (Mainz 1993) 73–97.

5 F. Mauthner, Beiträge zu einer Kritik der Sprache, 3 Bände (Stuttgart 1901, 1902, ^{2}1923, Nachdruck Frankfurt 1982), Zitat Bd. 3, 635. Siehe M. Reiser a.a.O. 73.

6 Reiser zitiert, a.a.O. 73f.

7 Vgl. M. Reiser, a.a.O. 63f. U. Luz, Kann die Bibel heute noch Grundlage für die Kirche sein? Über die Aufgabe der Exegese in einer religiös pluralistischen Gesellschaft, in: New Testament Studies 44 (1998) 317–339.

8 Phaidros 274d–275b. Vgl. dazu H. Schade, Lamm Gottes und Zeichen des Widders (Freiburg 1998) 27f.

9 A.a.O. 27.

10 A. Kreiner, Ende der Wahrheit? (Freiburg 1992) 116; zitiert nach Reiser, a.a.O. 74.

11 Nr. 84.

12 P. Flores d'Arcais, Die Frage ist die Antwort. Zur Enzyklika »Fides et ratio«, in: Frankfurter Allgemeine Zeitung, 2.3.1999, Nr. 51, S. 47.

13 In Nr. 68–74 der Enzyklika *Evangelium vitae* setzt sich der Papst eingehend argumentativ mit der These auseinander, die Gesetzgebung einer Gesellschaft müsse sich darauf beschränken, die Überzeugungen der Mehrheit zu registrieren und zu rezipieren; privates Gewissen und öffentliche Ordnung seien strikt zu trennen (Nr. 69). Der Papst stellt dem die Auffassung entgegen, dass die Demokratie nicht zum Surrogat der Moral werden dürfe; der Wert der Demokratie – so sagt er – steht und fällt mit den Werten, die sie verkörpert (Nr. 70). Diese grundlegenden Ausführungen über die Prinzipien der Staatslehre kann man nicht mit der schnoddrigen Qualifizierung als »Fundamentalismus« beiseite schieben; sie verdienen zumindest eine erneute Auseinandersetzung. Ich darf in diesem Zusammenhang auch auf mein Buch: Wendezeit für Europa? (Einsiedeln-Freiburg 1991) verweisen.

14 In diesem Betracht ist die Aufzählung der Namen, die die Enzyklika in Nr. 74 bietet, zweifellos zu bescheiden ausgefallen. Man braucht im 20. Jahrhundert nur an die Bedeutung der phänomenologischen Schule – von Husserl bis Scheler – und an die große Strömung des Personalismus mit Namen wie F. Ebner, E. Mounier, G. Marcel oder große jüdische Denker wie Bergson, Buber und Lévinas zu erinnern, um zu sehen, dass Philosophie in dem von der Enzyklika gemeinten Sinn auch heute möglich und in einer Vielfalt von Gestaltungen wirklich ist.

15 Vgl. dazu H. Bürkle, Der Mensch auf der Suche nach Gott – die Frage der Religionen. Amateca Bd. III (Paderborn 1996) 60–67.

16 Nr. 70.

17 Th. Haecker, Vergil. Vater des Abendlandes (München ^{5}1947) z.B. 117f.

18 Vgl. z.B. H. Bürkle, a.a.O. 14–40.

19 Nr. 71.

20 Nr. 72.

21 Ebd.

22 Ebd.

23 Ebd.

24 R. Schäffler, Ent-europäisierung des Christentums? in: Theologie und Glaube 86 (1996) 121–131, Zitat 131.

25 Vgl. Schäffler, ebd. 125.

26 Sehr schön sind diese Zusammenhänge – Aufnahme und Verwandlung, Unterscheidung und Absage – dargestellt bei H. Bürkle, a.a.O. (s. Anm. 145) 18–40.

27 Ich darf für die Frage nach dem Gewissen auf mein kleines Buch Wahrheit, Werte, Macht (Freiburg 1993; neue Ausgabe Frankfurt 1999) 25–62 verweisen.

28 Zitiert bei J. Pieper, Die mögliche Zukunft der Philosophie, in: ders., Schriften zum Philosophiebegriff (Werke Bd. 3, hg. v. B. Wald, Hamburg 1995) 315–323, Zitat 323.

29 Ausgabe vom 2.12.1998.

26.
Der Dialog der Religionen und das jüdisch-christliche Verhältnis

Korreferat zu Rabbi Sztejnberg auf der Sitzung der Académie des sciences morales et politiques vom 17. Februar 1997

Unmittelbar nach der Eroberung von Konstantinopel durch die Türken, im Jahr 1453, hat der Kardinal Nikolaus von Kues ein merkwürdiges Buch geschrieben: De pace fidei. Das zerfallende Imperium war von Religionsstreitigkeiten erschüttert, der Kardinal selbst hatte an dem zuletzt vergeblich gebliebenen Versuch einer Einigung zwischen Ost- und Westkirche teilgenommen, und nun war der Islam wieder ins Blickfeld auch der abendländischen Christenheit gerückt.

Cusanus erlebte in den Ereignissen seiner Zeit, dass Religionsfriede und Weltfriede eng miteinander zusammenhängen, und hat auf diese Frage mit einer Art von Utopie zu antworten gesucht, die freilich ganz konkreter Friedensdienst sein wollte: »Christus als Weltenrichter beruft, da das Ärgernis der Religionsvielheit auf Erden unerträglich wird, ein himmlisches Konzil … in dem siebzehn Vertreter der verschiedenen Nationen und Religionen durch den göttlichen Logos zur Erkenntnis geführt werden, wie in der durch Petrus repräsentierten Kirche die religiösen Anliegen aller erfüllbar sind.«

In allen Weisheitslehren, so sagt hier Christus, »findet ihr nicht je einen anderen Glauben, sondern überall ein und denselben vorausgesetzt.« »Gott als Schöpfer ist der Dreifaltige und der Eine; als der Unendliche ist er weder der Dreifaltige noch der Eine noch irgend etwas von dem, was gesagt werden kann. Denn die

Namen, die Gott zugedacht werden, stammen von den Geschöpfen, während er selbst in sich unaussprechlich und über alles, was genannt und ausgesagt werden könnte, erhaben ist.«

Von der Ökumene der Christen zum Dialog der Religionen

Inzwischen ist dieses gedachte himmlische Konzil auf die Erde heruntergestiegen und, da die Stimme des Logos nur gebrochen zu vernehmen ist, dabei unvermeidlich viel komplizierter geworden. Im 19. Jahrhundert hatte sich allmählich die ökumenische Bewegung gebildet, zunächst aus der missionarischen Erfahrung der protestantischen Kirchen heraus, die ihre Aufspaltung in eine Vielzahl von Konfessionen bei der Begegnung mit der heidnischen Welt als wesentliches Hindernis ihres Zeugnisses erfuhren und so Einheit der Kirche als unverzichtbare Bedingung der Mission erkannten. Ökumene war in diesem Sinn zunächst ein Phänomen des Weltprotestantismus, geboren im Heraustreten aus der inneren Welt des Christentums. Der Versuch, den universalen Anspruch seiner Botschaft zu vertreten, setzte voraus, dass deren Vertreter sich nicht gegenseitig widersprachen und nicht in Splittergruppen auftraten, deren Besonderheiten und Gegensätze einzig in der Geschichte der westlichen Welt begründet waren. Der Impuls der ökumenischen Bewegung hat sich dann immer mehr auf die ganze Christenheit ausgedehnt. Zuerst trat ihr, freilich anfangs mit vorsichtigen Abgrenzungen, die Orthodoxie bei. Die Annäherung der katholischen Kirche begann von einzelnen Gruppen her in den Ländern, die besonders unter der Kirchenspaltung zu leiden hatten, bis dann das Zweite Vatikanische Konzil die Türen der Kirche weit für das Suchen nach Einheit aller Christen öffnete.

Die Begegnung mit der nichtchristlichen Welt hatte zunächst, wie wir sahen, nur als Auslöser für das Suchen nach christlicher Einheit gewirkt. Aber es konnte nicht ausbleiben, dass die Weltreligionen immer mehr auch in ihrer eigenen religiösen Aussage wahrgenommen wurden. Man verkündete das Evangelium ja nicht an religionslose Menschen, die Gott nicht kannten. Immer weniger war zu übersehen, dass man in eine Welt hineinsprach, die von religiösen Überzeugungen tief durchdrungen und bis in die Kleinigkeiten des Alltags hinein davon geprägt war, so dass die Frömmigkeit dieser Menschen den mitunter schon etwas ermüdeten Glauben der Christen beschämen musste. So konnte es immer weniger genügen, die Vertreter anderer Religionen bloß als Heiden oder rein negativ als Nichtchristen zu beschreiben. Man musste ihr Eigenes kennenlernen; man musste auch fragen, ob man einfach ihre religiöse Welt zerstören durfte oder ob es nicht vielmehr möglich oder gar geboten war, sie von innen her zu verstehen und ihr Erbe ins Christentum einzubringen.

So hat sich christliche Ökumene allmählich zum Dialog der Religionen ausgeweitet. Dieser Dialog will freilich nicht einfach den Weg der religionsgeschichtlichen Forschung des 19. und des frühen 20. Jahrhunderts wiederholen. Dort hatte man sich auf einen liberal-rationalistischen Standpunkt vermeintlich außerhalb und oberhalb der Religionen gestellt und mit der Gewissheit der aufgeklärten Vernunft die einzelnen Religionen beurteilt. Heute ist man weithin überzeugt, dass es einen solchen Standort nicht geben kann; dass man Religion, um sie zu verstehen, von innen her erfahren muss und dass es nur von solchem Erfahren her, das notwendig partikulär und in seinem Ausgangspunkt historisch gebunden ist, zum gegenseitigen Verstehen und so zu einer Vertiefung und Reinigung der Religion kommen kann.

Die Frage nach der Einheit in der Verschiedenheit

Wenn man daher in Bezug auf abschließende Beurteilungen vorsichtig geworden ist, so bleibt die Frage nach der Einheit in der Verschiedenheit doch drängend. Das Problem der Ökumene der Religionen stellt sich heute auf dem Hintergrund einer Welt, die einerseits immer enger zusammenrückt, immer mehr ein einziger gemeinsamer Raum menschlicher Geschichte wird und die anderseits von Kriegen erschüttert, von wachsenden Spannungen zwischen Arm und Reich zerrissen und endlich durch den Missbrauch der technischen Verfügung über die Erde in ihren Grundlagen bedroht ist. Von dieser dreifachen Bedrohung her hat sich ein neuer Kanon sittlicher Werte gebildet, der in dem Dreiklang von Friede, Gerechtigkeit, Bewahrung der Schöpfung die wesentliche moralische Aufgabe der Menschheit in dieser ihrer Geschichtsstunde zu definieren versucht. Religion und Moral sind nicht identisch, aber doch unlöslich miteinander verbunden.

So ist es klar, dass in dieser Stunde, in der der Menschheit die Möglichkeit der Selbstzerstörung und Zerstörung ihres Planeten zugewachsen ist, die Religionen in eine gemeinsame Verantwortung für die Überwindung dieser Versuchung genommen sind. Sie werden in besonderer Weise an diesem Wertekanon geprüft, der immer mehr als ihr gemeinsamer Auftrag und insofern geradezu auch als ihre Vereinigungsformel erscheint. Hans Küng hat als Sprecher vieler die Formel in die Welt gestellt: »Kein Weltfriede ohne Religionsfriede«, und damit Religionsfrieden, die Ökumene der Religionen, zur Pflichtaufgabe für alle religiösen Gemeinschaften erklärt.

Aber nun ist die Frage: Wie kann das geschehen? Wie ist in der Verschiedenheit der Religionen und in ihren gerade heute oft auch wieder in gewalttätigen Formen aufbrechenden Gegensätzen Begegnung möglich? Welche Art Einheit kann es da überhaupt geben? Von welchem Maßstab her kann man wenigstens auf die Suche nach ihr gehen? Wenn man sich müht, in der verwirrenden Vielfalt der Weltreligionen Zusammenhänge zu erkennen, so kann man wohl zunächst zwischen Stammesreligionen und Universalreligionen unterscheiden, wobei freilich gerade auch die Stammesreligionen durch gemeinsame Grundmuster gekennzeichnet sind, die sich wieder in unterschiedlicher Weise mit den großen Tendenzen der Universalreligionen berühren.

Insofern gibt es zwischen beiden Bereichen ein Hin und Her, das wir jetzt nicht weiter ausleuchten können, das uns aber doch das Recht gibt, unsere Aufmerksamkeit bei der Frage der Ökumene der Religionen zunächst auf die Universalreligionen zu konzentrieren. Bei diesen selbst können wir, so scheint es beim gegenwärtigen Forschungsstand, zwei große Grundtypen unterscheiden, die J. A. Cuttat mit den Begriffen »Innerlichkeit und Transzendenz« zu charakterisieren versucht, die ich von ihrem konkreten Zentrum und auch vom Zentralakt ihrer Frömmigkeit her – sicher ein wenig vereinfachend – als theistischen und als mystischen Religionstyp einander gegenüberstellen möchte. Für die Religionsökumene bieten sich, wenn diese Diagnose richtig ist, zwei Wege an: Man kann versuchen, den theistischen in den mystischen Typus hineinzunehmen, also den mystischen Typus als den weiträumigeren ansehen, in dem auch das theistische Erbe seinen Platz finden kann, oder man kann den umgekehrten Weg versuchen.

Heute ist noch eine dritte Alternative auf den Plan getreten, die ich als die pragmatische bezeichnen möchte: Alle Religionen sollten den unbeendlichen Streit um Wahrheit aufgeben und ihr wahres Wesen, ihre eigentliche innere Zielsetzung in der Orthopraxie erkennen, deren Weg wiederum durch die Herausforderungen der Gegenwart klar umrissen zu sein scheint. Orthopraxie könne letztlich nur im Dienst für Friede, Gerechtigkeit und Bewahrung der Schöpfung bestehen. Die Religionen könnten alle ihre Formeln, Formen und Riten beibehalten, aber finalisiert auf diese rechte Praxis hin: »An ihren Früchten sollt ihr sie erkennen.« So könnten alle in ihren Gewohnheiten bleiben; jeder Streit würde überflüssig, und doch würden alle in der von der Herausforderung der Stunde geforderten Weise eins werden.

Grösse und Grenzen der mystischen Religionen

Ich möchte im folgenden ganz kurz versuchen, die drei damit aufgetanen Wege zu prüfen und bei der Behandlung des theistischen Weges, dem Anlass dieser Stunde gemäß, besonders die Frage des Verhältnisses von christlichem und jüdischem Monotheismus bedenken, wobei dann freilich der Kürze wegen das Problem der dritten großen Gestalt monotheistischer Religionen, des Islam, ausgeblendet bleiben muss. In einer Zeit, in der wir an der Erkennbarkeit des Transzendenten zu zweifeln gelernt haben und überdies die potentielle Intoleranz von Wahrheitsansprüchen auf diesem Gebiet Furcht einflößt, scheint die Zukunft nur der mystischen Religion gehören zu können. Erst in ihr scheint das Bilderverbot ganz ernstgenommen zu sein, während zum Beispiel Panikkar das Bestehen Israels auf einem persönlichen, mit Namen bekannten Gott, trotz der Bildlosigkeit letztlich noch als Ikonolatrie glaubt einordnen zu sollen.

Religion, nicht mehr positiv inhaltlich bestimmt

Hier hingegen werden in einer streng apophatischen Theologie keine Erkenntnisansprüche bezüglich des Göttlichen mehr gestellt; Religion wird nicht mehr positiv-inhaltlich und daher auch nicht institutionell-sakral bestimmt. Sie wird ganz in die mystische Erfahrung zurückgenommen und so auch der Zusammenstoß mit der wissenschaftlichen Vernunft von vornherein ausgeschlossen. New Age ist sozusagen die Proklamation des Zeitalters der mystischen Religion, die dadurch rational ist, dass sie keine Erkenntnisansprüche erhebt, also auch ihrem Wesen nach tolerant ist und doch zugleich dem Menschen die Entschränkung des Seins gewährt, die er braucht, um leben zu können und um die Endlichkeit ertragen zu können.

Das Göttliche, personal oder unpersonal

Wenn dies der richtige Weg sein sollte, müsste sich die Ökumene in einer Rücknahme positiver, das heißt inhaltliche Wahrheit beanspruchender Sätze wie auch in einer Rücknahme sakraler Strukturen ins bloß Funktionale als universale Verständigung gestalten. Dabei wird gar nicht einfach die totale Preisgabe der bisher bestehenden theistischen Gestalten verlangt. Es scheint sich vielmehr zusehends eine Übereinkunft in der Richtung auszubilden, dass beide Weisen, das Göttliche zu sehen, als kompatibel und letztlich gleichbedeutend angesehen werden. Es komme im Grunde nicht darauf an, ob man das Göttliche personal oder unpersonal fasst. Der sprechende Gott und die schweigende Tiefe des Seins seien letztlich doch nur zwei verschiedene Weisen, das Unsagbare jenseits aller Begriffe zu denken. Der zentrale Imperativ Israels »Höre, Israel, dein Gott ist ein lebendiger Gott«, der der Sache nach auch für Christentum und Islam konstitutiv bleibt, verliert seine Konturen. Ob man sich dem sprechenden Gott unterwirft oder sich in die schweigende Tiefe des Seins fallen lässt, sei letztlich nicht erheblich. Die Anbetung, die der Gott Israels fordert und die Entleerung des Bewusstseins, das sein Ich vergisst und sich im Unendlichen auflösen lässt, könne man letztlich als Varianten ein und derselben Haltung dem Unendlichen gegenüber ansehen.

Der Kosmos hat nichts mehr mit Gott zu tun

So scheint alles aufs Beste gelöst zu sein: Die gewachsenen Formen können bestehen, aber sie erkennen die Relativität aller äußeren Gestalten an und wissen sich einig in der Suche nach der Tiefe des Seins, in einer Verinnerlichung, die auch das eigene Ich noch hinter sich lässt und die tröstende Berührung mit dem Unsagbaren schenkt, aus der wir gestärkt heraustreten in die Welt des Alltags.

Zweifellos werden hier Dinge gesagt, die zu einer Vertiefung der theistischen Religionen beitragen können, auf deren Weg ja der mystische Strom und auch die apophatische Theologie nie ganz gefehlt haben. Immer war gelehrt worden, dass alles Gesagte letztlich nur von ferne den Unsagbaren spiegelt und dass die Unähnlichkeit mit dem, was wir vorstellen und denken können, immer größer ist als jede Ähnlichkeit. Insofern hat Anbetung immer mit Verinnerlichung und Verinnerlichung immer mit Selbstüberschreitung zu tun. Dennoch geht die Identifizierung beider Wege und ihre letzte Rücknahme in den mystischen Weg nicht auf. Denn nun fällt die sinnliche Welt ganz aus der Beziehung mit dem Göttlichen heraus. Der Begriff der Schöpfung ist dann nicht mehr anwendbar. Der Kosmos, der nicht mehr Schöpfung ist, hat nichts mehr mit Gott zu tun.

Das Heil liegt außerhalb der Welt

Das gleiche gilt notwendig von der Geschichte. Gott reicht nicht mehr in die Welt hinein; sie wird im eigentlichen Sinne gott-los und gott-leer. Religion kann keine Gemeinschaft des Denkens und des Wollens mehr bilden; sie wird sozusagen zur individuellen Therapie: Das Heil liegt außerhalb der Welt; für das Wirken in ihr wird uns keine Weisung gegeben außer der Kraft, die einem durch den regelmäßigen Rückzug in die spirituelle Dimension zuwachsen mag. Aber die hat als solche keine umschreibbare Botschaft für uns. In unserem weltlichen Handeln bleiben wir so uns selbst überlassen.

Heute gehen die Bemühungen um eine Neufassung der Ethik in der Tat gerne von einer solchen Auffassung aus, und selbst die Moraltheologie hat angefangen, sich mit diesem Ausgangspunkt zu arrangieren. Aber dann bleibt das Ethische letztlich unsere Konstruktion. Das Ethos verliert seine Verbindlichkeit und gehorcht mehr oder weniger zögernd unseren Interessen.

Der Glaube an Gott kann auf inhaltlich benennbare Wahrheit nicht verzichten

An dieser Stelle wird vielleicht am deutlichsten sichtbar, dass das theistische Modell zwar mit dem mystischen mehr gemeinsam hat, als man am Anfang denken mag, aber doch nicht darauf rückführbar ist. Denn zum Glauben an den einen Gott gehört wesentlich die Anerkenntnis von Gottes Willen: Die Anbetung Gottes ist nicht nur ein Versinken, sondern sie gibt uns gerade uns selber zurück, und sie beansprucht uns mitten im Alltag, sie fordert alle Kräfte unseres Verstandes, unseres Fühlens und unseres Wollens ein. Der Glaube an Gott kann auf Wahrheit, auf inhaltlich benennbare Wahrheit bei aller Wichtigkeit des apophatischen Elements nicht verzichten.

Das pragmatische Modell

Aber ist dann nicht wenigstens das pragmatische Modell, von dem wir vorhin gesprochen haben, eine ebenso den Forderungen der modernen Welt wie den realen Gegebenheiten der Religionen angemessene Lösung?

Ein Kurzschluss

Es genügt wenig, um zu sehen, dass es sich hier um einen Kurzschluss handelt. Natürlich ist der Einsatz für Frieden, Gerechtigkeit und Schöpfungsbewahrung von höchster Bedeutung, und Religion sollte ohne Zweifel wesentliche Impulse für diesen Einsatz vermitteln. Aber die Religionen verfügen über keine apriorische Erkenntnis dessen, was hic et nunc dem Frieden dient; wie soziale Gerechtigkeit in den Staaten und zwischen Staaten gebaut werden kann; wie Schöpfung am besten zu bewahren und vom Schöpfer her verantwortlich zu pflegen ist. Das muss im einzelnen rational erarbeitet werden.

Dazu aber gehört immer auch der freie Disput unterschiedlicher Meinungen und das Respektieren unterschiedlicher Wege. Wo dieser häufig unauflösbare Pluralismus der Wege und ihr mühsamer rationaler Disput durch einen religiös motivierten Moralismus übersprungen und ein Weg als der allein richtige erklärt wird, da wird Religion in ideologische Diktatur verkehrt, deren totalitäre Leidenschaft Frieden nicht aufbaut, sondern zerstört. Religion kann nicht einer praktisch-politischen Finalität unterstellt werden, die dann ihr Götze wird. Der Mensch macht Gott zum Diener seiner Zwecke und entwürdigt damit Gott und sich selber.

Die subtilste luziferische Versuchung

A. Cuttat hat dazu vor gut vierzig Jahren ein sehr weises Wort geschrieben: »Danach streben, durch Vereinigung der Religionen die Menschheit besser und glücklicher zu machen: das ist das eine. Mit glühendem Herzen die Einigung aller Menschen in der Liebe zum gleichen Gott erflehen: das ist ein anderes. Und das erste ist vielleicht die subtilste luziferische Versuchung, die es darauf abgesehen hat, das zweite zum Scheitern zu bringen.«

Diese Ablehnung der Umwandlung von Religion in politischen Moralismus ändert natürlich nichts daran, dass Erziehung zum Frieden, zur Gerechtigkeit und zur Liebe zu Schöpfer und Schöpfung zu den wesentlichen Aufgaben des christlichen Glaubens und jeder Religion zählt, und dass hier mit Recht das Wort angewendet werden kann: An ihren Früchten werdet ihr sie erkennen.

Judentum und Christentum

Wenden wir uns nun noch dem theistischen Weg und seinen Möglichkeiten im »Konzil der Religionen« zu. Wie wir wissen, zeigt sich in der Geschichte der Theismus vor allem in den drei großen Gestalten von Judentum, Christentum und Islam. So kommt es zunächst darauf an, die innere Versöhnungsmöglichkeit der drei großen Monotheismen auszuloten, bevor wir sie ins Gespräch mit dem mystischen Weg zu bringen versuchen. Wie schon gesagt, beschränke ich mich hier auf die erste Spaltung in der monotheistischen Welt, die zwischen Judentum und Christentum, deren Bewältigung auch für das Verhältnis beider zum Islam grundlegend ist. Natürlich kann ich zu diesem weitläufigen Problem nur eine ganz bescheidene Andeutung versuchen. Ich möchte zwei Gedanken dazu vorlegen.

Durch Jesus ist der Gott Israels zum Gott der Weltvölker geworden

Dem durchschnittlichen Betrachter wird sich die Formel aufdrängen: Die hebräische Bibel, das »Alte Testament«, verbindet Juden und Christen; der Glaube an Jesus Christus als Gottes Sohn und Erlöser trennt sie. Aber es lässt sich leicht sehen, dass eine solche Teilung zwischen Verbindendem und Trennendem oberflächlich ist. Denn zuallererst gilt, dass durch Christus die Bibel Israels zu den Nichtjuden gekommen und auch ihre Bibel geworden ist.

Wenn der Epheserbrief sagt, Christus habe die Mauer zwischen den Juden und den übrigen Religionen der Welt durchbrochen und Einheit gestiftet, so ist dies nicht leere theologische Rhetorik, sondern durchaus ein empirischer Befund, auch wenn im Empirischen nicht das Ganze der theologischen Aussage einzuholen ist. Denn durch die Begegnung mit Jesus von Nazareth ist der Gott Israels zum Gott der Weltvölker geworden. Durch ihn hat sich in der Tat die Verheißung erfüllt, dass die Völker zum Gott Israels als dem einen Gott beten werden, dass der »Berg des Herrn« über die anderen Berge erhöht sein wird.

Jesus: Sohn und Knecht Gottes

Wenn Israel nicht wie die Christen in Jesus den Sohn Gottes sehen kann, so ist es ihm doch nicht einfach unmöglich, in ihm den Knecht Gottes zu erkennen, der das Licht seines Gottes zu den Völkern trägt. Und umgekehrt: Auch wenn die Christen wünschen, dass Israel eines Tages Christus als den Sohn Gottes erkennen möge und dass damit der Spalt sich schließe, der beide noch trennt, so sollten sie doch Gottes Verfügung anerkennen, der Israel offenbar in der »Zeit der Heiden« eine eigene Sendung aufgetragen hat, die die Väter so umschreiben: Sie müssen als die ersten Eigentümer der Heiligen Schrift uns gegenüberbleiben, um gerade so ein Zeugnis vor der Welt aufzurichten.

Aber was sagt dieses Zeugnis? Damit kommen wir zu dem zweiten Gedankengang, den ich versuchen möchte. Ich denke, man könne sagen, dass für den Glauben Israels zweierlei wesentlich sei.

Glaube, Hoffnung, Liebe und die drei Dimensionen der Zeit

Da ist zuerst die Thora, die Bindung an Gottes Willen und damit das Aufrichten seiner Herrschaft, seines Königtums in dieser Welt.

Und da ist zum anderen der Blick der Hoffnung, die Erwartung des Messias – die Erwartung, ja, die Gewissheit, dass Gott selbst in diese Geschichte eintreten und Gerechtigkeit schaffen wird, auf die wir immer nur in sehr unvollkommenen Formen zugehen können.

So verbinden sich die drei Dimensionen der Zeit: der Gehorsam gegenüber dem Willen Gottes bezieht sich auf ein ergangenes Wort, das nun in der Geschichte steht und im Gehorsam jeweils vergegenwärtigt werden will. Dieser Gehorsam, der ein Stück von Gottes Gerechtigkeit vergegenwärtigt in der Zeit, ist Zugehen auf die Zukunft, in der Gott Bruchstücke der Zeit aufsammeln und sie als ganze in seine Gerechtigkeit einholen wird.

Diese Grundfigur ist im Christentum nicht aufgegeben. Die Dreiheit von Glaube, Hoffnung und Liebe entspricht in gewisser Hinsicht den drei Dimensionen der Zeit: Der Gehorsam des Glaubens nimmt das aus der Ewigkeit kommende und in der Geschichte ergangene Wort auf, verwandelt es in Liebe, in Gegenwart, und öffnet so die Tür der Hoffnung.

Charakteristisch für den christlichen Glauben ist es, dass alle drei Dimensionen zusammengehalten und ausgehalten sind in der Gestalt Christi, durch den sie zugleich in die Ewigkeit hineingehalten werden. In ihm bestehen Zeit und Ewigkeit zusammen, und der unendliche Graben zwischen Gott und Mensch ist überbrückt. Denn Christus ist der Gekommene, der doch nicht aufhörte, beim Vater zu sein; er ist in der glaubenden Gemeinschaft gegenwärtig, und er ist doch zugleich immer noch der Kommende.

Messiaserwartung der Kirche

Auch die Kirche *erwartet* den Messias, den sie schon kennt und der doch seine Herrlichkeit erst offenbaren wird. Gehorsam und Verheißung gehören auch für den christlichen Glauben zusammen. Christus ist für den Christen der gegenwärtige Sinai, die lebendige Thora, die uns in Pflicht nimmt, die uns verbindlich fordert und doch dabei gerade in den weiten Raum der Liebe und ihre nie ausgeschöpften Möglichkeiten hineinzieht. Er ist so die Gewähr der Hoffnung auf den Gott, der die Geschichte nicht ins Wesenlose des Vergangenen fallen lässt, sondern sie hält und an ihr Ziel bringt.

So gilt auch von hierher, dass die Gestalt Christi gleichzeitig Israel und die Kirche verbindet und trennt: Diese Trennung zu überwinden, steht nicht in unserer Macht, aber sie hält uns gemeinsam auf dem Weg zum Kommenden hin und darf daher nicht Feindschaft sein.

Der christliche Glaube und die mystischen Religionen

So kommen wir aber nun zu der bisher aufgeschobenen Frage, die sich ganz konkret auf die Stellung des Christentums im Dialog der Religionen bezieht: Ist theistische, dogmatische und hierarchisch geordnete Religion notwendig intolerant? Macht der Glaube an die im Dogma formulierte Wahrheit dialogunfähig? Ist Friedensfähigkeit an Wahrheitsverzicht gebunden?

Die mystische Dimension des christlichen Glaubens

Ich möchte darauf in zwei Schritten zu antworten versuchen. Zunächst ist da noch einmal daran zu erinnern, dass der christliche Glaube eine mystische und eine apophatische Dimension in sich trägt. Die neue Begegnung mit den Religionen Asiens wird gerade auch dadurch für die Christen bedeutsam sein, dass sie neu an diese Seite ihres Glaubens erinnert werden und einseitige Verhärtungen der christlichen Positivität aufgebrochen werden.

Dagegen erhebt sich der Einwand: Sind denn nicht Trinitätslehre und Inkarnationsglaube so radikale Formen dieser Positivität, dass Gott hier förmlich greifbar, ja, be-greifbar geworden ist und das Geheimnis Gottes in fixierte Formen und in eine historisch datierbare Gestalt eingefangen ist?

An dieser Stelle müsste man an die Auseinandersetzung zwischen Gregor von Nyssa und Eunomius erinnern: Eunomius hat in der Tat die mit der Offenbarung gegebene völlige Begreifbarkeit Gottes behauptet, während Gregor demgegenüber die trinitarische Theologie und die Christologie als mystische Theologie auslegt, die zu einem unendlichen Weg in den immer unendlich größeren Gott einlädt.

In der Tat ist trinitarische Theologie insofern apophatisch, als sie den einfachen, aus der menschlichen Erfahrung gewonnenen Personbegriff durchstreicht, gewiss den sprechenden Gott, den Gott-Logos bejaht, aber zugleich das größere Schweigen bewahrt, aus dem der Logos kommt und in das er uns verweist.

Ähnliches lässt sich für die Inkarnation zeigen. Ja, Gott wird ganz konkret, in der Geschichte fassbar. Er geht leiblich auf den Menschen zu. Aber gerade dieser fassbar gewordene Gott ist der ganz Geheimnisvolle. Seine selbstgewählte Erniedrigung, seine »Kenose«, ist gleichsam auf neue Weise die Wolke des Geheimnisses, in der er sich verbirgt und zeigt zugleich. Denn welches Paradox könnte größer sein als ebendies, dass Gott verletzlich ist und getötet werden kann? Das Wort, das der Menschgewordene und Gekreuzigte ist, überschreitet immer unermesslich alle menschlichen Wörter, und so ist gerade die Kenose Gottes der Ort, an dem die Religionen sich ohne Herrschaftsansprüche berühren können.

Der platonische Sokrates verweist besonders in der Apologie und im Kriton auf den Zusammenhang zwischen Wahrheit und Wehrlosigkeit, zwischen Wahrheit und Armut. Sokrates ist glaubhaft, weil sein Eintreten für »den Gott« ihm weder Stellung noch Besitz bringt, sondern ihn im Gegenteil in die Armut und schließlich in die Rolle des Angeklagten verstoßen hat. Die Armut ist die wahrhaft göttliche Erscheinungsform der Wahrheit: So kann sie Gehorsam ohne Entfremdung fordern.

Abschliessende Thesen

Es bleibt die Frage: Was heißt das konkret? Was ist von einer solchen Fassung des Christentums für den Religionsdialog zu erhoffen? Trägt das theistische, das inkarnatorische Modell weiter als das mystische und als das pragmatische?

Nun, um es gleich offen zu sagen: Wer auf eine Vereinigung

der Religionen als Ergebnis des Religionsdialogs setzen würde, kann nur enttäuscht werden. Das ist innerhalb unserer Geschichtszeit kaum möglich und vielleicht nicht einmal zu wünschen.

Aber was dann? Ich möchte dreierlei sagen:

Kein Verzicht auf Wahrheit

Erstens: Begegnung der Religionen ist nicht durch Verzicht auf Wahrheit, sondern nur durch ein tieferes Eingehen in sie möglich. Die Skepsis verbindet nicht. Und der bloße Pragmatismus verbindet nicht. Beides wird nur zum Einlass für Ideologien, die dann um so selbstsicherer auftreten.

Der Verzicht auf Wahrheit und auf Überzeugung erhöht den Menschen nicht, sondern liefert ihn dem Kalkül des Nutzens aus, beraubt ihn seiner Größe.

Zu fordern ist aber die Ehrfurcht vor dem Glauben des anderen und die Bereitschaft, in dem, was mir als das Fremde begegnet, Wahrheit zu suchen, die mich angeht und die mich korrigieren, mich weiterführen kann. Es ist zu fordern die Bereitschaft, hinter den vielleicht befremdlichen Erscheinungsformen das Tiefere zu suchen, das sich in ihnen verbirgt.

Es ist des weiteren die Bereitschaft zu fordern, die Verengung meines Verstehens von Wahrheit aufbrechen zu lassen, mein Eigenes besser zu erlernen, indem ich den anderen verstehe und so mich auf den Weg zum größeren Gott bringen lasse – in der Gewissheit, dass ich die Wahrheit über Gott nie ganz in Händen habe und vor ihr immer ein Lernender, auf sie hin immer ein Pilger bin, dessen Weg nie zu Ende ist.

Kritik auch an der eigenen Religion

Zweitens: Wenn es so steht, wenn immer auch im anderen das Positive zu suchen ist und so auch der andere mir Helfer zur Wahrheit sein muss, so kann und darf doch das kritische Element nicht fehlen. Religion birgt sozusagen die kostbare Perle der Wahrheit, aber sie versteckt sie auch immer wieder, und sie ist immer wieder in Gefahr, ihr eigenes Wesen zu verfehlen. Religion kann erkranken und kann zu einem zerstörerischen Phänomen werden. Sie kann und soll zur Wahrheit führen, aber sie kann den Menschen auch davon abschneiden. Die Religionskritik des Alten Testaments ist heute keineswegs gegenstandslos geworden. Es mag uns verhältnismäßig leicht fallen, Kritik an der Religion des anderen zu üben, aber wir müssen bereit sein, sie auch für uns selbst, für unsere eigene Religion anzunehmen.

Karl Barth hat im Christentum zwischen Religion und Glaube unterschieden. Er hatte unrecht, wenn er beides völlig trennen wollte, nur den Glauben als positiv, die Religion aber als negativ ansah. Glaube ohne Religion ist unwirklich, zu ihm gehört Religion, und christlicher Glaube muss seinem Wesen nach als Religion leben. Aber er hatte darin recht, dass auch beim Christen die Religion erkranken und zu Aberglaube werden kann, dass also die konkrete Religion, in der der Glaube gelebt wird, immer wieder von der Wahrheit her gereinigt werden muss, die sich im Glauben zeigt und die andererseits im Dialog neu ihr Geheimnis und ihre Unendlichkeit erkennen lässt.

Verkündigung als dialogischer Vorgang

Drittens: Heißt das, dass Mission aufhören und durch Dialog ersetzt werden muss, in dem es nicht um Wahrheit, sondern darum geht, einander zu besseren Christen, Juden, Moslems, Hindus oder Buddhisten zu machen? Ich antworte mit nein. Denn das wäre nun doch wieder die völlige Überzeugungslosigkeit, in der wir – unter dem Vorwand, uns je in unserem Besten zu bestärken – weder uns noch die anderen ernstnehmen und auf Wahrheit endgültig verzichten würden. Die Antwort scheint mir vielmehr darin zu bestehen, dass Mission und Dialog nicht mehr Gegensätze sein dürfen, sondern sich gegenseitig durchdringen müssen.

Dialog ist nicht ziellose Unterhaltung, sondern er zielt auf Überzeugung, auf Wahrheitsfindung, sonst ist er wertlos. Umgekehrt kann Mission in Zukunft nicht mehr so geschehen, als werde einem bisher aller Kenntnis Gottes baren Subjekt endlich mitgeteilt, woran es zu glauben habe.

Dies kann es zwar geben und wird es vielleicht in der vielerorts atheistisch werdenden Welt immer mehr geben. Aber in der Welt der Religionen treffen wir auf Menschen, die durch ihre Religion von Gott vernommen haben und in Beziehung zu ihm zu leben versuchen.

So muss Verkündigung notwendig ein dialogischer Vorgang werden. Dem anderen wird nicht das gänzlich Unbekannte gesagt, sondern die verborgene Tiefe dessen erschlossen, was er in seinem Glauben schon berührt.

Und umgekehrt ist der Verkündiger nicht nur der Gebende, sondern auch Empfangender. In diesem Sinn sollte im Dialog der Religionen geschehen, was der Kusaner in seiner Vision des Himmelskonzils als Wunsch und Hoffnung ausgedrückt hat: Der Dialog der Religionen sollte immer mehr zu einem Zuhören auf den Logos werden, der uns die Einheit mitten in unseren Trennungen und Widersprüchen zeigt.

Quellenverzeichnis

I.
Ethik

1. Was die Welt zusammenhält. Vorpolitische moralische Grundlagen eines freiheitlichen Staates. Vortrag Joseph Kardinal Ratzingers am 19. Januar 2004 in der Katholischen Akademie in Bayern in München. Zusammen mit Jürgen Habermas bedachte der damalige Präfekt der Glaubenskongregation die ethischen Grundlagen eines freiheitlichen Staates. Die Rede wurde vielfach publiziert u. a. in: Jürgen Habermas, Joseph Ratzinger, Dialektik der Säkularisierung. Über Vernunft und Religion. Freiburg, Basel, Wien: Herder 2005, S. 39–60.
2. Grundlagen des Rechts. Ansprache von Papst Benedikt XVI. beim Besuch des Deutschen Bundestags, Berlin, 22. September 2011. http://www.vatican.va/holy_father/benedict_xvi/speeches/2011/september/documents/hf_ben-xvi_spe_20110922_reichstag-berlin_ge.html.
3. Die Menschenrechte und die Suche nach dem Gemeinwohl. Ansprache von Benedikt XVI. beim Besuch bei der UN-Vollversammlung, New York, 18. April 2008. http://www.vatican.va/holy_father/benedict_xvi/speeches/2008/april/documents/hf_ben-xvi_spe_20080418_un-visit_ge.html.
4. Schutz des ungeborenen Lebens. Ansprache von Benedikt XVI. an die Teilnehmer der Vollversammlung der Päpstlichen Akademie für das Leben und am internationalen Kongress über das Thema »Der menschliche Embryo in der Phase vor der Implantation«, Rom, 27. Februar 2006. http://www.vatican.va/holy_father/benedict_xvi/speeches/2006/february/documents/hf_ben-xvi_spe_20060227_embrione-umano_ge.html.
5. Brüderlichkeit und Solidarität. Ansprache von Benedikt XVI. an eine Delegation der Pariser Akademie für Moral- und Politikwissenschaften, Rom, 10. Februar 2007. http://www.vatican.va/holy_father/benedict_xvi/speeches/2007/february/documents/hf_ben-xvi_spe_20070210_academy-paris_ge.html.
6. Das Gewissen in der Zeit. Ein Vortrag des Regensburger Professors Joseph Ratzinger für Dogmatik und Dogmengeschichte vor der Reinhold-Schneider-Gesellschaft im Juli 1972 in Freiburg. In: Joseph Kardinal Ratzinger, Kirche, Ökumene und Politik. Neue Versuche zur Ekklesiologie. Einsie-

deln: Johannes Verlag 1987, 153–164 [Erstveröffentlichung: Das Gewissen in der Zeit. Ein Vortrag vor der Reinhold-Schneider-Gesellschaft. In: Internationale katholische Zeitschrift »Communio« 1 (1972) 432–442].

II. Politik

7. Christliche Orientierung in der pluralistischen Demokratie? Über die Unverzichtbarkeit des Christentums in der modernen Welt. Eröffnungsvortrag Kardinal Ratzingers beim Intern. Kongress »Das europäische Erbe und seine christliche Zukunft«, München, am 24. April 1984. In: Joseph Kardinal Ratzinger, Kirche, Ökumene und Politik. Neue Versuche zur Ekklesiologie. Einsiedeln: Johannes-Verlag 1987, 183–197 [Erstveröffentlichung: Christliche Orientierung in der pluralistischen Demokratie. In: H. Schambeck (Hg.), Pro fide et iustitia. Festschrift für Cardinal Casaroli zum 70. Geburtstag. Berlin 1984, 747–761].
8. Die Bedeutung religiöser und sittlicher Werte in der pluralistischen Gesellschaft. Köln 1992. In: Joseph Kardinal Ratzinger, Werte in Zeiten des Umbruchs. Die Herausforderungen der Zukunft bestehen. Freiburg, Basel, Wien: Herder 2005 (Herder Spektrum 5592), 49–66 [Erstveröffentlichung: Die Bedeutung religiöser und sittlicher Werte in der pluralistischen Gesellschaft. In: Internationale katholische Zeitschrift »Communio« 21 (1992) H. 6, 500–512].
9. Pilger der Wahrheit, Pilger des Friedens. Ansprache von Benedikt XVI. beim Tag der Reflexion, des Dialogs und des Gebets für Frieden und Gerechtigkeit auf der Welt, Assisi, 27. Oktober 2011. http://www.vatican.va/holy_father/benedict_xvi/speeches/2011/october/documents/hf_ben-xvi_spe_ 20111027_assisi_ge.html.
10. Der Auftrag der Religion angesichts der gegenwärtigen Krise von Friede und Gerechtigkeit. Vortrag Kardinal Ratzingers bei der fünften christlich-islamischen Konsultation im orthodoxen Zentrum zu Chambésy im Dezember 1989. In: Joseph Cardinal Ratzinger, Wendezeit für Europa? Diagnosen und Prognosen zur Lage von Kirche und Welt. 3. Aufl. Einsiedeln, Freiburg: Johannes-Verlag 2005 (1991), 30–44 [zuerst: Der Auftrag der Religion angesichts der gegenwärtigen Krise von Friede und Gerechtigkeit. In: Internationale katholische Zeitschrift »Communio« 18 (1989) 113–122].
11. Europas Identität. Seine geistigen Grundlagen gestern, heute und morgen. Vortrag am 28. November 2004 in der Bayerischen Landesvertretung in Berlin. In: Joseph Kardinal Ratzinger, Werte in Zeiten des Umbruchs. Die

Herausforderungen der Zukunft bestehen. Freiburg, Basel, Wien: Herder 2005 (Herder Spektrum 5592), 68–88 [Erstveröffentlichung: In: Joseph Ratzinger: Europa. I suoi fondamenti oggi e domani. Cinisello Balsamo (Milano); Edizioni San Paolo 2004, 9–29].

12. Europa – Hoffnungen und Gefahren. Vortrag Kardinal Ratzingers am 2. Juni 1990 zur 2000-Jahr-Feier der Stadt Speyer). In: Joseph Cardinal Ratzinger, Wendezeit für Europa? Diagnosen und Prognosen zur Lage von Kirche und Welt. 3. Aufl. Einsiedeln, Freiburg: Johannes-Verlag 2005 (1991), 82-104 [zuerst: Sonderdruck Speyer 1990].

III. Vernunft, Wissenschaft und Technik

13. Glaube, Vernunft und Universität. Erinnerungen und Reflexionen. Apostolische Reise von Papst Benedikt XVI. nach München, Altötting und Regensburg (9.–14. September 2006). Treffen mit den Vertretern aus dem Bereich der Wissenschaften. Ansprache von Benedikt XVI. in der Aula Magna der Universität Regensburg am Dienstag, den 12. September 2006. http://www.vatican.va/holy_father/benedict_xvi/speeches/2006/september/documents/hf_ben-xvi_spe_20060912_university-regensburg_ge.html.

14. Wissenschaft und Wahrheit. Vorlesung von Benedikt XVI. für die römische Universität »La Sapienza« am 17. Januar 2008, die kurzfristig abgesagt wurde. http://www.vatican.va/holy_father/benedict_xvi/speeches/2008/january/documents/hf_ben-xvi_spe_20080117_la-sapienza_ge.html.

15. Konsequenzen des Schöpfungsglaubens. Gastvorlesung des Kardinals und Erzbischofs von München und Freising bei der Thomasfeier der Katholisch-Theologischen Fakultät der Universität Salzburg am 14. März 1979. Salzburg, München: Pustet 1980 (Salzburger Universitätsreden 68).

16. Der Mensch zwischen Reproduktion und Schöpfung. Theologische Fragen zum Ursprung des menschlichen Lebens. Vortrag des Kardinals im Rahmen der 900-Jahr-Feier der Universität Bologna am 20. April 1988. In: Internationale katholische Zeitschrift »Communio« 18 (1989) S. 61–71.

IV.
Die Krise der modernen Kultur und der Glaube

17. Abbruch und Aufbruch. Die Antwort des Glaubens auf die Krise der Werte. Vortrag des Kardinals vom 26. November 1987 an der Universität Eichstätt. In: Joseph Cardinal Ratzinger, Wendezeit für Europa? Diagnosen und Prognosen zur Lage von Kirche und Welt. 3. Aufl. Einsiedeln, Freiburg: Johannes-Verlag 2005 (1991), S. 11–29 [Abbruch und Aufbruch. Die Antwort des Glaubens auf die Krise der Werte. München: Minerva-Publikation 1988 (Eichstätter Hochschulreden 61). 18 S.].
18. Glaube, Religion und Kultur (1993). Vortrag bei den Salzburger Hochschulwochen 1992. In: Joseph Kardinal Ratzinger, Glaube – Wahrheit – Toleranz. Das Christentum und die Weltreligionen. 3. Aufl. Freiburg, Basel, Wien: Herder 2004, 45–65 [Erstveröffentlichung: Der christliche Glaube vor der Herausforderung der Kulturen. In: P. Gordan (Hg.), Evangelium und Inkulturation (1492–1992). Salzburger Hochschulwochen 1992. Graz: Styria 1993, S. 9–26, nur leicht verändert].
19. Warum ich noch in der Kirche bin. Vortrag von Prof. Dr. Joseph Ratzinger, Regensburg, vom 4. Juni 1970 in der Katholischen Akademie in Bayern, München. In: Joseph Ratzinger, Benedikt XVI.: Grundsatzreden aus fünf Jahrzehnten, Regensburg: Verlag Friedrich Pustet 2005, S. 103–119.
20. Das Heil des Menschen – innerweltlich und christlich. Vortrag Prof. Ratzingers vor der Katholischen Akademie in Bayern, München am 26. September 1976. In: Joseph Ratzinger, Auferstehung und ewiges Leben. Beiträge zur Eschatologie und zur Theologie der Hoffnung. Hg. von Gerhard Ludwig Müller. Freiburg, Basel, Wien: Herder 2012 (Gesammelte Schriften 10), 489–509 [zuerst: Die Zukunft des Heils. In: Ulrich Hommes, Joseph Ratzinger, Das Heil des Menschen – innerweltlich, christlich. München: Kösel 1975 (Reihe Doppelpunkt), 31–63].
21. Wozu noch Christentum? Vortrag Prof. Ratzingers auf dem Tag der Pfarrgemeinderäte im Erzbistum Köln am 9. Juni 1972. In: Joseph Ratzinger, Dogma und Verkündigung. München: Wewel Verlag 1977, 443–449 [Wozu noch Christentum? in: Lebendige Kirche. Mitteilungen des Diözesanrates im Erzbistum Köln 1972, 6–9].
22. Wurzeln der europäischen Kultur. Ansprache Benedikts XVI. während seiner apostolischen Reise nach Frankreich vor Vertretern aus der Welt der Kultur im Collège des Bernardins, Paris, am 12. September 2008. http://www.vatican.va/holy_father/benedict_xvi/speeches/2008/september/documents/hf_ben-xvi_spe_20080912_parigi-cultura_ge.html

V.
Das Christentum und die Welt der Religionen

23. Das Christentum – die wahre Religion? Vortrag des Kardinals und Präfekten der Glaubenskongregation vom 27. November 1999 anlässlich eines Kolloquiums der Pariser Sorbonne zum Thema: »2000 ans après quoi?« In: Joseph Kardinal Ratzinger, Glaube – Wahrheit – Toleranz. Das Christentum und die Weltreligionen. 3. Aufl. Freiburg, Basel, Wien: Herder 2004 (2003), 131–147 [Erstveröffentlichung: Vérité du Christianisme? In: La Documentation catholique Nr. 1, 2000, 29–35].
24. Glaube zwischen Vernunft und Gefühl. Vortrag des Kardinals vor dem Hamburger Übersee-Club, veranstaltet von der Katholischen Akademie Hamburg am 3. Februar 1998. In: Joseph Kardinal Ratzinger, Glaube – Wahrheit – Toleranz. Das Christentum und die Weltreligionen. 3. Aufl. Freiburg, Basel, Wien: Herder 2004 (2003), 112–130 [zuerst: Glaube zwischen Vernunft und Gefühl. Veranstaltung in Zusammenarbeit mit der Katholischen Akademie Hamburg am Dienstag, 3. Februar 1998, im Börsensaal der Handelskammer Hamburg. Hamburg: Übersee-Club 1998 (Mitteilungen / Der Übersee-Club e.V. 1998, 1). 25 S.].
25. Glaube, Wahrheit und Kultur – Reflexionen im Anschluss an die Enzyklika »Fides et ratio«. Vortrag des Kardinals in Paderborn zur 1200-Jahr-Feier des Erzbistums Paderborn am 2. Januar 1999. In: Joseph Kardinal Ratzinger, Glaube – Wahrheit – Toleranz. Das Christentum und die Weltreligionen. 3. Aufl. Freiburg, Basel, Wien: Herder 2004 (2003), 148–169 [Erstveröffentlichung: Die Einheit des Glaubens und die Vielfalt der Kulturen. Reflexionen im Anschluss an die Enzyklika »Fides et ratio«. In: Internationale katholische Zeitschrift »Communio« 28 (1999) 289–305].
26. Der Dialog der Religionen und das jüdisch-christliche Verhältnis. Korreferat zu Rabbi Sztejnberg auf der Sitzung der Académie des sciences morales et politiques in Paris vom 17. Februar 1997. In: Joseph Kardinal Ratzinger, Die Vielfalt der Religionen und der Eine Bund. 4. Aufl. Bad Tölz: Verlag Urfeld 2005 (1998) (Urfelder Reihe 1), S. 93–121 [zuerst: Der Dialog der Religionen. In: Internationale katholische Zeitschrift »Communio« 26 (1997) 419–429].